COLLECTION
DES MÉMOIRES
RELATIFS
A L'HISTOIRE DE FRANCE.

MÉMOIRES DU COMTE DE BRIENNE, TOME II.
MÉMOIRES DE MADAME DE MOTTEVILLE, TOME I.

DE L'IMPRIMERIE DE A. BELIN.

COLLECTION
DES MÉMOIRES

RELATIFS

A L'HISTOIRE DE FRANCE,

DEPUIS L'AVÉNEMENT DE HENRI IV JUSQU'A LA PAIX DE PARIS
CONCLUE EN 1763;

AVEC DES NOTICES SUR CHAQUE AUTEUR,
ET DES OBSERVATIONS SUR CHAQUE OUVRAGE,

Par M. PETITOT.

TOME XXXVI.

PARIS,

FOUCAULT, LIBRAIRE, RUE DE SORBONNE, N°. 9.

1824.

MÉMOIRES

DU

COMTE DE BRIENNE.

SECONDE PARTIE.

[1629] SA MAJESTÉ se ressouvint alors de la protection qu'elle devoit à M. de Mantoue injustement attaqué, et n'oublia point cependant ce qu'elle devoit à son Etat. Après avoir reçu à composition La Rochelle, et donné ses ordres pour l'île de Ré, elle fit aller son armée par le Languedoc pour se rendre dans le Dauphiné, dans l'intention de forcer les passages des Alpes, si M. de Savoie l'y contraignoit. Le Roi vint aussi faire un tour à Paris pour y voir les Reines; mais il en repartit aussitôt, malgré la rigueur de la saison, pour se mettre à la tête de son armée.

Ce monarque, feignant d'ignorer ce qui se passoit à sa cour, courut au plus pressé; et, n'ayant pu faire entendre raison au duc de Savoie, il tenta de forcer le pas de Suse fortifié de barricades, et défendu par une bonne citadelle et par un grand nombre de gens de guerre : ce qui lui réussit, et le mit en état de voir Casal délivré d'un siége qui se faisoit sous les ordres du marquis de Spinola. Pendant la durée de ce siége, ce général se plaignit souvent qu'on le laissoit manquer de tout ce qu'il lui falloit : ce qu'il attribuoit aux artifices de M. de Savoie. Ce grand capitaine eut peu de satisfaction du côté de l'Espagne, et ne fut heureux qu'en ce qu'il tomba malade avant que les ordres du roi Catholique fussent arrivés et exécutés par un autre.

Casal fut donc secouru sans qu'il fût nécessaire que le Roi allât plus loin que Bousselenque, où M. et madame de Savoie et le prince leur fils vinrent rendre leurs devoirs à Sa Majesté, qui, sous la foi d'un traité, repassa en France avec le cardinal, et sans prendre le moindre repos alla dans le Vivarais, où plusieurs places se rendirent, à la réserve de Privas qui, ayant voulu se défendre, servit malheureusement d'exemple aux autres et à la postérité.

Le duc de Rohan et tout son parti, étonnés de tant d'avantages, firent demander une amnistie; et cette amnistie lui fut accordée, à condition que le duc de Rohan, chef des rebelles, sortiroit du royaume, et que toutes les places dont il étoit gouverneur ouvriroient leurs portes aux troupes de Sa Majesté, et auroient le tiers de leurs fortifications rasées. Mais parce que chaque ville avoit la liberté de se soumettre ou de ne le pas faire, le cardinal prit lui-même le soin de les aller faire expliquer. Il mena des troupes capables de les intimider, et de les faire obéir de force, si elles ne vouloient pas le faire autrement. Le Roi vint alors faire un tour à Paris pour y voir les Reines, et s'y rafraîchir. Il mena avec lui la Reine son épouse à Versailles; et un jour qu'il paroissoit se disposer à revenir à Paris, il en partit aussitôt pour aller prendre le divertissement de la chasse où il le prenoit ordinairement.

Il est à propos de remarquer ici, à cette occasion, que la comtesse de Lanoy étant morte dès l'année précédente, la marquise de Seneçay eut sa charge de dame d'honneur : et celle que madame de Seneçay avoit auparavant fut donnée à la comtesse de Rochepot, connue pour lors sous le nom de madame Du Fargis. La Reine, qui avoit souffert avec peine qu'on eût éloigné de son service madame de Vervet, eut alors un nouveau déplaisir ; car non-seulement la dame de Vervet ne fut point rappelée, mais on mit auprès d'elle une dame qu'on pouvoit soupçonner d'être dans la dépendance du cardinal de Richelieu, à cause de la liaison qui étoit entre elle et madame de Combalet, qui fut depuis duchesse d'Aiguillon. La Reine s'emporta fort ; mais les dames qui essuyoient sa colère et ses chagrins tâchoient à la servir comme elles y étoient obligées. Cependant madame Du Fargis fit si bien qu'elle gagna la confiance de sa maîtresse par son assiduité et par quelques complaisances. Après cela, elle ne songea plus qu'à la réconcilier avec la Reine sa belle-mère ; et il y a beaucoup d'apparence qu'elle suivit en cela les conseils du cardinal de Bérulle, quoique la dame eût par elle-même assez de résolution pour l'entreprendre.

On connut pour lors que l'on s'étoit mépris de croire que le Roi fût absolument insensible à la passion de l'amour, mademoiselle de Hautefort ayant donné dans la vue de ce monarque. Cette dame, qui avoit beaucoup d'esprit et un entretien très-agréable, étoit au service de la Reine-mère, et sous la conduite de madame de La Flotte, gouvernante des filles d'honneur de Sa Majesté. Madame Du Fargis conseilla prudemment à la Reine de fermer les yeux à la passion apparente du Roi son époux, lui disant, pour la fortifier dans ce sentiment : « S'il est capable d'aimer, c'est à « vous seule qu'il est capable de le marquer. » Cette princesse avoit d'autant plus de raison de le croire, qu'il n'y avoit effectivement à la cour aucune personne plus belle et plus charmante qu'elle, la nature lui ayant donné tout l'esprit et tout l'avantage nécessaire et pour se faire aimer et pour se faire respecter. Le cardinal revint alors glorieux et triomphant à la cour, ignorant ce qui s'y passoit, aussi bien que la passion que Monsieur faisoit paroître pour épouser la princesse Marie, fille aînée du duc de Mantoue. La Reine-mère, au contraire, avoit beaucoup d'aversion pour cette princesse. Monsieur, son fils, témoigna aussi dans la suite de l'inclination pour épouser une princesse florentine (1).

Les huguenots, désunis entre eux, et se trahissant les uns les autres, rentrèrent insensiblement sous l'autorité du Roi qu'ils avoient méprisée si long-temps, bien que le duc de Rohan fît son possible pour les retenir, et ne cessât d'agir par ses émissaires en faveur de son parti, tantôt auprès des Espagnols, et tantôt auprès des Anglais. Mais il eut beau faire, toutes les villes de la Guienne et du Languedoc, même Nîmes, Uzès et Montauban, suivirent la loi qu'on voulut leur imposer. Cependant les services et la capacité du cardinal ne le mettant point à couvert de l'envie, il songea bientôt à engager le Roi dans une nouvelle guerre, de l'événement de laquelle il se chargeoit. Il loua fort la Reine-mère de ce qu'elle s'étoit opposée

(1) *Pour épouser une princesse florentine*: C'étoit le désir de la Reine-mère, mais Monsieur y avoit la plus grande répugnance. (*Voyez* Mémoires de Richelieu ; année 1629.)

au mariage de Monsieur avec la princesse Marie, en faisant renfermer celle dont ce prince paroissoit être épris ; mais, dans les entretiens que le cardinal eut avec le Roi, il lui fit remarquer que tant que le cardinal de Bérulle et les Marillac conseilleroient la Reine-mère, elle seroit capable de tout entreprendre ; que c'étoit une cabale qu'il falloit rompre absolument, en commençant par diviser la belle-mère et la belle-fille. Le Roi n'eut pas de peine à se laisser persuader, et le hasard seconda les desseins du premier ministre. Le cardinal de Bérulle mourut sur ces entrefaites. A peine eut-il rendu l'esprit, que beaucoup de gens se donnèrent la liberté de parler contre lui, les uns l'accusant d'ingratitude et les autres d'hypocrisie, sans pourtant l'en pouvoir convaincre.

Le cardinal de Richelieu, se tenant toujours très-assuré des bonnes grâces de son maître, s'avança du côté de Lyon, et pria le Roi de vouloir le suivre de près, à moins qu'il ne voulût se résoudre à voir Casal, ce grand ouvrage de sa gloire, tomber sous la puissance des Espagnols. Le Roi déclara son voyage, et dit que les Reines en seroient, et que la cour passeroit par Troyes, où elle séjourneroit les fêtes de Pâques. Sur un bruit qui courut que Monsieur avoit amassé quelques troupes pour enlever la princesse Marie qui étoit auprès de la Reine-mère, Sa Majesté, qui en prit l'alarme, dépêcha au Roi qui, étant déjà à Trenel, revint à Fontainebleau, d'où il envoya un corps de cavalerie pour mettre la Reine en assurance. La chambre que l'on donna à la princesse Marie fut préparée avec si peu de soin, qu'elle eut toutes les peines du monde à se résoudre d'y entrer. Chacun, se donnant la liberté de raisonner sur ce que l'on voyoit, concluoit que tout ceci se passoit avec la participation du Roi. Pour moi, je donnai aussi dans ce même sentiment ; mais je reconnus ensuite que je m'étois mépris, parce qu'étant allé un jour au lever du Roi, il me demanda si j'avois cru qu'il approuveroit tout ce qui avoit été fait. Je lui avouai sans détour que j'avois eu cette pensée ; mais que j'en avois changé sur ce que, venant dans la chambre de Sa Majesté, j'avois passé devant celle de cette princesse, et que je n'y avois point vu de garde. « Vous avez raison, me dit le Roi ; car on en use bien « mal avec elle. » Je remarquai dès lors que la parfaite intelligence que l'on avoit crue si fort établie entre la mère et le fils étoit de beaucoup diminuée ; mais j'avois agi contre les règles de la prudence, et ce n'étoit pas à moi d'en rien témoigner.

[1630] Le Roi, qui traversa la Bourgogne pour se rendre à Lyon, fut accompagné dans son voyage par les enfans de M. de Vendôme (quoique leur père fût encore prisonnier, et que le grand prieur leur oncle fût mort à Vincennes), et par le comte de Soissons revenu dès l'année précédente dans le royaume, d'où il étoit sorti par le conseil de Senneterre, qui le suivit dans le voyage qu'il fit en Italie. Ce prince resta fort long-temps à la cour de Savoie, où l'on dit qu'il s'amouracha de Madame Royale, après avoir recouvré la santé contre l'opinion des médecins, qui, dans une violente maladie dont il fut attaqué, l'avoient condamné à mort.

Le cardinal de Richelieu, glorieux d'avoir, par la prise de Pignerol, assuré un passage en Italie à l'armée du Roi, se rendit à Lyon, où il fit prendre à Sa Majesté la résolution d'y aller en personne. On examina quel chemin on devoit suivre, et l'on se détermina à celui de Grenoble, pour être à portée de faire le siége de Chambéry, de bloquer Montmélian, et d'aller au devant du prince Thomas, qui faisoit semblant de vouloir défendre la Savoie; ou d'entrer en France si le Roi s'avançoit du côté de Saint-Jean-de-Maurienne.

Sa Majesté se sépara des Reines, et laissa à Lyon le garde des sceaux de Marillac et le conseil. Je ne puis dire sûrement si c'étoit pour rendre justice aux sujets du Roi, ou bien si l'on ne pensoit pas déjà à se défaire de ce magistrat. Ce qui est certain, c'est qu'il eût très-bien fait de s'abstenir de voir les Reines; mais son ambition lui faisoit suivre toujours de mauvais avis qui lui furent dans la suite très-nuisibles, parce que le pauvre homme ne connoissoit pas les manières de la cour ni l'esprit du Roi.

On envoya de Grenoble le maréchal de Créqui faire le siége de Chambéry, qu'il fit capituler avec son château. Sa Majesté, y ayant fait quelque séjour, ordonna ensuite au maréchal de Châtillon de bloquer Montmélian; et continuant sa marche par Aix, Romilly, Annecy, Conflans et la Tarantaise, elle s'arrêta à Saint-Maurice. Le prince Thomas abandonna ces mêmes postes, n'osant pas les défendre, ni accepter la bataille que Sa Majesté avoit envie de lui donner à Saint-Maurice. Les troupes du Roi ayant attaqué l'arrière-garde de l'armée ennemie la défirent, et le prince Thomas se retira dans la vallée d'Oulx, où le Roi l'auroit poursuivi s'il avoit eu assez de vivres pour y faire subsister son armée pendant huit jours, ne craignant point que la difficulté des passages le pût empêcher d'entrer dans le Piémont; mais Sa Majesté en ayant été détournée par cette considération, elle se contenta de faire fortifier l'entrée de la vallée, dont le commandement fut donné à M. Du Hallier. Ensuite, reprenant le même chemin jusqu'à Conflans, le Roi se rendit à Chambéry et ensuite à Lyon. Sa Majesté y fut accompagnée par le cardinal de Richelieu, par plusieurs maréchaux de France, et entre autres par M. de Schomberg qui avoit passé les monts, et auquel le premier ministre proposa de retourner en Piémont; mais ce maréchal y ayant de la répugnance, M. d'Effiat s'offrit : et cela plut fort au ministre qui ne pouvoit se résoudre à quitter le Roi, dont il craignoit l'esprit susceptible de toutes les impressions et fougueux. Comme le cardinal étoit bien informé de ce qui s'étoit passé à Lyon, il fit tout ce qu'il put pour empêcher le Roi de repasser les monts; mais n'ayant pu en venir à bout, il le suivit. L'humeur fière et naturellement inquiète de ce prince donna dans la suite au cardinal les moyens de le faire revenir, et de lui faire suivre ses conseils plus aveuglément qu'auparavant.

Le Roi se rendit de Grenoble à Saint-Jean-de-Maurienne, et y fit assez de séjour pour y rassembler une armée capable de combattre celle de M. le duc de Savoie. Cette armée, jointe à une autre qui étoit au-delà des monts sous le commandement de MM. les maréchaux de La Force et de Marillac, pouvoit donner de la crainte au duc et au gouverneur de Milan. Le duc de Montmorency s'offrit de la commander, et le marquis d'Effiat de l'accompagner, pourvu qu'on le fît lieutenant général, persuadé qu'il étoit que cette dignité, jointe à celle de grand-maître de l'artillerie et de surintendant des finances, lui donneroit assez d'autorité pour partager celle de M. de Montmorency. Le jour que M. de Schomberg s'avança, nous reculâmes jusqu'à Grenoble, après avoir resté à Barrault le temps qu'on nous demandoit, pour voir l'effet d'une mine qui nous devoit faciliter la prise de Montméliant; mais ce dessein ne réussit pas.

Dans l'envie que le Roi avoit de retourner à Lyon, sur les avis qu'il avoit eus que le garde des sceaux s'insinuoit de plus en plus dans l'esprit des Reines, ce magistrat reçut un ordre d'aller à Grenoble y attendre Sa Majesté: ce qui fit que les soupçons qu'on avoit eus de sa conduite à Lyon ne furent pas sans fondement. Il parut bien alors que M. de Marillac n'avoit point l'air de la cour en saluant le Roi; car il témoigna trop de joie de son retour, et combien il avoit appréhendé que le séjour de ce prince au pied des Alpes n'eût été nuisible à sa santé. Je ne doute point que le pauvre homme n'en fît de même en abordant le cardinal; mais ni ses souplesses ni ses artifices ne le purent faire changer à son égard. La cour se rendit à Lyon, où le maréchal de Schomberg promit de retourner en Italie. M. de Montmorency y défit M. de Savoie, qui s'étoit campé sous Veillane; et M. de Schomberg y fut joint par les autres maréchaux, qui y furent seulement témoins de son courage, et ne contribuèrent que par leurs vœux à l'heureux succès de ses entreprises.

L'armée victorieuse s'avançant vers Carignan, y prit un fort que les ennemis y avoient construit pour défendre le passage du Pô. L'on commença pour lors à bien espérer du secours de Casal, assiégé pour la seconde fois par les Espagnols. M. de Montmorency repassa ensuite les monts, et il se rendit à Lyon, où il ne donna point à M. d'Effiat toutes les louanges que, dans son cœur, il croyoit lui être dues.

Le Roi fut pour lors attaqué de cette grande maladie qui nous fit extrêmement craindre pour sa vie, et qui causa autant d'alarmes à son conseil que d'espérance à Monsieur, qui étoit resté à Paris, de posséder dans peu la plus belle couronne de la chrétienté; mais cette maladie eut un cours heureux. Lorsque le Roi crut se trouver hors d'espérance de guérison, il fit de grandes excuses à la Reine son épouse de n'avoir pas bien vécu avec elle. Il lui promit de se conduire mieux, et de suivre à l'avenir ses conseils. Cette princesse, se tenant alors comme assurée de la sincérité et de la tendresse du Roi son époux, lui déclara tous les sujets de plaintes qu'elle avoit contre le cardinal, et fit promettre au Roi que ce ministre seroit congédié; mais il est vrai que le monarque ne s'y engagea qu'à condition que ce ne seroit qu'après qu'il auroit fait la paix avec l'Espagne. Pendant la maladie du Roi, la Reine-mère s'assura aussi de plusieurs personnes pour arrêter le cardinal, s'il arrivoit que le Roi vînt à mourir. M. d'Alincourt, gouverneur de Lyon, et quantité de seigneurs de la cour s'y engagèrent. Le cardinal, de son côté, soit qu'il en eût connoissance, ou bien qu'il voulût se délivrer des craintes continuelles dans lesquelles il étoit, s'assura du plus grand nombre de gens qu'il put, et n'exigea d'eux autre chose, à ce qu'il parut, que de lui aider à se retirer dans un lieu de sûreté, à cause de la haine qu'il savoit bien que la Reine et Monsieur avoient pour lui. Le duc de Montmorency leur offrit aussi ses services et ceux de plusieurs de ses amis qu'il avoit mis dans leurs intérêts. A chaque accident qui survenoit dans cette maladie, les créatures de Monsieur lui dépêchoient des courriers que je faisois aussitôt suivre par d'autres, pour rassurer les bons serviteurs du Roi, et pour ôter à Monsieur l'espérance de la grandeur dont il se laissoit flatter. Enfin Dieu rendit assez de santé et de force à ce monarque pour sortir de Lyon, et pour aller prendre l'air de la Loire, qu'on assuroit lui être meilleur que tout autre.

Bien que Sa Majesté se ressouvînt des bons services que le cardinal lui avoit rendus, il n'oublia pas la parole qu'il avoit donnée à la Reine, quoiqu'il en fît un secret à son premier ministre; mais il l'avertit pourtant que la Reine sa mère étoit mal satisfaite de sa conduite, et lui conseilla de se réconcilier sincèrement avec elle. Soit que le cardinal ajoutât foi à ce que le Roi lui avoit dit, ou qu'il voulût connoître par lui-même qui étoient ceux qui le desservoient, ou qu'il crût que la bienveillance dont cette princesse l'avoit honoré lui faciliteroit les moyens de rentrer dans ses bonnes grâces, il prit le parti de la suivre, et il s'embarqua dans le même bateau qui avoit été préparé à cette princesse. Il y mit en usage tout son jeu, et examina la contenance de toutes les dames qui y étoient : ce qui lui fut très-inutile; car la Reine, qui étoit née Florentine, lui fit voir que, quoiqu'elle eût passé trente années en France, elle n'avoit pas encore oublié l'art de dissimuler qui s'apprend dans tous les pays du monde, mais qui est naturel en Italie.

La cour étant arrivée à Paris, le Roi aima mieux

loger dans l'hôtel des ambassadeurs extraordinaires, qui est proche du Luxembourg, que dans le Louvre; et cela apparemment pour ses vues particulières. Il y visitoit souvent la Reine sa mère, qui ne manquoit pas de le faire souvenir de ce qu'il lui avoit promis, et à la Reine son épouse; mais le Roi leur représentoit sous quelle condition il avoit donné sa parole. Non-seulement ceux qui jugeoient des choses suivant les apparences, mais même les plus éclairés, regardoient la disgrâce du cardinal comme inévitable, pendant que d'autres lui voyoient un moyen pour se maintenir, en ce que ceux qui agissoient pour le perdre le faisoient trop ouvertement et témoignoient beaucoup de passion : ce qui paroissoit une cabale, dont le nom seul étoit odieux au Roi.

La Reine fut conseillée par la princesse de Conti, par la duchesse d'Elbœuf, et même, à ce que l'on dit, par le garde des sceaux, d'avoir un éclaircissement avec le Roi; et pour faire connoître à ce monarque et au cardinal qu'il n'y avoit point de lieu d'espérer de réconciliation, elle éloigna de son service la dame de Combalet, nièce de ce premier ministre. Celui-ci surprit Leurs Majestés comme elles parloient ensemble de ce qu'il y avoit à faire contre lui. Les larmes et les soumissions du cardinal ne fléchirent point la Reine; et le Roi ne s'étant point alors déclaré en sa faveur, il se retira de leur présence, et donna ordre qu'on tînt son équipage prêt pour s'en aller au Havre. Le cardinal de La Valette (1), son ancien ami, s'opposa à cette retraite précipitée, et lui dit qu'il ne falloit point

---

(1) *Le cardinal de La Valette* : Louis de La Valette, archevêque de Toulouse. Il étoit fils du duc d'Epernon.

se décourager, mais suivre le conseil qu'il lui donnoit d'aller à Versailles trouver le Roi, et de se servir dans cette occasion de tout l'ascendant que la supériorité de son génie et ses grands services lui donnoient sur l'esprit de ce monarque. Le cardinal de Richelieu se trouva très-bien d'avoir suivi le conseil généreux de son ami. Les choses changèrent aussitôt de face. Ayant détrompé Sa Majesté, il en obtint un ordre pour faire aller le garde des sceaux à Glatigny, qui étoit une maison peu éloignée de Versailles, où l'on nous fit commandement de nous rendre, le président de Chevry et moi.

Le cardinal se servit de toute la force de son esprit, qui, comme l'on sait assez, étoit des plus transcendans, pour rendre le garde des sceaux et son frère auteurs de tout le mal. Il engagea le Roi à ôter les sceaux à l'un et à faire arrêter l'autre, qui pour lors commandoit l'armée d'Italie avec les maréchaux de La Force et de Schomberg. On m'ordonna d'aller à Glatigny reprendre les sceaux. On laissa un exempt avec des gardes auprès de M. de Marillac, qui le conduisirent à Châteaudun, où il mourut. L'expérience consommée de ce magistrat lui fit regarder sa perte comme assurée dès qu'il vit que le cardinal étoit à Versailles, et que la Reine-mère, restée à Paris, l'avoit laissé maître du champ de bataille. Il écrivit au Roi une lettre pour lui demander la permission de se retirer, et il me la remit avec les sceaux, après s'être entretenu avec moi assez long-temps ; mais quand il entendit qu'il y avoit un exempt qui devoit l'accompagner jusques au lieu où il devoit être conduit, il changea de couleur, et, faisant pourtant semblant de ne se pas croire prisonnier, il me dit : « Si on a peur que je ne parle à quelqu'un, on ne me rend pas justice. Je ne puis avoir de plus sûre garde que moi-même. » Bouthillier eut ordre d'écrire à M. de Schomberg de faire arrêter le maréchal de Marillac : ce qu'il exécuta, après en avoir averti M. de La Force et les principaux officiers de l'armée. Pour moi, je remis les sceaux entre les mains du Roi, et je lui dis que M. de Marillac m'avoit chargé d'une lettre pour Sa Majesté. Ce monarque voulut la voir, aussi bien que le cardinal ; je m'en défendis sur ce qu'elle m'avoit été donnée fermée, et que, pouvant s'y trouver quelque chose qui leur seroit désagréable, on pourroit me soupçonner de m'en être chargé à dessein. Mais le Roi m'ayant assuré qu'il étoit persuadé de ma fidélité, et le cardinal de mon affection, je l'ouvris, et j'en fis lecture en présence du premier ministre. Cette lettre étoit conçue en termes extrêmement soumis. M. de Marillac y demandoit au Roi la permission de se retirer, parce que, disoit-il, son grand âge ne lui permettoit plus d'exercer sa charge avec toute l'assiduité qu'elle demandoit.

Sur la proposition que l'on fit à M. de Châteauneuf de le faire garde des sceaux, il se défendit assez fortement, soit parce qu'il étoit difficile de se maintenir long-temps en faveur avec le Roi et le cardinal, ou peut-être parce qu'il se croyoit encore trop jeune pour soutenir le poids d'un pareil fardeau. J'eus cependant ordre de venir à Paris pour faire savoir à la Reine-mère, de la part du Roi son fils, le changement qu'il avoit fait dans son conseil, en ôtant les sceaux à M. de Marillac, et qu'il ne rempliroit point cette charge ni

celle de premier président, sans lui dire auparavant sur quels sujets Sa Majesté jeteroit les yeux. Ces paroles furent prises en deux sens bien différens; car les uns crurent qu'elles signifioient que le Roi en délibéreroit avec la Reine sa mère, et les autres crurent qu'elles marquoient seulement que Sa Majesté lui diroit ce qu'elle vouloit faire. Je trouvai, en arrivant au Luxembourg, une cour extrêmement grosse. La Reine étoit environnée de quantité de dames et d'un grand nombre de seigneurs, dont M. le duc d'Epernon étoit le plus qualifié. Je l'abordai, après avoir dit à cette princesse ce qui m'avoit été ordonné. Elle me commanda de me trouver dans son appartement, au retour de sa promenade, pour y recevoir sa réponse. Après cela je ne pus m'empêcher de demander à M. d'Epernon ce qu'il prétendoit de faire par sa manière d'agir. « Pousser à bout le cardinal, me
« dit-il avec cette fierté qui lui étoit naturelle. —
« L'occasion en est passée, lui répliquai-je; il est le
« maître. M. de Marillac est congédié, et je ne vois
« point d'autre parti à prendre pour vous que de vous
« retirer, et de laisser débrouiller les cartes à ceux qui
« les ont mêlées, mais qui ne pourront peut-être pas
« en venir à bout. » Je retournai au Luxembourg à l'heure qui m'avoit été donnée par la Reine, qui tenoit pour lors son cercle où il y avoit un grand nombre de princesses, de dames et de seigneurs qui faisoient leur cour à Sa Majesté. La Reine ayant témoigné qu'elle vouloit se retirer sur les six heures du soir, tous ceux qui étoient auprès d'elle prirent congé. Je fus au désespoir d'avoir vu tant de monde au Luxembourg, n'aimant point à faire le personnage

d'un espion, personnage qui me paroît tout-à-fait indigne d'un gentilhomme. Je m'attendois cependant d'être fort questionné à mon retour; mais heureusement on ne me dit rien. Si cette commission eût été donnée au lieutenant civil Morteau, il ne l'auroit jamais exécutée à son honneur. Il s'y seroit infailliblement perdu, comme ceux qui y furent remarqués. Lorsque je fis ma commission auprès de la Reine, Sa Majesté, étant entrée dans son cabinet, me commanda de lui répéter ce que j'avois eu l'honneur de lui dire. C'étoit apparemment pour me persuader, aussi bien qu'au Roi et au cardinal, qu'elle n'en avoit rien témoigné aux princesses qui l'avoient suivie à la promenade. Mais comme cet artifice étoit trop grossier, je n'en fus pas la dupe. Je lui répétai pourtant tout ce que j'avois dit. Sa réponse fut que le Roi ne pouvoit rien faire qui ne dût être approuvé ; mais qu'il en usoit bien mal avec elle, non-seulement parce qu'elle étoit sa mère, mais encore parce qu'il manquoit à ce qu'il avoit promis; que les finesses du cardinal lui étoient connues, et qu'il seroit bien difficile que le Roi son fils n'y fût pas trompé dans la suite ; qu'elle le remercioit de tout ce qu'il lui avoit bien voulu faire savoir, et que c'étoit là tout ce qu'elle avoit à me dire. Elle ajouta que c'étoit encore lui faire un très-grand outrage, et montrer le peu de crédit qu'elle avoit sur l'esprit du Roi son fils, puisqu'il reléguoit le garde des sceaux, qui auroit dû, par sa probité et sa suffisance, être à couvert d'un pareil orage.

« Je vous ai fait entendre, continua Sa Majesté,
« ce que je veux que vous disiez au Roi de ma part;

« mais vous considérant comme mon serviteur et
« comme fils du plus zélé serviteur qu'ait jamais eu
« le feu Roi mon seigneur, je vous dirai franchement
« que j'aurai encore plus à souffrir que je n'ai eu du
« temps de Luynes. » Je pris la liberté de ne point
tomber d'accord de ce que me dit cette princesse,
et je lui représentai les obligations que lui avoit le
cardinal. « Vous ne le connoissez pas, me répliqua-
« t-elle : comme il n'y a pas d'homme plus abattu que
« lui quand la fortune lui est contraire, aussi est-il
« pire qu'un dragon quand il a le vent en poupe. »
Elle ne me permit de la quitter que sur les dix heures
du soir ; et les larmes qu'elle répandit abondamment,
en se plaignant avec amertume du cardinal, me
firent connoître qu'elle étoit véritablement touchée
et outrée.

Je me rendis le lendemain de grand matin à Versailles, où je trouvai M. de Châteauneuf résolu non-
seulement d'accepter les sceaux, mais même dans
l'impatience de les avoir. Le cardinal étoit aussi dans
celle de les lui procurer ; mais le Roi se trouvoit encore incertain de ce qu'il devoit faire. Cela m'obligea
de dire à M. de Châteauneuf que tant que les sceaux
seroient dans les coffres de Sa Majesté, les partisans
de M. de Marillac espéreroient toujours qu'on les lui
rendroit. « Il faut, continuai-je, avouer la vérité : c'est
« un homme de mérite, et dont la probité sera un
« obstacle à la réconciliation du Roi notre maître et
« de la Reine sa mère ; mais lorsque les partisans de
« M. de Marillac ne se flatteront plus de lui voir
« rendre les sceaux, ceux qui paroissent les plus
« animés conseilleront à la Reine de rechercher la

« bienveillance du Roi, et de se conformer à ses in-
« tentions. » M. de Châteauneuf me demanda si je
voulois bien dire ceci au cardinal. Je le lui promis,
et il me pressa fort de le faire. Cela m'obligea de lui
parler en ces termes : « Vous n'êtes plus le même que
« vous étiez ; Dieu en soit loué. » J'informai cependant le cardinal de ce que j'avois fait à Paris, et d'une
partie de ce qui m'y avoit été dit. J'ajoutai ce que je
croyois qu'il falloit faire ; mais ce n'étoit pas tant pour
favoriser M. de Châteauneuf, que parce que j'étois
persuadé que le service du Roi le demandoit. Le cardinal me recommanda de dire à Sa Majesté ce que je
croyois qu'il étoit à propos qu'elle fît, après lui avoir
rendu compte de la manière dont j'avois exécuté ses
ordres.

Dans l'impatience où le Roi étoit de me voir, pour
savoir ce que j'avois fait à Paris, il vint à ma rencontre,
et fut fort aise d'apprendre comme je m'étois acquitté
de la commission qu'il m'avoit donnée. Il parut encore plus content de la proposition que je fis à Sa Majesté de remplir au plus tôt les dignités de garde des
sceaux et de premier président du parlement. Le Roi
envoya quérir sur-le-champ le cardinal, et lui déclara
la résolution qu'il avoit prise. Il l'appuya de toutes
les raisons dont je m'étois servi. Je fis en cette rencontre le personnage d'un courtisan, qui est d'ap-
plaudir à ce que les maîtres veulent ; mais je le fis avec
tant de circonspection pour la Reine-mère, qu'il ne
m'échappa de rien dire qui pût lui nuire, ni qui fût
contraire au respect que je lui devois. Cette princesse
ne se contenta pas d'avoir congédié de son service
madame de Combalet, nièce du cardinal : elle ordonna

aussi à Rancé son secrétaire, et créature de cette Eminence, de se retirer, en l'assurant pourtant qu'elle auroit soin de le récompenser.

Plusieurs de ceux qui avoient paru les plus assidus au Luxembourg cessèrent alors d'y aller; même le duc d'Epernon fut à Versailles rendre ses devoirs au Roi. Il eut un long entretien avec le cardinal de Richelieu, et il y a beaucoup d'apparence que l'étroite amitié qui étoit entre le premier ministre et le cardinal de La Valette, fils de M. d'Epernon, ne fut pas inutile à ce duc qui étoit fort mal dans l'esprit du premier ministre, parce que, dans le voyage que la cour avoit fait à Bordeaux en 1629, il avoit constamment soutenu les droits de sa charge dans les civilités qu'il avoit rendues à cette Eminence, qui depuis ce temps-là en avoit toujours témoigné son mécontentement au duc d'Epernon.

M. de Châteauneuf ayant enfin accepté la charge de garde des sceaux dont il étoit digne, on m'ordonna d'aller dire à la Reine-mère le choix que le Roi avoit fait de la personne de ce ministre pour remplir la susdite charge, et de celle de M. Le Jay (1) pour être premier président du parlement de Paris. On m'ordonna aussi de faire expédier les provisions de ces deux charges, et d'avertir les officiers du sceau qu'ils eussent à se trouver le lendemain à Versailles, le Roi voulant lui-même sceller le brevet de M. de Châteauneuf. Le cardinal souhaita que j'entretinsse le père Suffren (2), jésuite, de ce que j'avois dit à la Reine,

---

(1) *M. Le Jay :* Nicolas Le Jay, président à mortier. Il étoit très-opposé à la Reine-mère. — (2) *Le père Suffren :* Il étoit confesseur de la Reine-mère.

étant persuadé que la manière avec laquelle on agissoit avec elle devoit l'adoucir, parce que le public pourroit être détrompé par là de l'opinion qu'il ne manqueroit pas d'avoir que tout ceci se faisoit sans la participation de Sa Majesté.

Je n'arrivai à Paris qu'à deux heures de nuit. J'en restai bien autant au Luxembourg, et à me faire ouvrir les portes du noviciat des jésuites, où le père Suffren logeoit. Je le trouvai parti pour Versailles. Je fus ensuite éveiller le président Le Jay, et de là j'allai au Louvre, où j'eus pitié de l'aveuglement de madame Du Fargis, qui se tenoit comme assurée que son crédit et celui de sa mère seroit assez puissant pour perdre le cardinal. J'avois averti, dès Lyon, cette dame que l'on n'étoit pas content de sa conduite, et que l'ordre donné à Beringhen de se retirer de la cour faisoit assez connoître l'autorité absolue de l'Eminence. Je lui avois dit encore que, si elle ne changeoit, elle auroit sans doute occasion de s'en repentir. La dame me dit que j'étois moi-même un aveugle, et trop persuadé du crédit du cardinal. Mais enfin, ne la pouvant convaincre, je lui répliquai qu'elle en pourroit faire bientôt l'épreuve à ses dépens.

La reine Anne d'Autriche commença de s'apercevoir alors que les conseils qu'elle avoit suivis dans tout cet enchaînement d'intrigues n'étoient pas les meilleurs ; mais elle s'en excusoit en disant : « Qui auroit « pu croire, après tout ce que l'on voit, ce que le Roi « a dit à la Reine sa mère dans le temps qu'il croyoit « mourir, et depuis qu'il a recouvré sa santé ? » Je fis ce que j'avois à faire à Paris, et j'en partis de si bonne heure que j'arrivai à Versailles avant les officiers du sceau. Les provisions de garde des sceaux et de premier président du parlement étant scellées, M. de Châteauneuf et M. Le Jay prêtèrent leur serment entre les mains de Sa Majesté, et dînèrent avec le cardinal qui partit de Versailles, et qui, ayant accompagné le Roi au Luxembourg, fut témoin de ce qui se passa quand il présenta à la Reine sa mère ces deux nouveaux magistrats.

Le maréchal de Schomberg, ayant exécuté l'ordre qu'il avoit d'arrêter M. de Marillac, repassa en France, glorieux d'avoir obligé le marquis de Sainte-Croix à lever le siége de Casal, que ce général avoit formé avec l'armée d'Espagne. La prise et le sac de Mantoue par celle de l'Empereur nous affligea moins que M. de Savoie, qui mourut alors dépouillé d'une partie de ses Etats, et presque à la discrétion de la maison d'Autriche, mais toujours plein de projets aussi spécieux que peu solides. On ne peut dire si ce prince mourut de vieillesse ou bien de chagrin ; mais ceux qui avoient le plus de part à sa confiance ont cru que le mauvais état de ses affaires avoit avancé ses jours.

Le Roi ayant résolu de rester du temps à Saint-Germain-en-Laye, le cardinal y demanda un logement pour ne pas s'éloigner de Sa Majesté, à ce qu'il disoit. Mais c'étoit plutôt pour sa sûreté, quoiqu'il se vît bien assuré de tous ceux qui approchoient de sa personne. Le duc de Montmorency, et MM. de Toiras et d'Effiat qui étoient de retour à la cour, demandèrent pour lors le bâton de maréchal de France. Le premier représentoit les services de ses pères et les siens personnels, ayant beaucoup contribué à la réduction des villes du Languedoc occupées par les religionnaires, gagné une bataille sur les Rochelois, et cette même année-ci celle de Veillane, où les armées du roi d'Espagne et du duc de Savoie avoient été défaites. Toiras demandoit le même honneur pour avoir défendu les citadelles de Casal et de Ré contre l'effort des armées espagnoles et anglaises ; et d'Effiat y prétendoit pour avoir eu part à la dernière victoire de M. de Montmorency, dont il se faisoit encore plus d'honneur qu'il ne lui en appartenoit, sans dérober rien à M. de Montmorency de ce qui lui étoit dû. Le Roi, ayant pris enfin la résolution d'accorder cette dignité aux deux premiers, me commanda d'en venir faire part à la Reine sa mère. Le troisième fut informé de cette résolution par Bullion, connu autrefois par le nom de Cinq-Héraults, et recommandable alors par plusieurs services qu'il avoit rendus. Je lui dis l'ordre qui m'avoit été donné. Bouthillier, et surtout d'Effiat qui espéroit que le Roi lui accorderoit la même grâce qu'aux autres, me conjurèrent de ne point partir sans avoir vu auparavant le cardinal, qui s'étoit déjà retiré. Cela me surprit beaucoup. Je ne laissai pas de leur promettre ce qu'ils me demandoient, en leur disant que j'avois de la peine à croire qu'ils pussent réussir dans leur dessein, parce que le Roi, pour l'ordinaire, ne se déterminoit pas si promptement. J'aurois pu encore leur objecter bien d'autres raisons, mais je m'en abstins, autant par bienséance que parce que j'aurois souhaité de m'être trompé dans mon jugement, à cause de l'amitié qui avoit toujours été entre M. d'Effiat et moi.

Je ne manquai donc pas de me rendre chez le cardinal à son réveil, et je lui dis ce qui m'amenoit chez

lui de si bonne heure.. « Bon Dieu, me répondit-il
« dans la surprise où il étoit, qu'il y a dans ce monde
« de gens prévenus de leur mérite, et qui connois-
« sent peu la cour! Allez-vous-en en diligence, faites
« ce qui vous a été ordonné, et assurez d'Effiat que
« dans le commencement de l'année prochaine (nous
« étions bien avancés dans le mois de décembre) il
« aura satisfaction, ou je n'aurai point de crédit. »
M. d'Effiat ne fut pas content de cela, et pressa toujours; mais pourtant il n'oublia pas ce que je lui avois
dit de la part du cardinal.

Pendant le voyage de Savoie et le séjour que fit le
Roi à Versailles, M. de Soissons ne discontinua point
de demander la liberté de M. de Vendôme. L'abolition que ce prince avoit bien voulu accepter, l'assiduité de ses enfans auprès de la personne de Sa Majesté, et le grand prieur mort en prison, excitoient la
compassion et l'indignation de tout le monde, qui ne
pouvoit supporter qu'on punît par une si longue captivité une chose dont on faisoit un grand crime à M. de
Vendôme, qui étoit de penser seulement aux prétentions qu'il avoit sur la Bretagne. M. de Vendôme
obtint enfin sa liberté par les soins de M. de Soissons,
et fut rétabli dans tous ses honneurs, à la réserve du
gouvernement de cette province, dont il conserva
seulement le titre. On étoit pour lors fort attentif à ce
que feroit Monsieur, ce prince paroissant attaché aux
volontés du Roi, louant tout ce qui se faisoit, et affectant même de suivre les avis du cardinal; mais on fut
encore plus surpris d'apprendre, lorsqu'on s'y attendoit le moins, qu'il avoit été rendre visite à ce premier ministre, et qu'il lui avoit parlé en ces termes :

« Je viens retirer la parole que je vous avois donnée « d'être de vos amis. Je ne puis l'être avec honneur, « à cause du mauvais traitement que reçoit de vous « la Reine ma mère. » A quoi le cardinal répondit avec modération qu'il ne laisseroit pas d'être toujours son très-humble serviteur ; qu'il n'avoit aucune part à tout ce qui se faisoit à la Reine, et qu'il ne croyoit pas (en cela il se trouva conforme aux sentimens du Roi) qu'elle eût aucun sujet de se plaindre de ce qui se faisoit, puisqu'il ne tenoit qu'à elle d'entrer dans le secret des affaires, et dans l'étroite confiance du Roi son fils. Monsieur étant resté à Paris nonobstant la hauteur avec laquelle il avoit parlé au cardinal, il ne laissa pas de prendre la résolution de se retirer à Blois : à quoi Sa Majesté ne s'opposa point.

Soit que cette Eminence eût envie de se réconcilier tout de bon avec la Reine, ou bien qu'elle n'en voulût faire que le semblant, elle employa plusieurs personnes pour adoucir l'esprit de cette princesse. Mais elle se tint fort offensée et si méprisée qu'elle crut ne le pouvoir faire sans blesser sa réputation. Ainsi la peine qu'on s'y donna fut très-inutile, étant d'ailleurs obsédée par les ennemis du cardinal, qui flattoient sa passion en lui disant que le public la plaignoit, et blâmoit le Roi son fils, dont l'esprit inconstant lui pouvoit faire espérer qu'il se réconcilieroit avec elle aussi facilement qu'il s'étoit brouillé.

[1631] Cependant le cardinal proposa au Roi d'aller à Compiègne, et l'engagea d'inviter la Reine sa mère à être de ce voyage. On n'a point su précisément si ce ministre en usa de la sorte pour priver cette princesse des mauvais conseils qu'on lui donnoit à Paris, ou bien pour la faire arrêter, comme cela fut exécuté ensuite. Le premier ministre, pour faire voir que son crédit augmentoit au lieu de diminuer, persuada à Sa Majesté d'ôter à la Reine son épouse madame Du Fargis. On croit que le cardinal donna ce conseil au Roi (conseil encore plus subtil que tout ce qu'on a jamais attribué à l'empereur Tibère) pour mettre à la place de cette personne madame de La Flotte, et avec elle sa petite-fille, pour laquelle le Roi avoit conçu de l'amour. Le cardinal avoit en vue de faire perdre par ce moyen à Sa Majesté l'envie de revoir la Reine sa mère : ce qui pouvoit exciter en même temps la jalousie de la Reine son épouse, et entretenir dans la maison royale une division qui favorisoit ses vues et tenoit l'esprit du Roi dans sa dépendance. La Reine-mère, pour s'exempter du voyage de Compiègne, feignit une incommodité ; mais plusieurs de ses créatures, persuadées qu'elle se repentiroit de n'y avoir pas accompagné le Roi, et que cette séparation donneroit gain de cause à ses ennemis, lui en représentèrent de si fortes raisons que cette princesse changea à la fin de sentiment. Elle ne fut pas sitôt arrivée à Compiègne qu'on fit de nouveaux efforts pour réconcilier le cardinal avec elle, et pour l'engager par là insensiblement à abandonner ses serviteurs ; mais les prières et les menaces ne pouvant rien gagner sur l'esprit de Sa Majesté, et le Roi étant ennuyé de ne la pouvoir persuader, il prit la résolution de la faire arrêter, d'envoyer la princesse de Conti à Eu, et la duchesse d'Elbœuf dans une de ses maisons de campagne; de donner à madame de La Flotte la charge de dame d'atour de la Reine, et d'engager cette dame à garder auprès d'elle mademoiselle de Hautefort sa petite-fille. C'est ce que ce monarque lui-même déclara à la Reine son épouse en montant dans son carrosse aux Capucins, où il l'attendoit, et d'où il la mena coucher à Senlis. On résolut d'y faire une dépêche générale; et le cardinal, par un aveuglement qui n'est que trop ordinaire à ceux qui sont en faveur, consentit non-seulement, mais proposa même que l'on insérât dans cette dépêche (1) que l'emprisonnement de la Reine ne venoit que du refus qu'elle avoit fait de le recevoir dans ses bonnes grâces.

Etant persuadé que Vautier, premier médecin de cette princesse, avoit un grand ascendant sur son esprit, il le fit aussi conduire prisonnier à Senlis; et comme il lui sembla que cette demeure de la Reine proche Paris ne la priveroit point des conseils ordinaires qu'elle recevoit, et que le peuple seroit touché de compassion de son malheur, il fit résoudre le Roi à m'envoyer vers elle pour lui proposer de se retirer à Moulins, en l'assurant que son premier médecin lui seroit rendu, et elle bien payée de toutes ses pensions.

Mon ordre étant de ne parler à la Reine qu'en présence du maréchal d'Estrées, je descendis dans la maison du vicomte de Brigueil, gouverneur de la ville, chez qui ce maréchal étoit logé. Je lui communiquai ma lettre de créance et mon instruction. Nous fîmes de concert avertir de mon arrivée Cottignon, secrétaire

---

(1) *Que l'on insérât dans cette dépêche :* Richelieu s'aperçut, mais trop tard, de cette inconvenance. Il fit supprimer la déclaration, mais il en avoit été déjà distribué près de deux mille exemplaires.

de la Reine, qui avoit succédé à Rancé, afin qu'il nous fît savoir à quelle heure nous pourrions parler plus commodément à Sa Majesté. Cette princesse nous ordonna de l'aller trouver dans le moment, soit qu'elle fût dans l'impatience de nous faire ses plaintes, ou bien d'apprendre des nouvelles. Elle se tint aussi offensée de la proposition qu'on lui fit d'aller à Moulins, que de la rigueur dont on avoit usé à son égard en lui ôtant son premier médecin. Mais elle témoigna encore plus de douleur de ce qu'on la séparoit du Roi son fils, « de la bonté du naturel de qui, ajouta-t-elle,
« je suis si persuadée, que jamais je ne lui imputerai
« mes malheurs. Je ne les dois qu'au pouvoir que le
« cardinal s'est acquis sur l'esprit du Roi mon fils; et
« je suis assurée qu'on ne m'envoie à Moulins qu'à
« dessein de me renvoyer ensuite en Italie. Mais je
« souffrirai les derniers outrages avant que de m'y ré-
« soudre, » jusqu'à se laisser, dit-elle, tirer de son lit toute nue, assurée qu'elle étoit qu'elle exciteroit à compassion les plus insensibles. Nous fîmes, le maréchal et moi, tout notre possible pour adoucir son chagrin; et je pris la liberté de lui dire : « Mais, madame,
« si l'on avoit intention de vous manquer de respect,
« pourquoi ne l'auroit-on pas fait à Compiègne comme
« à Moulins? » Je la suppliai ensuite de prendre le temps nécessaire pour réfléchir à ce qu'elle avoit à nous répondre, et nous nous retirâmes.

Nous tâchâmes de persuader Cottignon, qui nous avoit suivis, que la Reine ne pouvoit rien faire de mieux que de se conformer à la volonté du Roi. Cottignon étoit un homme franc, mais colère et emporté, et de plus ami de Vautier. Nous le trouvâmes si at-

taché à son sens, que je fus contraint de lui demander s'il vouloit passer pour être le seul conseiller de sa maîtresse. « Et ne craignez-vous point, lui ajoutai-je,
« qu'il ne vous en arrive de mal ? Car il y a beaucoup
« d'apparence que Sa Majesté ne se soucie guère de
« revoir Vautier, puisque nous offrons de le lui
« rendre dès le lendemain qu'elle se sera mise en état
« d'exécuter ce que nous lui proposons pour son re-
« pos et pour le bien de la France. La division qui
« paroît entre les deux frères ne peut être accom-
« modée que par son moyen. Sa Majesté en reviendra
« encore plus glorieuse à la cour. »

Cottignon, ayant fait ses réflexions, engagea la Reine à examiner nos raisons, qui lui parurent si bonnes qu'elle m'envoya querir et me chargea d'une lettre pour le Roi, auquel elle me commanda de dire qu'elle n'avoit point de plus forte passion que de lui plaire et de se conformer à sa volonté; qu'elle le prioit de se souvenir qu'elle étoit sa mère; qu'elle avoit essuyé beaucoup de peines et de travaux pour lui conserver son Etat; et enfin qu'elle lui demandoit en grâce de ne point prendre les avis du cardinal de Richelieu dans les choses qui la concernoient, parce qu'elle savoit par sa propre expérience que quand il haïssoit il ne pardonnoit jamais, son ingratitude et son ambition n'ayant point de bornes. Je suivis l'ordre que j'avois reçu du Roi. Je lui dépêchai Lucas, qui fut dans la suite secrétaire du cabinet; et, dans la lettre que j'écrivois au cardinal, je n'oubliai rien de tout ce que la Reine m'avoit dit.

Je montai à cheval dès la pointe du jour pour me rendre à Senlis, où le Roi m'avoit assuré qu'il m'attendroit; mais les coups de canon que j'entendis tirer m'en paroissant éloignés d'une bonne lieue, me firent juger que Sa Majesté en étoit partie, et que Vautier avoit été conduit à la Bastille. J'appris en arrivant à Senlis ce qui s'y étoit passé, et je trouvai que je ne m'étois point trompé dans le jugement que j'avois fait. Je n'y restai que le temps qu'il me fallut pour dîner, et je suivis le chemin de la cour, sans espérer de la pouvoir rejoindre qu'à Paris seulement.

Le cardinal, qui craignoit de donner de la jalousie au Roi, laissa un de ses gentilshommes pour m'avertir d'aller au Louvre avant que de me rendre chez lui : mais cette précaution étoit très-inutile à mon égard, car je ne m'étois point encore mis sur le pied d'aller chez personne, sans m'être acquitté auparavant de ce que je devois au Roi mon maître. Cependant, sans s'arrêter à ce que j'avois écrit, on changea de résolution en ne promettant de rendre Vautier à la Reine que quand elle seroit à Moulins; et il y a même toutes les apparences qu'on étoit dans le dessein de le retenir toujours prisonnier, parce qu'on le regardoit comme un homme dangereux, et qui n'avoit perdu aucune occasion de faire paroître le peu de déférence qu'il avoit pour le cardinal. Je fus chez le premier ministre au sortir du Louvre, et je le trouvai aussi content de sa fortune qu'il paroissoit l'être de voir tous les grands seigneurs de la cour s'estimer heureux de pouvoir entrer dans son antichambre pour lui faire leurs révérences quand il passoit pour aller au Louvre. Le Roi étant averti que Monsieur s'avançoit du côté de la Bourgogne pour entrer dans la Franche-Comté où il avoit jugé à propos de se rendre, parce qu'il n'avoit pas cru pouvoir être en sûreté dans la ville de Bellegarde où il avoit été reçu par celui qui en étoit alors gouverneur et seigneur propriétaire, Sa Majesté poursuivit ce prince; et elle déclara rebelle tous ceux qui l'assisteroient, s'ils ne rentroient en France dans le temps marqué par son édit, et s'ils ne déclaroient qu'ils n'étoient point engagés à d'autre service que celui du Roi. M. de Bellegarde envoya au Roi un homme de qualité pour s'excuser d'avoir suivi Monsieur, et de l'avoir reçu dans la ville : disant pour ses raisons qu'étant attaché au service de ce prince, il n'avoit pu faire autrement. On répondit à ce gentilhomme que Bellegarde étant une place de guerre dont le duc étoit gouverneur, elle n'avoit dû servir d'asyle ni de retraite à ceux qui servoient contre le Roi ou qui se déclaroient contre lui, dont Monsieur ne pouvoit donner de plus grande marque que de sortir du royaume et de passer dans un pays étranger sans la permission de Sa Majesté. Le parlement de Paris fit d'abord quelque difficulté d'enregistrer cette déclaration ; mais enfin il suivit l'exemple de celui de Bourgogne, en se conformant aux volontés du Roi, qui ordonna ce qu'il falloit faire pour maintenir cette province dans l'obéissance qu'elle lui devoit. Sa Majesté fut fort contente de ce que les choses avoient réussi à son gré. Elle revint ensuite à Sens où la Reine étoit restée, dans la pensée qu'elle avoit d'être grosse ; mais ayant appris par le chemin qu'elle ne l'avoit point été ou bien qu'elle s'étoit blessée, il en fut très-affligé. Sa Majesté résolut ensuite de passer les fêtes de Pâques et une partie de l'été à Fontainebleau, d'où elle envoyoit souvent savoir des nouvelles de la Reine sa mère : ce qui faisoit croire qu'ils pourroient se raccommoder.

Il se répandit alors un bruit dans le château que cette princesse s'étoit sauvée en Flandre. Plusieurs personnes y ajoutèrent foi ; et le cardinal même m'en faisant paroître sa surprise, je lui soutins que cela ne pouvoit être, « à moins, dis-je, que le maréchal « d'Estrées ne fût de la partie, lequel, supposé que « la Reine eût surpris sa vigilance, n'auroit pas man-« qué de donner avis de ce qui étoit arrivé. Et quand « même il auroit été d'intelligence avec elle, le vi-« comte de Brigueil, les gouverneurs et les comman-« dans des places en auroient écrit au Roi. » On eut bientôt des avis contraires à ce bruit, qui cessa après avoir été répandu par le marquis d'Oisant, qui avoit la réputation d'ajouter autant de foi à un mensonge qu'à une vérité ; car il lui suffisoit d'avoir inventé ou entendu dire une nouvelle pour la croire.

Soit que le cardinal s'imaginât que la retraite de la Reine en Flandre avanceroit ses affaires, ou bien qu'il se feroit à lui-même un tort considérable de la retenir prisonnière plus long-temps, il se détermina à supplier le Roi d'envoyer à cette princesse une personne de poids et de confiance pour lui proposer un accommodement : étant persuadé qu'elle l'accepteroit, ou que du moins le Roi seroit justifié de tout ce qui pourroit arriver après qu'elle l'auroit refusé. La commission en fut donnée au maréchal de Schomberg, avec une instruction signée par Bouthillier. Je ne fus point employé en cette occasion, parce que le cardinal m'avoit reconnu trop zélé pour la gloire du Roi pour lui céler la vérité, et trop attaché aux intérêts de la Reine mère pour ne les pas soutenir. Cependant je ne fis semblant de rien, et je remerciai Dieu de bon cœur de n'avoir plus à me mêler d'une affaire aussi délicate et aussi épineuse.

La Reine persista toujours dans sa résolution de souffrir toutes choses plutôt que de se réconcilier avec le cardinal. On ne sait point si ce fut par l'ordre de cette Eminence que Bezançon proposa à Sa Majesté de se retirer à La Capelle, ou bien s'il le fit de son propre mouvement ; mais ce qui est de certain, c'est qu'il en fit l'ouverture à cette princesse, en l'assurant du service du fils aîné du marquis de Vardes, qui en étoit gouverneur, et qui lui fit voir la chose si claire que Sa Majesté résolut de sortir de Compiègne, d'où l'on avoit retiré la garnison; et parce que la chose fut aussitôt sue que ménagée, on soupçonna Bezançon de n'avoir agi que par les ordres du cardinal. En effet, le marquis de Vardes étant averti de ce que son fils, qui étoit reçu en survivance, avoit résolu de faire, il le fit (suivant un ordre qu'il avoit eu du Roi) devancer par Dubec, qui étoit un autre de ses enfans. Celui-ci, ayant pris le serment de la garnison, réduisit son frère à suivre la Reine, qui se trouva par là dans la nécessité de s'arrêter au conseil que lui donna Bezançon de se retirer en Flandre. Elle y reçut tous les bons traitemens et tout le bon accueil qu'elle put désirer de l'archiduchesse, qui n'oublia rien pour adoucir tous les chagrins dont Sa Majesté étoit pénétrée.

Le duc de Lorraine, qui avoit armé, ne croyant avoir jamais une plus belle occasion pour tirer raison du mal qu'il croyoit lui avoir été fait, se mit en campagne; mais quand il apprit que le Roi alloit du côté de Langres, il l'envoya assurer de sa fidélité, et lui déclarer qu'il n'avoit armé que pour le service de l'Empereur; et, pour faire voir qu'il ne disoit rien que de vrai, il fit marcher ses troupes dans les terres de l'Empire. Le Roi, qui n'avoit que très-peu de monde sur pied, parut se contenter de ce qui lui fut dit de la part de ce souverain, et prit cependant la résolution de ne se point éloigner des frontières, pour être mieux en état de lui empêcher l'entrée du royaume, s'il se mettoit en devoir de l'entreprendre. Sa Majesté donna ordre à plusieurs régimens de se tenir prêts à marcher quand cela leur seroit commandé. Le Roi revint ensuite à Fontainebleau; et le domaine de Château-Thierry lui étant échu par la mort du comte de Saint-Paul, il témoigna avoir envie de voir cette nouvelle maison, et il fut confirmé dans cette pensée par le cardinal, qui apprenoit de divers endroits qu'il se traitoit entre l'Empereur et M. de Lorraine quelque chose qui pouvoit être préjudiciable à la France : ce qui lui faisoit conclure qu'il étoit à propos de ne se pas tenir éloigné du pays du duc, en se servant du prétexte de se défier de l'Empereur.

M. de Lorraine ayant commencé par faire fortifier Moyenvic, le Roi soutint avec justice que cette place appartenant en propre à l'évêque de Metz, dont on savoit qu'il étoit protecteur, on n'avoit rien dû entreprendre de semblable sans sa participation. L'Empereur soutenoit de son côté que, l'évêque étant son sujet et son vassal, il avoit droit de faire fortifier, pour la sûreté de l'Empire, tel poste qu'il croyoit nécessaire. Ce prince parloit bien haut, parce qu'il étoit armé, aussi bien que M. de Lorraine, et que la saison étoit déjà très-avancée : et comme il s'étoit persuadé qu'il n'avoit rien à craindre, il avoit fait avancer son armée vers le Danube pour tenir en respect plusieurs princes de l'Empire, qui commençoient à s'apercevoir que Sa Majesté Impériale ne songeoit uniquement qu'à les assujettir.

Le Roi, se prévalant de leur imprudence, partit de Château-Thierry, et se rendit en peu de jours à Metz, d'où il fit reconnoître la situation et l'état des fortifications de Moyenvic; et, voyant que le siége de cette place seroit d'autant plus difficile qu'elle étoit en défense et construite dans un marais, il ne laissa pas de l'entreprendre. M. de Lorraine s'avança pour la secourir; mais, ayant trouvé l'armée du Roi plus forte qu'il ne croyoit, il proposa de faire rendre cette place sous des conditions que le Roi accepta [1], persuadé qu'il étoit d'avoir beaucoup fait de s'en rendre maître. Pendant le séjour qu'il fit à Metz, il y reçut l'évêque de Wurtzbourg en qualité d'ambassadeur des électeurs. Sa Majesté lui donna une seconde audience, dans laquelle il parla couvert : ce qu'il n'avoit pas fait dans la première, où il ne fut regardé simplement que comme ministre des électeurs.

[1632] J'appris, dans le temps que la cour étoit à Metz, que mon père étoit malade à l'extrémité, et la mort de deux de mes filles. Le Roi, croyant aussi que j'avois perdu mon fils aîné, évitoit de me voir; et Sa Majesté, se trouvant un jour pressée de dire le sujet du changement qui paroissoit à mon égard, répondit : « Il faut attendre que sa douleur soit cal-

---

[1] *Que le Roi accepta* : Traité de Vic, 31 décembre 1631.

« mée. La perte de trois enfans paroît excessive à qui
« n'en a point d'autres; et quand on les aime comme
« je sais que La Ville-aux-Clercs aime les siens, il en est
« comme d'une toile où un fil étoit mal passé : on est
« dans la nécessité de travailler à un autre. » Cependant le Roi et le cardinal, jugeant bien que l'inquiétude de M. de Lorraine, et les grandes idées que l'Empereur avoit conçues de l'éloignement de la Reine-mère hors du royaume, et de celui de Monsieur, pourroient susciter de grandes affaires, pensèrent sérieusement aux moyens d'empêcher l'Empereur de nous attaquer, et de faire alliance avec les princes qui recherchoient celle de la France, en leur offrant des secours d'hommes et d'argent, si l'Empereur les vouloit inquiéter dans leur liberté et dans la possession paisible de leurs Etats. L'archevêque de Trèves ayant fait son traité le premier, on laissa des troupes sur la frontière pour encourager les autres princes à suivre son exemple. Il n'y avoit rien à craindre du côté de l'Espagne, où l'on étoit occupé à faire la guerre aux Hollandais, à qui le Roi prêtoit des sommes considérables, ayant même consenti que le baron de... lèveroit un régiment pour leur service, qui seroit néanmoins entretenu à leurs dépens. Le prince d'Orange avoit fait la proposition d'assiéger Maestricht; et Sa Majesté y consentit, aussi bien que les Provinces-Unies, qui y trouvèrent leur avantage : premièrement, parce que la prise de cette place leur donnoit le moyen de s'entre-secourir, et secondement parce que le prince d'Orange craignoit que l'Empereur n'aidât le roi d'Espagne d'une partie de ses forces; ce qui fit qu'on stipula que Sa Majesté Très-Chrétienne, le cas arrivant,

seroit obligée de soutenir ce prince avec son armée.

Les choses se trouvant ainsi disposées, M. de Lorraine, désespéré de n'avoir pu tenir la parole qu'il avoit donnée, prit la résolution de se faire voir armé; et, se croyant bien assuré que Monsieur entreroit en France, ce prince tint de mauvais discours, et commit des actions si indignes qu'il obligea le Roi de retourner en Lorraine. On peut bien dire, à l'occasion de ce souverain, que le cœur de l'homme pense tout autrement qu'il n'eût fait, quand il voit par ses yeux arriver le contraire de ce qu'il avoit cru. M. de Lorraine, surpris de la diligence que fit le Roi, qui avoit déjà ordonné qu'on attaquât son armée, fit rechercher Sa Majesté, qu'elle pria d'oublier le passé, sur les assurances qu'il lui donna de lui être fidèle à l'avenir et attaché à son service. Mais, n'ayant pu obtenir qu'on se contentât de sa seule parole, il donna des places (1) d'otage, et il aima mieux remettre au Roi Marsal que La Motte : ce qui fit juger qu'il étoit encore dans le dessein de nous traverser. Cependant on trouva que c'étoit assez faire pour lors que de diminuer la puissance de ce prince.

Après que Sa Majesté eut ordonné ce qu'elle jugea nécessaire pour son service, elle reprit le chemin de Fontainebleau. Le Roi y apprit la mort du maréchal d'Effiat qui commandoit son armée en Allemagne, et que Monsieur, frère de Sa Majesté, étoit entré en France et alloit en Languedoc, sur l'assurance qu'il avoit d'y être reçu par M. de Montmorency, gouverneur de cette province. On ne fit

---

(1) *Il donna des places*: Traité de Liverdun, confirmatif de celui de Vic, 26 juin 1632.

qu'augmenter le feu qui, commençant à s'allumer, pouvoit dans peu causer un grand embrasement dans le royaume ; car, au lieu de l'éteindre en traitant avec Monsieur, on punit du dernier supplice ceux qui s'étoient déclarés pour ce prince, et l'on fit marcher des troupes pour le combattre sous le commandement du maréchal de Schomberg : et quelques jours après M. de La Force eut ordre de s'avancer. Le premier se rendit en diligence dans le haut Languedoc, et le second marcha par le bas, pour empêcher les huguenots de prêter l'oreille aux propositions qu'on leur faisoit de se déclarer en faveur de Monsieur. Le Roi, s'étant aussi avancé du côté de Lyon, fit expédier une déclaration par laquelle M. de Montmorency étoit reconnu criminel de lèse-majesté. Cette déclaration fut enregistrée au parlement de Toulouse avant que ce monarque fût arrivé à Lyon. C'est là qu'il reçut la nouvelle du combat donné entre ses troupes et celles de M. de Montmorency, la prise du duc et leur défaite. Cette nouvelle étoit circonstanciée d'une telle manière que, quoiqu'on ne l'eût pas eue de la part de M. de Schomberg, on ne laissa pas d'y ajouter foi. Enfin le courrier de ce maréchal arriva, et apporta le détail du combat, des morts et des prisonniers ; et il ajouta que M. de Montmorency avoit été conduit au château de Lectoure. Le cardinal, qui n'ignoroit point que plusieurs personnes avoient été témoins de l'offre que ce duc avoit faite de le faire sortir de Lyon lorsque la santé du Roi y fut désespérée, feignit alors de plaindre son malheur, et me dit même, un jour que j'allai lui rendre visite : « Je « plains M. de Montmorency ; mais il ne peut éviter

« une prison perpétuelle. — Il a l'honneur d'appar-
« tenir, lui répondis-je, à ceux qui ont celui d'être
« de vos parens. Ils vous seront tous infiniment
« obligés, monseigneur, si vous obtenez cela du
« Roi. — Pourquoi, me dit cette Eminence, parlez-
« vous ainsi? — Parce que, lui répondis-je, si c'est
« un grand honneur à M. de Montmorency d'avoir
« pour sœur madame la princesse et madame d'An-
« goulême, il n'y a point aussi de gentilhomme en
« France qui ne tienne à très-grande gloire s'il veut
« bien le reconnoître pour son parent. »

Cependant le Roi s'étant déterminé à descendre le Rhône, à pardonner à Monsieur et à ceux qui l'avoient suivi, ce prince se laissa couper le chemin de sa retraite dans le Roussillon. Etonné du combat qu'il avoit perdu, et dans lequel on disoit que le comte de Moret avoit été tué, il résolut de suivre, avec tous ceux de son parti, la loi qu'on voudroit lui imposer. On accorda une abolition à ceux-ci, à condition qu'ils diroient la vérité dans leur interrogatoire. Le premier qui le subit fut Puylaurens, qui, étant interrogé s'il avoit connoissance que Monsieur eût épousé la princesse Marguerite de Lorraine, répondit que non; parce que, dès le temps que la cour étoit proche de Nancy, on tenoit ce mariage pour consommé, ou du moins pour tout-à-fait résolu.

[1633] L'on avoit donné ordre à M. de Saint-Chaumont, qui commandoit l'armée du Roi, de prendre garde à ceux qui sortiroient de cette ville; mais cette princesse ayant eu le bonheur de n'être pas reconnue dans le carrosse du duc François son frère, qu'on nommoit pour lors le cardinal de Lorraine, elle passa en Flandre, où depuis elle a fait un long séjour, et où Monsieur déclara qu'il l'avoit épousée. Le cardinal de Richelieu, dont la vigilance fut dupée alors, eut beau en être averti, il n'en voulut jamais rien croire qu'après que la chose fut confirmée à n'en pouvoir plus douter. Cependant on procéda (1) extraordinairement à Toulouse contre M. de Montmorency; et Monsieur, en étant averti, dépêcha La Vaupot, proche parent de Puylaurens, pour demander sa grâce. Ce prince s'étoit abstenu jusque là de la demander, parce qu'on l'avoit assuré en Roussillon qu'on ne l'obtiendroit jamais; mais comme il croyoit qu'elle lui avoit été promise, il se flattoit par là d'être en droit de l'espérer de la bonté du Roi.

Dans le temps que La Vaupot se rendit à Toulouse, M. de Montmorency, qui avoit su que Monsieur étoit marié, crut qu'il étoit de son devoir d'en avertir Sa Majesté; et il se servit pour cela de Launay, lieutenant des gardes du corps, lequel, étant parent de Puylaurens, fit reproche à La Vaupot du mystère qu'il lui en avoit fait, et lui en montra les conséquences : dont La Vaupot fut si étonné, qu'il prit sur-le-champ congé du Roi, et s'en alla à Blois, où il fut cause que Monsieur se retira promptement en Flandre. Le cardinal de La Valette et le comte de Guiche allant rendre visite à madame la princesse le même jour que le Roi arriva à Toulouse, je priai ce comte de faire mes excuses à Sa Majesté si je n'étois pas du voyage; mais que j'avois cru qu'il étoit à propos pour son service que j'attendisse l'arrivée du cardinal pour voir

(1) *Cependant on procéda* : Ces faits appartiennent à l'année 1632. Montmorency périt sur l'échafaud le 30 octobre de cette année.

quels ordres l'on donneroit à des troupes qui étoient en bataille devant l'archevêché, où le Roi étoit logé. Me doutant bien qu'on les enverroit à Lectoure y prendre M. de Montmorency pour l'amener à Toulouse, j'allai le lendemain rendre mes devoirs à madame la princesse, dont les larmes ni les soumissions, non plus que celles de la plus illustre noblesse du royaume, ne purent fléchir le cœur du Roi, qui vouloit que l'arrêt de mort rendu contre M. de Montmorency fût exécuté. Le cardinal fit semblant d'en être affligé ; mais on a trop bien su depuis que, surprenant à son ordinaire l'esprit du Roi, il avoit empêché Sa Majesté de faire un acte de clémence que toute la cour auroit acheté de son sang.

Le Roi honora dans ce temps-là du bâton de maréchal de France le marquis de Brezé (1), qui avoit servi sous M. de Schomberg ; mais il arriva malheureusement pour le nouveau maréchal que peu de personnes dirent l'avoir vu agir dans le combat. La haine que l'on portoit au cardinal s'étendoit sur sa famille et sur ceux qui étoient alliés à Son Eminence, outre que ce n'est pas une chose extraordinaire de voir que ceux qui sont en charge et qui commandent, quoique appliqués à ce qui est de leur devoir, manquent à être loués, ou parce qu'ils ne se sont pas assez distingués, ou bien parce que les subalternes leur portent envie.

M. de Schomberg fut pourvu du gouvernement de Languedoc, qu'il ne garda pas long-temps ; mais le duc d'Halluin (1) lui succéda, quoiqu'il n'eût pas été

(1) *Le marquis de Brezé :* Urbain de Maillé, beau-frère de Richelieu.
— (2) *Le duc d'Halluin :* Charles, fils du maréchal de Schomberg.

au voyage du Roi, étant resté à Paris à cause d'un coup de pistolet qu'il avoit reçu au bras en défaisant un des quartiers où étoient logées les troupes de M. le duc de Lorraine, dont nous avons parlé ci-devant.

Avant que Sa Majesté se rendît à Toulouse, elle séjourna au Pont-Saint-Esprit, où le bon homme Deshayes (1) demanda au Roi la grâce de Courmenin son fils, qui avoit été pris chargé de plusieurs papiers contraires au service de Sa Majesté, comme il revenoit d'Allemagne, où il étoit allé négocier pour Monsieur. L'amitié que j'avois pour le vieux Deshayes le persuada qu'il pourroit descendre chez moi, et que je voudrois bien dire au cardinal qu'il étoit arrivé pour solliciter la grâce de son fils, et qu'il l'espéroit des bontés de Son Eminence. Il ne fut pas trompé dans ce qu'il attendoit de moi, car je le reçus fort bien, et je m'acquittai de même de la commission qu'il m'avoit donnée pour le premier ministre. Son Eminence me demanda pourquoi ma maison avoit servi de retraite à Deshayes, et je lui répondis sans hésiter : « Monsieur, ma maison ne pouvoit être fer-« mée à mon ami. Il m'auroit offensé d'en prendre « une autre. » J'ajoutai que Deshayes se promettoit autre chose de sa générosité. Le cardinal se radoucit, et me fit dire de lui conseiller de s'en retourner à Paris ; mais il ne me répondit rien sur l'article de Courmenin. Nous jugeâmes, son père et moi, qu'il

---

(1) *Le bon homme Deshayes* : On a de lui un Voyage très-intéressant de la Terre-Sainte; Paris, 1621. M. de Châteaubriand a parlé de cet ouvrage avec éloge dans son *Itinéraire de Paris à Jérusalem*, tome 2, page 217, et il en a cité une description de l'église du Saint-Sépulcre.

périroit : comme en effet il fut jugé et exécuté à mort pendant le séjour que le Roi fit à Béziers.

M. de Rebé, archevêque de Narbonne, demanda, dans l'assemblée des Etats de Languedoc, grâce pour les coupables, et crut avoir assez fait par là pour la satisfaction de la famille de M. de Montmorency, qui n'en jugea pas de même, puisqu'il chargea en même temps le duc de tout le mal de la province. Cela, joint aux récompenses qu'il reçut dans la suite, fit juger, avec beaucoup de raison, qu'il avoit été gagné par ceux qui vouloient la perte de M. de Montmorency.

Le Roi partit de Toulouse ; et, dans l'impatience où il étoit de se rendre à Versailles, il passa par le Limosin, pour gagner deux ou trois journées de chemin. La Reine, pour faire plaisir au cardinal, descendit la Garonne jusques à Bordeaux, et fut à Brouage, où ce premier ministre s'étoit préparé pour la recevoir ; mais, étant tombé malade à Bordeaux, il fut obligé de faire ses excuses à Sa Majesté de ne pouvoir se trouver à Brouage à son passage ; et il chargea le garde des sceaux d'y faire pour lui les honneurs de sa maison.

Le cardinal fut extrêmement surpris d'apprendre que la Reine n'avoit pas été plus tôt embarquée, que M. d'Epernon avoit fait prendre les armes à ses gardes, et se promenoit par la ville. L'esprit de Son Eminence étoit autant agité par la crainte que par toutes ses autres passions. Il se persuadoit que M. d'Epernon avoit senti jusqu'au vif la mort de M. de Montmorency. Il résolut donc de partir et de s'embarquer pour Blaye, sans oublier jamais que si M. d'Épernon n'avoit pas eu intention de lui faire du mal, il avoit du moins eu celle de lui en faire la peur.

La maladie du cardinal ayant été de longue durée, il accorda au garde des sceaux la permission qu'il lui demanda de se rendre auprès du Roi, quoiqu'il soupçonnât ce magistrat d'être attaché à la Reine, et d'avoir pris des mesures avec madame de Chevreuse. Il fit même remarquer à ceux qui avoient sa confiance que M. de Châteauneuf, le voyant en danger, pensoit à prendre sa place; et il y a beaucoup d'apparence qu'il en fit avertir le Roi, qui reçut très-froidement le garde des sceaux.

Le cardinal, se trouvant enfin soulagé et en état de rejoindre la cour, engagea Sa Majesté à donner la confiscation des biens de feu M. de Montmorency à mesdames ses sœurs; mais de telle manière que l'aînée ne fût pas traitée comme la cadette, ni la seconde, qui étoit la duchesse de Ventadour, comme madame d'Angoulême. Les lettres de don et de remise en furent expédiées, et madame la princesse se rendit à Paris, où elle reçut, avec beaucoup de mortification, les visites de ses plus cruels ennemis. Et même, pour ne pas déplaire à M. le prince son mari, elle fut obligée d'aller voir M. le garde des sceaux qui avoit été juge de M. de Montmorency son frère, et élevé page de son père. Cependant, soit que le cardinal ne fût pas content de M. de Châteauneuf, ou que d'ailleurs sa manière d'agir lui déplût, il prit des mesures, dans le voyage qu'il fit à Metz avec le premier président, le président Seguier et quelques autres députés du parlement de Paris, pour faire entendre au Roi que beaucoup de gens faisoient des plaintes de ce magistrat; et par là il engagea le monarque non-seulement à éloigner le garde des sceaux de la cour et des affaires, mais même à le faire arrêter prisonnier. Il y avoit peu d'apparence que deux gardes des sceaux, destitués sous le même ministre, fussent traités différemment. Hauterive, frère de M. de Châteauneuf, n'eût pas évité non plus d'être arrêté, s'il n'eût été averti par un de ses amis de la disgrâce du magistrat : ce qui l'obligea de songer à sa sûreté.

[1634] Le président Seguier, qui fut élevé à la dignité de garde des sceaux, n'en eut pas plus tôt prêté le serment que le Roi alla à Chantilly, où l'on continua à penser de faire une promotion de chevaliers, comme on l'avoit résolu avant la disgrâce de M. de Châteauneuf. Le cardinal fut d'avis que la cérémonie en fût différée, y ayant alors trop de personnes qui avoient assez bien servi pour y avoir part ; et il engagea le Roi à la faire à Fontainebleau le jour de la Pentecôte. Sa Majesté ayant donné sa parole à plusieurs personnes du nombre desquelles j'étois, le cardinal y voulut faire comprendre aussi ses parens et ses créatures, particulièrement ceux qui avoient servi contre M. de Montmorency. Il y réussit par son adresse, de manière qu'on peut dire que ses parens et ses amis furent préférés aux bons et fidèles serviteurs du Roi. Il est pourtant vrai qu'on ne laissa pas de recevoir dans cette promotion plusieurs sujets qui avoient mérité cet honneur. Sa Majesté déclara que je serois de la suivante, et elle voulut que cela fût inséré dans le registre de ses ordres.

Je me rendis à Fontainebleau le lendemain de la cérémonie, et, faisant ma cour à mon ordinaire, je fus parfaitement bien reçu du Roi : le cardinal même m'ayant fait dire que, si j'avois quelque chose à désirer, il m'offroit ses services et son crédit. Je répondis à ceux qui m'en parlèrent que je ne lui demandois que l'honneur de ses bonnes grâces; car je ne jugeai point à propos de me plaindre, afin que le bruit ne se répandît point à la cour que j'avois du mécontentement, ni que l'on crût que je voulois être élevé par l'entremise d'autrui, étant persuadé que cela étoit dû à mes services. M. le prince me fit compliment, et le comte de Soissons me témoigna du chagrin de celui que je devois avoir. Généralement tout ce qu'il y avoit de personnes considérables à la cour en firent de même.

Le Roi apprit pour lors la mort de Walstein, duc de Fridland, qui fut tué par le commandement de l'Empereur; et comme Sa Majesté, dont le naturel étoit craintif et l'humeur sévère, croyoit que l'autorité ne se maintenoit que par la crainte, elle loua beaucoup ceux qui avoient obéi à l'Empereur; mais cela fut désapprouvé par le cardinal (1). Il en fit même ses plaintes au Roi, qui s'expliqua tout autrement qu'il n'avoit fait le jour précédent. On soupçonna pourtant le premier ministre d'avoir eu d'étroites liaisons avec le gentilhomme qui avoit commis cet assassinat, dont il avoit cru pouvoir se servir dans les occasions. Comme ce jour-là je fus un de ceux devant qui Sa Majesté s'expliqua, j'attendis d'être seul avec le Roi pour lui dire ce que j'avois sur le cœur, et je le fis en ces termes : « Sire, ce n'est que la bouche qui parle, « mais nous en savons la raison. » Cela ne déplut point à ce monarque.

(1) *Mais cela fut désapprouvé par le cardinal :* Voyez, dans la Notice sur les Mémoires de Richelieu, un passage très-remarquable sur la mort de Walstein, tome 22, page 20.

L'été s'avançant, le cardinal, tout malade qu'il étoit, détermina le Roi à envoyer en Lorraine M. de Soissons, pour soutenir en cas de besoin le cardinal de La Valette, qui étoit entré en Allemagne afin de favoriser les desseins du duc Bernard de Weimar, ou pour attaquer, si l'occasion s'en présentoit, les places du duc de Lorraine qui, étant entièrement dévoué à l'Empereur, retardoit et empêchoit les progrès de l'armée des confédérés. Mais parce que le Roi avoit toujours de la jalousie contre le comte de Soissons, et qu'il étoit bien difficile d'empêcher, autrement que par l'éloignement de ce comte, qu'il ne passât par l'esprit de Sa Majesté beaucoup d'imaginations qui déplaisoient à ceux qui vouloient gouverner, le voyage du Roi en Lorraine fut résolu ; et ce monarque ne fut pas plus tôt arrivé à Châlons, qu'il ordonna à M. de Soissons d'aller investir Saint-Michel. Il le suivit de près pour se trouver à l'ouverture de la tranchée.

Cette place, étant de son assiette assez mauvaise et peu fortifiée, mais défendue pourtant par une garnison de douze cents hommes de pied et de cavalerie, fit croire, avec quelque sorte de fondement, que M. de Lorraine hasarderoit une bataille pour la sauver. On ne laissa pas de l'investir et de l'attaquer ; et le temps s'étant passé dans lequel ce prince devoit se présenter pour contraindre le Roi à en lever le siége, le gouverneur fit offre de rendre sa place à composition. Sa Majesté voulut l'avoir à discrétion, et que les officiers et les soldats fussent prisonniers de guerre, en conservant cependant aux habitans la vie et leurs biens. Le garde des sceaux et quelques-uns de ceux qui avoient suivi le Roi lui mirent dans l'esprit que la capitulation ne seroit point violée, si l'on envoyoit aux galères tous ces misérables, qui, à la vérité, ne méritoient pas un moindre châtiment pour avoir osé défendre une telle place contre une armée royale, et le Roi présent.

J'arrivai dans le temps qu'on expédioit cette ordonnance ; et ceux qui y avoient donné lieu voulant absolument que ce qu'ils avoient proposé fût approuvé de tout le monde, on me demanda mon sentiment. « A Dieu ne plaise, m'écriai-je, que je sois de votre
« avis ; car c'est là une injustice qui crie vengeance
« devant Dieu et devant les hommes. » Le Roi, qui m'entendoit, me dit en colère : « Vous blâmez volon-
« tiers ce que les autres font ; et cela me paroît sur-
« prenant, en ce que j'ai suivi l'avis de tous ceux de
« mon conseil. — Sire, lui répondis-je, ce sont les
« avis de ceux qui portent la robe, et qui savent bien
« qu'ils ne peuvent être exposés à une pareille dis-
« grâce ; mais s'il plaisoit à Votre Majesté de me per-
« mettre d'aller prendre les voix de ceux de son
« conseil qui sont d'épée, je suis assuré qu'ils con-
« damneroient tout ce qui a été arrêté, et vous fe-
« roient de très-humbles supplications pour la révo-
« cation d'un tel ordre. Les pauvres malheureux,
« continuai-je, qui sont prisonniers de guerre peuvent
« être échangés contre d'autres, et gardés tant et si
« long-temps qu'il plaira à Votre Majesté ; mais ils ne
« doivent être soumis à aucune peine afflictive qui
« emporte avec soi confiscation de biens, etc., ni
« même à être maltraités, puisqu'ils se sont rendus
« prisonniers de guerre. » Cependant j'eus beau faire : ma remontrance ne fut point écoutée.

Dans le temps que Sa Majesté se trouvoit encore à Saint-Michel, après que la place fut rendue, le cardinal de La Valette vint au quartier du Roi, et apprit à Sa Majesté une chose très-véritable. « J'ai, dit-il, « battu trois fois les ennemis dans ma retraite. » Mais il lui céla qu'ils avoient toujours pris les devans, et que Galas étoit en état d'entrer en France. Chavigny, pour qui M. de La Valette n'avoit point de secret, dépêcha au cardinal de Richelieu, afin de savoir ce qu'il étoit à propos de faire, sans lui déguiser que les troupes ramenées par le cardinal de La Valette, ni celles que commandoient MM. d'Angoulême et de La Force, n'étoient pas suffisantes pour faire tête à l'armée impériale, d'autant plus que la cavalerie française n'étoit composée que des gentilshommes de l'arrière-ban, qui demanderoient la permission de se retirer quand le temps de leur service seroit expiré.

M. de Chavigny reçut bientôt la réponse qu'il attendoit, et qui portoit qu'il falloit engager le Roi à rester en Lorraine et même à se loger à Toul, pour faire craindre ses armes, et pour donner de la terreur à ses ennemis. Pendant qu'il attendoit des nouvelles du cardinal, il faisoit tenir des conseils à Sa Majesté pour l'amuser. La nécessité qu'il y avoit de réparer Saint-Michel aidoit aussi à favoriser ses desseins, quand il arriva, un jour que le Roi étoit enfermé dans son cabinet avec le cardinal de La Valette et Chavigny, que le comte de Soissons vint dans la chambre de Sa Majesté, et lui fit dire qu'il avoit à lui parler. On répondit à ce prince d'attendre, et que le Roi étoit empêché pour des affaires importantes qui ne regardoient point la guerre. M. de Soissons, piqué d'un tel mépris, auroit pris le parti de quitter l'armée et de se retirer d'abord, si ses créatures ne lui eussent donné à entendre qu'il feroit mieux de dissimuler. Cependant il n'eut pas la moindre satisfaction en cette affaire, et l'on cessa même de lui communiquer ce qu'on avoit résolu de faire, le dessein d'aller à Bar, et celui d'en retirer les troupes que ce prince y commandoit. Ce dessein surprit d'autant plus que le comte de Cramail reçut l'ordre de les remettre au cardinal de La Valette, sans avoir auparavant celui de venir trouver le Roi. La cour fit quelque séjour à Bar, où le courrier dépêché par le cardinal étant arrivé, le garde des sceaux et MM. de La Meilleraye et de Chavigny entreprirent de persuader à Sa Majesté de s'en aller loger à Toul : ce qui étonna beaucoup ceux qui connoissoient la situation et la foiblesse de cette place. Le Roi, après leur avoir témoigné le mécontentement qu'il avoit d'un pareil conseil, et qu'il ne pouvoit se résoudre à le suivre, me fit l'honneur de m'en parler, comme j'entrois dans son cabinet : ce qui me surprit fort. Sa Majesté, en me demandant mon avis, m'expliqua bien au long les raisons dont on se servoit pour la persuader. J'agis en cette rencontre comme font pour l'ordinaire ceux qui craignent de se méprendre ; et je connoissois d'ailleurs le crédit du cardinal, son adresse, et les moyens dont il se servoit pour accabler ceux qui avoient le malheur de lui déplaire ; mais pour ne pas demeurer court entièrement, et ne rien dire aussi dont je pusse me repentir dans la suite, je demandai à Sa Majesté de quelles troupes on se serviroit. « Des compagnies des Gardes, « me dit-elle, qui sont auprès de moi, et de mes

« mousquetaires, avec cinquante de mes gendarmes
« et autant de mes chevau-légers. Croyez-vous que
« je puisse et que je doive faire ce que l'on me pro-
« pose ? » Mais, voulant encore éviter de découvrir
mon sentiment, sur ce que M. de Chavigny m'avoit
dit deux choses, la première qu'il parloit par l'ordre
du cardinal, et la seconde que la France étoit perdue
si l'on ne conservoit la ville de Toul, je crus qu'il
étoit de mon devoir de parler ainsi au Roi : « Votre
« Majesté, qui est aussi expérimentée que les plus
« grands capitaines, peut juger si elle seroit en état
« de hasarder une seconde bataille, s'il arrivoit (ce
« que je ne craindrai point, s'il plaît à Dieu) que
« malheureusement elle vînt à être battue avec les
« troupes qu'elle conduiroit, et celles que lui fourni-
« roit son armée. — Qu'en croyez-vous? me répliqua
« le Roi? » Et Chavigny me répéta ce qu'il m'avoit
déjà dit. « Mais, monsieur, lui répondis-je, si ce lieu
« étoit si mauvais qu'il fût impossible de le défendre,
« en cas que l'armée du Roi vînt à être battue, quel
« parti pourroit prendre Sa Majesté? — De se reti-
« rer, me dit-il. » A quoi je lui repartis : « A Dieu ne
« plaise que je puisse être de votre sentiment! » Et
puis, adressant la parole au Roi, je lui parlai ainsi :
« Sire, M. de Chavigny ne prétend pas obtenir de
« Votre Majesté ce qu'il lui demande, mais seulement
« qu'elle paroisse en avoir envie, étant assuré que
« tout ce qu'il y a de braves gens auprès de Votre
« Majesté se mettront à genoux pour vous en détour-
« ner, et offriront de sacrifier leur vie pour la dé-
« fense de la ville de Toul, si cela est nécessaire pour
« votre service. Que Votre Majesté ait donc, s'il lui

« plaît, agréable de se déclarer ; et moi je m'engage
« à donner l'exemple aux autres, et à ne point de-
« mander de grâce, si je suis assez malheureux pour
« signer la capitulation. — J'en suis bien persuadé,
« me répondit le Roi. » M. de La Meilleraye, voyant
qu'il seroit impossible d'obliger ce monarque à faire
ce que l'on souhaitoit, lui proposa de faire du séjour à
Saint-Dizier ; à quoi ayant consenti, la cour partit le
lendemain pour s'y rendre. Le Roi reprit ensuite le
chemin de Paris, où M. de Soissons l'ayant devancé,
et s'étant plaint au cardinal du mauvais traitement
qu'il avoit reçu, celui-ci engagea Sa Majesté à lui en
faire quelque sorte d'excuse et de réparation.

Le comte de Cramail fut mis alors à la Bastille pour
avoir parlé trop librement au Roi, et pour n'avoir pas
fait assez d'état de ce que ce monarque avoit voulu
lui dire. Je l'avois averti de ne se point trop arrêter
à ce que Sa Majesté lui pourroit témoigner dans la
colère, de peur qu'on ne s'en prévalût ; parce que les
temps étoient tels que l'on s'en prenoit souvent à
ceux qui n'étoient pas coupables. Ma prévoyance fut
cependant des plus inutiles. De très-habiles courtisans courent souvent d'eux-mêmes à leur perte, sans
pouvoir l'éviter. On s'entretint des affaires d'Allemagne pendant l'hiver : et le cardinal, étant bien
averti que le roi d'Angleterre étoit dans les intérêts
de l'Espagne, songea à lui susciter des affaires, et y
réussit ; mais les choses allèrent bien plus loin qu'il
n'avoit prévu, et qu'il ne l'eût souhaité. Les Ecossais,
se tenant comme assurés de la France, refusèrent au
roi de la Grande-Bretagne de recevoir des évêques,
et de leur donner la même autorité qu'ils avoient en

Angleterre. Les ministres d'Ecosse, qui de tout temps y ont eu un très-grand pouvoir, s'y opposèrent, et prirent des mesures contre l'Etat qui l'ont presque abymé, et qui enfin, de libre qu'il étoit auparavant, l'ont rendu une province soumise à l'Angleterre.

La guerre fut continuée en Allemagne sous différens prétextes, et le Roi fit assurer de sa protection les princes protestans qui voulurent en profiter. Il traita encore avec l'électeur de Trèves, lequel, s'étant laissé surprendre par les troupes impériales, a été le sujet apparent d'une longue guerre qui sans cela n'eût pas laissé de s'allumer dans la suite.

Le cardinal n'avoit cependant point oublié que le Roi ne s'étoit excusé de l'éloigner de la cour, que parce qu'il avoit des affaires sur les bras qu'il vouloit finir avant que de songer à la réformation de l'Etat. M. de Lorraine fournit encore lui-même à ce monarque un prétexte d'affaires dans son pays; et quoique Sa Majesté n'eût guère de troupes avec elle, elle ne laissa pas de faire commencer une circonvallation autour de Nancy. Il y avoit beaucoup d'apparence que le cardinal étoit bien informé que ceux qui y commandoient n'étoient pas en trop bonne intelligence; autrement c'eût été une action des plus téméraires d'entreprendre ce siége dans une saison aussi avancée qu'elle l'étoit : et peut-être que Son Eminence se seroit vue fort embarrassée et exposée aux reproches du Roi naturellement fort impatient, si M. de Lorraine, saçhant les armées d'Espagne éloignées, et ne présumant pas que la sienne pût faire un affront à celle du Roi, n'eût proposé de traiter. Ayant donc obtenu un sauf-conduit, il vint trouver le cardinal dans un lieu qui s'appelle Charmes. Ce prince, après divers pourparlers, faisant semblant de vouloir se retirer, et d'aimer mieux tout perdre que d'accepter les conditions auxquelles on vouloit qu'il se soumît, le cardinal lui fit dire qu'il étoit le maître de faire ce qu'il lui plaisoit; que la foi qu'on lui avoit donnée lui seroit gardée; mais que s'il traitoit une fois, et s'il vouloit après cela se dédire, le Roi seroit aussi le maître d'en user comme bon lui sembleroit. La pensée de M. de Lorraine étoit de se jeter dans Nancy, quoiqu'il convînt pourtant de faire rendre la place. Ce prince se rendit au quartier du Roi, dont la défiance naturelle fit que Sa Majesté prévint ce que le duc de Lorraine avoit résolu de faire; car il fut si bien gardé que, malgré lui, il ne put exécuter ce qu'il n'avoit promis qu'à dessein de nous tromper.

Quand je vis le duc entrer dans le quartier du Roi, j'approchai de Sa Majesté, et je lui dis à l'oreille: « La « bête est dans les toiles; je suis assuré qu'elle sera « bientôt liée. » Je m'aperçus que j'avois parlé un peu trop librement, ce monarque se piquant d'une profonde dissimulation: mais si Sa Majesté en eut quelque chagrin contre moi, il ne dura pas long-temps; car lui ayant dit le lendemain que j'avois vu dans le quartier plusieurs officiers avec des bandoulières, il me demanda si je trouvois qu'il avoit bien fait son devoir. « Oui, Sire, lui répondis-je franchement, car « je ne doute plus que Votre Majesté ne soit bientôt « maîtresse de Nancy. » Les portes en ayant été ouvertes au Roi, son armée y entra et y logea, et l'on fit mettre la cavalerie en bataille, pour la faire voir à M. de Lorraine. Il est bon, pour faire connoître le génie de ce prince, de remarquer que, le même jour de sa détention, il avoit dit à la Reine : « J'ai dans ma « poche un traité que j'ai signé avec le roi d'Espagne « votre frère. Si je m'y arrête, vous ne me verrez « plus; mais si je me tiens à celui que j'ai signé ici, « je compte de passer l'hiver à Paris. » On laissa cependant une grosse garnison dans Nancy; et comme le Roi reprit le chemin de Paris, il résolut de s'arrêter à Château-Thierry, afin d'être moins éloigné du cardinal qui étoit tombé malade.

[1635] L'hiver se passa sans qu'il arrivât rien de considérable, sinon qu'on s'aperçut bien que le premier ministre faisoit tous ses efforts pour engager le Roi à déclarer la guerre à l'Espagne, les Hollandais lui ayant dit franchement qu'ils ne pouvoient plus la faire, quelque assistance qu'on leur donnât, si le Roi n'y entroit, en s'obligeant de ne faire ni paix ni trève qu'ils n'y fussent compris.

Le prince Frédéric-Henri d'Orange, qui s'étoit plaint du cardinal, proposa donc de se réconcilier avec lui, à condition qu'il y auroit une rupture entre les couronnes : ce que le Roi accepta, comme il parut par les manifestes qui déclarèrent les motifs de la rupture. Les plus éclairés furent étonnés de cette résolution, prévoyant bien les malheurs que cause la guerre et les difficultés qui se trouvent toujours à faire la paix. Mais, s'attendant de ne point être écoutés, ils prirent le parti de se taire et d'attendre quel seroit l'événement. On donna aux maréchaux de Châtillon et de Brezé le commandement de l'armée qui devoit entrer en Flandre par le pays de Luxembourg, et l'on fut averti que celle des Etats-généraux qui la devoit joindre étoit en marche. Les ennemis, qui croyoient nous pouvoir combattre avec avantage, parurent ; mais ils furent trompés dans leur attente : car les Français furent victorieux (1), et le Roi en apprit la nouvelle à Château-Thierry, où il étoit tombé malade, après avoir visité une partie des villes de Picardie et s'être rendu en Champagne. Pour rendre cette nouvelle encore plus agréable, on fit courir un bruit que le prince Thomas de Savoie, qui commandoit l'armée ennemie, avoit été tué ou pris prisonnier. M. de Soissons son beau-frère, le regrettant beaucoup, fut averti de se contraindre, en cas que le Roi lui en parlât. Il le promit, et l'exécuta. On dépêcha aux généraux de l'armée de France pour les avertir de se poster sous Louvain, où le prince d'Orange les devoit joindre pour en faire le siége; et ce prince, y prévoyant des difficultés, conseilla à nos généraux de profiter de leur bonne fortune, d'assiéger plutôt Namur; mais ils avoient des ordres si précis d'entrer dans le Brabant, qu'ils n'osèrent y contrevenir. Les deux armées firent donc le siége de Louvain pour avoir l'affront de le lever. Chacun en rejeta la faute sur son compagnon, et le Roi ne put s'en consoler.

[1636] La guerre continuant de plus en plus, on ne pensa de part et d'autre qu'à pousser son ennemi. Nous fîmes des traités de campagne avec les Etats-généraux, qui tinrent bien ce qu'ils avoient promis.

---

(1) *Les Français furent victorieux* : Bataille d'Avein, 20 mai 1635. Les Français forcèrent les retranchemens des Espagnols : ceux-ci eurent quinze cents hommes tués, trois mille prisonniers. On leur prit leur canon, leur bagage, quatre-vingt-dix-neuf drapeaux, douze cornettes et trois guidons.

Les Espagnols s'étant aperçus qu'ils ne recevoient que du mal de la France, qu'elle assistoit les Hollandais, qu'elle répandoit son argent en Allemagne, où elle avoit une armée qui devoit se joindre à celle du Roi pour s'emparer de la Flandre, se déterminèrent alors à entrer dans le royaume pour se venger de nous. Nos troupes ne se trouvant point en état de résister aux leurs, nous fûmes obligés de nous retirer; mais ils nous poursuivirent, et, s'étant emparés de Brai-sur-Somme, ils résolurent le siége de Corbie, et ils emportèrent cette place en peu de jours. L'alarme en étant venue à Paris, l'on songea aux moyens de remédier au mal; et l'on tint plusieurs conseils, comme on a de coutume de faire quand les choses sont désespérées. On y fit entrer des personnes de différentes conditions : et chacun se mêlant de proposer son avis, on en donna plusieurs qui parurent des plus ridicules. Pour moi, qui étois fort persuadé de n'être point aimé du cardinal, et que Son Eminence avoit dans le cœur beaucoup de honte de voir un pareil désordre, je pris le parti de ne point aller chez ce ministre, mais de me préparer à suivre le Roi s'il alloit à l'armée. M. de Chavigny, m'ayant rencontré au Louvre, me dit que l'on s'étonnoit, et que le cardinal avoit même remarqué que je n'allois plus chez lui. Je lui en dis mes raisons; mais Chavigny ne les ayant pu approuver, je lui promis, en le remerciant, de suivre le conseil qu'il m'avoit donné. Je ne dois pas oublier de dire ici que le peuple de Paris s'emportant contre le premier ministre, il eut pourtant le courage de se faire voir dans la place de Grève sans être suivi que de deux gentilshommes, de ses pages, et de ses valets de pied.

Je fus donc un matin chez cette Eminence, où je trouvai messieurs de Bullion, Bouthillier, et Le Jay, conseiller d'Etat, assis avec le père Joseph, capucin, des avis duquel le cardinal se servoit ordinairement, se rapportant à sa suffisance de la conduite d'un grand nombre d'affaires. Le premier ministre, m'ayant fait donner un siége vis-à-vis de lui, me dit qu'on étoit dans la résolution de demander aux bourgeois de Paris, et généralement à tous ceux qui avoient des carrosses, un cheval qui serviroit à monter les grands laquais en quelques heures de temps.

Tout le monde fit sa cour au cardinal en applaudissant à cet avis. Pour moi, ne pouvant suivre un pareil exemple, je lui répondis qu'il ne seroit pas inutile d'avoir les chevaux, parce qu'on les distribueroit à des capitaines qui trouveroient plus facilement des cavaliers; mais que, pour les laquais, le service qu'on en tireroit seroit bien médiocre. « J'ai pourtant, me
« répliqua le cardinal, entendu dire à Feuquières qu'on
« tire de bons soldats de la livrée. — Oui, monsieur,
« lui répondis-je, quand ils ont été plusieurs années
« dans le service; mais au sortir de leur condition ce
« sont pour l'ordinaire de grands coquins. » La même question ayant été toujours agitée, il fut résolu qu'on mettroit la chose à exécution. Le cardinal, qui ne m'aimoit pas, comme je l'ai dit et remarqué ci-devant, ou qui peut-être étoit alors agité de mille inconvéniens qu'il prévoyoit, craignant d'ailleurs les reproches que le Roi lui pourroit faire de l'avoir embarqué dans une guerre qui lui seroit peut-être fatale, ne sachant sur qui décharger sa colère, me dit : « Je m'aperçois
« que vous vous moquez de ce qu'on fait. Vous eus-

« siez agi plus sagement de ne pas venir ici. » Je lui répondis qu'il me faisoit tort, et que je n'avois garde de lui manquer de respect. « Mais, ajouta-t-il, je saurai « bien dire au Roi ce que vous faites. » A quoi je lui répliquai hardiment: « Monsieur, c'est une chose dont je « me mettrai peu en peine tant que je ferai mon devoir. » Son Eminence continua toujours sur le même ton, et me demanda, en m'interrogeant, ce que je croyois donc qu'il étoit à propos de faire dans la conjoncture présente. Je n'aurois rien dit à Son Eminence si j'avois été le maître de mon ressentiment; mais comme je m'étois senti piqué au vif de me voir insulté de la sorte, je lui dis: « Monsieur, je conviens qu'il n'y a « rien de meilleur à faire, puisqu'on n'a pas évité la « faute dans laquelle on est tombé. » Tout le monde se leva pour lors; et Chavigny, trouvant que je n'avois point de tort, et se souvenant d'ailleurs que je n'étois venu chez le cardinal que par son conseil, s'approcha du premier ministre, et lui fit comprendre qu'il m'avoit querellé sans raison. Cela obligea Son Eminence à me rappeler, en me disant néanmoins que j'avois tourné en ridicule ce qu'il avoit proposé. « Non, mon- « sieur, lui dis-je; si je n'ai point été du sentiment de « Votre Eminence, ce n'est seulement que parce que « je suis persuadé qu'étant mis en exécution il ne « produira pas tout l'effet que vous vous en promettez. « Je sais trop bien le respect que je vous dois pour « y manquer jamais. » Après ce petit éclaircissement, Bouthillier s'en vint à moi, et me dit tout bas: « Je « vous plains, mais nous en essuyons bien d'autres. « — Cela est juste, lui répondis-je, puisque vous en « retirez et de l'honneur et du profit; mais cela est

« bien rude pour moi qui, au lieu d'en avoir des
« grâces, n'en reçois que des duretés. — Mais, me
« répliqua-t-il, ne vous en reste-t-il rien sur le cœur ?
« — Je sais, lui dis-je, avoir du respect pour qui je
« dois en avoir. » Et, continuant toujours à tenir le
même discours, je crus n'avoir point d'autre parti à
prendre que de couper court avec lui. L'heure étant
arrivée que le cardinal devoit se rendre chez le Roi,
Son Eminence y alla accompagnée de ceux qui avoient
été de son conseil. On en tint un de guerre, où deux
gouverneurs de places (1) furent condamnés à mort
pour les avoir mal défendues. L'exécution en fut faite
en effigie. M. d'Angoulême y eut séance au conseil
au-dessus des maréchaux de France ; mais le duc de
La Valette ne voulut point assister à ce jugement, et
refusa de se placer après lui. Les raisons qu'il en donna
ne furent pas approuvées. Il disoit qu'étant officier
de la couronne devant les maréchaux de France, il
ne leur devoit pas céder, et que de plus il n'étoit point
persuadé que Du Bec, l'un de ces gouverneurs, eût
manqué à son devoir. Cependant les levées qui avoient
été ordonnées, et qui furent mises sur pied en peu de
jours, se trouvèrent en état de servir. Elles étoient si
considérables qu'elles donnèrent de la crainte aux ennemis. Le Roi se mit en campagne ; et le cardinal, se
disposant à le suivre, crut qu'il étoit à propos que la
Reine restât à Paris, et qu'elle eût un conseil auprès
d'elle pour s'en servir en cas de besoin, et pour contenir le peuple, supposé que cela fût nécessaire. Bullion, qui devoit avoir la direction de ce conseil, et

(1) *Deux gouverneurs de places :* Le baron Du Bec, gouverneur de
La Capelle; Saint-Léger, gouverneur du Castelet.

qui en étoit très-capable, m'ayant averti qu'il avoit été résolu que je resterois aussi auprès de la Reine, je lui répondis que je ne pouvois m'y résoudre, ne me soutenant à la cour que par quelque estime dont le Roi m'honoroit; et qu'ainsi je ne jugeois pas à propos de m'éloigner de sa présence dans un pareil temps. « Allez du moins, me dit-il, chez le cardinal pour « vous excuser, et pour savoir ce que vous aurez à « faire. » Je suivis son conseil, et je trouvai ce premier ministre qui s'en alloit chez le Roi pour lui dire qu'il alloit coucher à Royaumont, parce que Sa Majesté s'en alloit à Chantilly où elle devoit rester deux jours. Le cardinal m'ayant aperçu me dit : « Vous res- « terez auprès des dames. Cela ne doit pas vous dé- « plaire. — Il n'y a, monsieur, lui répondis-je, rien « à gagner auprès d'elles; car elles sont trop fières. » Il n'eut pas de peine à comprendre que je lui voulois reprocher qu'il avoit été mal reçu d'une certaine dame qu'il eût bien voulu engager à être de ses amies. « Si « vous aimez mieux, me répliqua l'Eminence, suivre « le Roi, je le supplierai de vous le permettre. Aussi « bien M. de La Vrillière a-t-il grande envie de rester « à Paris, madame sa femme étant près d'accoucher. » Cette manière de conversation me paroissant très-offensante, me fit prendre la résolution de ne point aller au Louvre, et de différer au lendemain pour demander au Roi ce qu'il vouloit que je fisse, en lui déclarant ce que le cardinal m'avoit dit. Ainsi je me rendis de grand matin à Chantilly, où je trouvai Sa Majesté qui venoit d'entendre la messe, et qui me dit en l'abordant : « Il faut avouer que les bons serviteurs « ne manquent jamais au besoin. Je suis ravi de vous

« voir. — Et moi, Sire, répondis-je à ce monarque,
« je suis le plus heureux et le plus malheureux gen-
« tilhomme de votre royaume, puisque Votre Majesté
« me témoigne avoir agréable que je sois auprès d'elle,
« dans le temps qu'elle m'a fait dire qu'il étoit de son
« service que je restasse à Paris. — Je me suis mépris,
« me répliqua le Roi, car je veux que vous restiez
« auprès de moi. — Sire, ajoutai-je, ce sont mes en-
« nemis qui veulent m'éloigner de votre personne,
« dans un temps où chacun est obligé de se rendre
« auprès d'elle. Et Votre Majesté seroit peut-être la
« première à me reprocher que j'aurois manqué à
« mon devoir; mais je prendrai la liberté de la faire
« ressouvenir que je m'y suis mis, et qu'elle n'a pas
« eu agréable que j'eusse l'honneur de rester auprès
« d'elle : ce qui m'est d'autant plus sensible que je
« m'y suis toujours trouvé quand il a fallu exposer
« ma vie pour son service. — Si je passe la rivière
« d'Oise, me dit le Roi, je vous enverrai querir, et
« je ferai connoître par là combien je vous estime. »
Je pris la liberté de lui répondre : « Votre Majesté
« l'oubliera, et il ne m'en restera que du chagrin. » Je
me baissai ensuite; et ayant pris la main du Roi, je
la baisai, et me retirai le cœur saisi de douleur.

Je n'étois pas encore sorti de la route qui conduit à
Paris que je vis paroître le cortège du cardinal. Je l'é-
vitai par un sentier, et je me rendis chez moi, où je pris
garde de si près à ma conduite que l'on n'eut pas occasion de me blâmer. Je n'allai plus que très-rarement au
Louvre, et je n'y allois point quand les créatures de cette
Eminence y étoient. Après que l'armée du Roi se fut assemblée, il s'avança pour donner bataille aux ennemis,

qui n'osèrent l'accepter ; et Sa Majesté, ne pouvant souffrir qu'ils fussent les maîtres d'une ville dans son royaume, fit former le siége de Corbie, qui fut obligé de capituler, quoique la rigueur de la saison l'eût mise en état de faire une plus longue défense.

Mes enfans, comme je n'ai point entrepris d'écrire l'histoire, et que je n'écris que pour vous instruire, je n'entrerai pas dans le détail de ce qui se passa pendant l'hiver, ni de la crainte qu'eut le Roi que M. de Soissons n'entreprît sur la vie du cardinal. Ce qui est certain, c'est qu'il en avoit formé le dessein; mais il ne l'exécuta point.

[1637] Après cela, M. de Soissons, ne se croyant pas en sûreté à la cour, se retira à Sedan : et ce fut en ce temps-là que le cardinal, qui faisoit venir toutes les dépêches étrangères, et quantité d'autres lettres écrites par les sujets du Roi, en trouva une du marquis de Mirabel, qui avoit été ambassadeur d'Espagne en France, adressée à la Reine, en réponse à une dont Sa Majesté l'avoit honoré. On fit mystère de cette lettre, laquelle fut rendue à la Reine après qu'on en eut tiré une copie; et l'on se servit de ce prétexte pour faire entendre au Roi que cette princesse avoit des intelligences criminelles avec les ennemis de l'Etat. Ce monarque, qui étoit pour lors à Chantilly, ordonna au garde des sceaux Seguier d'aller au Val-de-Grâce faire fouiller dans la cellule de la supérieure et dans la chambre de la Reine, pour voir si on n'y trouveroit point une copie des lettres qu'elle avoit écrites dans les pays étrangers, ou les réponses qu'elle avoit reçues. Le garde des sceaux entra dans ce monastère assisté de l'archevêque de Paris; et n'y trouvant autre chose, après une exacte recherche, que beaucoup de surprise de la manière dont on agissoit, il alla à Chantilly rendre compte au Roi de ce qu'il avoit exécuté par ordre de Sa Majesté. En vertu d'un second ordre qu'il y reçut, il entreprit d'interroger la Reine. Elle répondit qu'elle n'avoit aucune mauvaise intelligence avec les ennemis de l'Etat, mais ne désavoua point d'avoir écrit au marquis de Mirabel, et d'en avoir reçu des lettres. Là-dessus on lui exagéra la grandeur de sa faute, en lui faisant entendre qu'on répudioit les reines en Espagne pour un bien moindre sujet. Elle s'excusa en pleurant; mais cela ne lui fit rien dire ni faire de ce que l'on souhaitoit d'elle, qui étoit d'avoir recours au crédit du cardinal pour rentrer dans les bonnes grâces du Roi. Cette affaire n'eut pas été plus tôt divulguée que je me rendis en diligence à Chantilly, parce que le Roi avoit dit que je ne manquerois pas d'aller voir la Reine. Cette princesse étoit alors comme abandonnée de toute la cour, et même à peine ses propres officiers la servoient-ils. Je dois dire ici, à la louange de la marquise de Seneçai, que je n'eusse jamais cru qu'une femme entêtée comme elle eût été capable de ressentir aussi vivement qu'elle fit l'affliction de sa maîtresse. Je pris la liberté de demander à la Reine quel étoit le procédé qu'on avoit tenu avec elle, et de quelles procédures on s'étoit servi pour la convaincre. Mais je ne pus m'empêcher de blâmer Sa Majesté de n'avoir désavoué ni les lettres qu'elle avoit écrites au marquis de Mirabel, ni celles qu'elle en avoit reçues, puisqu'on ne lui représentoit que des copies qui pouvoient être facilement falsifiées. « J'exposois « à la question, me répondit-elle, celui à qui je les

« avois confiées ; et j'aime mieux, pour l'en garantir,
« m'exposer à tout ce qui peut m'arriver. » Je consolai cette princesse le mieux qu'il me fut possible, et lui dis, en prenant congé d'elle : « Espérons, ma-
« dame, que tant de larmes répandues par Votre Ma-
« jesté seront bientôt récompensées. »

Le Roi se rendit ensuite à Saint-Germain-en-Laye où il faisoit son séjour le plus ordinaire, et vint à Paris. La Reine l'y accompagna. J'allai le lendemain faire ma cour à cette princesse. Je la trouvai qui s'entretenoit avec un bon prêtre qui s'appeloit M. Bernard. Elle étoit plus rêveuse qu'elle n'avoit coutume de l'être, et avoit les yeux fort chargés. Cela me fit soupçonner dès lors que cette princesse étoit grosse. L'ecclésiastique s'étant retiré, je pris la liberté de dire à la Reine ces propres paroles : « Madame, une pensée
« que j'ai que vous seriez enceinte seroit-elle vraie ? »
(Il est à observer que, dans ce même temps, M. Bernard avoit assuré qu'un carme déchaussé avoit eu une révélation de cette grossesse ; et la chose avoit été découverte au cardinal de La Rochefoucauld par le supérieur du religieux.) La Reine rougit de ma demande, et changea aussitôt de discours. Ceci arriva au commencement du mois de décembre 1637. Enfin, soit que ce religieux découvrît à quelques autres ce qu'il savoit, ou que l'espérance empêchât que la chose se tînt plus long-temps secrète, le bruit devint général avant que l'on eût des indices infaillibles de cette heureuse grossesse ; et les bons serviteurs de Leurs Majestés en eurent tant de joie, qu'ils ne la purent plus dissimuler. Il n'en fut pas de même de ceux qui étoient attachés à Monsieur : car ils en furent très-

étourdis, et plusieurs s'avisèrent de faire des plaisanteries de cette grossesse. Le cardinal et ses créatures parloient aux uns d'une manière, et aux autres d'une autre. D'un côté, ils en témoignoient de la joie à Leurs Majestés, et disoient au contraire à Monsieur que c'étoit une chose si ordinaire qu'il ne devoit point s'en chagriner. Mais enfin, comme les marques de cette grossesse paroissoient de plus en plus tous les mois, on s'avisa de dire que, quand même elle viendroit à bien, la Reine n'auroit qu'une fille.

[1638] Je perdis pour lors mon père, qui étoit si estimé par sa probité, qu'il fut extrêmement regretté des gens de bien, et j'eus la consolation de les voir entrer véritablement dans ma douleur. Nous restâmes mes sœurs et moi avec peu de bien; mais nous nous trouvâmes assez riches, en ce que la mémoire de mon père étoit en vénération à tous ceux qui l'avoient connu.

Le printemps étant déjà fort avancé, les armées se mirent en campagne, et le Roi fut au rendez-vous de la sienne, après avoir promis à la Reine qu'il ne manqueroit pas d'être à Saint-Germain pour ses couches. Le cardinal auroit eu peut-être bonne envie de l'en détourner; mais Dieu, qui a toujours les moyens de faire réussir les desseins de son adorable providence, permit que le monarque fût attaqué d'une grosse fièvre qui, l'obligeant à quitter l'armée, le fit revenir à Saint-Germain. Sa Majesté supporta avec une extrême patience les accès de cette fièvre, dans l'espérance d'avoir bientôt un fils. Le Roi fut suivi de Monsieur, son frère, des princesses et de plusieurs autres personnes du premier rang, qui continuèrent d'assurer Monsieur que la Reine n'auroit qu'une fille. Plusieurs néanmoins ne pouvoient s'empêcher, par l'attachement qu'ils avoient pour le cardinal, de témoigner de l'inquiétude de ce que la santé de cette princesse donnoit à ses bons serviteurs l'espérance d'une heureuse délivrance. Et comme elle n'avoit pas l'habitude d'avoir des enfans, ceux-ci disoient avec raison : « C'est une œuvre de Dieu, qui ne laissera pas la chose « imparfaite. » Je prenois aussi la liberté de dire à Sa Majesté : « Espérez, madame ; ceci est la récom- « pense de vos larmes et de vos souffrances. »

Enfin ce jour si attendu et si désiré, qui devoit combler le Roi et la France de consolations, arriva, la Reine ayant mis au monde un Dauphin, après un travail de quelques heures et assez rude. Cela causa autant de surprise à Monsieur et à ses créatures, que de joie au Roi et à ses bons serviteurs. La Reine, ayant eu la bonté de me demander un moment après que Dieu l'eut exaucée et délivrée, me présenta sa main à baiser. Le Roi, qui étoit au chevet de son lit, me donna aussi la sienne, et me dit : « Vous participez à « ma joie ; elle cause du chagrin à bien des gens. » Et sur ce que ce monarque me désigna ceux qu'il soupçonnoit, je lui répondis : « Il n'y a, Sire, qu'à les faire « jeter par les fenêtres. » Le garde des sceaux, devenu chancelier par la mort de M. d'Aligre, s'étant avisé de me dire : « Qui l'eût cru, il y a un an ? » s'attira de moi pour réponse : « On n'eût point été au Val-de- « Grâce. — Vous jetez, me répliqua-t-il, une pierre « dans mon jardin. — Non, lui dis-je, mais dans celui « de la personne qui vous y a envoyé. »

Le Dauphin fut baptisé le même jour qu'il naquit.

On dépêcha de toutes parts pour annoncer cette bonne nouvelle aux étrangers alliés du Roi, et à toutes les provinces du royaume. Le cardinal envoya à Leurs Majestés pour leur témoigner la part qu'il prenoit à leur joie. Monsieur se retira à Blois. Comme il semble qu'un bonheur n'arrive jamais sans l'autre, le Roi se trouva heureusement délivré de la fièvre.

Je suis persuadé que cette Eminence ne manqua pas de faire savoir aux alliés (qu'on désignoit sous le nom de ceux qui appuyoient le bon parti, comme les Etats-généraux des Provinces-Unies, le duc de Savoie, et les princes d'Allemagne) qu'ils ne devoient plus craindre ce qu'ils avoient tant appréhendé, qui étoit de voir l'héritier de la couronne entre les mains de l'ennemi. Les alliés firent de grandes réjouissances; et le cardinal, pour revenir de l'armée plus tôt qu'il n'eût fait, prit pour prétexte l'empressement qu'il avoit de venir témoigner sa joie au Roi. Ce premier ministre établit sa demeure à Ruel, afin d'être plus à portée d'aller à Saint-Germain. C'est là que le Roi recouvra la parfaite santé. La Reine y reprit aussi ses forces et son embonpoint. On fit pendant l'hiver les préparatifs nécessaires pour la campagne suivante; et Sa Majesté ayant témoigné qu'elle vouloit y aller, le cardinal prit toutes les mesures qu'il falloit pour réussir. On donna promptement l'argent qu'on avoit promis; et les capitaines ayant été pressés de mettre leurs compagnies en état de servir, je me crois obligé de leur rendre la justice de dire que chacun s'acquitta parfaitement bien de son devoir.

Sur les propositions qui furent faites pour la paix, et les parties intéressées s'y trouvant disposées, chacun s'entretint en état pour la conclure, mais sans y réussir. La retraite de M. de Soissons à Sedan releva les espérances des Espagnols, et fit craindre aux Français une guerre civile. On eut des pourparlers avec ce prince pour en venir à un accommodement; mais, comme ils furent inutiles, on vit se former un nuage capable de produire un grand orage.

[1639] Tout le monde sait que quand les Espagnols entrèrent en France ils s'y rendirent maîtres de plusieurs places, et entre autres du Castelet, du gouvernement de laquelle un oncle du duc de Saint-Simon étoit pourvu. Soit donc que le cardinal fût dans le dessein de faire occuper la place de favori par le marquis de Cinq-Mars, fils du maréchal d'Effiat, ou que le Roi en eût déjà par lui-même la pensée, ce fut un prétexte dont on se servit pour envoyer M. de Saint-Simon à son gouvernement de Blaye, et pour faire le procès à son oncle, en l'accusant de foiblesse ou de trahison.

[1640] Cinq-Mars fit en ce peu de temps un si grand progrès dans l'esprit du Roi, que Sa Majesté ayant consenti qu'il traitât de la charge de maître de la garde-robe, elle lui acheta encore celle de grand écuyer de France, dont M. de Bellegarde s'étoit laissé persuader de se démettre. Cinq-Mars ne fut pas plus tôt revêtu de cette grande dignité, qu'il ne pensa qu'à s'élever davantage : et comme il étoit très-bien fait de sa personne, il eut la témérité de prétendre au mariage de la princesse Marie de Nevers, et il en fit l'ouverture au cardinal, qui en fut des plus surpris. Son Eminence lui conseilla de s'en désister, en lui donnant à entendre que, bien loin de lui être favorable en cette affaire, il traverseroit son dessein. Cinq-Mars étouffa pour lors son ressentiment, et fit si bien par son assiduité qu'il gagna de plus en plus les bonnes grâces du Roi.

Le cardinal avoit eu la pensée de faire le siége de Clermont au commencement du printemps de l'année 1640, remarquable par la prise d'Arras, et de s'ouvrir par là le chemin des autres places que les Espagnols occupoient sur la Meuse, pour les priver de la facilité qu'elles leur donnoient de tirer des secours d'Allemagne. L'armée s'étant avancée sous le commandement des maréchaux de Châtillon et de La Meilleraye, le Roi la suivit; mais les grandes pluies qui tombèrent pendant cette saison rompirent les mesures de ces généraux : dont le cardinal leur ayant témoigné du chagrin, ils lui proposèrent, pour l'apaiser, de faire le siége d'Arras, et ils lui firent connoître clairement que c'étoit un dessein qui pouvoit réussir. On le tint si caché que, bien que le maréchal de Chaulnes eût ordre de se joindre aux autres, les ennemis, qui en pouvoient inférer que l'on avoit en vue d'attaquer quelqu'une de leurs places d'Artois ou de Flandre, furent surpris quand ils virent Arras investi, et qu'on en alloit faire le siége.

Le Roi s'étant rendu à Amiens avec le cardinal, on y prépara un grand convoi. Les enfans de M. de Vendôme se disposèrent à l'accompagner; et le commandement, qui en fut refusé au grand écuyer qui le demandoit, en fut donné à M. Du Hallier, qui le conduisit heureusement à l'armée avec un autre qu'il amenoit de Champagne. Ayant suivi le conseil que l'on me donna d'aller à Amiens, je pris congé de la Reine. Sa

Majesté étoit grosse pour la seconde fois, et accoucha dans la suite de l'année de Monsieur (1), frère unique du roi Louis XIV. Je trouvai le Roi fort inquiet de l'événement de son entreprise : et, peu de jours après, ce prince, touché de la manière dont le cardinal en usoit avec moi, m'ordonna de me retirer ; mais comme il tomba malade, je crus qu'il ne me seroit ni permis ni honorable d'obéir à un pareil commandement. C'est pourquoi je me rendis encore le lendemain au matin dans la chambre du Roi, qui me dit : « L'incommodité « que j'ai vous empêche de vous en aller. Je vous en « remercie ; mais puisqu'elle est diminuée, ne laissez « pas de continuer votre voyage. » J'obéis, et je partis d'Amiens le jour même qu'on y reçut la nouvelle de la réduction d'Arras. Après cela, le Roi s'en revint à Saint-Germain-en-Laye, où la Reine accoucha d'un second fils ; de quoi Sa Majesté témoigna plus de joie encore que du premier, parce que la tendresse de père, qu'il avoit commencé de sentir depuis deux ans, se fit connoître davantage dans cette rencontre. En ce temps-là le cardinal fit plusieurs avances pour engager la Reine à l'honorer de sa confiance : à quoi Sa Majesté lui répondit fort civilement, mais toutefois sans vouloir dépendre en rien de ses conseils.

Je crois, autant que je m'en puis souvenir, que l'année précédente madame de Hautefort, à qui le Roi avoit témoigné de la bonne volonté, eut ordre de se retirer de la cour. J'eus charge du Roi de lui en porter la nouvelle. Cette dame me pria de faire souvenir Sa Majesté qu'elle lui avoit souvent promis que sa dis-

---

(1) *De Monsieur :* Philippe de France. Ce prince naquit le 21 septembre 1640.

grâce n'arriveroit point. « Il est vrai, me répondit ce
« monarque, je l'ai promis ; mais c'étoit à condition
« qu'elle seroit sage, et qu'elle ne me donneroit au-
« cun sujet de me plaindre de sa conduite. S'est-elle
« imaginé qu'il suffisoit d'être reconnue pour une
« femme de vertu, pour avoir part à mon amitié? Il
« faut encore éviter d'entrer dans les cabales, et c'est
« ce que je n'ai jamais pu gagner sur elle. »

Madame de La Fayette, quoique dans une très-
grande considération, avoit eu pareillement envie de
se retirer entièrement de la cour. Elle en fit demander
au Roi la permission, et cette permission lui fut accordée. Son esprit et ses autres agrémens lui avoient
attiré l'estime de Sa Majesté, qui lui témoigna beaucoup d'affection. Je ne sais par quelle raison cette
dame ne plaisoit pas, non plus que la marquise de
Seneçai. Il est vrai que la première faisoit ombrage au
cardinal; et pour l'autre, la fidélité qu'elle avoit té-
moignée en toutes sortes de rencontres à la Reine sa
maîtresse étoit un crime qui ne se pardonnoit point
alors ; et si l'on n'avoit craint de prématurer l'accou-
chement de cette princesse, on l'auroit congédiée
bien plus tôt. Mais la Reine fut à peine délivrée, que
cette dame eut ordre de se retirer.

On fit aussi madame de Lanzac gouvernante des enfans de France, contre l'intention de cette princesse,
qui la croyoit dans la dépendance du cardinal. Son
Eminence, ne voulant avoir auprès de la Reine que des
gens à sa volonté, fit si bien que la charge de dame
d'honneur de Sa Majesté fut donnée à madame de
Brassac.

[1641] On menaçoit souvent la Reine de lui ôter

ses enfans ; mais l'adresse de Montigny, capitaine du régiment des Gardes, lui en épargna le chagrin. Le Roi le considéroit toujours comme un ancien et fidèle serviteur, et cela, joint aux autres raisons, l'avoit rendu suspect au cardinal ; mais Montigny sut si bien, par son habileté, ménager madame de Lanzac, qu'elle obtint de cette Eminence qu'il auroit la garde des enfans de France, en quelque endroit qu'ils fussent. Le Roi proposa à Montigny de les envoyer à Vincennes ; et cet officier, feignant de n'en point comprendre d'autre raison que la sûreté du lieu, remontra à Sa Majesté que la sûreté n'y seroit que pareille à celle de Saint-Germain-en-Laye, où l'air étoit bien meilleur. Cela fit que le monarque consentit qu'on continuât à y élever ses enfans.

L'année 1641 pensa être bien funeste à la France ; car le comte de Soissons ne pouvant, à ce qu'il croyoit, être en sûreté à la cour, ni le duc de Bouillon pour lui avoir donné retraite à Sedan, ces deux princes prirent la résolution de se liguer, et de se déclarer pour les ennemis de l'Etat. Ils donnèrent des commissions pour faire des levées de gens de guerre, et ils s'y préparèrent tout de bon. Le Roi, en étant averti, destina une armée pour opposer à la leur, et en donna le commandement au maréchal de Châtillon, lequel s'approcha de Sedan pour s'opposer aux desseins des ennemis ; et sur le bruit qui courut qu'ils vouloient entrer en France, ou soit que le Roi crût qu'il y avoit du danger et de la honte à le souffrir, M. de Châtillon eut plusieurs ordres réitérés de les combattre s'ils faisoient mine de l'entreprendre. Ce maréchal, qui vouloit rester dans un poste où l'on eût pu le forcer, et qui, en cas qu'ils se fussent avancés, vouloit les attaquer en flanc et les suivre en queue, croyoit qu'il les feroit périr et les réduiroit à se rendre à discrétion. Mais la cour se trouvant d'un sentiment contraire, M. de Châtillon fut obligé de changer de poste et d'en venir aux mains avec l'armée ennemie, qui eut la gloire de faire celle du Roi. Le comte de Soissons y fut tué. Pour lors M. de Bouillon commença de faire entendre qu'il souhaitoit de rentrer dans les bonnes grâces de Sa Majesté, et il s'excusa, le moins mal qu'il put, sous divers prétextes. On fit passer des troupes d'une armée à l'autre. Le Roi ayant échauffé la négociation par sa présence, et donné de la crainte à M. de Bouillon, le traité fut bientôt conclu. Ce monarque, après avoir mis ordre aux affaires de la frontière, revint à Saint-Germain-en-Laye. La plus grande partie de la cour alla à Paris, où des personnes malintentionnées commencèrent à faire des cabales, et s'efforcèrent de faire entrer M. de Bouillon dans le parti de Monsieur et du grand écuyer. On se servit du prétexte spécieux de défendre les enfans du Roi et la Reine leur mère de l'oppression du cardinal, et l'on publia que le roi d'Espagne les prenoit sous sa protection : ce qui acheva de persuader M. de Bouillon qu'il rendroit un service considérable à la Reine, si sa ville de Sedan pouvoit être destinée pour une place de sûreté pour Sa Majesté et pour les princes ses enfans. Il faut ici remarquer que la Reine n'en dit pas le moindre mot à M. de Bouillon, cette princesse se contentant seulement de le recevoir honnêtement quand il venoit lui faire sa cour.

M. de Thou, ayant été choisi pour ménager une

entrevue entre M. de Bouillon et le grand écuyer, y réussit si bien qu'ils se donnèrent parole l'un à l'autre et s'engagèrent au service de Monsieur, prenant pour prétexte de leur union le dessein qu'ils avoient de détruire la trop grande puissance du cardinal, et de délivrer le Roi d'une captivité dans laquelle il étoit retenu malgré lui. Mais comme on ne savoit point encore par où l'on devoit commencer, Fontrailles fut envoyé en Espagne, du consentement des ligués, à l'insu de M. de Thou; et le duc de Bouillon, qui avoit accepté le commandement de l'armée du Roi en Italie, se déclara aussitôt.

Fontrailles, revenu d'Espagne, raconta à M. de Thou ce qu'il y avoit négocié, ne sachant point que MM. de Bouillon et de Cinq-Mars étoient convenus ensemble de lui en faire un secret : non pas qu'ils se méfiassent de lui, mais parce qu'ayant un grand nombre d'amis, il y avoit à craindre qu'il ne leur en découvrît quelque chose. M. de Thou voulut aller à l'armée [1642], persuadé que le grand écuyer étoit tout puissant auprès du Roi, et qu'il avanceroit sa fortune en s'attachant à lui; mais après qu'il m'eut communiqué son dessein, parce que nous étions parens et amis, je fis tout ce que je pus pour l'en détourner, en lui disant que le Roi, bien loin d'avoir toujours la même amitié pour M. de Cinq-Mars, l'avoit en aversion et ne le pouvoit plus souffrir. J'eus beau faire, et de mon mieux, pour lui découvrir tout ce que je savois, jamais il ne voulut me croire : ce qui m'obligea de lui dire : « Vous convenez que le « cardinal hait le grand écuyer, et qu'il engage le « Roi d'aller en Roussillon pour y faire le siége de

« Perpignan. Si cette entreprise réussit, l'éloigne-
« ment de Cinq-Mars son ennemi sera sa récompense.
« Mais si au contraire elle ne réussit point, on s'en
« disculpera sur les cabales du cabinet, et l'on croira
« qu'il n'y aura point de moyen plus sûr pour les dé-
« truire que d'en éloigner le chef. Vous verrez que
« le grand écuyer, qui affecte de gagner les gens de
« guerre, ne fait autre chose que préparer des pierres
« qui serviront un jour à l'accabler; car le Roi ne
« peut plus souffrir la manière hautaine avec laquelle
« il se conduit. » Sur ce que je m'aperçus que mes
raisons ne pouvoient vaincre son opiniâtreté, je me
mis à genoux pour le conjurer d'ajouter plus de foi
qu'il ne faisoit à mes paroles ; et je lui prédis enfin
que son attachement pour le grand écuyer le perdroit infailliblement. Tout ce que je pus dire à M. de
Thou ne l'empêcha point de courir à son malheur, qui
n'est ignoré de personne. Etant persuadé, comme
toute l'armée, que le Roi étoit depuis long-temps malade d'une maladie qui le mettroit bientôt à l'extrémité,
il s'avisa de me dépêcher un courrier pour m'en avertir,
et pour me donner avis que le cardinal faisant tous ses
efforts pour s'assurer des officiers de l'armée, il étoit
de l'intérêt de la Reine de les ménager, et que pour
cela il lui falloit une lettre de cette princesse qu'il pût
montrer aux principaux : et parce qu'il faudroit qu'elle
fût conçue en termes différens, selon qu'elle seroit
pour les uns ou pour les autres, il ajouta qu'il croyoit
que je devois proposer à Sa Majesté de lui envoyer
des blancs signés. Je me trouvai extrêmement cho-
qué d'une pareille proposition, et je me serois bien
donné de garde d'en rien témoigner à cette prin-

cesse, si je n'eusse appréhendé que, bonne et facile comme elle étoit, Sa Majesté n'eût pu être surprise par un autre que moi. Je me rendis donc à Saint-Germain, et je n'eus pas sitôt ouvert la bouche sur cette proposition à Sa Majesté qu'elle me parut y consentir. Je lui dis alors : « Gardez-vous bien, ma-
« dame, de confier un écrit de cette nature à qui
« que ce puisse être, quand même ce seroit à moi ;
« car, quoique je ne me sente pas capable d'en abu-
« ser, il pourroit tomber en telles mains que vous
« auriez sujet de vous en repentir. Mais s'il arrivoit
« par malheur que la maladie du Roi augmentât, je
« ne manquerois pas alors de me rendre à l'armée en
« diligence, pour y faire tout ce qui seroit de votre
« service. »

Après avoir vu les enfans de France, et témoigné à madame de Lanzac la joie que je ressentois de la convalescence du Roi, dont la nouvelle avoit succédé à celle de l'extrémité de sa maladie, je revins à Paris, où l'on fut averti deux jours après que la conjuration dont j'ai parlé avoit été découverte, et qu'on avoit donné l'ordre pour arrêter M. de Bouillon. Monsieur ne fut point trahi, comme on le publia ; mais ce mystère fut découvert par une voie que l'on ne devoit pas craindre naturellement : ce qu'il faut entendre de ceux qui ignoroient comment les choses se passoient.

Le chancelier ayant exécuté le commandement qu'il avoit reçu d'aller recevoir la déposition de Monsieur, se mit en campagne une seconde fois pour aller à Lyon condamner à mort MM. de Cinq-Mars et de Thou(1). On

---

(1) *MM. de Cinq-Mars et de Thou*: Ils furent exécutés le 12 septembre 1642.

en eût fait autant à M. de Bouillon, si la ville de Sedan ne lui eût servi à racheter sa tête. Ainsi on lui accorda une abolition après qu'il eut avoué tout, et donné ordre que sa place fût remise aux troupes du Roi. Il regarda comme une grâce de ce monarque que Sa Majesté voulût bien se contenter d'être maîtresse des fortifications et des murailles de la place, pour en user dans la suite comme bon lui sembleroit.

La nouvelle de l'exécution de MM. de Cinq-Mars et de Thou fut suivie de celle du départ de Lyon du cardinal, qui se rendit à Fontainebleau, où le Roi le fut visiter, malgré la répugnance que Sa Majesté y avoit : et d'ailleurs ce prince étoit alors affligé de la mort de la Reine sa mère (1). Quoiqu'il la crût coupable, la nature et le sang ne laissèrent pas de l'attendrir en cette occasion.

Le cardinal vint ensuite de Fontainebleau à Paris, où, ses incommodités s'étant augmentées considérablement, il finit sa vie (2), et ne fut regretté que de très-peu de personnes. Le Roi, tout ravi qu'il étoit d'en être défait, ne laissa pas d'exécuter le testament du défunt, et de pourvoir les proches du cardinal des charges et des gouvernemens auxquels il les avoit destinés, aussi bien que des bénéfices qu'il leur avoit donnés.

[1643] Sa Majesté, s'étant rendue de Paris à Saint-Germain, ne prit plus conseil que du cardinal Mazarin et de MM. de Chavigny et des Noyers : ce qui déplut fort à toute la cour. Cependant on lui eut à

---

(1) *La mort de la Reine sa mère :* Cette princesse mourut à Cologne le 3 juillet 1642, âgée de soixante-huit ans. Elle étoit tombée dans la plus affreuse détresse. — (2) *Il finit sa vie :* Le cardinal de Richelieu mourut le 4 décembre 1642, âgé de cinquante-huit ans.

peine proposé de mettre en liberté ceux que le cardinal de Richelieu avoit retenus en prison, que la chose fut exécutée. Messieurs de Bassompierre, de Vitry, de Cramail, et quelques autres qui étoient à la Bastille, eurent permission de revenir à la cour. M. de Châteauneuf, qui étoit à Angoulême, obtint aussi sa liberté, mais à condition d'aller faire sa demeure dans une de ses maisons de campagne.

Le Roi, ayant cru que j'avois le dessein de lui proposer quelqu'un pour entrer dans les affaires, le dit au cardinal Mazarin, qui me l'a redit depuis; mais je n'eus pas de peine à me justifier là-dessus, en faisant connoître le peu de mérite qui se trouvoit dans le sujet qu'on soupçonnoit.

M. de Vendôme fit supplier le Roi de lui accorder la grâce de revenir en France, d'où il étoit exilé, aussi bien que M. d'Epernon et la duchesse son épouse. Il se rendit même à Saint-Germain, et fit savoir à Sa Majesté le sujet qui l'y avoit amené. On m'accusa sans fondement de lui en avoir donné le conseil, afin, disoit-on, de surprendre ce monarque sur la réponse qu'il auroit à faire aux ennemis de la maison de Vendôme, supposé qu'ils voulussent prévenir. Comme je remarquai alors que le Roi ne me regardoit plus de si bon œil, je pris la résolution de me défaire de ma charge, après en avoir eu le consentement de la Reine. La raison que je lui en donnai étoit que je serois hors d'état de la pouvoir servir tant que le Roi vivroit; mais que si Dieu venoit à disposer de ce prince, je serois toujours prêt de faire ce qu'elle me commanderoit.

Le marché de ma charge étant conclu avec M. Du

Plessis-Guénégaud, M. de Chavigny lui fit obtenir la permission d'en traiter avec moi par le moyen du cardinal Mazarin. Je me crus cependant obligé de remercier Sa Majesté de la grâce qu'elle m'avoit accordée; mais ce ne fut pas sans quelque peine de part et d'autre, le Roi se souvenant, aussi bien que moi, du long temps qu'il y avoit que j'étois attaché à son service. Je le suppliai d'agréer que, quand je viendrois lui faire ma cour, je ne fusse pas traité différemment de ce que je l'avois été auparavant. Sa Majesté eut la bonté de me le permettre, et même de le dire tout haut, afin que les officiers de sa chambre fussent informés de ses intentions.

La maladie du Roi augmentant aussi bien que le crédit du cardinal Mazarin, Sa Majesté donna toute sa confiance à Chavigny. Des Noyers ne le put souffrir. Il demanda la permission de se retirer : ce qui lui fut accordé. Il fit en cela une démarche dont il eut tout le temps de se repentir. On proposa au Roi plusieurs sujets pour remplir la place de celui-ci, et entre autres M. d'Avaux, qui n'eut pas le bonheur de plaire à Sa Majesté. Le Roi se détermina à la faire exercer par commission à M. Le Tellier, intendant de l'armée d'Italie, fort connu du cardinal, et beau-frère de Tilladet, capitaine aux Gardes, que le Roi considéroit beaucoup. Le Tellier étoit homme de mérite, et l'événement a fait connoître dans la suite qu'il étoit digne de remplir une pareille charge.

J'allois de temps en temps à Saint-Germain pour obéir à l'ordre que la Reine m'en avoit donné. Un jour que je proposai au cardinal le retour de M. de Vendôme, il me reçut assez bien, sur ce qu'il crut que la maladie du Roi augmentant, Sa Majesté rappelleroit infailliblement ce prince par principe de conscience, ou ne pourroit du moins se défendre d'avoir égard à la prière qui lui en seroit faite par Monsieur, son frère. Sur ce fondement, le cardinal en voulut faire l'ouverture à ce monarque, et les ordres furent expédiés tels qu'on les pouvoit désirer.

La cour grossissoit continuellement, tant par le rappel des exilés que par un grand nombre d'autres personnes qui s'y rendoient : les unes pour voir quel changement la mort prochaine du Roi y apporteroit, et les autres parce qu'elles espéroient d'y faire une plus grande fortune. Ce n'étoit plus un secret de dire que la vie de ce prince ne pouvoit être de longue durée. A la vérité, cela troubloit le cardinal, mais non pas de manière qu'il oubliât ce qu'il falloit faire pour sa conservation. Etant averti que la Reine avoit beaucoup de confiance dans l'évêque de Beauvais, qui étoit d'ailleurs d'un esprit simple et facile, et d'un tempérament prompt, il crut qu'il lui seroit bien plus aisé de s'assurer de ce prélat que de tout autre pour qui Sa Majesté auroit de l'affection. Mais, ne sachant qui employer pour cela, il s'adressa au nonce, qui fut depuis le cardinal Grimaldi. Le nonce voulut bien se charger de la commission, et lui faire le plaisir de dire à l'évêque de Beauvais la passion qu'avoit le cardinal Mazarin de rendre ses services à la Reine; et le prélat, peu fin, en eut tant de joie qu'il l'alla d'abord déclarer à Sa Majesté, en lui conseillant de s'assurer de Mazarin, qui fut ravi d'apprendre que les choses réussissoient à son gré. M. de Beauvais me fit part de ceci, et de ce qui avoit été

ménagé par de plus habiles gens que lui. J'en fus extrêmement surpris; mais, ayant eu assez de force pour dissimuler ma pensée, et me trouvant dans la nécessité de prendre un parti, je dis à ce prélat que je souhaitois qu'il n'eût pas un jour sujet de s'en repentir. Je fus promptement trouver la Reine, dans l'impatience où j'étois de savoir de Sa Majesté même si ce que M. de Beauvais m'avoit dit étoit véritable, et ce qui avoit pu engager la Reine à suivre le conseil de ce prélat. « Deux raisons, me répondit cette
« princesse : la première, que, sur la parole du
« nonce, je suis persuadée que le cardinal Mazarin
« est mon serviteur; et la seconde, qu'ayant envie de
« me défaire de Bouthillier, de Chavigny, et de
« tous ceux qui n'ont point été dans mes intérêts,
« je serai bien aise d'y conserver quelqu'un qui
« puisse m'informer des intentions que pourra avoir
« le Roi à la mort, pour les suivre. Je veux me
« servir pour cela d'une personne qui ne soit point
« dans la dépendance de Monsieur, ni du prince de
« Condé. » Je crus faire beaucoup de ne point louer un conseil qui me paroissoit très-pernicieux, mais je crus aussi qu'il étoit de la prudence de ne le pas blâmer; et me contentant de ne point oublier ce qui m'avoit été confié pour m'en servir au besoin, je n'en parlai à personne.

Cependant la maladie du Roi devenoit plus dangereuse. Le cardinal lui conseilla d'établir un régent; et, supposé que cette dignité fût déférée à la Reine, de limiter le pouvoir de sa régence. Ce monarque n'eut pas de peine à faire ce qu'on lui proposoit; car il ne pouvoit confier ses enfans ni à Monsieur, ni au prince de Condé, qui lui avoit souvent donné sujet de se plaindre. Il n'eut pas non plus de peine à mettre des bornes à l'autorité de la Reine, étant persuadé qu'elle useroit mal de son pouvoir; et sur ce qu'on lui demanda s'il agréeroit que Monsieur fût déclaré chef des conseils sous la régente, et lieutenant général représentant sa personne dans toute l'étendue du royaume; qu'en l'absence de Monsieur, frère du Roi, le prince de Condé occupât la même place, et le cardinal Mazarin celle de ce prince; qu'il y eût un conseil nécessaire auquel assisteroient Bouthillier, surintendant des finances, et Chavigny son fils, où toutes les affaires passeroient à la pluralité des voix : Sa Majesté donna son consentement à tout, et le Roi ajouta qu'il vouloit que le cardinal eût la nomination des bénéfices jusqu'à la majorité du Roi son fils. Pour donner plus de force à cette déclaration, on jugea à propos de la faire enregistrer au parlement. Outre ce que je viens de remarquer, il y avoit encore quelques clauses qui me paroissoient assez à l'avantage de la Reine : entre autres, il étoit dit qu'elle auroit la disposition des charges qui viendroient à vaquer, à la réserve de celles de secrétaires d'Etat, qui ne pourroient être remplies que des personnes dont le conseil nécessaire seroit convenu. Je ne fus point du tout surpris de cette restriction : car la charge de des Noyers n'étant point encore donnée, on voulut prendre une précaution pour m'empêcher d'y entrer; et en cela je fus obligé à ceux qui s'en mêlèrent, le Roi ayant eu la bonté de se souvenir de mes services dans son testament, et de les récompenser.

Au moment que cette déclaration parut, elle fut

blâmée, et le parlement en l'enregistrant ne songea qu'aux moyens dont il faudroit se servir pour rendre illusoire le dispositif de son arrêt. Des jurisconsultes soutenoient que le père et le fils ne devoient point délibérer ensemble, et le public trouvoit que le conseil qu'on auroit établi étoit trop foible pour avoir une autorité aussi absolue. Quelques uns de ceux qui mouroient d'envie d'être en possession des charges qui leur étoient destinées témoignèrent au Roi qu'il falloit assembler ce conseil; et, suivant l'ordre qu'ils en reçurent, ils dirent à la Reine que ce monarque l'avertissoit de ne jamais consentir que M. de Vendôme ni aucun de sa maison fût pourvu du gouvernement de Bretagne, dont le maréchal de La Meilleraye avoit été gratifié depuis peu; et comme on ne se soucia point de ménager M. de Vendôme, on divulgua sur-le-champ ce qui devoit être tenu secret. On proposa aussi de déclarer les généraux des armées. Le cardinal, pour mettre dans ses intérêts le prince de Condé, fit déterminer le Roi à donner le commandement de la plus considérable au duc d'Enghien, qui devoit avoir sous lui M. Du Hallier, qui fut maréchal de France peu de temps après son départ de la cour.

Le roi Louis XIII, surnommé le Juste, mourut en cette année-ci (1). On peut dire que ce prince n'étoit méchant que par accident. Dans tout le cours de son règne, qui fut assez agité, il ne fit que le mal qu'on lui fit faire. A peine eut-il rendu son dernier soupir, qu'il courut un bruit, dans le château de Saint-Germain, que Monsieur avoit mandé à ses créatures de

(1) *Mourut en cette année-ci* : Le 14 mai 1643.

s'y rendre, à dessein d'être maître de la personne du roi Louis XIV son neveu, et du duc d'Anjou, frère unique de Sa Majesté, et d'ôter l'autorité à la Reine. Cela donna lieu aux serviteurs de cette princesse, qui de longue main lui avoient ménagé les Gardes françaises et suisses, de redoubler la garde, et d'ordonner que les soldats fussent dans leurs quartiers sous leurs enseignes, pour se rendre à Saint-Germain au premier ordre, et y appuyer par la force des armes ce que le feu Roi y avoit ordonné très-instamment, qui étoit que la Reine seroit maîtresse de l'administration du royaume et de l'éducation de ses enfans.

Cette princesse, pour marquer la confiance qu'elle avoit au duc de Beaufort, lui commanda de se tenir auprès de la personne du Roi, et à tous ceux qui dépendoient d'elle de lui obéir. Il eût été à souhaiter que M. de Beaufort eût pu se contenir; mais n'étant pas maître de sa joie, on prit la résolution de conduire le Roi et le duc d'Anjou à Paris; et les troupes de la garde ayant été mandées, on les mit en bataillon, au milieu duquel marchoit le carrosse où étoient Leurs Majestés avec Monsieur. Ils arrivèrent à Paris dans cet équipage, qui avoit quelque chose de grand et de foible tout ensemble.

A peine la Reine fut-elle retirée, que le président Le Bailleul, son chancelier, lui proposa de mener le Roi au parlement qui, suivant l'exemple de ce qui s'étoit pratiqué en l'année 1610, ne manqueroit pas de la déclarer régente, avec le pouvoir entier de gouverner toute seule; en suppliant pourtant le Roi que Monsieur, son oncle, fût déclaré lieutenant général dans toute l'étendue de son royaume, pays et terres de son obéissance ; et, en son absence, M. le prince chef des conseils. M. le duc d'Orléans et le prince de Condé, qui d'ailleurs offroient de remettre à la Reine toute l'autorité qui leur avoit été donnée, consentirent que le Roi allât tenir son lit de justice : à quoi le cardinal avoit lui seul de la répugnance, parce qu'il avoit été averti qu'on n'y parleroit point de lui. Plusieurs conseillers voulurent l'animer, mais ils étoient trop foibles pour empêcher une délibération consentie par les plus considérables de l'Etat, et que le parlement avoit déclaré vouloir publier.

Le cardinal crut que, les choses étant en cette situation, il n'avoit point d'autre parti à prendre que de demander à la Reine la permission de se retirer en Italie. Sa Majesté étant persuadée que le service de cette Eminence lui seroit utile, et se trouvant pressée, me dit l'embarras où elle étoit, d'où pourtant elle concluoit que son autorité en seroit bien plus puissante. Je lui répondis que si elle étoit résolue à continuer de se servir du cardinal, je ne croyois pas les choses si difficiles qu'elles paroissoient. « Mais, me « répliqua la Reine, comment cela se pourra-t-il « faire? car le cardinal se tient offensé ; il le publie « partout, et demande la permission de se retirer. » Je lui dis : « Madame, si vous lui offrez ce qu'il perd, « Votre Majesté conviendra qu'il doit être satisfait ; « et s'il vous refuse, c'est une marque qu'il ne veut « point vous avoir d'obligation. En ce cas-là, vous ne « perdrez rien quand il se retirera ; mais Votre Ma- « jesté me permettra de lui dire que je le crois trop « habile homme pour ne pas accepter ses offres avec « de très-humbles remercîmens..» Je me retirai, et le cardinal se rendit chez la Reine pour la presser de lui accorder la permission qu'il lui avoit demandée de s'en aller à Rome, où il feroit, disoit-il, paroître son zèle pour le service du Roi, et sa reconnoissance pour les bienfaits et les honneurs dont il étoit comblé. Mais Sa Majesté lui ayant fait l'ouverture que je lui avois proposée, il ne délibéra point sur ce qu'il avoit à répondre. Il la remercia en lui protestant que cette nouvelle grâce l'attachoit encore plus fortement que toutes les autres qu'il avoit reçues au service du Roi, au sien, et à celui de toute la France; et, continuant son discours, il demanda à la Reine qui lui avoit donné ce conseil. Sa Majesté lui dit que c'étoit moi. Il m'en remercia dès le jour même, en me protestant que j'aurois toute sa confiance; qu'il savoit bien que la Reine m'avoit honoré de la sienne, et que je n'en avois jamais abusé; qu'il supplioit même Sa Majesté d'être sa caution; qu'il ne manqueroit à rien de tout ce qu'il m'avoit promis, ne me demandant d'autre assurance que ma parole, parce que la renommée, qui ne se trompe jamais, avoit publié si hautement la constance et la fidélité avec laquelle j'avois servi mes maîtres et aimé mes amis, qu'il n'exigeoit point de moi d'autre assurance, celle-là lui paroissant la meilleure. Je fis de mon côté mille protestations de services au cardinal, étant persuadé que cela feroit plaisir à la Reine. Présentement qu'elle est établie sur le trône, nous parlerons de la régence de cette princesse, et de la part qu'elle voulut bien me donner aux affaires.

Sa Majesté témoigna d'abord qu'elle n'avoit rien plus à cœur que la grandeur du Roi son fils, et de procurer la paix à la France, pourvu que ces deux choses pussent s'accorder ensemble. Elle promit de mettre dans ses intérêts, autant qu'elle le pourroit, M. le duc d'Orléans et M. le prince. Elle déclara aussi qu'elle avoit des serviteurs particuliers dont elle vouloit se servir, comme l'évêque de Beauvais, le président Le Bailleul et moi. Le second, qui s'attendoit d'avoir les sceaux, accepta avec plaisir la surintendance des finances, dont il fut pourvu conjointement avec M. d'Avaux, qui néanmoins fut nommé pour aller négocier la paix suivant les préliminaires qui en avoient déjà paru. M. de Longueville fut aussi destiné pour être plénipotentiaire, et obtint du Roi qu'il auroit séance dans le conseil secret. Il fut par là récompensé d'avance des services qu'on attendoit de lui.

Bouthillier eut ordre de se retirer : ce qui surprit d'abord le chancelier; mais il se rassura quand il vit qu'on avoit mis en sa place MM. Le Bailleul et d'Avaux. L'évêque de Beauvais, qui s'attendoit à être tout puissant dans l'Etat, rechercha M. le duc d'Orléans et le prince de Condé, en leur promettant des gouvernemens de places, et généralement tout ce qu'ils pourroient désirer. Il assura encore Monsieur que, sans avoir le titre de régent, il en auroit toute l'autorité. Mais le pauvre prélat déchut de ses espérances quand il vit que le cardinal avançoit de plus en plus dans la confiance de la Reine, et que l'on croyoit avoir déjà trop fait pour lui que de lui avoir accordé l'entrée du conseil, en le flattant de l'espérance de l'élever à la pourpre. Le cardinal Mazarin l'assura bien d'y vouloir contribuer; mais, reconnoissant que ce prélat avoit un petit génie, il le méprisa dans la suite. Chavigny fut étourdi de la disgrâce de son père, et Servien revint en diligence à la cour, espérant de rentrer dans la charge de secrétaire d'Etat qu'il avoit eue par le crédit du cardinal de Richelieu, et dont il avoit été obligé de se défaire par ordre du feu Roi, qui l'avoit soupçonné d'avoir rapporté à son premier ministre quelque chose qui avoit été dit dans la chambre de Sa Majesté. Servien fut aussi bien étonné de voir que le cardinal Mazarin affectionnoit Le Tellier, et qu'il y avoit encore bien des personnes qui disoient que des Noyers, qui ne s'étoit pas démis, prétendoit la même chose que lui. Il perdit enfin toute espérance quand il sut que la Reine étoit dans le dessein de me gratifier de cette même charge.

Chavigny, ne trouvant point Sa Majesté disposée en sa faveur, comme il s'en étoit flatté, s'adressa au cardinal pour obtenir de la Reine par son moyen la permission de se démettre de sa charge, s'imaginant peut-être que cette Eminence le blâmeroit de la résolution qu'il prenoit; mais il s'adressa mal, car le cardinal ne pouvoit souffrir qu'on allât publiant partout que M. de Chavigny étoit l'auteur de sa fortune et de son élévation. Ce premier ministre, se possédant, lui fit plusieurs questions qui l'engagèrent de plus en plus à persister dans sa même résolution, comme de lui dire jusqu'où il prétendoit que devoit aller son crédit, dont on lui ôtoit jusqu'à l'espérance. Ainsi le cardinal s'étant contenté de satisfaire à ce que la bienséance vouloit, il se chargea de parler de la démission de Chavigny à la Reine, qui témoigna une grande joie de ce que l'occasion se présentoit de me faire entrer dans les affaires.

Sa Majesté envoya, mes enfans, chercher votre mère, pour savoir d'elle si j'étois en état d'avancer une partie de la récompense que M. de Chavigny demandoit. Ensuite elle me commanda de l'aller offrir à l'intéressé : ce que je fis, en le priant de me dire franchement s'il avoit bien pensé à ce qu'il avoit fait. Il me remercia de l'offre que je lui fis de ne le point presser de quelques jours de donner sa démission, seulement pour se ménager quelques avantages qui ne me regardoient point. Mais comme M. de Chavigny étoit chancelier de M. le duc d'Orléans, ceci vint bientôt à la connoissance de ce prince, qui envoya sur-le-champ le duc de Bellegarde faire ses plaintes à la Reine et au cardinal de ce qu'on disposoit sans sa participation d'une charge aussi considérable que celle de secrétaire d'Etat. « J'ai usé de mon pouvoir, ré-
« pondit cette princesse, en ayant été suppliée par
« celui qui y est le plus intéressé. La manière dont
« vous me parlez de la part de Monsieur me surprend
« si fort, que je trouve à propos que vous lui disiez
« de la mienne de ne le pas faire une seconde fois. »
Le cardinal prit la parole, et raconta, pour se justifier, les choses comme elles s'étoient passées, en ajoutant qu'il seroit bien difficile d'engager la Reine à changer de résolution. M. de Bellegarde étant retourné trouver son maître, il convint avec lui de revenir auprès de la Reine, à laquelle il parla ainsi : « Votre Majesté ne
« sauroit défendre le procédé de M. de Brienne, qui
« n'a pas daigné faire un compliment à Monsieur. »
La Reine m'envoya querir ; et, blâmant ma manière d'agir, elle m'ordonna d'aller au Luxembourg, et de prier Monsieur de ne point avoir de répugnance à ce

qu'elle vouloit faire pour moi. Je lui répondis, et ensuite au cardinal, qui me reprochoit que j'avois mis la Reine dans un grand embarras : « J'avois toujours « cru l'union de Monsieur avec Sa Majesté si néces- « saire pour le service du Roi, qu'il la faudroit préfé- « rer à toute autre chose. A mon égard, la Reine, par « l'honneur qu'elle m'a fait, a récompensé mes ser- « vices, dont je lui suis très-obligé; mais elle n'aura « jamais le pouvoir sur moi de me faire entrer dans « une charge comme celle de secrétaire d'Etat contre « le consentement de Monsieur. Sa Majesté est donc « la maîtresse d'en disposer comme il lui plaira; car, « au reste, pour ce qui est d'aller dans la conjoncture « présente faire un compliment à M. le duc d'Or- « léans, c'est une bassesse dont je ne suis pas ca- « pable; et ce seroit mal reconnoître les obligations « que j'ai à la Reine, de donner lieu au monde de « dire qu'elle ne peut avoir de bonne volonté pour « ses serviteurs sans l'agrément de Monsieur. Mais « quand ce prince aura fait les excuses auxquelles « son compliment l'oblige, de mon côté je ne man- « querai pas à mon devoir. » Mes raisons furent trouvées si bonnes, que l'affaire fut mise en négociation. Monsieur, ne pouvant espérer de la faire réussir comme il l'avoit projeté, me fit dire de l'aller voir, et qu'il la termineroit à ma satisfaction. Je refusai de lui obéir jusqu'à ce qu'il eût rendu à la Reine ce qu'il lui devoit, et j'ajoutai que je ne voudrois point de l'épée de connétable à ce prix-là, et à plus forte raison d'une plume que j'avois eue tant d'années dans ma main.

M. le duc d'Orléans se résolut enfin de faire des

excuses à la Reine de la conduite qu'il avoit eue ;
dont je n'eus pas plus tôt été averti par Sa Majesté que
j'obéis sur-le-champ à l'ordre qu'elle me donna d'aller
au Luxembourg. Je parlai à ce prince de la manière
qui suit : « Je ne sais par où commencer mon discours,
« en parlant à votre Altesse Royale ; car depuis que
« je suis au monde j'ai toujours évité toutes sortes
« d'éclaircissemens : et néanmoins je me trouve dans
« la nécessité d'en avoir un avec un prince pour qui
« j'ai toujours eu un profond respect. Je dirai donc
« à votre Altesse Royale que si les bienheureux voient
« ce qui se passe en ce monde-ci, le Roi votre père
« aura peine à souffrir que vous ayez porté les inté-
« rêts du fils de M. de Bouthillier contre ceux du fils
« de M. de Lomenie, après avoir été servi avec beau-
« coup de fidélité par celui-ci, et ayant à peine connu
« l'autre. Mais, pour reprendre la suite de mon dis-
« cours, je me crois obligé de dire à votre Altesse
« Royale qu'étant allé trouver M. de Chavigny pour
« lui déclarer l'ordre que j'avois de lui remettre une
« somme considérable, en me donnant la démission
« de la charge de secrétaire d'Etat dont monsieur
« son père et lui étoient pourvus, il me pria de ne le
« point presser de quelques jours, dont il avoit besoin
« pour ménager de certains intérêts qui ne me regar-
« doient point. Or, y ayant consenti, eût-il paru rai-
« sonnable que j'eusse accouru à votre Altesse Royale
« pour lui faire part de l'ordre que j'avois reçu de la
« Reine ? Je prends même cette princesse à témoin
« que je l'ai suppliée de me décharger du fardeau
« qu'elle vouloit m'imposer, parce que vous ne l'a-
« viez pas agréable. Mais à présent que vous avez vu

« Sa Majesté, je dirai à votre Altesse Royale ce que
« j'ai pris la liberté de lui dire à elle-même : c'est que
« je ne consentirois jamais à accepter cette charge si
« vous y aviez la moindre répugnance. Et le pouvoir
« que la Reine a sur moi ne seroit pas assez puissant
« pour m'y obliger, parce que je serois très-fâché que
« votre Altesse Royale eût le moindre chagrin à mon
« occasion. Et comme j'ai toujours cru que votre
« union avec la Reine contribueroit au bien de l'Etat
« et affermiroit l'autorité royale, me pouvoit-il être
« reproché qu'après l'avoir appuyée le plus qu'il m'a
« été possible, je voudrois être cause que cette union
« pût être troublée?—Quoi donc, me dit ce prince,
« Chavigny vous a-t-il demandé du temps? » Je lui
répondis qu'il n'y avoit rien de plus vrai, et que je
le suppliois de l'envoyer querir, afin que je le lui soutinsse en sa présence, persuadé que j'étois qu'il n'en
disconviendroit pas. « Ce n'est point vous, me répliqua Monsieur, mais moi qui suis dans le tort ;
« car M. de Chavigny me devoit dire sincèrement ce
« que vous aviez concerté ensemble. Je ne puis voir
« personne dans le conseil qui me soit plus agréable
« que vous ; car j'ai remarqué que vous avez toujours
« eu de l'amitié pour moi dans le temps de mes adversités, et que vous avez favorisé ceux qui m'appartenoient, quand vous l'avez pu faire avec justice
« et bienséance. »

Je revins au Louvre au sortir du Luxembourg; et
mes provisions ayant été expédiées, je prêtai le serment entre les mains de la Reine, qui n'eut point
désagréable la liberté que je pris de les baiser. Je fus
ensuite chez le cardinal, qui me reçut de la manière

du monde la plus obligeante; et j'eus la satisfaction de ne rencontrer personne dans mon chemin qui ne me témoignât approuver le choix que la Reine avoit bien voulu faire de moi pour me confier en partie son secret, et sans réserve celui de l'Etat. Mon élévation à cette dignité ne fut pas plus tôt divulguée que le nonce et les ministres des autres princes étrangers me firent demander audience. Chacun d'eux m'exposa ce qu'il avoit espéré du feu Roi, et ce qu'il pouvoit souhaiter de la Reine. J'appris aussi que M. le duc d'Orléans avoit établi un conseil pour délibérer de ce qui étoit à faire pour le maintien des gens de guerre, et que l'heure en étoit marquée tous les vendredis après midi. On ajouta à ceux qui devoient assister à ce conseil, qui étoit déjà beaucoup diminué de puissance, messieurs les maréchaux de France, et même Bezançon en qualité de commissaire général des troupes, et aussi les secrétaires d'Etat. La première fois que je m'y rendis, je fus fort étonné de voir qu'on les laissoit debout. Je ne pus m'empêcher de parler de la cause commune, dont je fis la mienne propre, en faisant entendre à Monsieur qu'il ne devoit point exiger de nous ce qui n'avoit pas été demandé en 1630 à M. de Beaucler; et que si, pour rester debout et tête nue en présence du Roi, on vouloit nous obliger à quelque chose de semblable où Sa Majesté ne se trouveroit point, nous nous en défendrions par des raisons convaincantes et par des exemples. D'où je concluois que son Altesse Royale auroit le déplaisir de ne pas réussir dans une affaire de cette nature, qu'elle ne devoit jamais entreprendre. M. le duc d'Orléans, ayant pris l'avis de ceux de son conseil, nous dit de nous asseoir et de prendre nos places. Je crois que ce que je fis pour la défense de la cause commune ne contribua pas peu à engager messieurs de La Vrillière et Du Plessis-Guénégaud à me céder la préséance dans tous les endroits où nous paroissions en qualité de secrétaires d'Etat, comme ils le faisoient dans les conseils, où elle m'appartenoit de droit sur eux. M. Le Tellier n'eut pas de peine à faire comme les autres, avec d'autant plus de raison que, n'ayant encore qu'une commission, il eût été de mauvaise grâce à lui de prétendre la préséance sur les officiers pourvus en titre et reçus. Je ne laissai pas néanmoins de lui en faire une honnêteté, comme aux deux premiers.

Peu de jours après que je fus en charge, il arriva à Paris un courrier de l'Empereur pour apporter les passe-ports, sans lesquels les plénipotentiaires du Roi n'eussent pas pu se rendre en sûreté dans les villes où l'on devoit traiter la paix. La Reine m'envoya quérir pour les recevoir, et le courrier fut bien régalé et renvoyé. Ceci nous ayant fait penser tout de bon à ce que nous avions à faire, on parla de presser le départ des plénipotentiaires de France, dont le nombre avoit été arrêté. M. de Chavigny, ayant envie d'être employé dans cette négociation ou d'être envoyé ambassadeur à Rome, me demanda auquel de ces deux emplois je croyois qu'il dût s'arrêter. Je lui conseillai de préférer la paix à une ambassade ordinaire, par la raison que ce premier emploi me paroissoit le plus honorable; et qu'étant fini, s'il ne trouvoit pas à la cour la place qu'il y pouvoit désirer, il pouvoit toujours prétendre à l'ambassade de Rome. Je ne sais de qui il prit conseil; mais il cessa tout d'un coup de penser à l'un et à l'autre de ces emplois, et préféra de rester à la cour.

Les plénipotentiaires pour la paix furent messieurs de Longueville, d'Avaux et Servien. L'ambassade de Rome fut donnée au marquis de Saint-Chaumont, chevalier des ordres du Roi. Il fut question de travailler à leur instruction; et le cardinal Mazarin en ayant présenté une qui avoit été faite du temps du cardinal de Richelieu, elle fut approuvée, aussi bien qu'un petit discours que j'y mis au commencement.

Je m'aperçus bientôt qu'il y auroit peu d'intelligence entre messieurs d'Avaux et Servien, celui-ci affectant de prétendre les mêmes titres d'honneur qui avoient été accordés à son confrère après plusieurs années de service. Cela me fit juger, par la connoissance que j'avois de la hauteur de son esprit, que tout ce qui ne tomberoit pas dans le sens de Servien lui déplairoit, et qu'il ne manqueroit pas de traverser M. d'Avaux. A l'égard de l'esprit de celui-ci, on n'en pouvoit faire qu'un très-bon jugement, parce qu'il avoit toujours paru fort modéré, et qu'on ne pouvoit point lui reprocher que sa gloire ou sa réputation lui eussent été plus chères que son devoir dans tous les emplois qu'il avoit exercés.

On ordonna aux plénipotentiaires de descendre la Meuse, de s'embarquer à Mezières, et de séjourner quelque temps à La Haye pour disposer les Etats-généraux à faire partir leurs ambassadeurs, afin que, si l'ouverture de l'assemblée venoit à être retardée, la faute n'en pût être imputée à la France ni à ses alliés.

La Reine étoit bien persuadée que les Suédois ne seroient pas les derniers à y envoyer leurs ministres:

mais il ne falloit point en conclure absolument qu'ils voulussent la paix ; car, en matière de politique, on paroît souvent désirer les choses pour lesquelles on est le plus éloigné. Ce que l'on demandoit aux Etats paroissoit trop juste pour qu'ils fissent la moindre difficulté de s'y engager, d'autant plus qu'ils étoient redevables à la France de l'avantage qu'ils avoient de traiter une seconde fois avec les Espagnols, qui faisoient voir par là la disposition dans laquelle ils étoient de les reconnoître pour libres et souverains : ce qu'ils n'avoient pas voulu jusques alors accorder au roi de Portugal. Il fut toutefois aisé de s'apercevoir que les Etats n'inclinoient point à la paix, soit que le prince Henri d'Orange la traversât ou bien qu'elle déplût à leurs peuples, qui eussent volontiers préféré une trève de plusieurs années à une paix solide, quand même elle leur eût été proposée sous des conditions justes et raisonnables.

Le prince d'Orange manda à la cour que l'on pressoit trop leurs députés, et qu'il se croyoit obligé d'avertir que telles conditions leur pourroient être offertes de la part des Espagnols, qu'elles seroient acceptées, sans se mettre autrement en peine si cela accommoderoit leurs alliés ou non. On écrivit donc aux Etats, on parla à leurs ambassadeurs, et enfin on leur déclara qu'il falloit qu'ils se trouvassent à l'assemblée dans l'intention d'y conclure la paix ; qu'au reste, ils ne devoient point espérer une trève si l'ennemi commun ne se mettoit à la raison. Et afin que les Etats envoyassent leurs députés, on leur fit espérer que les ambassadeurs qu'ils avoient à la cour de l'Empereur seroient mis en possession de tous les honneurs et prérogatives qui leur avoient été refusés jusques alors. Le cardinal, qui étoit très-libéral à promettre et même accorder de pareilles grâces, s'excusoit là-dessus en disant, pour ses raisons, que si nous n'en donnions pas l'exemple à l'Empereur et au roi d'Espagne, nous serions peut-être forcés de suivre le leur : ce qui aliéneroit de nous et attacheroit peut-être à d'autres puissances cette république naissante, que nous avions grand intérêt de ménager. Après que tout ceci eut été débattu long-temps, les plénipotentiaires de Sa Majesté crurent qu'il étoit temps de s'avancer. Nous craignions aussi bien qu'eux que leur séjour à La Haye ne fût reproché comme s'il leur avoit été ordonné, afin d'impatienter les ministres des Impériaux et des médiateurs, dont quelques-uns s'étoient déjà rendus dans les villes où la négociation devoit être ouverte.

M. d'Avaux, pour suivre l'exemple du président Jeannin, crut qu'en prenant congé des Etats il falloit leur recommander de la part du Roi leurs sujets catholiques, dont la condition paroissoit mauvaise à ceux qui ne savoient pas que, sans avoir la liberté de conscience, ils ne laissoient point d'en jouir. Il en parla à son collègue et à La Thuillerie, ambassadeur ordinaire du Roi auprès des mêmes Etats. Ils ne le contredirent pas, mais toutefois ils n'approuvèrent point la résolution qu'il avoit prise. D'Avaux, ayant regardé leur silence comme un tacite consentement, s'étendit beaucoup sur cette matière : et cela surprit fort Servien et obligea les Etats de s'en plaindre, comme si l'on avoit voulu leur soustraire une partie de leurs sujets; car on avoit déjà vu chez eux des marques d'une division qui depuis a été si nuisible au service du Roi, et que messieurs les Etats nous ont toujours conservée entre eux.

Servien, qui se sentoit appuyé des Etats, disoit que d'Avaux avoit fait ceci de sa tête, dans l'espérance que, si la chose n'étoit pas utile aux catholiques, du moins elle serviroit à l'élever au cardinalat; car il n'avoit effectivement entrepris cette affaire que pour plaire au Pape, et pour avancer par ce moyen sa promotion. D'Avaux soutenoit au contraire n'avoir rien fait sans la participation de ses collègues : ce que La Thuillerie ne désavouoit point; mais il donnoit assez à entendre qu'on avoit fait connoître à d'Avaux qu'il n'en résulteroit que du mal, les esprits n'étant pas disposés en Hollande à favoriser les catholiques au-delà de ce qu'ils les favorisoient déjà, ni même à suivre les conseils du Roi, qui témoignoit vouloir la paix, dont les plus autorisés dans le gouvernement paroissoient bien éloignés.

Je reçus de leurs lettres en commun, et une autre en particulier de chacun d'eux, qui n'étoit que pour me faire savoir leurs différends personnels; mais les premières étoient pour mander au Roi qu'ils partiroient incessamment pour se rendre à Munster, suivant l'ordre qui leur en avoit été donné. Je me souviens que je leur mandai, dans une lettre commune, que j'avois vu souvent des personnes d'une très-grande capacité ne point convenir entre elles du droit dans des affaires soumises à leur jugement; mais qu'il n'étoit jamais arrivé qu'à eux de disconvenir dans les faits : dont tout le monde étoit d'autant plus surpris qu'ils faisoient l'un et l'autre profession d'avoir beaucoup d'honneur et de probité.

Je m'aperçus dès lors que le cardinal déféroit plus aux avis de Servien qu'à ceux de d'Avaux : dont je ne fus pas surpris, parce que le génie du premier avoit plus de rapport au sien que celui de son confrère. Le premier ministre aimoit constamment les longs raisonnemens qui n'aboutissent à rien, qui égarent l'attention, et qui peuvent recevoir une double interprétation. De même l'esprit de Servien excelloit en équivoques et en duplicités : au lieu que celui de d'Avaux affectoit une grande netteté et évitoit de tromper personne, ce qui est d'un honnête homme ; tâchant en même temps d'être trompé le moins qu'il pouvoit, ce qui est d'un homme d'esprit. L'Eminence avoit de plus attaché à son service Lyonne neveu de Servien, avec lequel il avoit fait connoissance lorsque Lyonne étoit à la cour de Parme pour les affaires du Roi. Il avoit ensuite cultivé cette amitié dans un voyage qu'il fit à Rome. Lyonne étoit d'un caractère d'esprit qui approchoit fort de celui de son oncle ; il faisoit assidûment sa cour au cardinal, et s'appliquoit uniquement à gagner ses bonnes grâces.

Les plénipotentiaires du Roi étant arrivés à Munster, le baron de de Roite fut destiné pour demeurer à Osnabruck en qualité d'agent. Saint-Romain et Meules eurent ordre de rester auprès de nos ministres à Munster, et de faire tout ce qu'ils leur ordonneroient pour le service de Sa Majesté. Ils avoient encore plusieurs résidens, afin qu'ils fussent plus considérables s'ils les députoient vers quelques princes de l'Empire à leur arrivée à Munster, qui ne fut pourtant pas dans un même jour. Ils furent bien reçus de la ville, des ministres de l'Empereur et des médiateurs ; et affectant d'y faire parade d'une grande livrée et d'une grosse suite de gentilshommes, ils s'en firent honneur en le mandant au Roi. Ils trouvèrent à Munster le nonce Chigi, qui fut depuis élevé au cardinalat et ensuite à la papauté, très-disposé à favoriser les intérêts de Sa Majesté; de quoi néanmoins ils n'eurent d'autre assurance que des paroles générales et de simples complimens: car quoique l'un des neveux du Pape se fût déclaré serviteur du Roi en acceptant la protection des affaires de France à la cour de Rome, le cardinal Barberini son frère aîné avoit celle d'Espagne, et bien plus d'ascendant sur l'esprit de son oncle que n'en avoit le cadet. Cela nous faisoit éprouver souvent que les inclinations du Pape étoient portées à favoriser nos ennemis.

A l'égard du nonce Contarini, il s'ouvrit davantage avec les plénipotentiaires du Roi; mais les médiateurs vouloient la paix sans se soucier lequel des partis auroit l'avantage, le leur étant que la paix fût promptement conclue. L'état de la chrétienté, attaquée par le Turc, leur servoit d'une excuse légitime à bien des choses qui, sans cela, eussent pu être blâmées dans leur conduite.

Ce fut pour lors que parut l'aversion que le cardinal avoit pour l'évêque de Beauvais, qui, faisant connoître en diverses rencontres son peu de capacité, donnoit à son ennemi tous les avantages qu'il pouvoit prétendre sur lui, s'étant même ligué avec quelques uns de ses confidens qui avoient manqué au respect qu'ils devoient à la Reine leur maîtresse. La résolution ayant été prise de révoquer la nomination qui avoit été faite de ce prélat pour être élevé à la pourpre, et le cardinal mettant en doute si le marquis de Fontenai, ambassadeur du Roi à Rome, exécuteroit les ordres qu'il recevroit à cette occasion, je l'en assurai, et je dis à Son Eminence qu'il n'y avoit seulement à craindre sinon qu'il ne les anticipât. On lui envoya aussitôt ordre de déclarer au Pape que le Roi révoquoit la nomination qu'il avoit faite de l'évêque de Beauvais pour être élevé au cardinalat, parce que ce prélat s'en étoit rendu indigne par sa mauvaise conduite; mais d'attendre, pour le dire à Sa Sainteté, qu'elle eût indiqué le consistoire dans lequel elle devoit remplir les places vacantes. L'ambassadeur ayant reçu la dépêche, et sachant que le Pape presseroit la promotion s'il croyoit faire de la peine au cardinal Mazarin en y comprenant l'évêque de Beauvais; craignant d'ailleurs d'être soupçonné d'avoir voulu favoriser les intérêts de ce prélat s'il différoit, il fit demander audience aussitôt que le courrier fut arrivé; et ayant présenté au Pape la lettre que le Roi lui écrivoit, et la sienne de créance, l'affaire du cardinalat fut mise hors d'état de pouvoir réussir. M. de Fontenai nous manda que Sa Sainteté en avoit été si transportée de colère et de surprise, qu'elle avoit envoyé querir le cardinal Barberini, pour lui reprocher qu'il lui avoit ôté par ses mauvais conseils les moyens de se venger du cardinal Mazarin. Le transport de Sa Sainteté alla jusqu'à jeter son bonnet par terre et à le fouler aux pieds. Le même courrier ayant rapporté la réponse qu'on attendoit avec impatience, on ne fit plus de difficulté d'ordonner à l'évêque de Beauvais de se retirer à sa résidence, où il mourut bientôt après. Ce prélat étoit un homme de bonnes mœurs, et propre à conduire un diocèse; mais il n'entendoit rien aux affaires d'Etat : et l'on peut juger de l'étendue de son esprit sur ce qu'il s'étoit vanté qu'il viendroit à bout de ces affaires aussi facilement que de gouverner ses curés.

Sur ce que l'on pressa M. de Longueville d'aller à Munster, il n'en fit point de difficulté; mais il demanda de prendre sa séance au conseil avant que de partir, et cela lui fut accordé. Sa raison étoit fondée sur ce qu'il y avoit d'autres personnes de son rang qui faisoient leurs instances pour y entrer, et qu'il présumoit qu'on feroit observer entre eux la séance du jour qu'ils y auroient été reçus, se doutant bien avec quelque fondement qu'on ne décideroit point en sa faveur qu'il dût précéder les autres. M. de Vendôme se tourmentoit aussi beaucoup. Il avoit obtenu, pour se récompenser du gouvernement de Bretagne, qu'on lui donneroit la charge d'amiral, et qu'on traiteroit avec le duc de Brezé afin qu'il la remît ; et les choses étoient si fort avancées, que ce duc étoit convenu de certains articles qu'il se faisoit fort de faire ratifier par son fils : ce qu'il est à propos qu'on n'oublie pas, parce que cette même affaire fut agitée dans un autre temps; et ce qui avoit été projeté fut demandé ensuite comme une chose due, dont il étoit pourtant très-aisé de se défendre.

Quiconque a été élevé à la cour ne doit point être surpris d'y voir arriver des changemens causés par l'impétuosité et la présomption de nos Français, qui s'attirent souvent de mauvaises affaires sur les bras par cette humeur. M. de Beaufort, qui étoit sans doute animé par M. de Vendôme son père, se figura qu'il n'y avoit que la seule faveur du cardinal qui diminuoit la sienne, et que s'il pouvoit réussir à la faire tomber, il s'éleveroit et auroit toute l'autorité. Je n'ai point su quelle diligence il fit pour y parvenir, ou s'il se servit de la demoiselle de Saint-Louis; mais, ce qui est de certain, c'est que M. de Beaufort et cette demoiselle ne discontinuoient point de blâmer la Reine de ce qu'elle prenoit confiance au cardinal. Ils en tenoient de mauvais discours, et travailloient, suivant les apparences, pour détruire ce que l'Eminence vouloit, et pour empêcher que sa faveur et son crédit n'augmentassent.

M. de Beaufort, pour réussir donc dans le dessein qu'il avoit contre le cardinal, rassembla tous ses amis qu'il fit venir à Paris, soit pour se défaire de cette Eminence, ou pour l'intimider assez, afin qu'elle prît le parti d'abandonner la cour, où M. de Beaufort vouloit absolument dominer. Cela étant venu à la connoissance de la Reine, et que des gens armés qui avoient à leur tête M. de Beaufort se tenoient proche la barrière du Louvre, Sa Majesté se détermina à le faire arrêter (1), et à commander à son père et à son frère de se retirer dans une de leurs maisons de campagne.

Guitaut, capitaine des Gardes de la Reine, exécuta l'ordre qu'il en reçut de conduire M. de Beaufort à Vincennes, d'où il se sauva ensuite. Dujon, l'un des gentilshommes ordinaires du Roi, alla trouver M. de Vendôme pour lui faire savoir les volontés de la Reine; à laquelle il obéit. Et comme tout le monde se persuada que ce qui avoit été fait serviroit non-seulement

(1) *A le faire arrêter :* Le duc de Beaufort fut arrêté le 2 septembre 1643.

à affermir le cardinal, mais encore à augmenter sa puissance ; tous les grands de la cour le furent trouver, et lui offrirent leurs services : ce qui l'éleva où il aspiroit d'être. Etant appuyé et soutenu par M. le duc d'Orléans et par le prince de Condé, il commença par disposer des charges, ayant persuadé à la Reine qu'il seroit inutile à son service si elle ne lui donnoit de l'autorité ; et que c'étoit en manquer que de ne pas être maître de la distribution des grâces. Sa Majesté fit cette fausse démarche sans prendre conseil de ses bons serviteurs ; et M. le duc d'Orléans aussi bien que le prince de Condé, qui croyoient, et avec fondement, que le cardinal n'oseroit leur rien refuser de tout ce qu'ils lui pourroient demander, louèrent ce qu'ils devoient naturellement blâmer. Mazarin, se voyant ainsi élevé, prit de grands airs, et voulut être reconnu et traité comme premier ministre ; mais toutefois en sauvant les apparences avec M. le duc d'Orléans et le prince de Condé. Voici de quels artifices il se servit pour parvenir à ses fins.

Il commença par abuser de la facilité du premier, en lui disant qu'il auroit seul connoissance du secret de l'Etat, à l'exclusion du prince de Condé, qui, n'ayant point d'autre but que de faire ses affaires, ne se soucieroit pas de ce qui se passeroit dans le cabinet, pourvu qu'il réussît dans son dessein. Il mit encore dans l'esprit de Monsieur, à qui aucune grâce n'étoit refusée, qu'il falloit qu'il priât la Reine de le pourvoir du gouvernement de quelques places considérables, comme une marque assurée qu'elle l'honoroit de sa confiance. Ce prince suivit le conseil du cardinal ; mais il ne put ou même ne sut jamais se conduire avec tant

de secret que la chose ne fût découverte. Comme je jugeai bien que l'on ne pourroit pas obtenir de la Reine qu'elle déclarât qu'elle ne conféreroit aucune dignité pendant sa régence, et qu'elle réserveroit au Roi toutes les charges pour en gratifier ceux qui les auroient méritées quand le Roi seroit parvenu à l'âge de majorité, je résolus d'éprouver la discrétion du prince de Condé, et de voir si je pourrois obtenir de lui qu'il fît ouverture à la Reine de ce que j'avois à lui proposer. Pour y réussir, je lui dis qu'il avoit déjà deux gouvernemens, celui de Bourgogne et celui de Berry; que dans le premier il avoit les places de Bellegarde, de Saint-Jean-de-Losne et le château de Dijon, et dans le second la grosse tour de Bourges; que, de plus, il étoit pourvu de la charge de grand-maître, et que toutes ces dignités jointes à celle de premier prince du sang le rendoient égal à Monsieur, qui n'avoit ni gouvernement ni établissement; que s'il arrivoit que celui-ci fût gratifié de ces deux choses en même temps, la disproportion qui étoit entre eux seroit très-grande, en ce que Monsieur seroit bien mieux partagé, et qu'ainsi il auroit du moins autant que lui; que de plus, étant frère unique du feu Roi, Monsieur se trouveroit tellement élevé au-dessus de lui qu'il ne paroîtroit plus son compagnon, et qu'il faudroit au contraire en dépendre et en recevoir la loi; mais que s'ils demeuroient en l'état qu'ils étoient l'un et l'autre, les avantages qu'il avoit au-dessus de M. le duc d'Orléans le tiendroient égal à celui qui en avoit déjà de très-grands par les prérogatives de sa naissance. Ce prince me répondit:
« Vous dites vrai; il ne faut jamais laisser échapper

« l'occasion de s'élever et de se rendre recomman-
« dable. » Je crois bien qu'il pensoit à se faire craindre,
et qu'il ne le disoit pas par discrétion. L'envie qu'il
avoit d'être pourvu du gouvernement de Languedoc,
de la citadelle de Montpellier, du fort de Brescou et
du château du Pont-Saint-Esprit, l'aveugloient de
telle manière qu'il ne pouvoit entendre raison. Il fit
pressentir le maréchal de Schomberg, pour savoir s'il
voudroit bien s'en démettre; et celui-ci étant persuadé
que M. le duc d'Orléans s'opposeroit à ce que tant
de charges passassent dans la personne du prince de
Condé, et que la Reine n'y consentiroit jamais, par
la raison qu'elle devoit avoir pour suspect celui qui
aspiroit à tant d'établissemens : tout cela fit que M. de
Schomberg répondit qu'il y donneroit les mains si on
lui faisoit un bon parti. Le prince de Condé en étant
venu faire la proposition à la Reine, elle eut d'autant
plus de peine à s'en défendre, qu'elle s'étoit déclarée
qu'elle acheteroit volontiers des gouvernemens pour
en pourvoir M. le duc d'Orléans et le prince de Condé,
nonobstant ce que ses serviteurs lui dirent de n'en
rien faire, et de ne s'engager à donner ces dignités
que quand elles seroient vacantes. Mais Sa Majesté
étant conseillée par le cardinal de tout accorder à ces
deux princes, pour s'assurer de leur amitié et de leurs
services, fut bien surprise quand Monsieur lui demanda d'en vouloir traiter pour lui. Ce prince donc
fit dire à M. de Schomberg qu'il ne pouvoit lui refuser
ce qu'il avoit offert au prince de Condé; et à celui-
ci, qu'il lui demandoit son suffrage pour faire réussir
la chose, lui promettant le sien quand il y auroit
occasion de lui rendre service. Le prince de Condé

fut dans une aussi grande surprise que M. de Schomberg; mais il n'y eut que le cardinal seul qui ne s'aperçut pas des inconvéniens qui pouvoient arriver si M. le duc d'Orléans étoit établi dans une province aussi grande que le Languedoc, éloignée de la cour, et dont les dispositions pouvoient faire connoître à Son Eminence un mal inévitable, qui dans la suite en attireroit un autre. Enfin personne ne fut si étonné que le prince de Condé, qui se vit par là privé de la chose du monde qu'il souhaitoit le plus, et même de l'espérance d'y pouvoir jamais revenir. Mais, faisant de nécessité vertu, il promit à Monsieur de le servir; et Monsieur, de son côté, lui donna une parole positive qu'il se joindroit à lui pour faire avoir au duc d'Enghien, fils de M. le prince, un gouvernement de province et une place.

La blessure que le maréchal de L'Hôpital avoit reçue à la bataille de Rocroy faisant croire qu'il en perdroit la vie, on promit au prince de Condé le gouvernement de cet officier de la couronne. C'étoit celui de Champagne; mais comme on vit que la plaie se fermoit et que le maréchal recouvroit ses forces, on traita avec lui et avec le gouverneur de Stenay : et, sur la démission qu'ils donnèrent, le duc d'Enghien fut pourvu de leurs charges. Le cardinal eut pourtant quelque appréhension que cette seconde faute ne lui fût imputée, parce que la Champagne, jointe à la Bourgogne, donnoit une trop grande étendue de pays à la maison de Bourbon-Condé; et comme il cherchoit des raisons pour se défendre, il fut ravi de ce que je lui dis que si la paix qui se traitoit, et qui me paroissoit nécessaire, venoit à se conclure, et que la restitution de la Lorraine au duc Charles en fût une condition, il ne pourroit être blâmé d'avoir établi un prince du sang de Bourbon dans une province d'où l'on pût empêcher la jonction des forces de Monsieur avec celles du duc de Lorraine, si celui-ci levoit un jour des troupes pour le service du duc d'Orléans; en cas que ce prince, las d'obéir, vînt à former un parti dans le royaume. Le cardinal trouva mes raisons si concluantes qu'il me pria de les mettre par écrit, et de faire un journal de tout ce qui avoit été fait pour s'opposer à l'agrandissement des princes, et pour prendre les précautions nécessaires pour empêcher la trop grande union qu'ils ne manqueroient pas de contracter au préjudice de l'Etat.

On avoit résolu que le vicomte de Turenne iroit servir en Italie : à quoi il paroissoit assez disposé, désirant de s'élever, ou du moins d'assurer sa fortune, et de faire en sorte que les services qu'il y rendroit ne lui fussent pas infructueux. Il n'ignoroit point que le feu Roi avoit souvent déclaré qu'il ne lui donneroit ni le bâton de maréchal de France, ni même un gouvernement, tant qu'il feroit profession de la religion prétendue réformée, et que la Reine avoit connoissance de cela. Cherchant donc quelqu'un qui pût lui servir pour engager cette princesse à avoir des sentimens qui lui fussent plus favorables, après y avoir bien pensé, il jeta les yeux sur moi. Je lui promis de l'aider en tout ce que je pourrois; mais j'ajoutai que je croyois qu'il falloit qu'il commençât par faire quelque chose qui fût agréable à la Reine, en acceptant l'emploi qu'on vouloit lui donner en Italie, et qu'ensuite il me laissât faire. Il suivit mon conseil : si bien qu'avant qu'il partît de Paris on l'assura que si on ne lui donnoit pas le bâton de maréchal de France, personne du moins ne l'auroit avant lui. Il partit satisfait, et après la campagne il le fut entièrement. Ceci doit être remarqué pour faire connoître qu'il se trouvoit sans excuse, manquant ensuite aux obligations qu'il avoit à la Reine. La même dignité ayant été demandée par le duc d'Enghien pour Gassion qui avoit servi sous lui, cette princesse s'y engagea un peu légèrement; et comme tous ses serviteurs l'en blâmoient, elle chercha les moyens de se dédire. Mais Sa Majesté étant cependant pressée de tenir sa parole, ceux qui y avoient été le plus contraires ne changèrent pas d'avis. On représenta à Sa Majesté que les services de Gassion pourroient être récompensés par quelque chose de moindre, et que sa naissance n'ayant rien d'illustre, c'étoit avilir cette dignité que de la lui conférer, à moins qu'il ne l'eût méritée par de longs, heureux et continuels services. Gassion ne laissa pas que d'en être honoré au même temps que M. de Turenne; et le marquis de Gesvres auroit reçu comme eux le bâton, s'il n'avoit pas été tué au siége de Thionville, que le duc d'Enghien prit avec autant de bonheur qu'il y donna de preuves de son courage, comme il avoit déjà fait à la bataille de Rocroy.

 Les armes de la France prospéroient de toutes parts; et la prédiction que le feu Roi avoit faite, que le duc d'Enghien donneroit et gagneroit les batailles en même temps, se trouva juste. Il est vrai que les affaires de Sa Majesté n'alloient pas si bien en Allemagne, les Impériaux ayant repris toutes les places dont nous étions les maîtres. Le maréchal de Guébriant qu'on y envoya y fut tué, aussi bien que le maréchal de Rantzau son successeur. Enfin les affaires étant réduites dans un plus mauvais état qu'elles n'étoient auparavant, on jeta les yeux sur le vicomte de Turenne, élevé depuis peu, comme je l'ai dit, à la dignité de maréchal de France, pour l'envoyer commander en Allemagne : commission qu'il accepta avec plaisir.

[1644] L'hiver se passa assez tranquillement; et pendant ce temps-là Monsieur et M. le prince faisoient avec soin leur cour à la Reine, aussi bien que le duc d'Enghien, qui prétendoit commander l'armée le printemps suivant. Monsieur faisant aussi entendre qu'il vouloit faire la campagne, on proposa au duc d'Enghien d'aller en Allemagne : à quoi il n'eut point de répugnance, non plus que le premier à aller en Flandre, où la guerre se faisoit de concert avec les Etats-généraux. Le prince d'Orange, ayant été consulté pour savoir quelle place on attaqueroit d'abord, fut d'avis que l'on commençât par Dunkerque et par Gravelines, assurant que si l'on commençoit par la première, elle feroit infailliblement prendre la seconde : et sur ce que la difficulté d'y conduire des vivres paroissoit bien grande, ce prince disoit qu'il seroit impossible aux ennemis d'être maîtres de la mer; que lorsque le vent seroit au sud, Calais et la côte de Picardie fourniroient l'armée; que quand il seroit au nord, on auroit des vivres en abondance de Hollande et de Zélande. M. le duc d'Orléans, étant persuadé qu'il valoit encore mieux dépendre du Roi que d'être à la discrétion des étrangers, se détermina à faire le siége de Gravelines.

Le parlement de Paris commença cet hiver à s'en faire trop accroire, en prenant des délibérations bien hardies et qui lui étoient défendues par les ordonnances. Le cardinal fut d'avis de le menacer; mais le ministre se relâcha pourtant aussitôt après, et montra même les conséquences de ces menaces à la Reine, ajoutant qu'il étoit du service du Roi de dissimuler plusieurs choses pendant la minorité; mais que si après cela Sa Majesté faisoit la moindre démarche pour soutenir son autorité, il falloit hasarder tout au monde pour la conserver. M. le duc d'Orléans et M. le prince, voulant se ménager avec le parlement, entroient toujours dans les sentimens foibles et emportés du cardinal, pour lui attirer le mépris et la haine du public.

La saison s'avançant, on dressa l'état de guerre pour les armées; et Monsieur, suivi des maréchaux de La Meilleraye et de Gassion et de plusieurs autres officiers, fit investir Gravelines, qui fut prise, parce que les ennemis, étant pressés de toutes parts, couroient risque de perdre encore davantage. Son Altesse Royale revint ensuite à la cour, où elle fut parfaitement bien reçue. Le prince de Condé, étant arrivé en Allemagne, examina avec les maréchaux de Gramont et de Turenne ce qu'il étoit à propos de faire. Celui-ci proposa le siége de Fribourg: il fut résolu. Son raisonnement le plus apparent étoit fondé sur la gloire qu'il y avoit de l'entreprendre, et sur le fruit que le prince de Condé ou lui prendroient des quartiers; mais que, s'il étoit contraint de se retirer de l'Allemagne, il le suivroit sans qu'on dût lui en rien imputer. Le duc d'Enghien y acquit beaucoup de réputation: ce qui lui fit oublier le mécontentement où il devoit être de ce que le combat avoit commencé sans qu'il l'eût ordonné ; mais ce fut une adresse de M. de Turenne, pour les raisons qui ont été expliquées ci-devant.

J'ai entendu dire qu'il se passa plusieurs choses dans l'armée que commandoit M. le duc d'Orléans, qui faisoient assez connoître qu'il vouloit tout ce qui ne devoit pas coûter beaucoup. Avec cela, sa vie étoit si précieuse à ses officiers, qu'ils le détournoient des grandes choses quand il falloit la hasarder.

La Reine étant allée passer une partie de l'été à Ruel pour donner le temps de nettoyer le Palais-Royal, on rapporta à Sa Majesté qu'il s'étoit fait une sédition à Paris, sur ce qu'on avoit ordonné le toisé des maisons bâties au-delà des bornes. On pensa d'abord à la réprimer par la force ; mais on changea aussitôt d'avis, et l'on aima mieux que le peuple se dût son soulagement à lui-même que de le faire châtier. On prit pour prétexte que la Reine lui faisoit grâce, à cause de l'affection qu'elle avoit pour lui ; mais le peuple n'en fut que plus fier, et cette foiblesse du ministère causa dans son temps plusieurs maux qui tinrent l'État dans un très-grand péril.

Les grands paroissoient divisés : et à Munster nos plénipotentiaires étoient si déconcertés, que ceux des autres princes en faisoient des railleries. Car il paroissoit clairement qu'on n'avoit nulle confiance ni au duc de Longueville ni à M. d'Avaux, mais tout entière à M. Servien. Il est bien vrai que si les deux premiers s'étoient bien entendus ensemble, ils auroient pu conclure la paix, parce qu'ils avoient un ordre commun qui portoit que le troisième seroit obligé de suivre l'avis des deux autres, quoiqu'on eût remontré les raisons qui pouvoient y être contraires.

La nouvelle de la mort du pape Urbain VIII ne fut pas plus tôt arrivée à Paris, qu'on écrivit à Rome pour empêcher que le cardinal Pamphilio, depuis nommé Innocent X, ne fût élevé au pontificat. Mais soit qu'il eût l'adresse de ménager le cardinal Antoine Barberini, ou de faire craindre à Bichi que ses parens seroient maltraités par le grand duc s'ils lui donnoient l'exclusion, ou soit enfin qu'il eût engagé l'ambassadeur de France à ne s'acquitter qu'avec mollesse de sa commission, nous sûmes bientôt à Fontainebleau qu'il avoit été élu.

Bagni, destiné par le défunt pape pour la nonciature de France, prit les premières audiences sous le nom d'Innocent, et fut reçu avec beaucoup de froideur. Afin que le nouveau Pape ne doutât point de la mauvaise volonté qu'on avoit pour lui, on ôta au cardinal Antoine Barberini la protection des affaires de France. Pour ce qui est du nonce Bichi, il s'excusa si bien qu'on fut satisfait de sa conduite.

Le cardinal Mazarin étant tombé si dangereusement malade qu'on crut qu'il n'en releveroit point, on ne peut dire l'inquiétude qu'en eut la Reine, qui s'aperçut que plusieurs de ceux qui avoient été attachés au cardinal de Richelieu mettoient déjà tout en œuvre pour succéder à Mazarin et pour surprendre Sa Majesté. Mais, pour empêcher cette princesse de se déterminer à rien dont elle eût sujet de se repentir dans la suite, je lui dis que le cardinal ne me paroissoit pas si malade qu'on le faisoit; que je lui trouvois beaucoup de force;

et que les médecins disoient que les parties nobles n'étoient point attaquées : d'où je concluois qu'il y avoit bien plus à espérer qu'à craindre de sa santé ; mais qu'il étoit du devoir des médecins qui le traitoient, et particulièrement du sien, d'avertir le cardinal s'ils le croyoient en péril, parce qu'en cas que Dieu vînt à en disposer, il y avoit des choses dont Sa Majesté devoit être avertie ; que, si elle ne vouloit point gouverner par elle-même, plusieurs personnes lui devoient être suspectes, et qu'il falloit qu'elle eût le choix de celle qui lui seroit la plus propre, parce qu'elle devoit se méfier de tout homme qui étoit soutenu par M. le duc d'Orléans, qui avoit des liaisons avec M. le prince, et qui n'avoit point été auparavant dans ses intérêts. La Reine n'eut pas la peine de préférer l'un à l'autre, puisque le cardinal guérit. Il fut visité plusieurs fois par cette princesse en sa maladie ; et dans ce temps-là toutes les grandes affaires furent négligées. Pour lui faire voir qu'on ne prenoit aucune résolution sur les choses de conséquence que par son avis, on ne l'entretenoit que de celles qui ne pouvoient point lui faire de peine, et l'on suivoit les ouvertures qu'il en donnoit lui-même. On fit cette année ou l'autre d'après tout ce que l'on put, suivant les apparences, pour avancer la négociation de Munster. Les Etats-généraux se tenoient fermes à préférer absolument une trêve à la paix, quoiqu'on leur eût offert que, s'ils donnoient leur consentement à ce que les couronnes fissent la paix, la France s'obligeroit de rentrer en guerre avec l'Espagne, si, cette trêve étant expirée, Sa Majesté Catholique ne vouloit consentir à une seconde de pareille durée, laquelle, devant être de douze années, leur assureroit du repos pour vingt-quatre. Les députés des Etats commencèrent donc à écouter les propositions du comte de Pegnaranda (qui avoit été substitué à l'archevêque de Cambrai) et de Castel-Rodrigo, revêtus de la dignité de plénipotentiaires du roi d'Espagne ; et l'on s'aperçut par leur manière d'agir qu'il y avoit beaucoup à craindre de leur part. Le prince d'Orange remarqua aussi que son crédit diminuoit ; et la princesse sa femme, pour profiter de la conjoncture des affaires, prit des liaisons avec l'Espagne, au préjudice de son mari et des Provinces-Unies. Les Espagnols persistant, aussi bien que les médiateurs, à vouloir que les Portugais fussent exclus du traité, nous fûmes contraints d'y consentir ; mais nous ne laissâmes pas d'obtenir de ces médiateurs qu'ils nous donneroient un écrit par lequel il seroit porté qu'il avoit été convenu, entre nous et les Espagnols, que nous aurions la liberté d'assister réciproquement nos alliés, à la tête desquels Sa Majesté Très-Chrétienne avoit mis le roi de Portugal. Les Espagnols y consentirent, étant persuadés d'avoir beaucoup fait que ce prince ne fût point compris dans le traité de paix, et de ce qu'il n'y seroit fait aucune mention de lui.

[1646] Il y a toutes les apparences qu'ils se seroient encore relâchés bien davantage si on ne les avoit pressés, parce que leur intention n'étoit pas de conclure la paix avec nous, mais de nous détacher nos alliés, pour continuer ensuite la guerre, dans l'espérance d'en retirer de grands avantages. En effet, le comte de Pegnaranda ayant persuadé aux Etats-généraux de convertir en articles de paix ceux dont il étoit convenu avec eux pour parvenir à une trêve, il commença à faire paroître le peu d'inclination qu'il avoit pour un accommodement avec nous : ce qui donna lieu de soupçonner qu'il avoit des ordres secrets de la cour de Madrid très-différens de ceux qu'il montroit, et qu'il ne feroit seulement qu'amuser les médiateurs.

L'Empereur étoit obligé d'aller plus rondement ; car les armées du Roi ayant paru sur le Danube, il craignoit qu'elles ne s'avançassent jusqu'en Bohême, où l'on paroissoit disposé à une révolte. L'électeur de Bavière, qui jusqu'alors avoit fait la guerre sur les terres d'autrui, commença à la ressentir dans son propre pays : de telle manière qu'il pressoit que l'on s'accommodât avec les Français et les Suédois, donnant à entendre que si ses conseils étoient négligés, il en prendroit de convenables à la nécessité présente de ses affaires. On vit en ce temps-là quatre choses surprenantes : la première fut que les Etats des Provinces-Unies avoient traité la paix (1) avec l'Espagne, sans que nous l'eussions conclue ; et, croyant avoir satisfait à tout ce qu'on pouvoit prétendre d'eux, ils offroient de presser les Espagnols de s'accommoder avec nous aux conditions qui leur avoient été accordées, ou bien de rentrer en guerre avec nous contre eux. La seconde, que l'Empereur cédoit de grandes provinces aux Suédois, et consentoit que quelques-uns de ceux qui avoient été dépouillés pour l'agrandissement de cette nation fussent dédommagés aux dépens de l'Eglise. La troisième fut le peu de bonne foi dont

---

(1) *Avoient traité la paix :* Cette paix séparée des Hollandais avec l'Espagne ne fut conclue qu'en 1648.

les ministres de l'Empereur usèrent à notre égard, en avertissant les Suédois que nous offrions de nous joindre à eux pour faire en sorte que les biens ecclésiastiques leur demeurassent, et de ne pas désapprouver ce qui avoit été consenti par Sa Majesté Impériale, et accordé par le roi d'Espagne. Nous eûmes encore une autre disgrâce, qui fut que les médiateurs nous donnèrent le tort, sans considérer que l'Empereur, par un procédé malhonnête, nous avoit obligés de nous engager de nouveau avec les Suédois, lesquels, ayant attaqué, comme ils firent, le roi de Danemarck, augmentèrent le nombre de nos ennemis, et furent cause que ce monarque le devint, après avoir été choisi pour l'un des médiateurs de la paix. Il arriva encore par malheur que deux de nos plénipotentiaires se divisèrent, et allèrent si loin que chacun d'eux fit des écrits pour justifier sa conduite aux dépens de son collègue, sans en être retenu par l'autorité de M. de Longueville, qui les exhortoit à l'union. Les Hollandais, ravis d'avoir conclu la paix avec l'Espagne, et voulant seulement conserver les apparences avec nous, continuèrent de nous presser à nous servir de leur entremise, et déclarèrent ouvertement que si nous remettions à leur jugement la difficulté que nous avions avec l'Espagne, ils marqueroient n'avoir pas oublié les obligations qu'ils avoient à la France. N'osant pas les refuser absolument, nous leur écrivîmes des lettres qui pouvoient être interprétées diversement en acceptant les Etats pour juges, à la réserve de ceux qui avoient signé avec l'Espagne, quoique l'un des députés eût protesté contre ses collègues. Nous eussions bien voulu en pareille conjoncture avoir le prince d'Orange pour juge, et qu'on lui eût donné pour adjoints quelques-uns de ceux qui représentoient l'Etat ; mais nous remarquâmes bientôt après que nous n'y aurions pas trouvé notre compte, car la princesse son épouse s'étoit laissée gagner par les Espagnols : et cette princesse, à mesure que l'esprit de son mari baissoit, avoit toute l'autorité, et lui faisoit faire tout ce qu'elle vouloit.

[1647] M. de Longueville, avant qu'il partît de Munster, fut l'arbitre du sort public, car il ne tint qu'à lui de signer la paix à des conditions très-avantageuses ; dont il fut sollicité non-seulement par les médiateurs, par madame sa femme, et par tous ceux qui souhaitoient le repos de la chrétienté, mais aussi particulièrement par M. d'Avaux, auquel il avoua que les conditions qui leur étoient offertes lui paroissoient très-raisonnables. Mais M. Servien lui ayant fait entendre qu'il y en avoit encore de plus avantageuses à espérer, et ayant dit avec adresse que la cour s'en flattoit, M. de Longueville prit la résolution de suivre les conseils que Servien lui inspiroit, et partit de l'assemblée, qu'il laissa mortifiée et dans une grande confusion. Il se servit du prétexte que M. d'Avaux, qui étoit allé à Osnabruck pour conférer avec les Suédois, avoit dit que sa voix étoit aussi considérable que la sienne ; ayant oublié que la chose avoit été ainsi concertée entre eux, afin d'obtenir des Impériaux et des Suédois des avantages qu'ils croyoient ne devoir pas être négligés. D'Avaux s'en justifia fort bien, quoiqu'il restât seul chargé des affaires, Servien ayant eu ordre d'aller à La Haye. Si ce dernier y eût pris autant de soin de ménager les esprits des Etats qu'il s'en donna d'invectiver contre Pauw et Knuit, peut-être eût-il obtenu qu'ils eussent désavoué leurs députés. Mais en offensant les particuliers il offensa aussi l'Etat, qui étoit gouverné par les amis de ces messieurs. Après avoir fait en Hollande un séjour inutile, il retourna ensuite à Munster, d'où il fut permis à M. d'Avaux de revenir.

L'Alsace leur fut offerte pour notre satisfaction, mais avec tant de restrictions qu'on ne nous donnoit que fort peu. On les avertit de ne se pas laisser surprendre au nom spécieux d'une grande province, dans laquelle différens princes ayant des Etats situés, ils étoient exceptés de l'offre : comme les villes impériales et la franche noblesse, de laquelle les fiefs relevoient directement de l'Empire. Mais ils ne jugèrent point devoir insister que l'Alsace nous fût entièrement cédée, soit en souveraineté, soit en fief, pour n'offenser pas, disoient-ils, les villes qui sont puissantes dans l'Empire ; et celles-ci conservant leur liberté et leur souveraineté, il n'étoit pas possible ni juste de donner atteinte à celle des autres. MM. de Longueville, d'Avaux et Servien disputèrent longtemps ensemble si l'Alsace devoit être demandée en souveraineté, ou possédée comme mouvante de l'Empire. La chose fut aussi débattue dans le conseil du Roi.

On ne doit point être plus surpris de ce que M. de Longueville croyoit que c'étoit un plus grand avantage pour la couronne de posséder cette province en souveraineté que comme mouvante de l'Empire, qu'il y a lieu de s'étonner qu'il se crût si distingué de ceux de son rang par le titre de souverain de Neufchâtel, quoiqu'il n'exerçât pas la souveraineté sur ses sujets. Ce n'est donc pas une chose surprenante qu'il eût pour son maître les mêmes sentimens qu'il avoit pour lui. Il n'est pas non plus étonnant que M. Servien ait été d'un même avis que M. de Longueville; car il lui suffisoit seulement que M. d'Avaux fût d'un autre sentiment, pour lui en faire prendre un contraire. Mais il a paru fort étrange qu'il se soit trouvé dans le conseil du Roi des personnes qui aient pu faire de même que Servien. Ils ne manquoient pas à la vérité de raisons, dont la plus forte étoit qu'il n'est point honnête à un grand roi d'être vassal d'un autre, parce qu'il peut encourir la commise; et que si, dans une guerre arrivée en suite de la confiscation, on avoit perdu le fief, on ne seroit pas reçu par une paix à le redemander. Les autres, du nombre desquels j'étois, disoient que les Allemands s'ouvriroient plus volontiers avec un prince qui seroit du corps de l'Empire, qu'avec un étranger que nous aurions député dans les diètes où les affaires les plus importantes seroient délibérées, et que cette occasion ne devoit point être négligée. Que, pour détruire les raisons sur lesquelles ces messieurs s'appuyoient, il ne falloit que leur opposer que le roi d'Espagne possédoit comme vassal de l'Empire le duché de Milan et partie des Pays-Bas; que la couronne de Suède en relevoit aussi par les provinces qui lui avoient été cédées, et qu'une imagination de grandeur ne devoit point empêcher qu'on ne profitât d'avantages aussi solides que ceux qui avoient été représentés.

[1648] Le cardinal, qui ne pouvoit dédire Servien, étant peu éclairé ou peu zélé pour la grandeur de la

France, ayant emporté la balance, manda que le Roi accepteroit non pas l'Alsace, mais le landgraviat, pour sa récompense; et qu'il vouloit le posséder en toute souveraineté, de même que Brisach et son territoire, qui fait partie du Brisgaw, et Philisbourg, sous le titre de garde, selon qu'il est plus amplement porté par le traité, qui ne fut signé que de Servien, et depuis ratifié par le Roi, de même que par l'Empereur et les princes de l'Empire : en conséquence duquel traité la maison d'Autriche cédoit à Sa Majesté ce qui lui appartenoit en propriété dans l'Alsace. Sous le nom de protecteur, l'Empereur et l'Empire lui en abandonnèrent la souveraineté, à la charge qu'il seroit payé par le Roi à l'archiduc de Tyrol trois millions de livres pour son dédommagement, aussitôt que le roi d'Espagne auroit renoncé à tous les droits qui lui appartenoient ou pourraient appartenir sur les terres cédées à Sa Majesté.

Servien, glorieux d'avoir mis la dernière main à ce grand ouvrage (1), obtint la permission de revenir à la cour, et laissa les médiateurs dans l'étonnement de ce qu'on cessoit de s'appliquer à faire finir la guerre qui étoit entre les deux couronnes. On jugeoit bien, comme firent les personnes éclairées, que quelques promesses que l'Empereur eût faites de ne point assister l'Espagne contre la France, il y donneroit cette interprétation que ce seroit en qualité d'empereur; mais que comme roi de Bohême, et possédant différens Etats dans l'Empire, il jouiroit de la liberté que chacun de ces princes avoit d'assister ses alliés.

(1) *Ce grand ouvrage* : les traités d'Osnabruck et de Munster. Le premier fut signé le 16 août 1648, le second le 24 octobre de la même année.

Je ne juge point à propos de raconter de quelle manière M. de Turenne perdit une bataille, et l'accueil qui lui fut fait par la landgrave de Hesse, parce qu'il a rendu depuis d'assez grands services pour faire oublier le revers de fortune qu'il eut pour lors. Je passerai aussi sous silence les belles et grandes actions que fit le duc d'Enghien, particulièrement à Nordlingen, où il défit le général Mercy et ses vieilles troupes, sous l'effort desquelles l'Allemagne avoit plié. Je ne veux seulement parler que des choses où j'ai eu part.

L'Allemagne étant en paix, il ne nous restoit de guerre que contre l'Espagne; mais l'on voyoit déjà paroître les étincelles d'un feu qui peu après causa un grand embrasement. C'étoient les officiers du parlement qui l'entretenoient, en se donnant la liberté de traverser les affaires du Roi et de rendre des arrêts qui excédoient leur pouvoir, qu'ils entreprirent encore plus d'étendre qu'ils n'avoient fait après la mort du prince de Condé, père du duc d'Enghien, arrivée dans l'année 1646. Ce prince s'étoit retiré de la cour mal content : en voici le sujet.

Le duc de Brezé, beau-frère du duc d'Enghien, que le roi Louis XIII avoit pourvu du gouvernement de Brouage, La Rochelle et îles voisines, et de la charge d'amiral, sous le titre de surintendant de la mer, commerce et navigation de France, ayant été tué (1) sur mer, après la mort du cardinal de Richelieu, la

---

(1) *Ayant été tué* : Armand de Maillé, duc de Fronsac et de Brezé, remporta près d'Orbitello, le 14 juin 1646, une victoire sur la flotte espagnole commandée par Pimentel. Vers la fin de la bataille il fut tué d'un coup de canon. Il n'étoit âgé que de vingt-sept ans.

Reine, mal conseillée par Mazarin, se voulant faire pourvoir de la charge vacante de surintendant des mers, etc., sur la nouvelle qu'elle eut de cette mort, ne voulut point faire arrêter Du Dognon, quoiqu'on l'eût avertie que c'étoit une chose qu'il falloit faire, et qui pouvoit être facilement exécutée avant qu'il eût gagné Brouage. Sa Majesté donc, après avoir écouté la demande que lui fit, des charges du duc de Brezé, le prince de Condé pour le duc d'Enghien son fils, me commanda de l'aller trouver, et de lui dire qu'ayant pourvu M. le duc d'Orléans du gouvernement de Languedoc, et le duc d'Enghien de celui de Champagne et de quelques places importantes, elle croyoit qu'il étoit temps qu'elle songeât à elle-même : ce qui l'avoit fait résoudre à garder pour elle ce qui vaquoit par la mort du duc de Brezé. A quoi elle se portoit d'autant plus volontiers, qu'ayant fait pour les autres ce qu'ils avoient souhaité, elle ne se trouvoit point dans la nécessité de moins faire pour elle-même que ce qu'elle avoit bien voulu faire pour eux ; et qu'elle étoit persuadée qu'il seroit le premier à la louer de sa modération, et de la résolution qu'elle avoit prise : d'autant plus qu'il l'avoit pressée et conseillée plusieurs fois de n'en pas user autrement. Ce prince me répondit qu'il étoit vrai qu'il avoit conseillé à la Reine de prendre un établissement, mais qu'il ne lui étoit jamais venu dans la pensée que ce dût être aux dépens de sa maison ; que Sa Majesté étoit la maîtresse, et qu'elle pouvoit user du pouvoir qu'elle avoit ; mais qu'il ne pouvoit croire qu'elle ne conservât point à son fils ce qui vaquoit par la mort de son beau-frère. Je me crus obligé de lui remontrer que les charges ne passent point aux héritiers de ceux qui les ont possédées, et que sa maison avoit reçu tant de marques de la libéralité de la Reine que j'étois persuadé qu'il s'étoit déjà repenti de ce qu'il m'avoit dit. Bien loin de profiter de mon avis, il me répondit avec aigreur et emportement : et comme je vis qu'il me tenoit des discours menaçans, je le quittai, dans la résolution de dire la vérité à la Reine, mais de m'expliquer dans des termes si généraux qu'il ne lui pût rester aucune mauvaise impression de ce qui m'avoit été dit par ce prince. J'avois appris de mon père, qui étoit un homme très-sage, et dont je ne puis m'empêcher de louer la prudence en cette occasion, qu'un serviteur ne doit jamais rien rapporter à son maître qui le puisse aigrir contre quelqu'un, à moins qu'il n'y soit forcé pour le bien public ou par l'éclat de la vérité. Ce qui le rend excusable de tout ce qui en peut arriver.

Je rapportai donc à la Reine, en présence du cardinal, que les premières paroles de M. le prince avoient été telles qu'on les pouvoit attendre d'un homme très-sage ; que les secondes m'avoient paru mêlées d'un peu d'aigreur ; et que, prévoyant que les troisièmes en auroient beaucoup plus encore, je l'avois interrompu, et m'étois séparé de lui ; que je croyois qu'il n'y avoit plus rien à faire que d'expédier les provisions de l'amirauté sous le nom de la Reine, aussi-bien que celles du gouvernement de Brouage. Je ne dois pas oublier de dire que feu M. le prince m'avoit avoué qu'il y auroit de la justice de ne les pas donner à son fils ; mais que, pour la charge d'amiral, il n'en comprenoit point la raison.

Je ne fus pas sorti de son hôtel qu'il envoya quérir

le président de Nesmond. Ne pouvant croire que j'eusse eu assez de discrétion pour ne rien rapporter, il fit savoir à la Reine tout ce qu'il m'avoit dit, en commençant par mettre en avant que je l'avois fait parler, ou comme il croyoit que je l'avois fait, ou bien comme il croyoit que je l'eusse désiré pour le priver des bonnes grâces de Sa Majesté. Quand j'abordai la Reine, elle me reprocha que je lui avois déguisé ce que j'avois entendu ou dû entendre des discours de ce prince. Je suppliai la Reine de vouloir bien se souvenir de ce que je lui avois exposé, et qu'elle trouveroit que je ne lui avois rien caché de ce qui devoit venir à sa connoissance. « Mais, ajoutai-je, puisque « M. le prince a douté de ma bonne foi et de ma discré- « tion, pour m'acquitter entièrement de mon devoir, « je me trouve dans la nécessité de rapporter à Votre « Majesté jusqu'aux moindres de ses paroles. » Et pour lors je les rapportai telles que ma mémoire me les put fournir. Soit que ce prince eût du chagrin de ce qui s'étoit passé, ou que l'heure de sa mort approchât, il n'eut plus de santé depuis sa retraite de la cour. Il est vrai que Leurs Majestés étant allées à Fontainebleau, il y fit un voyage de peu de jours, et se retira dans sa maison de Vallery, d'où il revint à Paris où il mourut. Sur le bruit de sa maladie, et la campagne étant finie, le duc d'Enghien s'y rendit en diligence. Il fut bientôt consolé de la mort de son père, toutes ses charges lui ayant été conservées. Il dit au cardinal qu'étant comblé de grâces comme il venoit de l'être, il n'avoit plus rien à prétendre; et cette Eminence, au lieu de tirer de lui une parole positive, lui répondit qu'on auroit égard aux prétentions qu'il pourroit avoir sur les charges qui avoient vaqué par la mort de son beau-frère.

Les choses étant en cet état, rien ne donnoit de la peine, à ceux qui avoient l'administration, que la liberté que le parlement se donnoit de rendre des arrêts qui autorisoient la compagnie en abaissant le conseil du Roi. Quoique la cour eût fait exiler ceux qui s'étoient le plus distingués par leur emportement, elle n'avoit pas laissé de souffrir que l'autorité royale eût été méprisée, en ce que les chambres avoient cessé de rendre la justice, et que le parlement, non content d'avoir fait des supplications pour le rappel de ses confrères, avoit déclaré que leur exil étoit injuste et nul; que la compagnie étant seule en droit de corriger ceux qui en étoient, ils ne pouvoient ni ne devoient plus travailler aux jugemens des procès pendans en la cour. Comme on manda à cette compagnie de faire ce que la conscience et ses obligations exigeoient, elle reçut en apparence avec respect les ordres du Roi, et par mépris se dispensa d'y obéir.

Soit que les plus considérables du corps voulussent avoir encore plus d'autorité que n'en avoit le cardinal, dont la puissance leur déplaisoit, ou qu'ils eussent dessein d'augmenter la leur dans les désordres de l'Etat, ils n'appuyoient point, comme ils y étoient obligés, les délibérations qui se prenoient dans le conseil. Ils recevoient les visites de ceux dont les actions étoient blâmées; et, ayant l'esprit plein de leurs raisons, ils les venoient débiter au conseil : de manière que l'autorité d'une part, et la foiblesse du ministère de l'autre, causoient de continuels désordres. Pour les apaiser on accorda au parlement ce qu'il demanda, c'est-à-dire que ceux d'entre la compagnie qui auroient été exilés par des lettres de cachet seroient rappelés par d'autres lettres dans l'exercice de leurs charges.

Le cardinal croyant régner par cette manière foible, et ne voyant pas qu'il succomboit, ne s'occupa à rien avec tant de soin qu'à tenir dans la division et en jalousie ceux qui étoient dans le service, avançant et inventant hardiment ce qui pouvoit les animer les uns contre les autres. Il se conduisoit avec les princes avec plus de retenue. Il se servoit de leurs créatures pour empêcher qu'ils ne fussent unis. Il n'y avoit point de grâces qu'il ne promît à l'abbé de La Rivière (1) et à ceux qui étoient en liaison avec M. le prince : et quand il arrivoit quelque mécontentement avec celui-ci et M. le duc d'Orléans, celui dont chacun d'eux se tenoit assuré se mêloit de les accommoder.

Quelques considérations ayant obligé Son Altesse Royale à ne plus aller à l'armée, le commandement en fut donné au prince de Condé. A peine ce prince y fut-il arrivé qu'il s'avança dans le pays de l'ennemi, qui, n'ayant pas osé en venir à une bataille, se campa avantageusement. Le prince s'étant avancé demeura en présence, croyant attirer au combat l'ennemi; mais il ne changea point la résolution qu'il avoit prise de l'éviter : ce qui obligea ce prince à défiler et à se retirer. Il l'entreprit en plein jour; et l'ennemi, ayant voulu profiter de l'occasion, attaqua son arrière-garde et la mit en déroute. Le prince de Condé accourut, fit avancer ses troupes et défit l'armée ennemie, signalant son courage et sa capacité dans cette fameuse

(1) *L'abbé de La Rivière* : Louis Barbier étoit favori de Gaston, duc d'Orléans.

journée de Lens ; car c'est là qu'il remporta une victoire des plus complètes.

Cependant le cardinal, animé par quelques personnes de la cour, crut que l'occasion étoit favorable pour prendre une autorité absolue. Au lieu qu'il se contentoit auparavant de faire exiler les officiers du parlement dont il n'étoit pas satisfait, il résolut de faire arrêter le sieur Pierre Broussel. Le maréchal de La Meilleraye fut du même avis ; et, afin que la chose fît plus d'éclat, il voulut que l'emprisonnement se fît le jour que le *Te Deum* seroit chanté dans l'église de Paris, en actions de grâces de la victoire remportée par le prince de Condé. Après donc que le Roi fut sorti de Notre-Dame, l'ordre d'arrêter Broussel fut donné à Comminges, lieutenant des gardes de la Reine, qui l'exécuta avec autant de courage et d'expérience qu'il en falloit dans l'endroit où il devoit arrêter Broussel, qu'il fit monter dans un carrosse pour le conduire au lieu ordonné.

Le bruit de la détention de ce magistrat se répandit bientôt dans Paris, parce que Broussel étoit fort aimé dans son quartier, et qu'en plusieurs occasions il avoit été regardé comme le tribun du peuple, qui prit les armes et commença à faire des barricades aux environs de l'archevêché. La Reine, en étant avertie, fit doubler la garde ; mais on laissa aux capitaines la liberté de se porter comme ils le jugeroient à propos : et cela arrive ordinairement quand des gens sans expérience commandent.

L'archevêque de Corinthe [1], coadjuteur de Paris,

---

[1] *L'archevêque de Corinthe* : Jean-François-Paul de Gondy, connu par la suite sous le nom de cardinal de Retz.

prélat dont l'ambition étoit extrême, trouvant que l'occasion se présentoit de se faire valoir à la cour, ou croyant par là s'acquérir l'amitié du peuple, se fit voir par la ville, et parla comme s'il eût voulu apaiser ces troubles, sur lesquels il établissoit pourtant sa fortune. Il se rendit au Palais-Royal, de même que le parlement, et se persuada qu'il falloit faire dire au peuple et aux bourgeois qu'ils devoient se barricader pour assurer leurs vies et leurs biens. Le parlement et les officiers de la ville n'eurent pas le temps ou peut-être la volonté de s'y opposer. L'ordre fut donc délivré et exécuté; et la compagnie, après avoir délibéré dans le Palais-Royal, tira parole de la liberté de Broussel, qui fut élargi dès le lendemain. Le chancelier, qui avoit eu ordre d'aller au parlement, courut risque de la vie, et fut réduit à se réfugier dans l'hôtel de Luynes, d'où il fut tiré par le maréchal de La Meilleraye. Celui-ci fut à la fin de même avis que les autres du conseil, qui étoit de mettre en liberté Broussel et de calmer la ville; mais il y eut quelques personnages plus éclairés, ou plus fermes, qui dirent à la Reine qu'il ne le falloit rendre qu'après l'avoir fait étrangler : jugeant bien que l'autorité étoit abattue, puisque l'on se relâchoit de ce que l'on avoit entrepris. C'est ce que la cour fit assez connoître en se retirant à Ruel et puis à Saint-Germain-en-Laye, où le prince de Condé se rendit.

Le parlement y envoya des députés qui firent des demandes entièrement contraires à l'autorité royale ; mais ils obtinrent ce qu'ils voulurent, peu de personnes s'y étant opposées. Le prince de Conti, le duc de Longueville et plusieurs autres s'étoient engagés dans leur parti ; et M. le duc d'Orléans et le prince de Condé, qui jusques alors étoient demeurés attachés à celui du Roi, furent néanmoins d'avis que la déclaration de 1648 fût scellée, par laquelle Sa Majesté s'obligeoit de faire interroger les coupables dans les vingt-quatre heures, et de remettre aux juges ordinaires la connoissance des crimes desquels on pourroit être accusé à l'avenir : sans avoir égard que cet article étoit entièrement opposé à l'autorité royale, et qu'il servoit de fondement à quantité d'inconvéniens qui en sont arrivés.

M. le prince dit à la Reine qu'elle prît bien garde à ce qu'elle feroit, et déclara assez librement au parlement qu'il seroit pour lui, et qu'il feroit observer cette déclaration si elle lui étoit accordée : donnant pourtant à entendre par ses discours qu'il la condamnoit, mais qu'il vouloit se conserver du crédit dans la compagnie. La Reine m'ayant commandé d'examiner cette déclaration, je le fis en homme qui ne pouvoit s'éloigner de la fidélité qu'il avoit toujours conservée pour le Roi. Je répondis donc à Sa Majesté : « Cette « loi me paroît juste. » Et comme je me regardois aussi en homme qui ne manqueroit pas d'être mal dans l'esprit de ceux qui gouvernoient si je disois trop librement la vérité, j'ajoutai à la Reine : « Mais j'eusse sou« haité pourtant que cette loi eût pu être publiée sous « les règnes précédens. Je ne puis plus être d'avis que « le Roi s'y engage présentement : et il vaut encore « mieux pour lui qu'il sacrifie une partie du royaume « que de faire un tel préjudice à son autorité. Ce« pendant si la nécessité l'y réduit absolument, le « Roi doit toujours avoir intention de l'annuler, et

« de rétablir cette même autorité qui, sans cela, seroit
« entièrement abattue. » Enfin, soit que la nécessité
y contraignît ou que la foiblesse du gouvernement
l'emportât, le parlement revint à Paris chargé des dépouilles de notre honte, et enregistra cette déclaration.

Le Roi continua à faire son séjour ordinaire à Saint-
Germain-en-Laye; mais, se rendant aux prières de la
maison de ville, il revint à Paris la veille de la Tous-
saint. La Reine ne pouvoit oublier la conduite que l'on
avoit tenue à son égard : et le cardinal, au lieu de
l'apaiser, lui inspiroit continuellement la vengeance,
s'étant persuadé que tous les grands ne manqueroient
pas de prendre son parti. Mais il étoit bien mal informé
de ce qui se passoit; car il ignoroit que le prince de
Conti et M. de Longueville avoient pris des engagemens avec le parlement, et que le duc de Bouillon
n'étoit point content de ce qu'on ne l'avoit pas encore
mis en possession des domaines qui lui avoient été
promis en échange de Sedan. Il ne savoit pas non plus
que M. de Turenne suivroit les mouvemens de son
frère, et il le laissoit cependant commander l'armée
d'Allemagne : et, pour mieux cacher le dessein qu'il
avoit de se venger de Paris, il permettoit que toutes
les choses dont cette capitale avoit besoin pour sa
subsistance y entrassent. Cependant il projetoit d'en
faire sortir le Roi et de faire venir des troupes, auxquelles on donneroit la liberté de piller les lieux
voisins, étant persuadé qu'elles retourneroient volontiers au camp après s'être enrichies de dépouilles.

Il proposa à ses plus intimes amis, du nombre desquels étoit le maréchal de La Meilleraye, de se retirer
de Paris ou bien de s'en rendre maître : ce qui souffroit

sa difficulté de part et d'autre. Le prince de Condé et le maréchal furent du second avis, prévoyant bien que l'exil de quelques conseillers et la détention de plusieurs autres rétabliroient l'autorité royale et remettroient le calme dans la ville. M. le duc d'Orléans n'approuvoit ni l'un ni l'autre de ces avis, et M. le prince s'étoit réuni à lui pour empêcher la sortie du Roi, à laquelle la cour paroissoit résolue.

Ce fut en ce temps-là que le cardinal fit arrêter prisonnier et conduire au Havre un officier du parlement, parce qu'après lui avoir conseillé de faire arrêter Broussel, et ayant ensuite loué la résolution que Son Eminence en avoit prise jusqu'à l'animer continuellement contre plusieurs autres membres de la compagnie, il ne laissoit pas de les avertir de ce qui avoit été résolu, et qu'ainsi une pareille perfidie ne devoit point être dissimulée. Le parlement s'en choqua, et fit des remontrances pour son élargissement. Cependant M. le prince ayant obtenu la cession et le don des lettres de Stenay, Clermont et autres places, j'eus ordre de les expédier et de les lui porter. J'avois pris plusieurs fois la liberté de représenter à la Reine qu'elle excédoit son pouvoir, et qu'elle pourroit bien s'en repentir un jour, le Régent pouvant tout faire à l'avantage de son peuple, mais non pas en détériorer la condition. J'allai donc, comme il m'avoit été ordonné, chez M. le prince, qui me retint, ayant envie de me pressentir sur ce qui se passoit : et comme il commença à entamer le discours assez librement, je lui répondis avec la même liberté que ce seroit à lui à qui je m'adresserois pour savoir ce qui se passoit, si je pouvois me flatter qu'il eût toujours pour moi la

même confiance dont il m'avoit honoré jusques alors ; et que d'ailleurs il savoit que j'avois si peu de part aux affaires que je ne pouvois pas satisfaire sa curiosité, à moins qu'il ne voulût bien se fier à moi autant que tout le monde étoit persuadé qu'il le faisoit ; et sur ce qu'il me dit qu'il falloit lui parler plus ouvertement : « Je ne craindrai point, lui répliquai-je, pour
« vous obéir, de m'avancer, et de vous dire que la
« peur du cardinal fera sortir le Roi de Paris ; à quoi
« vous consentirez, vous et Monsieur : ce qui sera la
« ruine du royaume. — Nous ne sommes point, me
« dit-il, Monsieur ni moi, capables d'un si pernicieux
« conseil ; car il faudra que le cardinal prenne confiance
« dans notre crédit. — La peur, lui ajoutai-je
« alors, en est incapable, et vous ne manquerez point
« d'avoir cette complaisance pour le cardinal. — Par
« Dieu, tenez-moi, reprit-il en jurant, pour un
« *schelme* si je consens que le Roi se retire de Paris.
« — Souvenez-vous de ce que vous affirmez, lui dis-
« je, car je suis assuré que Votre Altesse suivra les
« sentimens du cardinal. »

Ce prince ayant été conseillé de poursuivre au parlement l'enregistrement du don que le Roi lui avoit fait, madame de Lorraine s'y rendit opposante, et y fut reçue ; dont M. le prince se tint si offensé, qu'il prit alors la résolution de se joindre au cardinal. Celui-ci, se trouvant appuyé de l'avis du prince, persista de plus en plus à vouloir que le Roi sortît de Paris : mais ceci ne se trouva pas du goût de M. le duc d'Orléans, qui n'étoit pas fâché de l'arrêt qui avoit été rendu par le parlement. Car, quoiqu'il ne fût pas satisfait de la conduite de M. de Lorraine, il ne laissoit pas de prendre part à ses intérêts, à cause de l'amitié qu'il avoit pour sa femme, qui étoit sœur de ce souverain. Cependant la Reine, ayant entrepris d'attirer Monsieur dans ses sentimens, l'alloit visiter souvent, et gagna l'abbé de La Rivière, qui lui conseilla de le faire. M. le duc d'Orléans lui remontra d'abord la nécessité qu'il y avoit de réprimer l'audace des Parisiens, et du parlement; mais enfin il se rendit, n'ayant pas la force de se défendre, et par une fatalité qui a pensé perdre l'Etat.

La chose ne fut dite qu'à ceux qu'on nommoit les confidens, c'est-à-dire à M. le duc d'Orléans, au prince de Condé, au maréchal de La Meilleraye et à M. Le Tellier. Elle fut exécutée avec tant de précipitation et d'imprudence, que le jour même que le Roi se rendit à Saint-Germain on trouva qu'il n'y avoit point d'argent à l'épargne. Les flatteurs, dont les cours des princes sont toujours remplies, louèrent la résolution qui avoit été prise, aussi bien que les foibles et les intéressés, pour s'acquérir les bonnes grâces de ceux qui pouvoient contribuer à leurs fortunes; mais les gens de bien plaignirent l'Etat, et prirent la liberté d'en dire leurs raisons à la Reine.

[1649] L'ordre m'ayant été donné d'aller à Saint-Germain le jour des Rois, à six heures du matin, je n'y obéis qu'après avoir été à la messe demander à Dieu qu'il prît le Roi sous sa protection et qu'il l'assistât de son conseil, puisque ceux de qui il pouvoit en espérer de salutaires avoient, par un aveuglement extrême, mis les affaires en un point qu'on en pouvoit craindre la perte de l'Etat. Je fus un de ceux à qui la Reine voulut justifier ce qu'elle avoit fait, en me disant que je la louois sans doute. Je répondis à Sa Majesté que, comme les raisons de la louer m'étoient inconnues, je ne pouvois ni louer ni blâmer ce qui avoit été fait; mais que, par le respect que j'avois pour elle, j'étois persuadé que ce qu'elle avoit entrepris étoit entrepris à bonne fin; que cependant le peu de lumières que j'avois me faisoit craindre les suites, parce qu'après la complaisance que les princes avoient eue pour le cardinal, ils croiroient qu'il ne pourroit plus leur refuser aucune grâce, et que Sa Majesté elle-même auroit bien de la peine à s'en défendre, quelque injuste que pût être leur demande. « J'ai vu souvent, continuai-je, un avaricieux, « pressé du désir d'augmenter son bien, hasarder « cent mille écus, dans l'espérance d'en gagner au- « tant ; mais de mettre son argent contre rien, de « ma connoissance cela n'est arrivé à personne. Le « royaume est en péril par la démarche que Votre « Majesté vient de faire : et l'on verra des villes et des « provinces entières se soulever, parce qu'elles se « régleront sur ce que Paris fera. Et puisque Votre « Majesté agrée ma liberté, je prendrai celle de lui « dire que la peur et l'intérêt ont été les bases sur « lesquelles tout ceci a été entrepris. Ce sont là les « plus dangereux conseillers qu'un prince puisse « écouter. » A peine eus-je témoigné qu'il étoit lâche et honteux d'avoir peur, que l'on me proposa de rentrer dans Paris pour une affaire si importante, à la vérité, qu'elle ne pouvoit être confiée à un gentilhomme particulier comme à moi. Il s'agissoit de consoler la reine d'Angleterre, et de l'assurer que le Roi prendroit toujours beaucoup de part aux intérêts de sa maison. Quelques-uns de mes amis furent surpris du parti que je prenois, et me demandèrent si j'y avois bien pensé. Je leur répondis qu'oui; et qu'ayant blâmé la peur dans les autres, je blesserois ma réputation si j'en faisois paroître. « Le dé est jeté : je suis « résolu de voir ce qu'il amènera. »

Le maréchal de Villeroy, que je trouvai étonné de ce qui avoit été fait, quoique vraisemblablement il y eût part, m'ayant demandé en particulier ce que je prévoyois que feroient les Parisiens, et quel parti je croyois qu'on dût prendre pour sortir de ce mauvais pas : « Vous ne tarderez point, lui répondis-je, selon « mon sentiment, à avoir bientôt les gens du Roi du « parlement qui vous demanderont quelle raison a « obligé Sa Majesté de sortir de Paris pendant la nuit, « et qui l'inviteront à y rentrer. Ils offriront d'en « chasser ceux dont la conduite a déplu. Si l'on savoit « ménager les esprits, on trouveroit son salut dans « une grande faute; mais si l'on s'emporte, comme « je suis persuadé que l'on fera, on tombera dans la « guerre civile, et Paris ne manquera ni d'hommes « ni d'argent pour se défendre. Tant de villes se « trouveront intéressées à la conservation de cette « capitale, qu'elles prendront les armes en sa faveur. « Si vous ne pouvez obtenir qu'on prenne en bonne « part ce qu'ils diront, empêchez du moins qu'on ne « rompe avec eux; car, pourvu que le fuseau tienne « à un fil, nous le tournerons si bien, que nous ga- « rantirons la monarchie du précipice dans lequel on « l'a jetée. » Au lieu de prendre ce tempérament, la Reine s'emporta, et menaça de châtier ceux qu'elle croyoit coupables; et, dans le même instant, on fit avancer des troupes pour investir Paris. J'y arrivai sur le soir, et je m'y acquittai de ce qui m'avoit été ordonné. J'y fus visité par les présidens de Bellièvre et de Nesmond, qui eussent bien désiré de savoir ce que le Roi vouloit, afin de contribuer à lui donner satisfaction, mais en me faisant entendre pourtant que, si l'on en venoit à la dernière extrémité, ils ne pourroient s'empêcher d'opposer une défense légitime à une oppression sans exemple. Il leur paroissoit injuste qu'un particulier ayant fait une faute, on en fît une querelle publique, et que l'on affectât une vengeance qui ne pouvoit qu'être tyrannique et désagréable à Dieu. M'étant dès le lendemain disposé à sortir de Paris pour retourner à Saint-Germain, j'appris que les avenues du faubourg étoient gardées, mais qu'il y avoit toujours un moyen de gagner la campagne en passant par des rues que la rivière avoit inondées. Je les fis reconnoître; et sur le rapport d'un gentilhomme qui avoit sondé l'eau, par où on pourroit remonter dans une rue plus haute, je voulus hasarder de passer par cet endroit. Mais des personnes sages m'en détournèrent, en me disant que si je demandois un passeport au prévôt des marchands qui avoit la conduite de la ville, il ne me le refuseroit pas, et que j'en sortirois librement. Je me rendis à leur avis, et j'obtins le passeport qui me fut pourtant inutile, la populace nous ayant poussés, sans nous permettre seulement d'aller au corps-de-garde, où nous devions le montrer au commandant. Heureusement Dieu conserva la raison à l'abbé de L'Escalle; car sans cela nous eussions été tués, quelques gentilshommes et moi, parce que, nous sentant poussés et nos chevaux frappés, nous eûmes envie de tourner bride; mais nous suivîmes le conseil de cet abbé, et nous fûmes tout surpris de trouver les chaînes levées et le chemin de notre retraite coupé. Nous présentâmes les chaînes à nos chevaux, qui les franchirent. En nous retirant, nous vîmes la ville tout en émeute, et le peuple dans le dessein d'arrêter les serviteurs du Roi, qu'on appeloit mazarins, pour les rendre plus odieux.

Je trouvai un officier de ma connoissance qui commandoit la garde dans mon quartier, auquel, ayant montré mon passeport, il permit de me laisser sortir, pourvu que je me rendisse avant quatre heures proche du poste où il commandoit. L'envie que j'avois de me rendre auprès du Roi me fit prendre ce parti, et cet officier me tint parole. Quand je fus à Saint-Germain, je trouvai que la guerre y étoit résolue, et qu'on se mettoit peu en peine de ce qui arriveroit aux serviteurs du Roi. On y faisoit même des railleries de ceux qui s'exposoient à quelque péril pour s'y rendre ; et enfin, comme si Dieu avoit ordonné la ruine de l'Etat, il fut résolu, pour intimider la ville de Paris, de la faire sommer par un héraut que ceux qui commandoient empêchèrent d'entrer.

M. de Longueville, qui étoit allé à Coulommiers en Brie, évita de passer par Paris, et alla à Saint-Germain-en-Laye, quoiqu'il eût promis aux chefs de la cabale opposée au Roi d'être de leur parti. Je crois que ce qu'il en faisoit n'étoit seulement que pour assurer les créatures qu'il avoit dans la ville de Rouen qu'il vouloit emmener avec lui le prince de Conti son beau-frère, qui s'étoit aussi engagé à accorder sa protection aux Parisiens. M. de Longueville fit sa cour; et quand je le complimentai sur ce que le parlement de Normandie avoit député au Roi pour l'assurer de son service, il me dit, avec une entière confiance et avec beaucoup d'imprudence : « Ce ne sont que ceux du semestre ; » d'où je conclus qu'il n'étoit pas autant attaché à Sa Majesté qu'il affectoit de le paroître. Je lui dis à cette occasion un mot en plaisantant : et comme je ne croyois point que son discours dût être relevé, je n'en dis rien à la Reine ; mais je fus bien surpris d'apprendre le lendemain que le prince de Conti et le duc de Longueville, accompagnés du duc de La Rochefoucauld, s'étoient venus enfermer dans Paris, qui avoit déjà accepté pour commandans les ducs d'Elbœuf et de Bouillon.

Le prince de Conti fut prendre sa séance au parlement, et y protesta qu'il étoit résolu de mourir pour la défense de la cause commune et pour les intérêts du public. M. de Longueville y alla aussi ; mais il ne put obtenir de la compagnie de s'asseoir sur le banc des princes du sang, pairs de France et conseillers d'honneur, soit de robe ou d'épée. Le parlement ayant donné à M. de Bouillon une place pareille à celle de celui-ci, M. de Longueville en témoigna du mécontentement. Il partit peu de jours après pour se retirer à Rouen, qu'il fit déclarer pour Paris, quoiqu'on n'eût pas laissé de lui témoigner de la méfiance, et que madame son épouse eût été obligée à faire sa demeure à l'hôtel-de-ville, pour servir en quelque façon d'otage à la fidélité de son frère et de son mari.

La maison de Vendôme se déclara aussi pour le parlement dans la personne de M. de Beaufort, et la cour ne songea plus qu'aux moyens de réduire Paris ; mais on fut bien surpris quand on apprit qu'on faisoit marcher des troupes en Flandre pour secourir cette capitale ; et l'on vit pour lors ce qu'on n'auroit point dû croire ni appréhender : le parlement recevoir des lettres des étrangers, et députer des personnes de considération pour demander du secours à ces mêmes étrangers qui faisoient actuellement la guerre au Roi.

La cour s'appliqua de son côté à réduire cette capitale par la force. Pendant que ceux qui y étoient enfermés firent des merveilles pour avoir des vivres, ceux qui étoient au dehors faisoient tout ce qu'ils pouvoient pour l'empêcher ; mais parmi ceux-ci il y en avoit toujours quelques-uns qui, poussés par le désir de s'enrichir, et par l'affection qu'ils portoient aux assiégés, trouvoient les moyens d'y faire entrer des provisions. Je fus surpris d'apprendre que le président Le Bailleul, qui avoit été lieutenant civil et prévôt des marchands, s'étoit persuadé, ou feignoit de l'être, qu'en empêchant les boulangers de Gonesse d'y porter du pain, la ville pâtiroit et seroit contrainte de se rendre. M. Le Tellier, qui avoit beaucoup d'esprit, n'étoit point de cet avis ; mais il s'étoit imaginé que les troupes s'engraisseroient si elles séjournoient aux environs de Paris, qui, disoit-il, seroit contraint de demander grâce après six mois de souffrance. Il croyoit qu'ensuite ces mêmes troupes seroient en état d'aller servir où l'on voudroit : de quoi M. Le Tellier s'étant ouvert à moi, je ne pus m'empêcher de lui dire que je ne concevois pas comment un homme aussi éclairé que lui pouvoit croire qu'une pareille affaire pût durer seulement quatre mois.

On ne songea plus, comme il a déjà été dit, qu'à chercher à Saint-Germain les moyens de réduire à l'extrémité Paris, qui ne pensoit qu'à se bien défendre. Le cardinal crut pendant quelque temps que le prince de Condé étoit alors d'intelligence avec son frère et avec M. de Longueville; mais il connut dans la suite qu'il s'étoit mépris. Ce prince faisoit tout ce qui pouvoit dépendre de lui pour réduire les Parisiens à rentrer dans leur devoir : et, autant que j'ai pu en avoir connoissance, il n'épargnoit ni sa peine ni sa vie pour faire réussir son dessein.

La peur prit de telle manière au cardinal Mazarin, qu'il envoya ses nièces à Sedan. M. le prince fut recherché pour se rendre médiateur de l'accommodement des Parisiens, et parut disposé à le faire; mais, quelque envie qu'il en eût, il n'oublia pour lors aucune des choses qui pouvoient convenir à un homme de guerre et à un fidèle serviteur du Roi. On s'aperçut bien toutefois qu'il n'approuvoit pas la conduite du cardinal, qui n'omit rien de ce qui dépendoit de lui pour faire en sorte que les Parisiens eussent recours à son intercession, affectant de vouloir procurer leur paix, sans que M. le duc d'Orléans et M. le prince y eussent aucune part.

Cependant les ennemis, ayant fait avancer leurs troupes, proposèrent d'envoyer quelqu'un à Saint-Germain, pour essayer de trouver les moyens d'ajuster les différends qui étoient entre les couronnes. On ne jugea point à propos de refuser cette ouverture, et l'on dépêcha aussi quelqu'un sur la frontière pour recevoir cet envoyé, pour le conduire à la cour, et pour prendre garde qu'il n'écrivît ni ne reçût des lettres de ceux qui étoient dans Paris. Ce fut Triquet que l'archiduc députa. Le cardinal lui donna une première audience où j'assistai, et dans laquelle cette Eminence témoigna assez de disposition de la part de Leurs Majestés à entendre à une bonne paix, sans néanmoins faire comprendre, sinon en termes généraux, qu'on rendroit quelques-unes des places occupées par les armées du Roi : ce qui ne contenta pas Triquet, parce qu'il prétendoit, avant que d'entrer en matière, d'être assuré que ce qui avoit été conquis seroit rendu. Je ne puis pas dire ce qui se passa dans une seconde audience que lui donna le cardinal, ne m'y étant pas trouvé ; mais il y a beaucoup d'apparence que cette Eminence lui fit des offres considérables pour engager l'archiduc à abandonner les intérêts du parlement et de la ville de Paris. C'est pourtant de quoi on ne peut parler avec certitude.

Triquet ayant été congédié et reconduit jusques à Cambrai, l'on continua à faire deux choses, l'une d'incommoder Paris, et l'autre d'écouter les propositions qui étoient faites d'une conférence dans laquelle on espéroit de pacifier tous les différends. Elle fut enfin résolue, et le lieu de Ruel indiqué pour en faire l'ouverture. Le parlement et la ville envoyèrent des députés, comme aussi les princes, qui étoient dans leurs intérêts. Ceux du Roi furent M. le duc d'Orléans, M. le prince, le cardinal, le chancelier de France, le maréchal de La Meilleraye, l'abbé de La Rivière, M. Le Tellier, et moi. Nous trouvâmes d'abord une difficulté qu'on ne put surmonter ; quoi qu'on eût fait pour l'éviter, en cherchant des tempéramens pour ne pas blesser l'autorité royale. Cette

difficulté étoit que les députés du parlement avoient
fait défense de traiter avec le cardinal, déclaré ennemi de la patrie et criminel de lèse-majesté, et comme
tel condamné et sa tête mise à prix, contre ce qui s'étoit
pratiqué de tout temps dans le royaume. A cela nous
leur répondîmes que ce n'étoit point à eux à prescrire
au Roi de qui il devoit se servir, et que même c'étoit
leur faire une grâce que d'entrer seulement en conférence avec eux. Leur opiniâtreté nous contraignit d'en
passer par où ils voulurent, sur les raisons que l'on
nous dit que si la conférence se terminoit de manière que le calme et la tranquillité se rétablissent
dans le royaume, toute la gloire en resteroit à Sa Majesté. Mais, pour ne point autoriser leur délibération,
il fut arrêté que le chancelier et M. Le Tellier passeroient dans une autre chambre pour entendre les
propositions des députés de Paris, dont ils nous viendroient faire le rapport; et qu'ensuite ils retourneroient leur dire ce que nous aurions accordé ou refusé.
On tint plusieurs conférences où les affaires furent assez
avancées; mais il se présenta une difficulté, qui étoit
de faire consentir la Reine à ce qui étoit demandé
aux députés, en leur faisant commandement de s'y
soumettre; à quoi ils avoient déjà consenti. Comme,
pour conserver leur réputation, ils vouloient blesser
celle de la Reine, l'on me choisit pour aller disposer
cette princesse, et je fus chargé de lui déguiser ce qui
étoit venu à ma connoissance. N'étant point capable
d'une pareille infidélité, je conseillai à la Reine, après
lui avoir fait mon rapport, de s'en rapporter à ses
ministres pour faire ce qu'ils jugeroient à propos, et
qu'elle approuveroit; mais que d'elle-même, et sans

leur avis, elle ne pouvoit se porter à ce que l'on souhaitoit. Le terme du sauf-conduit étant expiré, on se sépara, et l'on convint que, si Leurs Majestés l'avoient agréable, on enverroit une prolongation, et que les séances se tiendroient à Saint-Germain-en-Laye.

On s'y rassembla, et les affaires générales étant réglées (1), on discuta les intérêts des particuliers avec les députés des princes. Le comte de..... (2), portant la parole, demanda l'expulsion du cardinal hors du royaume. On lui répondit que le Roi donnoit la loi à ses sujets, et ne la recevoit pas d'eux. Les députés du parlement et de la ville, ayant tenu le même discours que le comte, demandoient encore que le semestre établi à Rouen fût supprimé; ce qui leur ayant été accordé, ce fut le seul avantage que M. de Longueville remporta de s'être éloigné de son devoir. On demanda aussi qu'il fût fait droit à M. de Bouillon sur ses prétentions, comme aussi à la maison de Vendôme. Chacun donna les mains à la dernière de ces demandes; mais, à l'égard de celle de M. de Bouillon, le premier président Molé ayant dit, pour le favoriser, que c'étoit une souveraineté de laquelle on augmentoit la monarchie, et qu'on avançoit que j'avois promis au propriétaire qu'il seroit bien traité, je lui répondis que cela étoit vrai, et que je n'avois fait en cette occasion que ce qui m'avoit été ordonné : mais que je m'étois bien donné de garde de convenir que Sedan fût une souveraineté, étant trop instruit des droits du Roi pour faire une pareille bévue; et que

---

(1) *Les affaires générales étant réglées* : Cet arrangement fut conclu le 11 mars. — (2) *Le comte de*..... : Il paroît qu'il est question du comte de Maure.

lui-même ne pouvoit pas avancer honnêtement cette proposition, puisqu'ayant été procureur général il avoit souvent vu les titres de Sa Majesté, desquels il pouvoit avoir appris que le roi Charles VI n'avoit que permis aux seigneurs de Sedan (cette terre étant pour lors possédée par indivis par deux frères) d'y construire des murailles. D'où il paroissoit clairement que ces gentilshommes ne prétendoient pas la posséder dans ce titre éminent qu'on faisoit sonner si haut pour en augmenter le prix. A l'égard de M. de Vendôme, je dis qu'il étoit bien vrai que, traitant avec M. de Vendôme de la récompense qu'il prétendoit du gouvernement de Bretagne, je lui avois dit que la Reine feroit en sorte que l'amirauté lui seroit résignée; mais que je me croyois obligé de dire deux choses, dont je m'assurois qu'on conviendroit infailliblement. C'est que : qui offre son entremise pour faire réussir une affaire ne se rend pas responsable de l'événement, et que je n'avois pas pu prévoir que la maison de Vendôme se détacheroit du service du Roi, et manqueroit de respect à la Reine : dont je tirois telles conséquences que je devois, me remettant à Sa Majesté de déclarer sa volonté. L'accommodement fut enfin résolu après plusieurs conférences, et le cardinal se détermina à s'allier à la maison de Vendôme. Ce que M. le prince approuva d'abord, mais qu'il blâma dans la suite.

Le comte d'Harcourt, ayant déjà servi le Roi, fut destiné à commander l'armée; et le prince de Condé, ayant déclaré qu'il vouloit aller prendre possession de son gouvernement de Bourgogne, et profiter de la saison de l'été pour travailler au rétablissement de sa santé et de ses affaires, s'employa aussi avec chaleur à ménager les intérêts de ceux qui avoient été les chefs de la révolte de Paris.

Je suppliai la Reine de bien examiner ceci et d'en tirer les conséquences nécessaires, ajoutant que j'étois persuadé que ce prince se trouvoit en liaison avec eux. Car ce qui étoit soutenable pour son frère et pour son beau-frère ne me le paroissoit pas quand il prenoit avec chaleur les intérêts de M. de Bouillon. Je me crois pourtant obligé de dire, à la louange de M. le prince, qu'il déconseilla pendant quelque temps le Roi de pourvoir M. de Longueville du gouvernement du Pont-de-l'Arche; mais depuis il changea d'avis, et cela sera expliqué dans la suite. A l'égard de M. de Bouillon, il appuya ses demandes, quoique très-injustes, comme nous l'allons remarquer.

La terre de Sedan, qui avoit été évaluée à une somme considérable, fut, à la prière de ce duc, portée à trois mille livres de rente de plus que ne montoit l'estimation du revenu; de sorte que le cardinal, sans savoir pourquoi, lui fit donner cent quatre-vingt mille livres : ce qui fit espérer à M. le prince et à M. de Bouillon qu'on en passeroit par tout ce qu'ils voudroient sans aucun examen. Le prince de Condé, se tenant assuré de M. Le Tellier, lui proposa de lire, à la requête de M. de Bouillon, le procès-verbal dressé par les commissaires du Roi. Mais M Le Tellier s'en excusa, disant que Sedan étoit de mon département, et que ce seroit entreprendre sur ma charge : ce qu'il n'avoit garde de faire. M. le prince, ne l'ayant pu persuader, me vint trouver, et me fit la même demande qu'à mon confrère. Je lui répondis que je serois toujours prêt à lire et le procès-verbal et la requête, mais que, pour appuyer les prétentions de M. de Bouillon comme il me paroissoit le souhaiter, il falloit que je susse ses raisons, aussi bien que celles des commissaires du Roi, pour approuver et pour blâmer ce qu'ils avoient fait. Ils se retirèrent en me laissant les papiers de M. de Bouillon, par lesquels ses prétentions, excepté la première, me parurent mal fondées. C'est ce que je fis entendre au duc, qui, n'étant pas satisfait de ma réponse, s'en fut en diligence chez M. le prince pour lui en faire ses plaintes, et l'amena chez moi. Je lui expliquai mes raisons, auxquelles n'ayant su que répondre, Son Altesse me dit en colère : « Il paroît que vous ne voulez pas favoriser M. de « Bouillon. » A quoi je lui répliquai, en me possédant le plus qu'il me fut possible, que, faisant la fonction de juge, je ne voulois me déclarer ni pour ni contre, mais être équitable ; et que si j'étois capable de corruption, ce ne seroit qu'au profit de mon maître, persuadé que j'étois que Dieu me le pardonneroit bien plutôt qu'il ne le feroit, si j'abandonnois ses intérêts pour ceux d'un autre. M. le prince et M. de Bouillon, commençant à craindre que si je faisois mon rapport de cette affaire elle ne tourneroit point à leur satisfaction, s'avisèrent d'aller trouver le cardinal, et de lui dire qu'ils recevroient comme une grâce ce qui seroit ajouté à l'augmentation faite par les commissaires. Il leur fit réponse qu'il falloit m'entendre, mais qu'ils pouvoient tout espérer de son crédit et de la joie qu'il avoit de leur faire plaisir. Ce premier ministre, ne pouvant se donner la patience d'écouter ce que j'avois à dire, me fit bien comprendre qu'il croyoit que je voulois favoriser M. de Bouillon : à quoi je répondis qu'il se donnât au moins le temps d'entendre mes raisons. Cela lui fit juger qu'il s'étoit mépris, ou laissé surprendre par M. le prince et par M. de Bouillon ; et comme il leur avoit promis satisfaction, il dit à la Reine que, sans entrer en discussion du droit du Roi et de celui de ce duc, il falloit accorder à celui-ci cinq mille livres de rente au-dessus de l'évaluation. Outre cela, il lui fit donner un présent de cent mille écus, sans en pouvoir alléguer d'autres raisons que la passion qu'il avoit de faire voir que les grâces dépendoient de lui seul.

On sera toujours étonné que le cardinal ait ménagé des grâces à la maison de Bouillon, quand on saura que M. de Turenne fit son possible pour débaucher l'armée du Roi qu'il commandoit, et pour prendre le parti des révoltés, aussi-bien que son frère, auquel ce monarque avoit pardonné le crime de lèse-majesté ; car il avoit fait ligue avec les ennemis de l'Etat, et paru se déclarer le chef de la révolte de Paris. On s'étonnera, dis-je, de la conduite de cette Eminence, à moins qu'on ne l'accusât de s'être voulu assurer des deux frères pour les opposer au Roi en cas de disgrâce, ou bien aux ennemis qu'il pourroit avoir. Il s'étoit aussi persuadé que par leur entremise il se raccommoderoit avec M. le prince, lequel disoit hautement que le cardinal n'avoit pu avoir la pensée de s'allier à la maison de Vendôme que pour s'assurer de la protection de M. le duc d'Orléans et de celle de cette même maison, en méprisant la sienne.

Le comte d'Harcourt ayant eu ordre d'investir et d'assiéger Cambrai, cette entreprise eût réussi s'il eût pu mieux espérer de la bonne fortune du Roi; car un petit secours de cavalerie ne devoit pas empêcher d'en continuer le siége. Mais, pour avoir cru le secours plus considérable qu'il n'étoit, il estima devoir se retirer, après que nos gardes eurent été forcées dans l'endroit où les troupes commandées par M. de Turenne étoient postées. La cour en apprit la nouvelle avec douleur ; mais il y a beaucoup d'apparence que M. le prince n'en fut pas fort sensiblement touché. Madame sa mère, qui pendant le voyage de Bourgogne n'abandonna pas la Reine, le raccommoda avec le cardinal, de l'amitié duquel il se crut ensuite assuré. Le gouvernement de Damvilliers, donné par le traité au prince de Conti, persuada même toute la maison de Condé que le prince étoit en faveur, quoiqu'il est bien vrai que madame sa mère avoit l'esprit plein de méfiance; mais elle la dissimula. M. de Longueville continua de son côté à demander le Pont-de-l'Arche : et le gouverneur de cette place, qui avoit résisté pendant quelque temps, se rendit à la fin.

Ce fut pour lors que les troubles dont le royaume étoit agité s'augmentèrent et se firent sentir dans les provinces les plus éloignées, et même jusque dans celle de Provence, qui entreprit de faire ce que l'on n'auroit jamais cru. C'est ce qui engagea M. d'Emery de proposer au Roi d'y créer un semestre, en alléguant pour ses raisons que Sa Majesté en tireroit des sommes considérables, et que son autorité s'affermiroit pour toujours dans cette province; parce que, si l'un des semestres étoit capable de prendre un mauvais parti, le second s'y opposeroit, et qu'à l'envi l'un de l'autre, pour se maintenir et pour obtenir la supression l'un de l'autre, ils ne songeroient uniquement qu'à bien servir le Roi. Le chancelier s'étant laissé gagner par Emery, un jour que nous nous trouvâmes ensemble dans la chambre du cardinal où cette affaire fut agitée, je contredis à ce chef de la justice et à Emery ; et je fis connoître à l'Eminence que si le Roi prétendoit faire réussir ce dessein, la Provence se soulèveroit infailliblement. Je dis, pour mes raisons, que le parlement d'Aix étoit rempli de gens de qualité, et que leur ruine étant inévitable si la chose avoit lieu, ils ne manqueroient point de prendre parti ; que leurs femmes, voyant leurs biens diminuer, animeroient leurs maris et leurs proches à s'y opposer, et que tout ceci attirant enfin sur quelques-uns l'indignation du Roi qui les voudroit punir, cette province ne manqueroit pas de se soulever. Le chancelier et Emery, ne se voulant point rendre à mes raisons, attirèrent le cardinal dans leurs sentimens, et Son Eminence me dit : « Ils sont deux contre vous, et vous voulez en- « core que votre opinion prévale dans les affaires « de cette conséquence ? — Il faut, lui répliquai-je, « peser les voix et non pas les compter. » Ce que je viens de rapporter me fait souvenir d'une chose qui donnoit assez à connoître le peu de lumières qu'avoit le cardinal sur nos affaires. Lui disant un jour qu'il falloit faire la paix, il en tomba d'accord, et ne laissa pas de me demander pourquoi je la conseillois avec tant d'empressement. A quoi lui ayant répondu que je la conseillois non-seulement parce qu'elle me paroissoit nécessaire, mais encore parce que j'étois assez éclairé pour comprendre que la guerre ne se pouvoit continuer sans laisser les impôts qu'on levoit sur les

peuples ; qu'étant épuisés et par conséquent hors d'état de supporter un tel fardeau, ils ne manqueroient pas de se soulever, et que le Roi ayant alors deux guerres sur les bras, il seroit bien empêché de se défendre de tant d'ennemis : « Eh! quoi, me dit le car-
« dinal, une charge qui subsiste depuis vingt années
« peut-elle donc être insupportable? C'est ce que je
« ne puis croire. » Je changeai là-dessus de discours.

M. le prince, qui avoit appuyé pendant un certain temps les intérêts de M. d'Angoulême, s'en détacha quand il se fut lié avec le parlement de Paris. Cette compagnie ayant pris l'affirmative pour les autres parlemens, mais particulièrement pour ceux de Rouen et d'Aix, le semestre établi à Rouen du vivant du feu Roi fut révoqué, aussi-bien que celui de Provence. La cour fit dans ce temps-là un voyage à Amiens. Il ne se passa rien d'extraordinaire pendant la campagne, sinon que, tandis qu'elle dura, il y eut des personnes qui s'entremirent pour réunir parfaitement M. le prince avec le cardinal. Le premier, s'étant persuadé que l'on traitoit sincèrement avec lui, revint à Paris, où son frère et M. de Longueville se rendirent aussi. Le prince de Conti fut admis dans le conseil ; et, par malheur, l'on eut l'adresse de détacher M. le duc d'Orléans d'avec le prince de Condé. Le coadjuteur de Paris se déclara l'ennemi de celui-ci. Ce qui se passa entre eux est un événement des plus remarquables de l'histoire, que je n'entreprendrai pas d'écrire, mon intention, comme je l'ai déjà dit, n'étant que de parler seulement des choses auxquelles j'ai eu part.

M. le prince ne fut pas plus tôt de retour à Paris qu'il s'aperçut que M. le duc d'Orléans avoit du refroidissement pour lui ; et néanmoins ils vivoient en apparence avec beaucoup de civilité. Le cardinal, dont l'esprit étoit fort capable de causer leur mésintelligence, fit naître des soupçons dans celui de M. le prince, et lui persuada que le coadjuteur, qui étoit ennemi de Mazarin, avoit beaucoup de crédit sur Monsieur, et que ce prélat avoit résolu de faire assassiner Son Altesse, un jour qu'elle passeroit dans son carrosse sur le Pont-Neuf. Dans ce même temps-là, le cardinal, pour mettre dans ses intérêts les ducs d'Epernon et de Bouillon, la maison de Rohan de la branche de Guémené, et la comtesse de Fiesque, fit consentir Sa Majesté qu'ils se couvriroient tous aux audiences, et que leurs filles auroient le tabouret, de même que cette comtesse. Ils furent donc mis en possession de cet honneur ; mais la noblesse s'en formalisa, en disant, entre autres raisons, que sous le gouvernement d'une femme et d'un enfant on oseroit tout entreprendre. Elle forma une assemblée qui se joignit à celle du clergé, qui se tenoit pour lors. Ces deux corps députèrent conjointement pour faire des plaintes communes sur les désordres de l'Etat, qui ne pouvoient être corrigés que par une assemblée des notables du royaume. Les nobles firent une plainte en particulier de ce qu'on vouloit distinguer de certaines maisons d'avec d'autres qui ne leur cédoient en rien. On fit toutes les diligences possibles pour faire cesser cette assemblée ; mais tous les moyens qu'on s'étoit proposés s'étant trouvés inutiles, les grâces furent révoquées, et l'on promit la convocation des Etats-généraux.

Il est bien vrai que M. le prince n'approuvoit pas

que ces honneurs eussent été communiqués à tant de maisons ; mais il y en avoit aussi qu'il vouloit favoriser, comme celle de Bouillon : ce qui fut cause qu'il ne cessa de supplier la Reine que l'acte par lequel le Roi s'étoit engagé d'élever les uns au préjudice des autres fût supprimé. J'en avois, par malheur pour lui, été rendu le dépositaire ; et je ne craignis point de dire à cette princesse que ceux qui me pressoient de rendre cet acte se mettoient peu en peine de ce qui pouvoit lui en arriver, et négligeoient son service pour des intérêts particuliers.

Sa Majesté m'ayant pressé deux différentes fois de lui remettre cet écrit que nous avions signé M. Le Tellier et moi, je lui dis pour m'en défendre qu'il pouvoit être révoqué par un postérieur : ce qui ne satisfaisant point ceux qui s'y trouvoient intéressés, ils eurent recours au cardinal, pour l'obliger à m'en parler. C'est ce qu'il fit, en me blâmant de la difficulté que je faisois d'obéir à la Reine. Mais, après qu'il eut épuisé toute son éloquence pour me faire consentir à ce qu'il vouloit, je ne pus m'empêcher de lui répondre, en me servant des termes des païens qu'il parloit. . . . . Mais qu'il se trompoit, s'il croyoit pouvoir m'obliger par force à faire pour lui ce que j'avois refusé à la Reine ; que Sa Majesté étoit en droit de me commander ; que les autres pouvoient tâcher de me persuader, mais qu'il ne seroit pas aisé d'y réussir. Cette Eminence eut alors recours à la Reine, qui me dit : « J'ai « une preuve à désirer de votre affection ; voyez si « vous me la devez refuser. » J'eusse volontiers répondu à cette princesse comme Eole fit à Junon (1); mais, sans me servir des paroles du poète, j'assurai la Reine qu'il n'y avoit rien que je ne fisse quand il s'agiroit de lui plaire. « Eh bien, me dit-elle, « remettez à M. le prince l'écrit qu'il y a si long- « temps qu'il presse pour le ravoir. » Je m'y engageai, et je le dis à M. Le Tellier, qui m'en sollicitoit continuellement, et qui crut ne pouvoir porter à ce prince une nouvelle qui lui fût plus agréable, en lui disant que je lui avois même offert de le lui remettre. Son Altesse m'envoya un de ses officiers pour m'avertir de l'attendre le lendemain matin, ajoutant qu'elle ne vouloit point que j'allasse à son hôtel. Je fus surpris de ce discours, et je m'engageai d'attendre M. le prince, qui ne manqua pas de venir chez moi à neuf heures précises. J'allai à sa rencontre, et je lui remis les papiers qu'il avoit souhaités avec tant d'empressement; et lui ayant demandé, en lui faisant mon compliment, pour quelle raison il s'étoit donné tant de peine, et n'avoit point voulu que j'allasse chez lui : « C'est, me « dit-il, qu'on eût pu croire que vous y seriez venu « pour négocier. — Bien d'autres, lui répondis-je, « s'en donnent la liberté; et quand je la prendrois, « je ne croirois pas qu'on y dût trouver à redire. « Mais j'entends bien ce que cela signifie : c'est que, « ne l'ayant pas fait, vous le trouverez mauvais. J'au- « rai à l'avenir une conduite plus régulière. — Faisons, « me dit-il, deux tours dans votre cabinet, et fermez « la porte. » Ensuite, continuant son discours, il m'a-

---

(1) *Comme Éole fit à Junon :*

.... Tuus, o regina, quid-optes
Explorare labor : mihi jussa capessere fas est.
ENÉIDE, *livre* 1, *vers* 76.

jouta : « Vous avez blâmé la manière dont j'en ai usé
« avec la Reine ; mais c'est sans doute parce que vous
« ignorez qu'elle m'avoit promis le gouvernement
« du Pont-de-l'Arche, dont elle s'est dédite. » Je lui
avouai que la nouvelle m'en surprenoit, et que j'en
étois d'autant plus surpris qu'il eût insisté pour le
faire donner à M. de Longueville, après ce que je
lui avois entendu dire qu'il valoit mieux hasarder le
tiers du royaume que de le faire ; que je ne com-
prenois pas, par plusieurs raisons que je lui alléguai,
quelles étoient celles qui avoient pu le faire changer
de sentiment ; mais que je le suppliois de ne point
trouver mauvais si je doutois que la Reine s'y fût engagée. « Il est vrai, me dit-il, que ce n'est pas à elle
« à qui je me suis adressé, mais au cardinal, qui
« m'a promis de faire tout ce qu'il pourroit pour me
« contenter. — Il peut, lui répondis-je, y avoir fait
« de son mieux sans l'avoir obtenu de Sa Majesté.
« Et en cela vous n'avez aucune raison de vous
« plaindre de la Reine, mais beaucoup de vous louer
« du cardinal. » Il me fit une réponse qui me surprit
autant que les paroles aigres et emportées dont il se
servit pour exprimer sa colère ; ce qui m'obligea de
lui dire : « Vos expressions et vos pensées, monsieur,
« sont outrageantes par rapport aux obligations que
« vous avez à la Reine ; car votre Altesse sait bien
« que la Reine ne mérite pas d'être maltraitée. Quand
« il arrive que le maître, pour empêcher qu'un ancien
« serviteur ne soit opprimé par un plus puissant,
« fait quelque chose qui pourroit être blâmé, il s'en
« disculpe sur l'amitié qu'il porte à celui qu'on veut
« opprimer ; mais lorsqu'il s'agit d'une femme, l'in-

« terprétation est toujours mauvaise ; parce que si on
« lui doit du respect, on est blâmé de lui en man-
« quer. Vous savez bien que la Reine ne doit point
« être traitée de la sorte, n'y ayant bienfaits ni grâces
« que vous ayez désirés d'elle que vous ne les ayez
« obtenus. — Quelles sont ces grâces ? me dit-il ;
« voudriez-vous mettre en ligne de compte qu'elle
« m'a donné le gouvernement d'une province et d'une
« place? C'est ce qu'on avoit promis à feu mon père
« avant la mort du feu Roi. » Je lui dis que j'en con-
venois, que l'évêque de Beauvais l'avoit promis, mais
que la Reine avoit tenu parole à ce prélat. Ce prince,
transporté de colère, me dit alors : « N'estimez-vous
« donc point mes services ?— Bien plus, lui répon-
« dis-je, que votre Altesse ne le pourroit faire elle-
« même, parce que la modestie l'en empêche. Mais,
« puisque l'occasion s'en présente, je me crois obligé
« de vous dire, monsieur, que ce n'est point votre
« fortune qui fait la grandeur de l'Etat, mais qu'au
« contraire la puissance royale a contribué à votre
« gloire. Tel autre auroit pu commander les armées
« du Roi, qui auroit été aussi heureux que votre
« Altesse. Avant que vous eussiez rendu à l'Etat des
« services considérables, d'autres l'auroient pu faire
« aussi ; mais s'il avoit fallu les récompenser comme
« vous l'avez été, on se seroit vu contraint de dé-
« membrer la monarchie. » L'horloge sonnant midi,
comme c'étoit un dimanche et que M. le prince n'avoit
pas encore entendu la messe, le prince de Conti, qui
étoit dévot et qui attendoit dans la salle, frappa à la
porte de mon cabinet, pour avertir son frère d'aller
à la messe : cela finit notre conversation. Il me parut

que depuis ce jour-là le prince de Condé n'eut plus la même confiance en moi. Cependant il se croyoit assuré de la cour qu'il s'imaginoit gouverner absolument, et n'avoir rien à craindre de M. le duc d'Orléans, persuadé qu'il étoit que Son Altesse Royale avoit moins de crédit que lui. Madame la princesse douairière entra en quelque méfiance, parce qu'elle remarqua que la Reine avoit du refroidissement pour elle; mais le cardinal se conduisoit avec tant de dissimulation à l'égard de M. le prince, que les plus éclairés entroient dans les sentimens de celui-ci, qui raisonnoit de cette manière : « On ne peut « m'arrêter que très-difficilement, à moins que M. le « duc d'Orléans n'y consente. Et comme il n'auroit « pas de secret pour l'abbé de La Rivière; je suis as-« suré que je n'ai rien à craindre; car il ne manque-« roit pas de m'avertir de ce qui pourroit venir à sa « connoissance. » Il y eut pourtant de ses créatures qui entrèrent dans la méfiance, et qui lui conseillèrent de se tenir plutôt à Saint-Maur qu'à Paris, afin d'être plus en état de se retirer s'il venoit à découvrir qu'on eût quelque dessein de l'arrêter. Mais on n'évite jamais ce que la providence de Dieu a résolu.

[1650] Le cardinal fit naître du soupçon dans l'esprit de M. le duc d'Orléans pour l'abbé de La Rivière, en ce qui regardoit M. le prince de Condé, et sut ensuite l'engager à consentir que ce prince fût arrêté prisonnier. L'Eminence lui représenta que c'étoit un esprit altier qui, en plusieurs occasions, lui avoit manqué de respect; et que le consentement qu'il donneroit à ce que le prince fût arrêté étoit un moyen pour faire voir que lui, Monsieur, étoit uniquement attaché au Roi ; que cela affermiroit l'autorité royale. D'ailleurs M. le duc d'Orléans étant obsédé par les amis du coadjuteur, qui étoient ennemis déclarés du prince, Monsieur n'en consentit que plus facilement à tout ce que l'on souhaitoit de lui. L'exécution d'un pareil dessein étoit pourtant très-difficile ; car il falloit faire arrêter en même temps les deux frères, et M. de Longueville leur beau-frère. Tout autre lieu que le Palais-Royal y paroissoit peu propre. Il falloit des forces considérables pour les conduire à Vincennes, parce que le prince de Condé avoit à sa dévotion, dans la ville de Paris, un grand nombre d'officiers des troupes qui avoient été levées sous son nom, et dont la bravoure pouvoit faire craindre qu'elles ne fussent capables de tout entreprendre pour procurer la liberté de ce prince. Le jour de l'exécution étant arrêté, on fit monter à cheval les compagnies de la maison du Roi, qui se mirent en bataille au marché aux chevaux. M. le prince en étant averti en demanda la raison au cardinal, qui lui répondit qu'on avoit eu avis que Descoutures vouloit se sauver, et qu'on avoit assemblé des troupes pour l'arrêter. Comme il étoit ennemi déclaré de ce prince, Son Altesse en témoigna beaucoup de joie, et n'examina pas davantage la chose. On l'avoit long-temps amusé de l'espérance de faire arrêter Descoutures, et l'on avoit même fait toutes les diligences apparentes pour y réussir. Beaucoup de gens croyoient qu'on affectoit de paroître désirer ce qu'on ne vouloit pas exécuter ; mais il n'y avoit que M. le prince qui, étant persuadé de la bonne foi du cardinal, prenoit pour argent comptant les raisons qu'on lui donnoit.

Je me souviens que, s'en étant un jour entretenu avec moi, et ne croyant pas la chose si difficile qu'on la lui représentoit, je lui demandai si c'étoit tout de bon qu'il désiroit que Descoutures fût pris; et m'ayant dit qu'oui, je l'assurai qu'il ne me falloit que trois jours pour découvrir l'endroit où il étoit retiré; que quand cela seroit fait, je manderois des officiers du guet de ma connoissance, qui me donneroient les moyens dont il faudroit se servir pour arrêter Descoutures. C'est à quoi je m'employai : et ils me promirent de faire toutes les diligences qui dépendroient d'eux. Elles ne furent pas inutiles, puisqu'ils découvrirent sa demeure, et me dirent ce qu'il falloit faire pour s'assurer de sa personne. L'ayant redit à M. le prince, il en parla au cardinal, qui lui répondit : « Ce « seroit commettre l'autorité royale que de vouloir « faire prendre un homme logé dans la ville proche « l'église métropolitaine. » Ce prince, sans y faire beaucoup de réflexion, se contenta de cette raison, et me la redit. Je lui répondis : « On n'a pu croire « qu'un homme qui a peur ne cherche et ne prenne « sa retraite dans un lieu où il ne pourroit pas faci- « lement être arrêté; mais, puisque c'est une affaire « à peser, c'est aussi à vous de voir si la monnoie « qu'on vous présente est d'un bon aloi. Quant à « moi, je vous avouerai franchement que je ne la « prendrois pas en paiement. »

Les princes de Condé (1) et de Conti, et M. de Longueville, se rendirent au Palais-Royal sous prétexte de tenir conseil. Avant que le premier sortît de

(1) *Les princes de Condé*, etc. : L'arrestation des princes eut lieu le 18 janvier 1650.

chez lui, il fut averti par madame sa mère qu'il se passoit des choses qui pouvoient faire soupçonner qu'on les vouloit arrêter. Madame la princesse ajouta qu'elle connoissoit la cour par sa propre expérience. « Qu'ai-je à craindre? lui répondit le prince : le car-« dinal est mon ami. — J'en doute, lui dit-elle. — « Vous avez tort, lui répliqua son fils, car je compte « autant sur lui que sur vous. » Madame la princesse finit son discours en lui ajoutant : « Dieu veuille que « vous ne vous y trompiez pas! »

La Reine feignit une incommodité, et demeura toujours sur son lit, afin qu'on ne remarquât point de changement à son visage. Tous les ennemis du prince se trouvèrent au palais avec leurs épées. Ceux qui devoient assister au conseil s'y rendirent à l'heure qui leur avoit été donnée, qui étoit celle dans laquelle la chose devoit être exécutée. La Reine ayant dit que l'on passât dans la galerie, afin qu'elle se pût lever, M. le prince s'avança, et peu après lui l'abbé de La Rivière.

Comme nous étions entrés, M. d'Avaux et moi, avant M. le chancelier, nous fûmes surpris de n'y point trouver le cardinal. Mais, faisant réflexion qu'on y pouvoit passer de son appartement, nous jugeâmes qu'il l'auroit fait. Ce fut là que ce saint ministre déclara à La Rivière ce qui avoit été résolu. Celui-ci lui répondit : « Vous m'en avez fait un secret, je suis « perdu avec mon maître. » Le cardinal le voulut rassurer; mais l'événement fit connoître que l'abbé de La Rivière connoissoit à fond l'esprit de M. le duc d'Orléans, et que la cour l'avoit voulu perdre.

Nous avions commencé une conversation, M. d'Avaux et moi. Nous nous mîmes sous la cheminée pour la finir. Le chancelier s'en approcha, et messieurs les princes. Celui de Condé dit à ce magistrat : « Il se « passe une affaire qui intéresse les rentiers, et qui « me paroît d'une assez grande conséquence pour « l'examiner avec plus de loisir qu'on ne le fait; car « elle pourroit avoir des suites fâcheuses. » Le chancelier, voulant justifier la conduite du conseil, M. le prince lui répondit, en témoignant la désapprouver : « Cette affaire mérite bien d'être examinée à tête re- « posée; mais, quoi qu'il en puisse arriver, je n'en « serai pas plus blâmé, et peut-être encore moins que « ceux qui s'en mêlent. » Pendant que ce prince parloit au chancelier, Guitaut, capitaine des gardes de la Reine, accompagné de Comminge et de quelques officiers de sa compagnie, entra dans la galerie; et le prince de Condé qui s'y promenoit s'étant avancé vers lui, fut fort surpris quand il lui dit qu'il avoit ordre de l'arrêter, avec M. le prince de Conti et M. de Longueville. Celui de Condé revint où nous étions, pour dire aux autres qu'ils étoient prisonniers de la part du Roi, et que M. Guitaut avoit ordre de s'assurer de leurs personnes. Le chancelier, surpris de ce discours, et qui n'avoit aucune part à la résolution qui avoit été prise, lui dit que c'étoit une plaisanterie que Guitaut faisoit; et sur cela le prince lui répondit : « Allez donc trouver la Reine, pour l'avertir de la « plaisanterie qui se fait. Pour moi, je tiens pour une « chose très-sûre que je suis arrêté. » Alors Guitaut s'avança pour faire descendre M. le prince dans le jardin. Il y avoit un carrosse prêt à la porte. Le prince me dit avec beaucoup de bonté et de fierté tout en-

semblé : « Monsieur, comme j'ai souvent reçu des
« marques de votre amitié et de votre générosité, je
« me promets que vous direz un jour au Roi les ser-
« vices que je lui ai rendus. » Le prince de Conti
m'embrassa, et me dit adieu. Jamais personne, de
quelque naissance qu'elle ait été, n'a reçu un revers
de fortune avec moins d'étonnement que ces princes.
M. de Longueville ayant dit qu'il falloit songer à se
sauver, M. le prince répondit : « Il n'y a point d'ave-
« nues qui ne soient gardées. » Et celui de Conti
ajouta : « Dieu m'a exaucé; car j'ai souvent souhaité,
« s'il vous arrivoit quelque disgrâce, de la partager
« avec vous. » Guitaut les pressa de marcher. Ils n'y
témoignèrent aucune répugnance; et comme ils des-
cendoient dans le jardin, la Reine, M. le duc d'Orléans et le cardinal vinrent dans la galerie. Celui-ci
voulut exposer les raisons que Sa Majesté avoit eu d'en
user de cette manière ; et, témoignant ouvertement
la joie qu'il ressentoit de celle que le peuple feroit
paroître, il me demanda ce que j'en pensois. Ma réponse fut que je n'avois pas accoutumé de blâmer ce
que les maîtres faisoient; que la joie publique ne
venant que de la haine qu'on avoit conçue contre le
prince, parce qu'on le croyoit ami de Son Eminence,
dans huit jours on plaindroit son malheur, et que
dans quinze le monde le regretteroit, et ne s'entre-
tiendroit que des grandes actions qu'il avoit faites
pour le service du Roi. Le cardinal, piqué de ce que
je n'étois pas de son avis, me dit : « Le prince ne vous
« aimoit pas. — J'en conviens, lui répondis-je, et je
« vous en avois l'obligation; mais nos querelles n'é-
« tant marquées qu'avec de la craie, nous avons passé

« par dessus une éponge mouillée. Ainsi elles sont « oubliées et effacées. » Le cardinal fut fâché de ce que je n'avois pas pris feu à son discours, et m'ajouta : « Le prince ne vous estimoit pas. » Alors je fus obligé de lui répondre que j'avois sujet d'être persuadé du contraire, non-seulement parce que la conduite qu'il avoit tenue à mon égard dans le moment de sa disgrâce m'en donnoit des assurances, mais parce que d'ailleurs, en examinant ma manière d'agir, je la trouvois si pure, que je ne pouvois avoir perdu l'estime de ceux qui faisoient profession d'honneur et de vertu. Le premier ministre, pour mettre fin à la conversation, me dit : « La Reine veut que ce soit vous qui « alliez trouver madame la princesse pour lui faire « savoir ce que Sa Majesté a ordonné, et qu'on n'a « rien fait que pour l'avantage des princes et de leurs « maisons. Car il est bien plus à propos que des nou-« velles de cette nature nous soient annoncées par « des amis que par des ennemis, quand ce ne seroit « que parce que ceux-là font des rapports fidèles, et « que ceux-ci y peuvent ajouter ou diminuer : ce qui « cause souvent beaucoup de mal. » J'exécutai l'ordre qui me fut donné, et j'allai à l'hôtel de Condé, où j'attendis assez long-temps madame la princesse qui étoit sortie, et qui n'apprit pas de moi cette nouvelle désagréable, mais de madame de Longueville, qui lui dit un mot à l'oreille avant que j'eusse commencé à lui parler. Elle en parut troublée ; mais la présence et la force de son esprit firent qu'elle ne dit rien qui ne pût être rapporté.

Madame de Longueville sortit de Paris, et se détermina d'aller en Normandie. Elle fut cause en partie que le Roi fit le voyage de Rouen, d'où il envoya sommer les villes de Dieppe et de Caen, qui se rendirent. Cette princesse, après s'être tenue un temps considérable cachée en différens endroits du royaume, alla à Stenay, d'où elle fit la guerre, sous le prétexte de l'injuste détention de messieurs ses frères et de monsieur son mari. Le Roi, ayant fait quelque séjour à Rouen, revint à Paris, d'où il partit pour aller en Bourgogne. M. de Vendôme, qui avoit le gouvernement de cette province, assiégea la ville de Bellegarde, qui capitula, et suivit l'exemple du château de Dijon et des autres places qui en avoient fait de même. La province de Bourgogne étant calmée, Sa Majesté revint à Paris, d'où elle alla en Guienne, sur la nouvelle qu'elle reçut que Bordeaux s'étoit déclaré pour les princes, après avoir donné retraite à madame la princesse et à madame de Longueville. Le Roi se détermina à en faire le siége; et, pour ôter tout sujet de méfiance aux habitans, il en retira le gouvernement des mains de M. d'Epernon, dont la maison, de même que le château Trompette, avoit été rasée par le peuple, qui avoit député en Espagne et en Angleterre pour avoir du secours. M. de Bouillon, s'étant enfermé dans cette ville avec les princesses du sang qui y étoient, prit les armes contre le Roi, aussi bien que le vicomte de Turenne son frère, qui passa dans le service d'Espagne. Le commandement de l'armée de terre fut donné au maréchal de La Meilleraye. Celle de mer fut donnée à Du Dognon. Après quelques jours de siége Bordeaux capitula, et ouvrit ses portes au Roi, auquel le parlement de Paris avoit envoyé quelques-uns de son corps, qui favorisoit en tout ceux de Bordeaux.

Sa Majesté se rendit en Guienne par le chemin ordinaire. Je la suivis, aussi bien que Servien qui, prétendant être logé avant les secrétaires d'Etat, se servit du cardinal pour en faire donner l'ordre aux maréchaux des logis. Cela lui réussit à Angoulême: et comme c'étoit une chose inouïe, on la tint fort secrète. La cour en étant partie pour aller à Aubeterre, ce fut là que la dispute commença tout de bon, et qu'une affaire de très-petite conséquence donna lieu à une querelle à laquelle Servien ne s'étoit point attendu. Le bruit fut excité par mes gens, qui me rapportèrent l'ordre donné aux maréchaux de logis; et je me trouvai obligé d'en faire mes plaintes à la Reine, à laquelle (je ne puis m'empêcher de l'avouer) je parlai avec plus de chaleur que je ne devois. Mais on ne garde pas toujours les règles de la bienséance quand on est véritablement offensé. Je dis donc à Sa Majesté que je n'aurois jamais cru qu'elle eût voulu m'ôter l'honneur. « Comment, me dit cette princesse, « cela pourroit-il être arrivé? Je n'en eus jamais la « pensée. — Cela est arrivé en commandant, lui « ajoutai-je, que M. Servien fût logé avant moi, le- « quel a si bien reconnu mon droit, qu'ayant sou- « vent logé ensemble, il a souffert que mon nom fût « écrit avant le sien; et sans que j'aie été entendu, « ni messieurs les secrétaires d'Etat, nous appre- « nons, madame, qu'il a obtenu un jugement en sa « faveur. » La Reine me dit ce qu'on lui avoit exposé pour l'engager à donner gain de cause à Servien, et ajouta qu'il étoit ministre. Je lui répondis, avec un peu trop de chaleur, que je n'en connoissois qu'à Charenton et aux Mathurins. Cela déplut à Sa Majesté; mais elle n'en fit rien paroître alors, compatissant peut-être à ma peine. J'obtins même de sa bonté que nos raisons seroient écoutées, et qu'elle nous feroit droit. Le lendemain matin j'allai chez le cardinal, pour lui faire mes plaintes de ce qu'il avoit pris le parti de M. Servien contre moi. Il fit ce qu'il put pour me lasser, et pour faire en sorte que mon impatience me fît retirer; mais j'étois résolu de lui parler : de manière que, voyant que son artifice lui étoit inutile, il ne put se défendre de me voir. Je lui remontrai mon droit et le sujet de mes plaintes; et, voyant qu'il ne me répondoit rien : « M. Servien, lui dis-je, a voulu « m'attaquer; mais je me défendrai, puisqu'on ne me « rend pas justice. » Le cardinal prit occasion de me répondre : « Il s'en tirera bien; et s'il n'étoit pas assez « fort, je lui servirois de second. » Alors, sans m'étonner, je lui répondis : « Monsieur, avec la qualité « dont vous êtes revêtu et celle que vous avez en « France, vous ne devriez point me tenir un tel lan- « gage. Mais ce que Votre Eminence me dit ne « m'empêchera point d'aller mon chemin, et nous « verrons ce qui en arrivera. » Je me retirai; et le jour que le Roi alla coucher à Coutras je fus remis en possession de mon droit, celui de Servien demeurant pourtant en son entier; c'est-à-dire que la liberté lui fut laissée de contester au fond. La cour se rendit de Coutras à Libourne, où les députés du parlement de Paris eurent audience.

Les sceaux qu'on avoit ôtés au chancelier furent donnés à M. de Châteauneuf, qui resta à Paris avec M. Le Tellier, pour voir ce qui s'y passeroit et pour contenir M. le duc d'Orléans, c'est-à-dire pour prendre garde qu'il ne se laissât surprendre ni par les factieux du parlement, ni par les amis des princes, ni par ceux du coadjuteur. Car, quoiqu'il eût peu d'amitié pour eux, on s'aperçut qu'il avoit aussi de la haine et du mépris pour le gouvernement. M. Le Tellier remarquoit que, lorsqu'il parloit le premier à Monsieur, il avoit assez sujet d'être content de ses raisons ; mais qu'il paroissoit tout autre, aussitôt que le garde des sceaux ou quelque autre l'avoit entretenu.

Notre retour à Paris fut précipité, sur une terreur panique que le cardinal ne sut dissimuler étant à Bordeaux, et par l'envie qu'il avoit d'empêcher que M. le duc d'Orléans ne se fît chef de parti dans les provinces qui sont au-delà de la Loire. Je n'eus aucune part à l'accommodement de Bordeaux parce que je n'étois pas dans les bonnes grâces du cardinal qui ne prenoit conseil que de Servien, et aussi parce que je tombai malade à Bourg. Je me trouvai hors d'état d'entendre parler d'affaires, et j'étois même si foible quand le Roi en partit pour Bordeaux, que je ne pus le suivre. Je reçus pendant ma maladie tant de marques des bontés de Leurs Majestés, que je me crois obligé de n'en rien dire par modestie. La Reine m'ayant commandé de me rendre auprès d'elle aussitôt que ma santé pourroit me le permettre, je m'embarquai à Blaye, où j'étois allé pour changer d'air ; et je ne fus pas plus tôt arrivé à Bordeaux, que j'appris que les synodes de la haute Guienne et du haut Languedoc s'étoient assemblés, quoique cela leur fût défendu par les édits ; et qu'ils avoient eu même la témérité de députer au Roi. Je fus d'avis qu'on ne reçût point leurs députés ; mais Servien, ayant soutenu l'affirmative au contraire, obtint qu'ils auroient audience. Je fis ce que je pus pour l'empêcher ; et comme le droit étoit en cela de mon côté, on me dit pour raison que si le Roi n'entendoit pas ces députés, cela produiroit un mauvais effet, et seroit mal reçu non-seulement par ceux qui les avoient députés, mais généralement par tous les religionnaires; que dans l'état présent des affaires il n'étoit pas du service du Roi de les aliéner, et qu'il y avoit même un tempérament à prendre avec eux, dont ils ne paroissoient pas bien éloignés. C'étoit de se servir de ces termes, *ceux qui nous ont été députés,* sans nommer les synodes de Guienne et de Languedoc assemblés. Je répondis que c'étoit sauver en quelque façon les apparences; mais qu'il falloit pourtant s'assurer d'eux, et prendre garde de les faire taire s'ils venoient à manquer à ce qu'ils avoient promis. Cela fut ainsi accordé, à ce qu'on nous rapporta, mais ne fut pas exécuté de même ; car le Roi eut le déplaisir de voir qu'un de ses sujets lui manqua de respect.

La cour se disposa à revenir à Paris, où les ennemis des princes avoient tellement gagné l'esprit de M. le duc d'Orléans, qu'il demanda que la garde lui en fût donnée. La cour en vit les conséquences, et ceci donna matière à plusieurs affaires. La Reine tomba malade sur la route, et fut obligée de séjourner à Amboise, où elle eut des accidens qui firent craindre pour elle à ses serviteurs, et que le Roi ne tombât sous la conduite de monsieur son oncle. Ils tinrent entre eux des conseils pour contribuer à la liberté des princes si ce malheur arrivoit : voyant bien que pour affermir l'autorité royale il falloit qu'il y eût deux partis dans la cour, puisqu'il y en avoit un de formé dont tout étoit à craindre ; que plusieurs officiers s'étoient donnés à M. le duc d'Orléans ; que des esprits factieux recherchoient sa protection, et que tous concouroient à le rendre puissant, et à réduire la Reine à abandonner les affaires. La santé de cette princesse s'étant un peu rétablie, Sa Majesté partit d'Amboise, et résolut, pour se fortifier, de faire quelque séjour à Fontainebleau. M. Le Tellier vint au devant de la cour, et ne manqua pas de confirmer ce qu'il avoit mandé qu'il ne seroit point difficile de gouverner M. le duc d'Orléans, pourvu qu'il n'y eût personne auprès de lui qui pût prendre sur son esprit un ascendant pareil à celui que le garde des sceaux savoit prendre. Celui-ci ne disoit rien contre M. Le Tellier, et le prenoit à témoin comment il lui avoit offert de faire arrêter M. de Beaufort. M. Le Tellier convenoit de l'offre, mais il doutoit qu'il en fût jamais venu à l'exécution, et croyoit en avoir des preuves bien sûres. Monsieur, ayant de la répugnance pour venir à Fontainebleau, faisoit bien connoître que sa conscience lui reprochoit beaucoup de choses ; et il n'y avoit rien de plus sûr qu'il prenoit des liaisons avec les frondeurs, et des mesures pour éloigner des affaires le cardinal. Celui-ci, ne songeant qu'à se maintenir, disposa la Reine, pendant qu'elle étoit à Bourg, à voir madame la princesse et madame de Longueville, non pas dans l'intention de leur faire des honnêtetés, mais pour gagner M. de Bouillon ; et cela donna lieu à beaucoup de gens de croire que ce fut là qu'ils commencèrent à jeter les fondemens de cette amitié qui a duré jusqu'à la mort de ce duc, qui ne put pas retirer sitôt du service espagnol M. de Turenne son frère, quelque envie qu'eût le dernier de s'accommoder et de suivre ses conseils. Madame de Longueville s'en alla de Bordeaux à Stenay, et fit au contraire tous ses efforts pour engager M. de Turenne à rester dans le parti d'Espagne, se promettant de cette couronne une entière protection pour messieurs ses frères. Le cardinal, ne se croyant point en sûreté à Paris, dit que les affaires du Roi l'appeloient en Champagne. Il y alla, et, ayant gagné sur lui de faire de la dépense, il causa la prise de Rethel. M. de Turenne, qui craignit que, s'il ne s'avançoit pour secourir cette place, on ne lui en imputât la perte, se mit en chemin pour la secourir; mais il fut attaqué et défait par le maréchal Du Plessis-Praslin (1), qui avoit eu le commandement de l'armée destinée pour la conservation des frontières. Cette victoire enflant le cœur du cardinal, il demanda qu'on fît maréchaux de France ceux qui avoient commandé sous M. Du Plessis; et, pour faire sa cour à M. le duc d'Orléans, il fut d'avis que d'Etampes fût du nombre. Grancey, qui crut l'avoir aussi bien mérité que ceux-là, demanda la même grâce en menaçant, et l'obtint à cause du peu de vigueur du gouvernement. Comme il commandoit dans Gravelines, il se mit en chemin pour y aller, et dit tout haut qu'il feroit ce qu'il jugeroit à propos s'il n'étoit fait maréchal. On le fit revenir en lui accordant sa demande.

[1651] La maladie de la Reine continuoit: et M. le duc d'Orléans, qui lui rendoit tous les jours visite quand elle étoit dans son redoublement, ne lui par-

---

(1) *Défait par le maréchal Du Plessis-Praslin :* Cette bataille fut livrée le 15 décembre 1650.

loit d'ordinaire que de choses désagréables. Le cardinal, croyant avoir beaucoup fait pour l'Etat, s'attribuoit la gloire d'avoir vaincu une armée qu'il n'avoit jamais vue; et, sous ce prétexte, ses amis avoient été élevés à la première dignité de l'Etat. Son Eminence se réconcilia avec Monsieur par le moyen du maréchal d'Etampes, et cela le détermina de revenir à Paris; mais parce qu'il craignoit le peuple, on fit si bien que le Roi alla à sa rencontre: et la présence de Sa Majesté le mettant en sûreté, il reparut en public et reprit le maniement des affaires, qu'il n'avoit point abandonnées, tout éloigné de la cour qu'il étoit; car il ne s'y faisoit rien sans la participation de Son Eminence. Cependant le cardinal y reçut deux mortifications. Le parlement ne cessoit de faire des remontrances contre lui, même en sa présence, et de le marquer comme l'auteur des troubles de l'Etat. Les frondeurs faisoient de continuelles instances, afin que les princes qui étoient à Vincennes fussent amenés à la Bastille, et qu'on leur en confiât la garde, disant ouvertement que le cardinal se rendoit le maître de leur destinée, et que venant à former un parti avec eux, le leur s'affoibliroit de beaucoup.

La mort de madame la princesse douairière augmenta les espérances des ennemis de ses enfans, et ceux-ci craignoient avec raison que la cour ne les livrât à la fin à ceux qui étoient contre leurs intérêts. Il étoit assez extraordinaire de voir que les frondeurs vouloient paroître les défenseurs des princes quand ils croyoient offenser le cardinal, ne pouvant cacher la haine qu'ils avoient pour lui. Un jour je demandai à Son Eminence si elle ne se lassoit point de voir décrier sa conduite, et s'il ne vaudroit pas mieux se raccommoder avec les princes que de souffrir tant d'outrages de leurs ennemis communs. Le cardinal me répondit : « Si dans deux jours précis les frondeurs « n'en passent par ce que l'on souhaite, je pren- « drai le parti que vous me proposez. » Je lui répliquai qu'il prît bien garde qu'il n'en fût plus temps. Il obtint de la duchesse d'Aiguillon qu'elle confieroit la citadelle du Havre au sieur de Bar, en qui il avoit une entière confiance, qui gardoit les princes à Vincennes, et qui continua de les garder au Havre. Cela surprit et leurs serviteurs et leurs ennemis. Il y en avoit qui les croyoient perdus sans ressource, puisqu'on les changeoit de prison; et un des plus attachés à leur service m'en témoigna son chagrin. Je lui dis qu'il se consolât, parce que les princes seroient bientôt en liberté. Les raisons que je lui donnai pour le convaincre furent que nous en étions sollicités par leurs ennemis, et que l'intérêt du cardinal s'y rencontrant, il ne manqueroit pas de s'y déterminer après en avoir arrêté les conditions, et pris ses précautions avec eux. C'est en quoi les ennemis des princes ne purent cacher leur désespoir; car ils craignoient avec raison que, ne cessant de maltraiter le cardinal et d'offenser la cour, on ne vînt à leur opposer des personnes capables d'arrêter leur insolence et leur présomption.

Dès que les frondeurs surent que les prisonniers avoient été transférés au Havre, ils firent au cardinal de continuelles remontrances pour obtenir la liberté des princes, disant pour raison qu'il falloit qu'ils fussent innocens, puisque, depuis un an qu'on les tenoit en prison, on n'avoit point fait leur procès.

Le premier ministre, ne voyant pas de pouvoir se soutenir plus long-temps par l'autorité de la Reine qu'il avoit affoiblie pendant son ministère, résolut de sortir du royaume après avoir obtenu les ordres nécessaires pour mettre les princes en liberté. Il prit même la résolution de se rendre auprès d'eux, et de voir s'il pourroit les disposer à entreprendre sa défense et le protéger. Il tint ceci fort secret; mais le jour étant arrivé qu'il avoit fait dessein de se sauver dans la nuit, il s'en ouvrit à quelques-uns et m'en parla en présence de la Reine, ajoutant que dans les occasions où je voudrois être conseillé pour le service de Sa Majesté, il me manderoit sincèrement ses sentimens. Il voulut que je lui disse quels étoient les miens sur ce qu'il alloit exécuter, m'ayant auparavant déclaré qu'il n'en avoit point d'autres que de faire connoître au public que ce n'étoit pas à lui qu'on en vouloit, mais à l'autorité royale, étant assuré que les esprits malintentionnés ne s'empêcheroient pas de faire des choses qui ne pourroient être tolérées dans une monarchie. Je le louai en le remerciant des honnêtetés qu'il m'avoit faites; mais pour cela Son Eminence ne voulut pas être de mes amis, ni que je fusse son serviteur. Il ne put dissimuler la haine qu'il portoit à la marquise de Gamaches ma fille; car il me dit: « Elle s'est bien déchaînée contre moi dans le car- « rosse de mademoiselle d'Orléans. » Je l'assurai que cela n'étoit pas véritable, et que ma fille et M. de Gamaches étoient trop serviteurs de Son Eminence pour cela. Mais il me répliqua que je me trompois si j'étois dans cette opinion. Je lui répondis alors que je ne me trompois point ; mais que s'ils s'étoient oubliés en quelque façon à l'égard de Son Eminence, ils en étoient excusables en ce qu'ils en avoient été très-maltraités. Le feu lui monta pour lors au visage ; et la colère lui ôtant la raison, il me dit : « Vous montrez « bien que vous êtes mauvais courtisan ; je veux « que vous sachiez que je vous considère moins que « la terre sur laquelle je marche. — Vous devriez, « monsieur, répondis-je, être persuadé de ma probité, « et ne point ignorer que vous ne parlez pas à un fa- « quin. Mais, après vous être emporté comme vous « avez fait, je suis bien aise que vous sachiez que, « sans le respect que j'ai pour la Reine, vous ne sor- « tiriez pas de la ville aussi facilement que vous y êtes « entré. » Cependant, pour ne point faire de peine à Sa Majesté, je sortis de son oratoire, et j'attendis dans la chambre pour voir si elle n'avoit rien à me commander.

J'appris que le cardinal, étant en particulier avec Sa Majesté, lui avoit témoigné son chagrin de ce qu'elle ne m'avoit pas grondé de la bonne sorte, et que la Reine lui avoit dit : « Vous avez voulu pousser à bout « un gentilhomme dont les actions ont dû vous faire « connoître qu'il n'étoit pas d'humeur à se laisser in- « sulter impunément, et qui d'ailleurs ne vous a « rien dit dont vous puissiez vous offenser. »

Son Eminence, voulant après cela se raccommoder avec moi, m'envoya M. Le Tellier pour me prier d'aller dans sa chambre. Je dis à M. Le Tellier que je n'y avois point de répugnance, mais que j'étois bien aise de savoir auparavant de quelle manière l'Eminence me parleroit ; « car, ajoutai-je, si c'est avec la même

« hauteur qu'elle l'a déjà fait, je ne pourrai me con-
« tenir. Je vous prie donc de ne me point engager à
« faire ce que je veux éviter. » M. Le Tellier me répondit du cardinal, et me conduisit dans son appartement, d'où je revins sans avoir aucun sujet de me plaindre. Je me retirai ensuite chez moi, et j'y appris que ce premier ministre, étant peu accompagné et ayant trouvé à sa rencontre ses meilleurs amis, avoit pris le lendemain le chemin de Normandie, dans l'intention de traiter avec les princes et de se servir des ordres qu'il avoit obtenus, ou de les brûler s'ils étoient inutiles. Ces ordres étoient adressés à de Bar, pour exécuter de point en point ce qu'il lui ordonneroit. Les personnes qui furent témoins de ce qui se passa au Havre ont déclaré que le cardinal y parut plus humilié que ceux qu'il prétendoit n'en pouvoir sortir que par son consentement. Après quelques conférences, dans lesquelles les princes ne lui promirent ni protection ni assistance, ils furent mis en liberté (1). Son Éminence passa la rivière de Somme, et se retira dans le pays de l'évêque de Liége dont il étoit assuré.

Les princes, étant arrivés à Paris, saluèrent Sa Majesté; mais, craignant tout de la cour, ils s'attachèrent à M. le duc d'Orléans pour s'en mettre à couvert, en cas qu'ils pussent parvenir à avoir part aux conseils de Son Altesse Royale, qu'ils se promettoient de mettre si fortement dans leurs intérêts, qu'ils ne paroîtroient point divisés. Les affaires se conduisirent pour lors avec beaucoup de foiblesse. La Reine ne faisoit rien que Monsieur n'en fût averti, qui, persuadé qu'elle avoit promis au cardinal de le considérer

(1) *Ils furent mis en liberté :* Cette scène se passa le 13 février 1651.

toujours, et de faire prendre au Roi ces mêmes sentimens, pour l'en empêcher proposa à la Reine de faire garder les portes par la bourgeoisie. Sa Majesté y consentit; et Monsieur, pour s'assurer plutôt par ses yeux qu'en se rapportant à la fidélité des bourgeois, envoyoit souvent voir ce que faisoient Leurs Majestés. Il faisoit cependant faire des rondes par la cavalerie, et tenoit comme en esclavage ceux à qui il devoit la fidélité et l'obéissance. On soupçonna, mais, à mon sens, mal à propos, le maréchal de Villeroy d'être l'auteur des mauvais conseils que prenoit Monsieur. Il est bien certain que le cardinal avoit voulu engager la Reine à sortir de Paris, et que le mépris qu'y recevoit son autorité lui en avoit fait prendre l'envie; mais mettant d'un côté sa réputation en balance avec le service du Roi, et de l'autre ce qui pouvoit satisfaire une princesse aussi courageuse et aussi hardie qu'elle étoit : « Il vaut mieux, me dit-elle, souffrir, que de « rien hasarder mal à propos et se déshonorer. — « Madame, lui répondis-je, la résolution que vous « prenez est digne de votre courage et de votre vertu. « Pour faire connoître à Votre Majesté quelle en est « la grandeur, je vais lui faire voir la facilité qu'il y « auroit à la faire sortir de Paris avec le Roi ; mais, « après cela, je ne puis prévoir ce qu'elle aura inten- « tion de faire : car il n'y auroit rien de plus aisé que « de contenter votre passion, si elle n'étoit pas sou- « mise à la raison. »

Châteauneuf paroissoit si fort attaché aux intérêts de Monsieur, que la Reine ne pouvoit prendre confiance en lui. Sa Majesté lui ôta les sceaux pour en honorer le premier président Molé; mais Monsieur s'en étant plaint, elle les ôta encore à celui-ci et les rendit au chancelier. Le parlement ne manquoit pas de s'assembler tous les jours. M. le duc d'Orléans et les princes s'y trouvoient. J'y avois été prendre aussi ma place, pour dire à la compagnie (si je m'en souviens, avant que le cardinal eût pris la résolution de se retirer dans les pays étrangers) qu'il étoit de la prudence de conseiller à Monsieur d'aller trouver la Reine, avant que la compagnie délibérât de faire des remontrances au Roi pour éloigner le cardinal de son service, et de l'assurer que Sa Majesté étoit tout-à-fait disposée à se réunir à lui, de l'écouter, et de prendre ses conseils. Comme donc j'eus ordre de me trouver dans toutes ces assemblées, on mit un matin en délibération que le Roi seroit supplié d'éloigner Mazarin de son service avec Servien, Le Tellier et Lyonne. Les gens du parquet en requirent la compagnie. Les plus modérés crurent qu'il falloit suivre cet avis; mais les autres furent d'un avis plus rigoureux. Quand mon tour vint d'opiner, je dis que je prenois le plus modéré, non que je le crusse juste, mais parce que je m'y trouvois obligé, y ayant peu d'apparence que ceux qui avoient déjà ouvert leur avis en changeassent, et que je me croyois obligé de dire que la nouvelle jurisprudence qui s'établissoit me surprenoit. « Est-ce, ajoutai-je, un crime d'être mal avec les « grands? Je ne désavoue point que ce ne soit un « malheur; mais on ne châtie jamais un homme pour « être tombé en disgrâce, quand on ne l'accuse « d'aucun crime. » Il y eut enfin un arrêt qui ordonna que le Roi seroit supplié d'éloigner le cardinal, Servien et Le Tellier, et la Reine de se défaire de

Lyonne. La compagnie étant levée, je me rendis au Palais-Royal, où je trouvai Servien qui, sachant déjà ce qui avoit été résolu au parlement, me voulut remercier de la manière dont j'avois opiné. Je coupai court à son compliment, et lui fis entendre que je le recevrois si je l'avois eu en vue en opinant; mais que, n'ayant pensé qu'à la justice et au service du Roi, j'avois la récompense que j'en devois espérer, par le seul plaisir d'avoir rempli mon devoir. Le Tellier se retira, et me pria de me charger de son département, laissant Le Roi, qui étoit son premier commis, et quelques autres, pour travailler sous moi, comme ils avoient déjà fait aux voyages de Normandie, de Bourgogne et de Guienne. Quelques jours avant que Lyonne eût été obligé de se retirer, il me demanda si je serois bien aise que la Reine me fît une prière pour quelques intérêts qui regardoient le cardinal. A quoi je répondis que Sa Majesté étoit en droit de me commander; qu'il ne falloit point s'adresser à elle, si la chose que l'on souhaitoit de moi étoit juste : parce que le procédé peu obligeant du cardinal à mon égard ne m'empêcheroit pas de faire ce qui étoit de mon devoir; mais que, supposé que ce ne fût qu'une simple grâce dont je fusse le maître, je m'y porterois d'autant plus volontiers que je ferois connoître par là au cardinal que j'avois oublié tout ce qui s'étoit passé entre nous. Il s'agissoit d'une ordonnance à la décharge du trésorier de la marine, pour lui remettre une somme de trente mille écus qui avoient été adjugés au Roi, qui jusqu'alors avoit voulu qu'il en eût la disposition. Je promis ce que l'on souhaitoit de moi, et je signai le même jour cette ordonnance. Cela m'attira une lettre fort civile de Son Eminence, qui, pour me remercier, se servit presque des termes qu'employa la reine de Saba pour flatter Salomon. Je répondis à cette lettre comme je devois. La majorité du Roi s'approchant, on vit bien que Monsieur se seroit volontiers soumis à la Reine pour rentrer dans ses bonnes grâces, sans une chose qui l'en empêchoit. C'étoit la crainte qu'il avoit d'être arrêté en venant trouver Sa Majesté ; car la bourgeoisie, dont il se faisoit fort, n'étoit plus armée. M. le prince faisoit aussi des avances pour le même sujet; mais c'étoit seulement à dessein d'amuser la cour, et de donner le temps à ses troupes de passer dans le service d'Espagne, qu'il vouloit embrasser. Monsieur, sans peut-être savoir ses intentions, les favorisoit, empêchant qu'on ne fît séparer les troupes en leur ordonnant de servir dans différentes armées. Je conseillai à la Reine de s'en assurer et de les faire tailler en pièces, si elles faisoient mine de désobéir. L'ordre en fut donné au maréchal d'Aumont qui commandoit l'armée, et au marquis de Castelnau qui servoit sous lui en qualité de lieutenant général. Je veux croire qu'ils firent leur devoir ; mais les soldats, ayant pris les devants, entrèrent dans le pays de Liége avant qu'on les eût joints. Si l'on se fût pressé davantage, on les eût ou dissipés ou retenus dans le service du Roi. M. le prince, ne se croyant point trop en sûreté à la cour, prit prétexte d'aller prendre possession de son gouvernement de Guienne, s'étant démis de celui de Bourgogne, dont le duc d'Epernon fut pourvu. Son frère et sa sœur se retirèrent en Berry sous les mêmes prétextes. Les apparences sont qu'ils s'étoient assurés de Monsieur; qui leur avoit promis de se déclarer pour eux si le cardinal revenoit en France, jugeant bien qu'il feroit de son côté tout ce qu'il pourroit pour cela, et que c'étoit toujours l'inclination et la volonté de la Reine. Cependant Sa Majesté, étant pressée par madame d'Aiguillon qui en avoit été recherchée par Monsieur, lui fit écrire qu'il eût à se retirer en Italie, parce que son séjour sur la frontière donnoit des soupçons à plusieurs personnes. J'en expédiai et signai la dépêche : ce qu'il ne m'a jamais voulu pardonner jusqu'à la mort. Il est bon de remarquer ici l'envoi et la réception de cette dépêche, parce qu'il en sera fait mention ailleurs. Le jour que le Roi devoit être déclaré majeur étant fort proche, les frayeurs de Monsieur augmentèrent de telle manière qu'il ne venoit plus au Palais-Royal. Il se tenoit, sous différens prétextes, hors de Paris, et alloit souvent à Limours. On nous commanda, au duc de Damville et à moi, d'aller trouver ce prince pour le convier, de la part de Leurs Majestés, d'assister au lit de justice auquel le Roi seroit déclaré majeur. Il nous parut que ce prince y avoit de la répugnance, et qu'il ne put déguiser le véritable sujet de son appréhension ; et sur ce que je lui dis qu'elle étoit sans fondement, il me répliqua : « J'ai offensé la Reine, « ayant été cause que le cardinal a été chassé du « royaume. Ainsi je ne puis me fier à elle, ni me « trouver en lieu où je puisse être arrêté. — Plu- « sieurs, lui répondis-je, ont offensé Sa Majesté pour « avoir contribué à la même chose, et cependant « aucun d'eux ne feroit difficulté de se fier à sa pa- « role. — Mais, me dit-il, j'ai encore plus à craindre « que les autres, parce que je suis bien plus élevé

« qu'eux, et que j'ai donné plus de chagrin à la
« Reine. » Je pris la liberté de lui parler ainsi : « Dans
« six mois que je reviendrai trouver votre Altesse
« Royale pour la convier de revenir à la cour, vous y
« aurez encore de la répugnance. Je vous presserai
« pour m'en déclarer le sujet, et vous me direz alors
« pour raison : N'ayant pas voulu me trouver au Pa-
« lais quand le Roi a été déclaré majeur, je l'ai
« offensé, et je crains qu'il n'en ait du ressentiment.
« Ainsi, monsieur, vous refuserez toujours de rendre
« aucun service à Sa Majesté. Il faut donc (pardonnez-
« moi si je parle si librement) que vous ayez une si
« grande aversion pour sa personne, qu'elle puisse
« vous porter à attenter à sa couronne ; et votre crime,
« si cela étoit, trouveroit son excuse dans le grand
« bien que vous vous en seriez proposé...... — Me
« croyez-vous, interrompit-il, assez méchant pour
« avoir une semblable pensée ? — Non, monsieur,
« lui répondis-je ; mais puisque vous la détestez,
« pourquoi ne voulez-vous point recevoir la récom-
« pense que vous avez méritée par tant de services,
« et ne pas tenir une conduite qui puisse élever au
« trône une de mesdames vos filles ? — L'une est trop
« vieille, me répliqua-t-il, et l'autre trop jeune. Ainsi
« je ne m'en flatte pas : car, quand même la seconde
« seroit en âge d'être mariée, on se moqueroit en-
« core de moi. — Vous ne perdrez rien, lui dis-je,
« en satisfaisant à votre devoir, et vous mériterez
« l'approbation des gens de bien. Vous aurez la satis-
« faction de voir qu'ils vous plaindront tous. » Quoique ce prince ne voulût point me déclarer s'il viendroit à Paris ou non, je jugeai qu'il n'y manqueroit

pas, mais qu'il y arriveroit tard ; qu'il se rendroit le lendemain au Palais, et qu'il se retireroit ensuite à Limours, aussitôt que la cérémonie de la majorité seroit finie; ce qui fut ainsi exécuté.

Le Roi n'eut pas plus tôt été déclaré majeur, qu'il ôta les sceaux au chancelier pour les donner au premier président Molé. Il établit Châteauneuf chef de son conseil, et partit ensuite pour Fontainebleau, où il fit quelque séjour. Je m'y rendis deux jours après Sa Majesté. Je trouvai qu'on lui avoit fait prendre la résolution d'aller à Bourges : ce que j'appris par un de ceux qui eut part au conseil, et qui me demanda en présence de la Reine si je ne l'approuvois pas. Ma réponse fut que, pour être d'un tel avis, il falloit être assuré que M. le prince de Conti n'y eût point fait entrer de soldats; qu'il n'étoit pas le maître de la bourgeoisie, et que s'il y avoit une garnison dans Bourges, le conseil qu'on avoit donné au Roi me paroissoit bien hardi. Je ne m'attendois point à la réponse qu'il me fit qu'il y avoit beaucoup de gens qui ne le vouloient donner qu'à coup sûr. Me sentant piqué d'un tel discours, je lui répondis : « Nous nous connoissons de « longue main. Vous êtes brave à Fontainebleau ; « mais je crains fort que demain, quand nous serons « vers la rivière de Loire, vous n'ayez peur; et pour « lors je serai brave à mon tour. » M. de Châteauneuf, qui étoit présent et qui avoit part à ce conseil, ne dit rien.

La cour partit de Fontainebleau le surlendemain, alla loger à Montargis, et le jour suivant à Gien, où la nouvelle s'étant répandue que le prince de Conti avoit fait entrer dans Bourges deux ou trois mille hommes de pied et quelque cavalerie, la même personne dont j'ai parlé, m'ayant rencontré auprès de la Reine et m'ayant exposé ce qu'elle savoit, me demanda ce que je croyois qu'il y eût à faire. Je lui dis d'aller à Bourges. « Mais quoi, me répliqua-t-elle, les ennemis « en sont les maîtres, y ayant fait recevoir une forte « garnison. » Je ne pus alors m'empêcher de lui répondre en souriant : « Je vous avois bien dit à Fon- « tainebleau que vous y étiez brave, et que j'avois « peur; mais que quand nous serions sur la Loire je « serois brave à mon tour, et que la peur passeroit de « votre côté. Afin que vous ne croyiez point que je « parle comme un insensé, je vous dirai naturelle- « ment ce que je pense : c'est qu'il n'y aura pas plus « de honte à se retirer ou à Nevers ou en Lyonnais, « ou bien en Bourgogne, après avoir baisé le verrou « des portes de Bourges, que d'y aller partant de ce « lieu. Il ne nous est plus permis de faire un pas en « arrière : il faut hasarder tout. Qui sait si l'avis qu'on « nous a donné est véritable, et ce que Dieu voudra « faire pour nous ? Il pourra bien arriver que les ha- « bitans de cette ville, étant piqués de ce qu'on s'est « méfié d'eux, feront quelque mouvement dont nous « pourrons profiter. » Cela lui redonna du courage; et Châteauneuf, qui se promettoit beaucoup des habitans, avec lesquels il avoit toujours conservé quelque intelligence, leur ayant même promis le démolissement de la grosse tour de leur ville s'ils témoignoient de la fidélité au Roi, conclut que Sa Majesté continueroit son voyage, et ne feroit que de très-petites journées; qu'ainsi on auroit le temps de délibérer sur ce qu'on avoit à faire. L'ordre ayant été donné pour aller à Aubigni, Leurs Majestés n'y furent pas sitôt arrivées, qu'un échevin, député de la maison de ville de Bourges, s'y rendit pour les assurer de la fidélité des habitans, et qu'ils les supplioient de s'avancer, voulant leur remettre leur ville. On peut juger si cette nouvelle fut bien reçue. La cour continua son chemin, et l'événement fit connoître que cet échevin n'avoit rien avancé que de vrai. On eut aussi la nouvelle qu'une compagnie de cavalerie, levée sous la commission du prince de Conti, avoit été défaite, et que ce prince, madame de Longueville sa sœur, et ceux qui étoient auprès d'eux, étonnés de tous les avantages de la cour, se disposoient à quitter le Berry, et à aller à Bordeaux se joindre au prince de Condé. Les troupes du Roi qui parurent, servant à augmenter leur peur, ils exécutèrent ce qu'ils avoient projeté; et le Roi, pour récompenser la fidélité des habitans de la ville de Bourges, en fit démolir la tour. Châteauneuf fut d'avis que la cour allât à Poitiers; et les serviteurs du Roi, qui étoient restés à Paris, qu'il ne falloit point s'éloigner de cette capitale, mais au contraire s'en approcher. J'étois de l'avis de ceux-ci; mais M. de Châteauneuf me fit changer, en me montrant des lettres qu'il avoit reçues de Poitiers, qui portoient que le prince de Condé y étoit attendu, et que, s'étant rendu maître de cette grande ville, il s'assureroit par là des provinces dont elle est la capitale, comme l'Angoumois et la Saintonge, et même la Guienne, dans laquelle il étoit si puissant qu'il partageoit en quelque façon la monarchie avec le Roi. Je crus, aussi bien que M. de Châteauneuf, qu'il falloit prévenir le mal, et que Leurs Majestés partissent au plus tôt de Bourges pour se rendre promptement à Poitiers, avant que la cour se fût mise en chemin. Je reçus une lettre du cardinal bien différente de la première qu'il m'avoit écrite, et qui étoit la réponse à la mienne, qui étoit jointe à celle du Roi, et dont il a été fait mention. Elle contenoit : qu'il avoit l'expérience que ceux qui étoient en mauvaise fortune ne conservoient point d'amis; qu'il étoit surpris que je lui eusse conseillé et même prescrit par une lettre du Roi d'aller en Italie, puisqu'il n'avoit pu obtenir les ordres sans lesquels il n'y seroit pas en sûreté ni en état de servir Sa Majesté. Cette Eminence, se figurant que je ne parlerois point de cette belle lettre, et affectant de la rendre publique, en fit courir des copies par toute la cour, avant qu'elle m'eût été rendue. Je pris mon parti sur-le-champ; qui fut de la porter à la Reine, et de la supplier de la voir et de me permettre d'y faire réponse. Sa Majesté s'en défendit assez long-temps; mais, étant pressée par mes importunités, elle la prit et me la rendit le lendemain, en me disant : « Il faut excuser le chagrin « du pauvre cardinal qui souffre. Je vous permets « d'y faire réponse, mais je veux qu'elle soit hon« nête. » Je me servis de la permission qui m'avoit été donnée, et je ne passai point les règles de la bienséance. Je commençai ma lettre par dire : que le secrétaire qui avoit écrit celle que je venois de recevoir avoit pris un chiffre pour un autre; qu'il n'y avoit point d'honnête homme dans le royaume qui pût croire que, si j'avois promis mon amitié et mes services à quelqu'un, je fusse capable de manquer à ma parole, parce qu'il seroit tombé en disgrâce. Que la lettre dont il se plaignoit m'avoit été commandée, et que je n'avois pas oublié de remontrer que les difficultés qu'on faisoit de lui accorder ce qu'il demandoit étoient une cause légitime de le dispenser de ce qu'on vouloit de lui. Et puis je finissois par les complimens ordinaires.

Le Roi, ayant résolu de s'avancer en Poitou, ordonna au comte d'Harcourt, qu'il avoit déclaré général de ses armées, de le suivre : ce qu'il fit en s'avançant du côté de La Rochelle, et se rendit maître de la tour. Il passa ensuite en Angoumois, et il voulut tenter le secours de Coignac ; mais comme il n'étoit point en lieu de le pouvoir hasarder, Dieu fit une espèce de miracle en faveur du Roi. Car les grandes eaux rompirent le pont qui donnoit communication au quartier du prince de Condé, qui fut chargé par le comte d'Harcourt, qui, s'étant prévalu de l'occasion, s'en rendit le maître ; et, par le moyen de quelques bateaux qui lui furent envoyés par ceux de la ville de Cognac, il y fit entrer le secours. M. le prince, surpris de ce malheur et de la résolution du comte, prit celle de lever le siége, et M. d'Harcourt celle de le poursuivre. Il défit une partie de ses troupes à Tonnay-Charente, et le poussa jusque sur la Dordogne, sur laquelle Son Altesse s'embarqua pour passer à Bordeaux, d'où M. le prince se rendit dans la haute Guienne. Il y voulut prendre Miradoux, où les régimens de Champagne et d'Auvergne étoient entrés, et qui se défendirent si bien qu'ils donnèrent le temps au comte d'Harcourt de s'avancer. M. le prince, craignant d'en venir aux mains avec lui, prit le parti de se retirer : ce qu'il ne put faire sans avoir une partie de son armée défaite. Le bon traitement que la Reine avoit consenti qui fût accordé à ces deux régimens sauva la Guienne ; car, ayant eu des recrues considérables, ils se trouvèrent par là en état de faire cette belle défense où ils acquirent tant d'honneur. C'est ce que je dis dans la suite au cardinal, quand il me reprocha d'avoir mal ménagé la bourse du Roi. Il faut croire qu'étant averti de la manière dont les affaires prospéroient, s'il en eut de la joie, il ne laissa pas de craindre qu'on ne les ôtât point des mains de ceux qui les faisoient si bien réussir : ce qui lui fit prendre la résolution de revenir à la cour. D'un autre côté, son naturel timide lui représentoit tant de périls, qu'étant combattu de deux passions différentes, il ne savoit quel parti prendre ; mais il paroissoit que, pourvu qu'il fût mandé et qu'on levât des troupes pour sa sûreté, il ne demandoit pas mieux que de revenir. Il écrivit même qu'il avoit une armée qu'il vouloit amener au Roi ; mais elle étoit réduite à sa seule maison : et si Sa Majesté n'avoit pas ordonné au maréchal d'Hocquincourt d'en lever une, de se mettre à la tête et de conduire le cardinal, il se seroit bien donné de garde de passer la Meuse. Il avoit des amis à Poitiers ; mais ce n'étoit pas d'eux qu'il étoit si bien servi que de ses ennemis, qui, pour s'insinuer dans l'esprit de la Reine, lui proposoient tous les jours de faire revenir cette Eminence. J'étois le seul d'un avis contraire, parce que je prévoyois qu'il ne seroit pas sitôt rentré dans le royaume, que la ville de Paris et Monsieur se déclareroient contre le Roi. La Reine écoutoit les raisons des uns et des autres sans déclarer sa volonté. Je dis un jour à MM. de Châteauneuf et de Villeroy : « Si vous croyez qu'il soit du service du « Roi que le cardinal revienne, avouez-le. Bien loin « de m'y opposer, je seconderai vos desseins. Mais si « vous en avez d'autres que ceux que vous faites « paroître, à quoi bon dissimuler ? » Ils se mirent à rire, sans vouloir s'expliquer davantage. Cela m'obligea de leur ajouter : « Vous en serez sûrement les « dupes ; vos finesses n'empêcheront point qu'il ne « revienne. La Reine, qui se fiera à moi, m'en dira « le jour et le moment ; et ce sera de ma plume qu'il « en recevra l'ordre du Roi, tandis qu'aucun de vous « n'en aura connoissance. » Ce que j'avois prédit arriva. Car si la Reine voulut bien me faire part de son secret, je puis assurer qu'elle ne s'en est pas repentie.

Pendant le séjour que la cour fit à Poitiers, le duc de Mercœur, qui avoit épousé une nièce du cardinal, voulant intimider ceux qu'il savoit n'être pas dans ses intérêts, me dit d'un air un peu cavalier que cette Eminence avoit des amis qui, ayant une bonne épée, tireroient raison de ceux qui s'opposeroient à son retour. Je souffris cela sans rien dire la première fois ; mais M. de Mercœur me l'ayant répété une seconde, je lui répondis d'une manière à lui faire connoître que je ne craignois point ses menaces, et que je ne tenois en rien ma fortune du cardinal. M. de Mercœur ne m'entendit pas ou ne voulut pas entendre, et nous nous séparâmes.

La cour étant encore à Poitiers, Vineuil, qui appartenoit à M. le prince, entreprit d'aller de Bordeaux à Paris, étant chargé d'une lettre de créance de la part de son maître pour M. le duc d'Orléans, et de quantité d'autres lettres. Et comme il craignoit d'être arrêté, il crut qu'il se garantiroit de cet accident s'il m'écrivoit pour obtenir un passeport, avec lequel il pourroit achever son voyage. Son intention n'étoit pas de me faire rendre sa lettre, mais de l'envoyer à la poste en cas qu'il fût arrêté. Etant entré dans la ville, il crut qu'il la traverseroit sans y être vu de personne de sa connoissance: ce qui ne lui réussit pas comme il pensoit, car il fut rencontré dans la rue par Bois-Dauphin, intime ami de M. de Châteauneuf, par lequel ayant été arrêté, il ne trouva point de meilleur expédient pour s'en débarrasser que de dire : « J'ai été trois heures avec M. de Brienne, je l'ai in- « formé de toutes choses, et il m'a donné un passe- « port pour continuer mon voyage en assurance. » Bois-Dauphin, curieux de savoir ce que j'avois pu apprendre de Vineuil, courut chez M. de Châteauneuf pour lui dire la rencontre qu'il avoit eue, et il le pressa de lui faire part des nouvelles dont sans doute je l'avois informé. M. de Châteauneuf soutint qu'il ne pouvoit pas être véritable que Vineuil eût été avec moi autant de temps qu'il l'avoit dit, parce que nous avions passé une partie de l'après-midi ensemble, et que d'ailleurs il y avoit bien peu d'apparence que, si j'avois eu des lettres de Bordeaux, je ne lui en eusse rien dit, à cause de l'étroite liaison qui étoit entre lui, M. de Villeroy et moi; laquelle, pour parler à notre honneur, fut si sincère que le service du Roi en alloit bien mieux, nous entrecommuniquant ce qui étoit de quelque conséquence. Nous étions même si souvent assemblés que ceux qui avoient des affaires à nous proposer étoient expédiés avec une telle diligence

qu'ils en étoient surpris, n'ayant point oublié que la moindre affaire dont il falloit parler au cardinal leur faisoit perdre bien du temps et dépenser beaucoup d'argent inutilement. M. de Châteauneuf ayant pourtant quelque méfiance que j'aurois voulu lui cacher ce que Vineuil m'avoit dit, ou que j'agissois peut-être par l'ordre de la Reine, envoya à cette princesse un homme de sa part pour lui dire ce que Bois-Dauphin lui avoit exposé. Sa Majesté lui fit réponse qu'elle doutoit que cela pût être vrai, parce que je ne l'en avois pas informée, ni pris son ordre pour expédier le passeport dont Vineuil se vantoit. Mais comme il naît facilement du soupçon dans l'esprit des princes, quelque confiance qu'ils puissent avoir en leurs serviteurs, la Reine, désirant savoir ce qui s'étoit passé, m'envoya querir, et me demanda si j'avois vu Vineuil. Sur ce que je lui répondis que non, elle s'étendit sur toutes les choses qui lui avoient été rapportées. Je crus qu'il étoit de mon intérêt et de mon devoir de faire perdre à Sa Majesté la mauvaise impression qu'elle auroit prise et qu'on pourroit lui faire prendre, en lui soutenant que je lui avois célé la vérité, quoique ce fût une chose que je ne dusse point appréhender, lui ayant donné en tant de rencontres des preuves de ma fidélité. Pour y réussir, et faire connoître à Châteauneuf qu'il n'avoit pas fait à mon égard ce qu'il devoit dans cette rencontre, je dis à Sa Majesté : « Madame, puis-
« que Vineuil a été assez imprudent pour passer par
« cette ville, et assez indiscret pour s'y être entre-
« tenu avec Bois-Dauphin, il pourra être assez téméraire
« pour ne se pas presser. De sorte que, si Votre Ma-
« jesté l'avoit agréable, je ferois partir en diligence un

« courrier chargé d'un ordre pour le faire arrêter en
« quelque endroit qu'il se pût trouver. Peut-être que
« cela nous réussiroit, et que nous tirerions de lui
« des lumières qui ne seroient pas inutiles au service
« du Roi; car il est certain qu'il ne m'a ni vu ni ren-
« contré. — Quoique je sois bien persuadée, me ré-
« pondit cette princesse, de la vérité de ce que vous
« me dites, je vous avouerai que j'aurois beaucoup de
« joie s'il pouvoit être pris. » Je fis expédier un ordre
tel qu'il falloit pour faire arrêter Vineuil, et j'en
chargeai un courrier, en lui recommandant de faire
la dernière diligence, et de s'informer par les postes
s'il y avoit passé; et, quand il en auroit appris des
nouvelles, de faire si bien qu'il le pût joindre. Je pré-
férai un garde de la Reine à d'autres courriers qui
étoient à ma suite, parce qu'outre qu'il connoissoit
Vineuil, on n'eût pu m'accuser de l'avoir voulu favoriser si l'on n'avoit pas réussi. Le courrier n'eut point
de ses nouvelles jusqu'à Châtellerault, parce qu'il ne
changea pas de cheval; mais il apprit seulement qu'il
y avoit passé un homme suivi d'un autre. Il continua
sa route jusqu'à...., où il sut du maître de la poste que
Vineuil étoit chez lui, et devoit continuer son chemin
par celui des courriers. Celui-ci ayant eu un cheval
frais, parce qu'il étoit connu du maître des postes, prit
les devants, arriva à Loches, et fit voir au commandant
l'ordre dont il étoit chargé. Il lui promit de l'exécuter,
supposé que Vineuil passât. A peine les ordres nécessaires pour sa capture avoient-ils été donnés, qu'il
parut. Le commandant l'arrêta, le fit conduire au château; et prenant les lettres dont il le trouva chargé,
il en fit un paquet qu'il donna au courrier, et qu'il

m'envoya. Celui-ci fit une pareille diligence pour revenir ; et ayant su que j'étois à la messe, il m'y vint trouver, et me rendit compte de son voyage en me remettant le paquet. Cela me causa d'autant plus de joie que je savois celle qu'en auroit la Reine, et que ma conduite se trouvoit justifiée par là. Je me rendis auprès de Sa Majesté qui étoit alors à sa toilette, et qui venoit d'apprendre par le maréchal de Villeroy que Vineuil avoit été arrêté. Il ne le disoit que par conjecture. M'ayant vu appuyé sur le courrier, il raisonnoit de cette manière : « Si Vineuil n'avoit pas été « joint, le courrier l'auroit suivi ; mais puisque le cour- « rier est de retour, c'est une marque que Vineuil est « arrêté. » Je présentai à la Reine les lettres qu'on lui avoit trouvées, dont il y en avoit une entre autres qu'il m'écrivoit datée de Virone, par laquelle il me prioit qu'il me pût voir en passant à Poitiers, et de lui obtenir un passe-port du Roi pour aller à Paris, où il étoit envoyé par M. le prince chargé de lettres pour Monsieur. Toutes ces lettres furent ouvertes, à la réserve de celles qui s'adressoient à Monsieur. Après qu'elles eurent servi à divertir la Reine, on les lui renvoya avec le passe-port qu'il avoit demandé.

Quelques jours après, Leurs Majestés résolurent de faire revenir le cardinal, soit par un effet de leur bonté, ou à sa sollicitation. La lettre du Roi que j'eus ordre de lui écrire étoit si pressante qu'elle ne lui laissoit pas la liberté de délibérer sur ce qu'il avoit à faire, ni d'y former la moindre difficulté. Je fis aussi une lettre pour le maréchal d'Hocquincourt, par laquelle il lui étoit enjoint d'accompagner Son Eminence. On eût bien voulu aussi lui donner une patente de général d'armée ; mais parce que le sceau étoit à Paris, on craignoit que, l'envoyant pour l'y faire apposer, le dessein qu'on avoit ne fût découvert. La Reine agitant la question pour savoir si sans cette patente M. d'Hocquincourt pouvoit commander, je la résolus en disant que les maréchaux de France, pour commander les armées, n'ont pas besoin d'un autre pouvoir que du leur ; mais que pour donner bataille, recevoir à capitulation ceux qui sont dans une place, et imposer sur les sujets du Roi, on avoit jugé qu'il leur falloit une patente, par laquelle ils étoient aussi autorisés d'ordonner du paiement des troupes et des deniers de Sa Majesté. Je fis toutes ces dépêches avec un si grand secret, que ni Châteauneuf, ni Villeroy, ni le garde des sceaux, auquel on envoyoit des commissions à sceller, n'en eurent aucune connoissance. En gardant pour Le Tellier le même secret que j'avois eu pour les autres, je ne laissai pas de l'avertir qu'il étoit temps qu'il vînt reprendre l'exercice de sa charge. Il se souvint de ce que je lui avois promis, et, m'entendant à demi mot, il se mit en chemin sans en rien dire qu'à ses plus intimes amis.

Vineuil prit aussi la résolution de retourner à Bordeaux ; et, craignant que les lettres qu'on lui donneroit ne le chargeassent trop ou son valet, il se fit suivre par un officier du prince de Conti. Cet officier n'étoit pas nommé dans son passe-port. Il lui laissa toutes les dépêches qu'on pouvoit avoir la curiosité de voir ; il arriva en cet équipage à Poitiers, où l'on lui garda la foi du passe-port, mais non pas à l'autre, qui n'y étant point compris fut arrêté. Les dépêches dont on le trouva chargé ayant été vues, il s'en trouva une écrite en chiffres d'une personne de la cour, à laquelle on en fit reproche, parce qu'on connut par là qu'elle avoit des intelligences avec les ennemis du Roi. On résolut de mander le garde des sceaux, parce qu'on craignoit que Monsieur ne se saisît du sceau pour autoriser ce qu'il voudroit entreprendre. On doutoit pourtant qu'en lui envoyant un ordre pour revenir il le pût exécuter, parce que, s'étant toujours fait connoître pour un des plus zélés serviteurs du Roi et incapable d'avoir peur mal à propos, il étoit à craindre que, pour affoiblir d'autant le conseil, on ne le retînt à Paris, ou qu'on ne lui ôtât le sceau par violence. Je dis à la Reine que je répondois que M. Molé mettroit plutôt le sceau en pièces que de se le laisser ôter par force, et que s'il ne pouvoit en apporter les morceaux, il me les enverroit pour les remettre au Roi ; que je ne pouvois me persuader qu'on usât de voies de fait contre ce magistrat pour le retenir ; mais que ce n'étoit pas une chose qu'on pût garantir. Cependant ce qu'on craignoit n'arriva point ; et le garde des sceaux ne trouvant aucune difficulté à sortir de Paris se rendit à Poitiers, en conformité de l'ordre qu'il avoit reçu. Le Tellier, suivant les nouvelles qu'il avoit eues de ses amis, y arriva avant le cardinal, et y fut aussi bien reçu que M. Molé, qui ne fit point de difficulté de céder la première place dans le conseil à M. de Châteauneuf. Cela fait voir que celle de garde des sceaux (et par conséquent celle de chancelier) n'est point fixe, comme on l'avoit publié autrefois. Mais, pour n'occuper pas la première charge, la présidence du conseil ne leur appartenoit pas moins. Le chancelier en avoit été privé par Monsieur, par M. le prince et par le cardinal, s'étant ingérés pendant la minorité, non-seulement de signer les arrêts, mais même de recueillir les voix : ce qui étoit une entreprise contre l'autorité royale, comme l'exemple qu'on alléguoit de ce qui avoit été consenti en faveur du défunt prince de Condé par le traité de Loudun, dont la mémoire devoit être étouffée, cet expédient n'ayant été pris que par les ennemis du chancelier de Sillery, qui se croyoient dans la nécessité d'en sacrifier l'autorité, ou de rentrer dans la guerre civile. Ce furent au moins les bonnes ou les mauvaises raisons qu'on allégua ; mais il faut se souvenir que les monarchies doivent être gouvernées par de justes lois ; et comme l'exemple est la dernière des raisons, il n'établit jamais rien de soi, et ne doit être proposé que pour soutenir ce qui est juste.

[1652] Leurs Majestés commençant à dire ouvertement qu'elles avoient mandé le cardinal, l'on publioit qu'il amenoit avec lui une armée ; mais l'on vit dans la suite qu'il ne fut escorté (1) que des seules troupes que le Roi avoit fait lever. Tout lui faisoit peur, et les moindres obstacles qu'il rencontroit dans son chemin lui causoient du repentir d'être rentré dans le royaume ; mais faisant, pour ainsi dire, de nécessité vertu, et le duc d'Orléans, au lieu d'envoyer des troupes pour s'opposer à son passage, ayant envoyé des conseillers du parlement, il passa les rivières, où il eût été facile de combattre les gens qu'il avoit avec lui. Un petit désavantage lui auroit fait prendre le parti de s'en retourner. Comme il s'avançoit, Le Tellier alla au devant de lui et en fut fort bien reçu. Le cardinal vouloit lui persuader qu'il l'avoit toujours

(1) *Il ne fut escorté* : Mazarin entra dans Stenay le 2 janvier 1652.

regardé comme son meilleur ami, et lui faisoit oublier qu'il avoit offert sa charge au président Viole, pourvu qu'il lui ménageât l'amitié de M. le prince. Le maréchal de Villeroy eût bien voulu suivre l'exemple de Le Tellier; mais il étoit retenu par la crainte qu'il avoit d'être blâmé s'il se séparoit du Roi, qui prit la résolution d'aller au devant du cardinal. Nous fûmes, M. de Châteauneuf et moi, les seuls qui voulûmes attendre à Poitiers dans l'appartement de la Reine, afin de n'être pas obligés de nous trouver chez lui à son arrivée. La foule y fut très-grande, comme c'est la coutume de la cour en de pareilles rencontres. Mais cela ne l'empêcha pas de nous recevoir honnêtement. La discrétion obligea les plus sages à se retirer, y ayant beaucoup d'apparence qu'il seroit bien aise d'entretenir Leurs Majestés de ses aventures. C'est ce qu'il fit, en commençant par les remercier de tout ce qu'elles avoient fait pour lui, et des extrémités auxquelles elles s'étoient exposées pour ne le pas abandonner. Nous étant retirés des premiers, M. de Châteauneuf et moi, nous allâmes le lendemain lui rendre visite chez lui. Il parut fier du bon accueil qui lui avoit été fait, quoiqu'il s'y fût toujours attendu; et il voulut, par la manière dont il recevoit le monde, qu'on connût ceux qui étoient ses véritables amis, et ceux qui lui étoient indifférens. Il caressoit les uns; et à peine saluoit-il les autres. Je fus des derniers, et je m'aperçus que j'avois eu raison, quelques jours avant son retour, de supplier la Reine de me permettre de me retirer. Châteauneuf, qui en avoit aussi pris la résolution, persista si fort, qu'il eut la liberté de faire ce qu'il voudroit. On dit avec quelque fondement qu'étant accoutumé à occuper la première place dans le conseil, il ne pourroit se résoudre à servir en second sous le cardinal, pour qui il n'avoit pas beaucoup d'estime. Pour moi, je ne pus me dispenser d'obéir à la Reine, qui me commanda de rester à la suite du Roi. Il est vrai que ne pouvant me résoudre de rendre d'assidus devoirs à cette Eminence, qui m'avoit offensé dans une de ses lettres et témoigné toujours beaucoup de froideur, je suivis la pente de mon naturel, qui étoit de me trouver chez la Reine aux heures qui m'étoient ordonnées, afin de m'abstenir d'aller chez le cardinal, et de faire connoître que je n'en dépendois en rien. Il ne fut pas long-temps à s'apercevoir que je tenois à son égard une conduite affectée; et soit qu'il crût me rendre un mauvais office auprès de cette princesse, ou qu'il faisoit une chose agréable à Sa Majesté en témoignant qu'il avoit envie de bien vivre avec moi, il lui fit ses plaintes de ce que je ne l'allois point voir. La Reine voulant m'y engager, non par un commandement absolu, mais en me faisant connoître que je lui ferois plaisir si cela venoit de moi, ordonna à M. Le Tellier de me voir pour m'y porter, et pour me faire entendre que, pour peu que j'y eusse de répugnance, Sa Majesté attendoit ceci de la fidélité et du respect que j'avois toujours eus pour elle. J'expliquai à M. Le Tellier les raisons que j'avois eues pour ne le pas faire, et je finis mon discours en lui disant que la Reine n'avoit qu'à me commander, et qu'il me suffiroit de connoître sa volonté pour y obéir d'avance. Je lui tins parole dès le soir même, et le lendemain nous partimes de Poitiers. Etant arrivés à Mirebeau, le cardinal nous dit en présence de la Reine, à M. de Ville-

roy et à moi, de nous trouver chez lui le jour suivant
de grand matin. Nous nous y rendîmes; et nous remarquâmes que son éloignement de la cour, bien loin de
lui avoir fait changer de conduite, n'avoit servi qu'à
le rendre plus fier, en reprenant l'autorité qu'il avoit
eue; et que même il avoit conçu un grand mépris pour
la nation française, de n'avoir pu se défaire d'un
étranger qui lui étoit odieux. Ayant promis au maréchal d'Hocquincourt qu'il commanderoit l'armée, il
voulut lui tenir parole, et le préférer pour faire les
siéges du Pont-de-Cé, et de la ville et château d'Angers, au duc de Bouillon et à M. de Turenne qu'il trouva
à la cour, et avec lesquels il étoit souvent en conférence. Comme je jugeai que de s'arrêter en Poitou ou
en Anjou, cela pourroit être préjudiciable aux affaires
du Roi, je ne pus m'empêcher de le lui dire. Et afin
qu'il abandonnât ces provinces sans craindre que M. de
Rohan qui commandoit en Anjou y pût faire du mal,
je lui représentai que le maréchal de La Meilleraye entreprendroit volontiers de réduire ces places à l'obéissance du Roi, m'ayant assuré qu'il avoit à Nantes
treize canons en état de servir, et que dans peu de
jours il auroit quatre mille hommes d'infanterie et
encore plus de cavalerie, dont il pourroit avoir besoin
pour les réduire ; qu'ainsi, pour peu qu'on lui laissât
d'infanterie, il feroit si bien que le Roi seroit obéi
dans l'Anjou.

Soit que le cardinal ne pût prendre créance à ce
que je disois, ou que je n'eusse pas le don de me
faire entendre, ou qu'enfin il crût devoir préférer le
maréchal d'Hocquincourt aux autres, et qu'il prétendît
payer ses services par la gloire qu'il lui feroit acqué-

rir, les deux siéges furent entrepris par ses ordres. L'un fut de peu de durée ; l'autre donna de la peine. Enfin ces deux places ayant été réduites à l'obéissance du Roi, Sa Majesté résolut de remonter la Loire, de passer par Tours pour se rendre à Blois, et d'envoyer à Orléans le grand conseil qui tenoit sa séance à Tours, où les généraux avoient été convoqués. Quelques considérations particulières ne laissèrent pas d'empêcher cette compagnie de partir de Tours le jour qui lui avoit été prescrit. Le Roi reçut à Blois des assurances des respects de ceux d'Orléans ; et si le cardinal eût pu prendre la résolution d'y entrer, cette ville, qui étoit dans le parti des princes et de Paris, fût restée sous l'obéissance de Sa Majesté. On eut beau remontrer au premier ministre que les troupes du Roi, postées comme elles étoient, seroient suffisantes pour contenir le peuple d'Orléans dans son devoir, s'il vouloit s'en éloigner : il parut bien que la prudence humaine ne peut rien contre les décrets de la Providence divine, ni contre la peur ; car mademoiselle d'Orléans s'étant présentée pour entrer dans la ville y fut reçue : mais les portes furent refusées au grand conseil, et le Roi fut contraint de passer, pour ainsi dire, à la portée du canon et à la vue des remparts, sans pouvoir y entrer. On eut nouvelle que M. le prince, qui avoit eu du désavantage en Guienne, avoit traversé le royaume, et s'étoit rendu à l'armée qui s'opposoit à celle du Roi, sous son commandement et sous celui de Monsieur. Trois raisons, selon mon avis, engagèrent ce prince à prendre cette résolution. La première, parce qu'il croyoit cette armée en mauvaises mains ; la seconde, que le retour du cardinal le mettroit plus tôt en état d'agir qu'il n'eût

fait avec dix mille hommes ; et la troisième, que, ne faisant point son accommodement avec la cour, il lui étoit plus avantageux de passer en Flandre qu'en Espagne. Il avoit d'ailleurs assez de lumières pour connoître qu'il n'avoit plus rien à faire en Guienne, où plusieurs de la plus considérable noblesse lui avoient *tourné casaque*. Sa présence n'étoit plus nécessaire pour conserver Bordeaux, et il y avoit beaucoup de difficulté à prétendre de faire une irruption dans le royaume, soit par la Navarre en Guienne, ou par la Catalogne en Languedoc. Les forces de ces seules provinces étoient assez grandes pour arrêter celles qu'on leur opposeroit ; et il étoit comme impossible de passer en Languedoc par la Catalogne, parce que cette dernière province n'étoit pas entièrement soumise à Sa Majesté Catholique, et que le Roussillon étoit sous la domination du Roi. Pendant le séjour que nous fîmes à Blois, nous aperçûmes avec chagrin que, sans un puissant secours, nous perdrions la ville de Barcelone, et ensuite la Catalogne. Le cardinal ne trouvant point dans les coffres de l'épargne l'argent qu'il falloit pour prévenir ce mal, apparemment parce que son attention étoit à s'amasser des trésors, me demanda quelle raison avoit empêché l'année précédente le roi de Portugal de nous aider à défendre la Catalogne. Je lui dis qu'autant que je l'avois pu connoître, il y en avoit deux sur lesquelles il s'étoit fondé. La première, qu'il croyoit la France perdue ; la seconde, que pour avoir de son argent il nous mettroit en obligation de ne faire jamais ni paix ni trêve avec l'Espagne sans l'y faire comprendre ; « de quoi, ajoutai-
« je, jusqu'à présent on s'est défendu par les raisons

« dont Votre Éminence peut bien se ressouvenir. Je
« crois que si l'on vouloit en venir là, il seroit à pro-
« pos de faire partir l'ambassadeur de Portugal qui
« est à la suite de la cour, pour engager son maître,
« en lui faisant cet avantage de donner deux millions
« d'or, non pas en un seul paiement, mais payables
« en termes annuels, en l'assurant que cette somme ne
« seroit employée qu'à faire la guerre à l'Espagne : ce
« qui procureroit infailliblement le repos du Portu-
« gal, en lui donnant les moyens de s'agrandir. »

J'eus ordre de voir cet ambassadeur, à qui je n'eus
pas de peine à persuader de faire ce voyage, ses propres intérêts le voulant, et à lui faire entendre ce dont
il étoit question : que le Roi son maître nous paieroit
huit cent mille écus dans la première année, qui étoit
la présente, et trois cent mille chacune des quatre
suivantes, sur la parole que je lui donnai que cet argent seroit employé au service commun des couronnes
de France et de Portugal. Comme on ne le chargeoit
que d'une simple proposition, et qu'on n'exigeoit point
de lui qu'il signât de traité, il prit congé de Leurs Majestés, et descendit la rivière de Loire jusqu'à Nantes,
où il prétendoit s'embarquer ; ou à La Rochelle, pour
se rendre à Lisbonne. J'appris quelques mois après
son arrivée en Portugal, et que les ouvertures qu'il
avoit faites au Roi son maître avoient été agréablement reçues. A la vérité, le terme de payer une somme
si considérable en cinq années lui avoit paru bien
court, de même qu'à ceux de son conseil, et surtout
de ce qu'on vouloit que le premier paiement fût presque
de la moitié de cette somme. L'ambassadeur ajoutoit
que si l'on pouvoit se résoudre que tout le paiement

ne se fît qu'en dix années, de deux cent mille cruzades par an, il croyoit que son maître pourroit y passer, malgré l'opposition du peuple de Lisbonne à laisser aller cet argent dans un pays étranger; mais que si l'on prétendoit plus que ce qu'il offroit, et en moins de temps, il jugeoit la chose très-difficile. Je lui fis réponse qu'ayant parlé d'écus, et évalué les six cent mille pistoles du cours de Castille, faisant les deux millions d'or, il étoit de mauvaise grâce d'offrir moins, et de prendre un terme aussi long que celui qui étoit proposé : ce qui faisoit juger que le Roi son maître et son conseil vouloient voir quel train prendroient nos affaires; que nous les avions bien maintenues jusqu'alors, par la grâce de Dieu, sans leur secours, et qu'avec la même assistance nous espérions de pouvoir continuer; que si le roi de Portugal laissoit échapper cette conjoncture, il ne la retrouveroit jamais ou très-difficilement, la France n'étant point engagée à sa défense suivant son traité; que quand on lui offroit des conditions avantageuses il devoit les accepter; que j'avois obtenu que pour le premier paiement on se contenteroit de six cent mille écus au lieu de huit, et que pour les quatorze cents restant je pourrois faire en sorte qu'on se contenteroit de les recevoir en cinq années, pourvu qu'à chacune des quatre premières l'on nous fît toucher trois cent mille écus, et deux cent mille dans la dernière; que si même on demandoit sept années au lieu de cinq, je pourrois y faire consentir le Roi mon maître; qu'on désiroit d'être informé promptement des intentions de Sa Majesté portugaise, et qu'ainsi je priois qu'on ne différât point à me les faire savoir. Comme il faudra parler de ceci à la fin de la même année, ou au commencement de la suivante, je n'en dirai rien de plus présentement, pour ne pas user de redite, et je me contenterai de le faire quand il en sera temps. Le Roi, ayant passé à la vue d'Orléans et étant sur la route de Sully, apprit que les ennemis avoient attaqué Gergeau; on crut même qu'ils en avoient forcé le pont. Mais la résolution que M. de Turenne fit paroître en commandant qu'on ouvrît la porte, après s'être mis sur le seuil pour en défendre l'entrée, fit croire aux ennemis que toute l'armée s'y étoit rendue : de sorte qu'ils cessèrent de se servir de leur artillerie, et regardèrent comme un grand avantage pour eux de la pouvoir dégager le soir.

Leurs Majestés se rendirent à Sully, où elles firent leurs Pâques, et n'en partirent que le mercredi ou le jeudi pour venir à Gien. On y eut des nouvelles certaines que le prince de Condé avoit joint ses troupes, et l'on y prit la résolution de faire avancer celles du Roi pour les mettre entre Paris et l'armée ennemie. Le commandement de celle du Roi fut donné à M. de Turenne sans l'ôter à d'Hocquincourt, qui fut surpris et défait dans sa marche par M. le prince. La nouvelle en étant venue à Gien, la cour pensa à se retirer; mais avant que d'en venir à l'exécution, elle voulut attendre M. de Turenne. Le cardinal, pour faire voir son courage, sortit de la ville, et monta sur une éminence qui la couvre du côté du Gatinais, où il n'avoit rien à craindre. On fit mettre sous les armes les Gardes et le régiment de la marine, à la tête duquel étoit Guadagne, gentilhomme de bonne maison, et qui s'étoit acquis de la réputation par sa bravoure et par son expérience. On lui proposa, supposé que l'armée du Roi eût été entièrement défaite, de défendre ce passage, pour donner le temps à Leurs Majestés de se retirer et de gagner Amboise : d'où elles pourroient passer en Bretagne si la nécessité des affaires le vouloit. Guadagne reçut comme une très-grande grâce cette commission, qui étoit des plus périlleuses ; et il est bien certain que, s'il avoit été attaqué, il s'y fût signalé comme il avoit fait en plusieurs rencontres où il s'étoit trouvé. Le cardinal, ennuyé d'être à l'air, crut qu'il n'avoit point de moyen plus honorable pour rentrer dans la ville que d'engager le Roi à monter à cheval et à le venir quérir. On y passa de fâcheux momens ; mais on apprit à la fin que M. de Turenne s'étoit avancé avec quelques escadrons, ayant commandé à son infanterie de le suivre, et opposé à l'armée victorieuse de M. le prince quelques pièces d'artillerie : ce qui l'avoit contraint de faire halte et de prendre des quartiers. M. de Turenne, qui en fit autant, se fit par ce service un grand mérite auprès du Roi, et acquit beaucoup de gloire ; car il réussit dans son dessein, qui étoit de se camper entre l'armée du prince et Paris, pour lui ôter toute communication. N'ayant pas cru qu'il fût à propos que le Roi se tînt éloigné de la sienne, il s'avança jusqu'à Auxerre, descendit la Seine, et se rendit à Melun ; mais, sur l'avis qu'on eut que les troupes de Monsieur et de M. le prince avoient pris Etampes, on forma le dessein d'assiéger cette ville, dont l'entreprise, qui étoit en soi fort difficile, fut encore accompagnée d'une disgrâce. C'est que cette place, qui est très-longue, ne fut attaquée que par les extrémités ; et cela donna lieu à plusieurs combats où nous remportâmes des avantages. Mais nous n'eûmes pas celui pour lequel ce siége avoit été formé : car l'arrivée du duc de Lorraine avec son armée obligea M. de Turenne à se retirer; et, pendant qu'il s'avançoit pour en traverser la marche, les troupes des princes approchèrent de Paris. L'infidélité de M. de Lorraine parut en cette rencontre, car il publioit ne venir que pour le service du Roi. Il demanda du pain pour son armée; et après avoir fait plusieurs traités avec Sa Majesté, il se déclara contre. Il est vrai qu'il reçut un affront considérable, ayant été obligé de promettre de se retirer pour éviter d'en venir à une bataille qui sans doute lui eût été livrée si le roi d'Angleterre, qui s'entremettoit pour un accommodement, n'eût empêché M. de Turenne de commander qu'on les chargeât. M. de Lorraine s'étoit posté en homme de guerre; mais ses troupes, manquant de vivres, n'auroient pu faire une grande résistance. Il jugea donc qu'il étoit de son avantage de se retirer, et de supposer une négociation vive avec la cour, pour profiter des occasions qui se rencontreroient pour encourager l'armée et pour presser le siége d'Etampes. Le Roi quitta le logement de Melun pour prendre celui de Corbeil, après avoir été averti qu'un courrier du Pape apportoit au coadjuteur de Paris le chapeau de cardinal, que Sa Majesté avoit demandé pour lui. Quelques-uns croyant que le courrier iroit tout droit à Paris le remettre au nonce qui le pourroit donner au coadjuteur, je fus d'avis qu'on lui fît dire que, s'il faisoit cette faute, il pouvoit le remporter, et qu'on fît bien entendre au coadjuteur que s'il manquoit au respect qu'il devoit au Roi, il ne seroit jamais reconnu en France comme cardinal. Pendant qu'on examinoit ce qu'il falloit faire, le courrier de Sa Sainteté se rendit à Paris, et les choses s'accommodèrent ensuite à la satisfaction du cardinal de Retz.

Pour donner plus de hardiesse aux bons bourgeois de Paris, on leur proposa de se déclarer pour le Roi, à qui l'on conseilla d'aller à Saint-Germain-en-Laye. Sa Majesté y fit quelque séjour, sans en retirer aucun avantage : ce qui lui fit prendre le parti de revenir du côté de Melun, en s'arrêtant quelque temps à Corbeil. Et comme on avoit dessein de retourner à Saint-Germain, on se rendit à Saint-Denis, où le Roi resta quelques jours. Quoique les princes fussent en état de donner la loi, ils ne laissèrent pas de s'offrir à se soumettre, à condition que le cardinal seroit banni du royaume. Son Eminence, craignant que l'armée d'Espagne ne se joignît à la leur, proposa que le Roi se retirât en Bourgogne, et de laisser les maréchaux de Turenne et de La Ferté aux environs de Paris, pour s'opposer aux desseins des princes. M. de Bouillon, qui étoit en très-grand crédit, avoit été du même avis; mais M. de Turenne son frère, qui fut appelé dans le conseil secret, le fit changer. « Je me charge, dit« il, de faire périr les ennemis, pourvu que la per« sonne du Roi soit en lieu de sûreté. » Et pour avoir quelques avantages sur les princes, qui s'étoient campés dans l'île de Saint-Denis, il proposa de construire un pont sur la Seine, pour les pouvoir aller attaquer. Soit que M. le duc d'Orléans et le prince de Condé s'aperçussent que Paris leur échapperoit, ils demandèrent une assemblée générale, dans le dessein de se défaire de ceux qui paroissoient dans les intérêts du Roi. La conduite qu'ils tinrent pour y réussir a été décrite par bien des gens, qui ne l'ont pas rapportée au juste. J'ajouterai donc que, deux jours avant qu'ils commissent une action aussi terrible, M. de Bouillon dit : « Ils sont perdus s'ils ne font un coup « assez hardi pour soumettre Paris. » Ce discours rapporté, et l'exécution qui en fut tentée, firent qu'il y eut différens avis que ceci avoit été exécuté de concert avec lui : à moins que la profondeur de son expérience ne lui eût fait prévoir ce que les autres feroient. Enfin, il ne laissa pas de paroître surpris quand la nouvelle de cette exécrable entreprise fut divulguée. Les apparences faisoient juger que si l'on attaquoit l'armée de M. le prince, elle ne seroit pas reçue dans Paris. Il faisoit même paroître quelques escadrons à la tête de plusieurs villages qui sont dans l'île de Saint-Denis, comme s'il avoit voulu nous en défendre l'entrée. Mais son dessein n'étoit que de nous amuser, et de faire passer son armée sur le fossé de la ville pour gagner ensuite Charenton, en rompre le pont, et nous nécessiter par là de chercher les moyens d'aller à lui : ayant la liberté de nous combattre en passant la Marne, et en tout cas de pouvoir fourrager plusieurs provinces, si l'on ne se mettoit point à le poursuivre, la liberté lui restant toujours de passer en Flandre quand il voudroit. On fut averti que son armée avoit marché le soir; mais, soit par désobéissance, soit parce qu'elle étoit trop fatiguée, elle campa à la tête du faubourg Saint-Honoré. Le prince, en ayant été averti, s'en plaignit, et querella ses officiers. Ensuite, usant de tout son pouvoir, il fit marcher toutes ses troupes, auxquelles les bourgeois ne voulurent jamais permettre de traverser la ville, craignant peut-être que ses soldats ne leur causassent de l'incommodité, ou bien que ce prince voudroit s'en rendre le maître; car, quoique ses forces ne fussent pas proportionnées à une pareille entreprise, les apparences trompent souvent ceux qui sont capables d'avoir peur.

M. de Turenne fut averti de la marche de M. le prince, et le maréchal de La Ferté aussi, qui, étant le plus éloigné de Paris, ne le joignit qu'après que le combat fut commencé. Ce n'étoit pas où le prince le craignoit le plus; mais, ayant tout le chagrin imaginable de ne pouvoir éviter ce général, il mit sa cavalerie en bataille, pendant que son infanterie défiloit par derrière; et M. de Turenne, qui le reconnut, ne crut pas le devoir attaquer tant qu'il seroit dans un lieu avantageux.

M. le prince quitta ce poste pour joindre son infanterie, et voulut toujours gagner Charenton; mais il fut surpris quand il se vit attaqué dans le faubourg Saint-Antoine, et voulut défendre les barricades qui y avoient été dressées par les bourgeois. Le combat fut des plus opiniâtres (1). Le Roi en fut spectateur; et si mademoiselle d'Orléans n'eût obtenu de la bourgeoisie qu'elle ouvrît les portes aux troupes du prince, elles auroient été entièrement défaites. Pour faire croire aux Parisiens qu'ils n'avoient plus lieu d'espérer que le Roi leur pardonnât, elle fit tirer le canon du côté qu'elle remarqua que Sa Majesté étoit. Quelques-uns disoient d'aller à la porte de Saint-Denis, que l'on trouveroit ouverte. J'avoue qu'il me sembloit que j'au-

---

(1) *Le combat fut des plus opiniâtres* : Le combat du faubourg Saint-Antoine fut livré le 2 juillet 1652. Deux jours après eut lieu le massacre de l'hôtel-de-ville, dont il est parlé dans les pages précédentes.

rois conseillé de faire entrer l'armée dans le faubourg Saint-Germain et d'y donner bataille; dont le gain me paroissoit assuré. Mais je n'osai plus être de cet avis, y trouvant beaucoup d'inconvéniens ; car la prudence défendoit de se fier à un peuple qui avoit sujet de tout craindre, et d'ailleurs il y avoit peu d'apparence que le cardinal pût concourir à cette résolution qui s'évanouit bientôt : car on vit dans Paris des écharpes de différentes couleurs. Les rouges étoient admirées ; et quiconque eût parlé de rendre au Roi l'obéissance qu'il lui devoit eût couru risque de perdre la vie. Il falloit trouver les moyens de décharger les Parisiens des troupes qui les soutenoient, et il y avoit tout lieu de croire ensuite qu'étant devenus sages par leur propre expérience, ils ne songeroient qu'à implorer la miséricorde du Roi.

Le séjour de Saint-Denis étant devenu insupportable par une infection horrible, il fallut songer à le quitter; et néanmoins ne se pas tant éloigner de Paris qu'on perdît ce qu'on avoit gagné sur les esprits des plus sages, et même de la populace. On proposa d'aller à Pontoise, qui étoit un lieu bien commode et bien situé pour vivre, et d'où même l'on s'approchoit de la Normandie, qui étoit restée dans l'obéissance. On eût bien pu trouver des endroits convenables au séjour de la cour, mais on craignoit de donner de la jalousie et du soupçon à M. de Longueville, qui faisoit en sorte que le Roi y jouissoit d'une partie de ses revenus, et qui empêchoit qu'on ne s'y soulevât ni qu'on y causât le moindre préjudice au service de Sa Majesté; mais il donnoit assez à entendre qu'il ne falloit pas en demander davantage de lui. La cour ne fut pas plus tôt arrivée à Pontoise qu'on publia qu'elle en devoit partir le lendemain pour aller à Mantes, dont le gouverneur avoit ouvert les portes aux Espagnols, et leur avoit facilité le passage de la Seine sur le pont de cette ville. On accusa même le chancelier d'y avoir contribué, tant parce qu'il étoit beau-frère du gouverneur, que par la crainte qu'il avoit de voir sa maison brûlée. Il s'étoit trouvé aux conseils qu'on avoit tenus au Luxembourg. La demeure de Pontoise ayant été jugée meilleure que celle de Mantes, la cour y resta, et n'en partit que pour aller à Compiègne où le cardinal de Retz se rendit, et d'où le cardinal Mazarin sortit une seconde fois du royaume : soit que sa peur en fût cause, ou l'éloquence et l'intrigue du cardinal de Retz.

M. de Bouillon mourut à Pontoise d'une grosse fièvre qui lui causa un transport au cerveau. J'allai pour le voir, et ce fut la dernière visite que je rendis en cette ville ; car je fus le lendemain attaqué de la même maladie. On ne doit point être surpris si je ne dis rien de ce qui se passa pendant trois mois, ayant été abandonné de la plus grande partie des médecins. Je ne dois la vie qu'à Dieu, qui ne me la voulut conserver qu'afin que je le servisse avec plus de fidélité que je n'avois fait. Il permit, mes enfans, que votre mère contribuât plus à ma guérison que ne firent les remèdes. Les soins qu'elle prit de moi et les témoignages qu'elle me donna de son amitié surpassent de beaucoup tout ce que j'en devois attendre et ce que l'on pouvoit en espérer. Leurs Majestés eurent la bonté d'envoyer savoir de mes nouvelles, et le cardinal même se donna la peine de me venir voir avec tout ce qu'il y avoit de personnes considérables à la cour. Mes amis particuliers prirent de moi des soins que je ne puis exprimer. Je tairai leurs noms, de crainte que si j'en oubliois quelqu'un, il n'eût sujet de se plaindre. Je fus ainsi malade à l'extrémité ; mais celui qui est le maître de notre vie me la conserva, et me donna de bons intervalles pour recevoir son corps et son sang. Celui-là est heureux à qui cette grâce est accordée, qui la reçoit et en fait un bon usage pour son salut. Un de mes premiers soins, après avoir remercié Dieu de m'avoir rendu la vie, fut de faire mes très-humbles remercîmens à Leurs Majestés de toutes les marques de bonté qu'elles m'avoient données, et de faire savoir à ma famille l'état où j'étois. Je ne puis m'empêcher de dire ici que, quand j'avois un peu de raison, je souffrois beaucoup de la situation où je laissois votre mère et vous aussi, mes enfans. Je ne voulus pas la prier, si Dieu disposoit de moi, de continuer d'aller au Louvre pour y représenter mes services, sachant combien cela seroit inutile ; mais j'espérai que Dieu auroit compassion de vous, puisqu'il vous avoit conservé une mère qui s'est toujours attachée à le servir ; qui sert d'exemple à beaucoup d'autres, et particulièrement à vous, qui n'en pouvez jamais suivre de meilleur.

Le Roi étant parti pour aller à Compiègne, après y avoir fait quelque séjour alla à Mantes, d'où il revint à Pontoise, et retourna ensuite à Mantes. Comme je commençois à me mieux porter, j'allai à Saint-Germain, où Sa Majesté arriva deux jours après moi. Je me rendis même assidu auprès d'elle lorsqu'on parloit de quelque affaire importante : non que je fusse en état de rendre aucun service, mais seulement pour faire voir que je n'étois pas mort, ni hors d'espérance de continuer à servir comme j'avois toujours fait. J'ai oublié de dire que, pendant que la cour étoit à Saint-Germain, M. le duc de Rohan, Goulas et quelques autres y vinrent proposer au Roi, de la part de Monsieur, des conditions d'accommodement qui parurent si extraordinaires qu'elles furent rejetées. La duchesse d'Aiguillon s'y rendit aussi pour faire celui de M. le prince; et comme je n'ai point su quelles étoient ses demandes, je n'en dirai rien. Les députés de la maison de ville et les colonels de Paris y vinrent aussi, les uns demandant grâce, et les autres pardon du passé; tous assurant que, si le Roi y vouloit rentrer, il y seroit obéi. M. de Sève, qui pour sa récompense fut fait prévôt des marchands, porta la parole avec tant de force et d'éloquence, qu'il fit impression sur l'esprit de Leurs Majestés, et leur persuada de rentrer dans la ville de Paris (1), où je me rendis un jour avant le Roi, avec beaucoup d'impatience d'apprendre à quelle heure ce monarque y seroit rentré. Mais Monsieur, qui n'avoit point cru que Sa Majesté voulût s'y hasarder, n'ayant point mis ordre à ses affaires, demandoit qu'on sursît l'entrée d'un jour, donnant à entendre qu'il pouvoit la retarder; et le Roi, qui ne s'en mit pas beaucoup en peine, dit qu'il iroit lui rendre visite, puisqu'il faisoit difficulté de venir au devant de lui. Monsieur en fut si étonné qu'il ne sut prendre d'autre parti que de demeurer enfermé dans sa maison, de demander une sûreté pour la nuit, et celle dont il paroissoit avoir besoin pour aller à Li-

(1) *De rentrer dans la ville de Paris:* Louis XIV y entra le 21 octobre 1652.

mours, où l'on envoya pour traiter avec lui Le Tellier, qu'on savoit ne lui être pas désagréable. Mademoiselle d'Orléans, qui fut surprise de ce qu'on se mettoit si peu en peine de rechercher monsieur son père, se tint cachée; et puis sortit de la ville dans un carrosse d'emprunt.

Le Roi, pour faire voir qu'il étoit le maître, ordonna que le parlement s'assembleroit au Louvre le lendemain. Ceux des officiers qui l'avoient tenu à Pontoise y prirent leurs places, et, à l'exclusion de quelques-uns qui n'y furent point mandés, ceux qui étoient restés à Paris y furent admis. Le chancelier, qui s'étoit évadé et ensuite rendu auprès du Roi, y porta la parole, exagérant le crime de plusieurs, louant la fidélité des autres; et fit remarquer la résolution sainte, et digne d'un roi très-chrétien, que Sa Majesté avoit prise, de pardonner le passé, et d'en faire perdre la mémoire. Il ajouta que le châtiment s'étendroit sur un très-petit nombre de personnes, et seroit plutôt une marque de la clémence du prince que de sa juste indignation. Broussel, qui dans les désordres avoit été prévôt des marchands, fut destitué, et quelques conseillers exilés, sans toutefois être notés. Plusieurs d'entre eux ont eu leurs grâces dans la suite des temps. On oublia dans cette assemblée de demander que les registres de ce qui avoit été ordonné par le parlement pendant la révolte fussent apportés; car ils devoient être lacérés et même brûlés par la main du bourreau. C'est ce qu'on ne fit point, parce que je ne m'y trouvai pas pour le dire. Je m'en plaignis aussitôt que je fus au Louvre.

Le cardinal de Retz y alloit de fois à autre, mais les

discours qu'il y tenoit n'avoient aucun rapport avec ce qu'il disoit ailleurs. La dignité où il avoit été élevé, bien loin de le faire souvenir de ce qu'il devoit au Roi, lui faisoit croire qu'elle lui obtiendroit l'impunité de tout ce qu'il pourroit et dire et faire. Le cardinal Mazarin, tout éloigné de la cour qu'il étoit, ne laissoit pas de la gouverner. Il y a toutes les apparences qu'il faisoit avertir le Roi de ne se pas fier au cardinal de Retz, et que si cette Eminence tomboit en faute ou qu'on pût s'assurer de sa personne, on n'en perdît pas l'occasion. Elle se présenta un jour que ce cardinal vint au Louvre. Il y fut arrêté (1) prisonnier et conduit à Vincennes, où il a été assez long-temps, quelque diligence que fît le nonce pour le faire mettre en liberté ou pour renvoyer au Pape la connoissance de ses crimes, assurant que s'il en avoit commis qui méritassent punition, il ne seroit pas épargné.

[1653] Le cardinal Mazarin (2), délivré de la crainte que lui causoit celui de Retz, prit la résolution de venir trouver le Roi ; mais, pour contenter sa vanité et pour s'assurer entièrement contre la mauvaise volonté du peuple de Paris, il obtint que Sa Majesté vînt à sa rencontre. Le Roi le conduisit au Louvre, où l'on lui avoit fait préparer un appartement, Sa Majesté ayant jugé qu'il y seroit mieux qu'au Palais-Royal, où il étoit allé descendre, après avoir ordonné que la porte de la conférence fût gardée par une compagnie du régiment

---

(1) *Il y fut arrêté* : Le cardinal de Retz fut arrêté le 19 décembre 1652. On le conduisit au château de Vincennes, puis à celui de Nantes, d'où il s'échappa. — (2) *Le cardinal Mazarin* : Ce ministre fit son entrée à Paris le 9 février 1653.

des Gardes : ce qui a continué depuis. Le nonce crut ou fit semblant de croire que l'arrivée du cardinal Mazarin faciliteroit la liberté du cardinal de Retz. Quand il pressoit trop, on lui disoit qu'il avoit vu la tête du premier mise à prix, sans s'en être beaucoup mis en peine : de quoi le nonce s'excusoit le moins mal qu'il pouvoit ; et quand il recommençoit ses poursuites, on lui répondoit que quoique, par le concordat, le Pape se fût réservé le jugement des causes majeures, particulièrement lorsqu'un cardinal étoit accusé, cette clause étoit si contraire aux priviléges du royaume qu'il n'étoit pas possible que le Roi y consentît. On lui ajoutoit que, pour le délit, l'archevêque de Rennes et ses suffragans avoient procédé contre le cardinal de Châtillon, qui étoit évêque de Beauvais et du nombre de ceux-ci, et le juge royal pour les crimes de félonie et de lèse-majesté ; que les évêques même craignoient la conséquence de pouvoir être cités et jugés à Rome, se souvenant que le feu Roi avoit obtenu des commissaires dans le royaume, pour procéder extraordinairement contre quelques prélats qui étoient compris dans la réserve, de même que les cardinaux ; et qu'ainsi le Pape ne pouvoit pas leur ôter la connoissance ni le jugement des crimes dont le cardinal de Retz étoit convaincu. Cette contestation favorisoit le prisonnier, car il n'étoit pas encore cité à aucun tribunal. Je dis un jour à Mazarin que j'étois surpris que si peu de chose nous arrêtât, qu'il falloit demander des commissaires au Pape. « S'il les accorde, disois-je, nous
« aurons ce que nous voulons, qui est de faire procé-
« der contre le cardinal de Retz ; et sur le refus de
« Sa Sainteté, le Roi fera ce qui a été mis en usage

« par ses prédécesseurs, qui est de demander justice
« aux évêques de son royaume de l'un d'entre eux
« qui lui a manqué de fidélité. Les évêques s'y porte-
« ront ou en feront difficulté, soit pour être intimi-
« dés par le Pape, ou par des considérations parti-
« culières qu'ils n'oseront déclarer. Le refus du Pape
« à déléguer des juges sur les lieux, et celui que feront
« les évêques de France, mettront le Roi en droit de
« renvoyer la connoissance de ce crime à son parle-
« ment. Nous avons plusieurs exemples dans l'anti-
« quité qui établissent le droit de Sa Majesté, et qui
« sont fondés sur le bon sens, qui veut que les privi-
« léges et autres grâces accordées exemptent bien
« un évêque de la juridiction temporelle, mais ne
« lui donnent pas pour cela la liberté de tout oser
« impunément. D'où il faut conclure que la lenteur
« des évêques à faire justice, ou le refus de la rendre,
« remettront le Roi dans les droits qu'il a, sans avoir
« égard aux exemptions accordées par les empereurs
« et les rois ses prédécesseurs de *animadvertere in*
« *clericum cujuscunque dignitatis vel gradus;* et
« qu'ainsi le bref du Pape pouvant être autorisé, soit
« par les commissaires délégués par Sa Sainteté et
« reçus par le Roi, ou par les évêques du royaume,
« ou par le parlement, le cardinal de Retz seroit
« jugé. »

Mazarin ne voulant point faire de préjudice à sa dignité, ni consentir à ce que le Pape demandoit, s'excusoit auprès du nonce tantôt par une raison, tantôt par une autre, et tenoit toujours en prison celui dont il craignoit l'esprit. Pendant qu'on agita la question pour savoir qui devoit être juge du cardinal de Retz, l'hiver se passa; et le printemps s'approchant, il fallut songer aux moyens de continuer la guerre. Le Roi étoit à la vérité délivré de celle qu'il avoit eue à soutenir contre ses sujets; mais il ne laissoit pas d'en avoir encore à réduire, et d'être occupé à faire tête à ses ennemis. Il eut aussi, malgré tout ce qu'on put faire, le malheur de perdre dans la même année trois places de conséquence. Barcelone se perdit faute de moyens pour être conservée. Dunkerque eut le même sort, parce que les Anglais, anciens ennemis de la France, nous empêchèrent d'y faire entrer du secours, et, sous prétexte de représailles, favorisèrent ceux qui étoient en guerre avec nous, sans avoir fait d'alliance avec eux. La même chose arriva à Casal, pour avoir été négligée depuis la mort du feu Roi, quoique les ministres de Mantoue nous avertissent souvent du mauvais état de la place, que les magasins des vivres avoient été épuisés pour faire subsister la garnison, qui depuis un très-long temps n'avoit pas été payée; que les canons n'ayant point d'affût étoient hors d'état de servir, et les poudres réduites en pâte, parce qu'on avoit négligé de les rebattre, et qu'il étoit à craindre que les Espagnols ne s'en emparassent, ou même M. de Mantoue, pour éviter qu'elle ne tombât entre leurs mains. Mais il arriva ce qu'on n'auroit jamais cru : c'est que l'armée d'Espagne en fit le siége pour la remettre au duc de Mantoue. La citadelle de Turin avoit été autant négligée; mais l'affection que madame Royale a toujours conservée pour la France empêcha que l'on ne nous en fît sortir avec honte; et l'on permettoit tous les jours aux soldats, qui y étoient en petit nombre, de se fournir de pain dans la ville. On ne fit rien de considérable cette campagne qui pût réparer tant de pertes, et celle que l'on fit de Rocroy diminua beaucoup la joie qu'on eut de la prise de Montrond. Sainte-Menehould, qui fut la dernière de nos conquêtes, ne put passer pour un gain considérable, après tous les malheurs qui nous étoient arrivés; mais ce qui nous consola fut qu'étant vaincus dans les pays étrangers, nous étions victorieux dans le nôtre.

[1654] Le Roi étant rentré dans Paris, tout le peuple témoigna une joie extraordinaire de revoir Sa Majesté. On croiroit que le cardinal avoit beaucoup de bonne volonté pour moi, après l'exactitude avec laquelle il envoyoit savoir de mes nouvelles, ou se donnoit la peine de venir lui-même dans le temps de ma maladie. J'avoue que c'est le jugement que j'en fis; mais je m'aperçus bientôt que je m'étois trompé, son dessein ayant toujours été de me perdre et de me déshonorer. Il me fit proposer, sous le spécieux prétexte de rétablir ma santé, de me servir d'un nommé Silhon (1) pour faire les dépêches du Roi sous mes ordres; et s'étant persuadé que je me laisserois surprendre à cet artifice, il déclara la chose comme résolue. Silhon en recevoit des complimens de beaucoup de monde. La chose étant venue à ma connoissance, je dis que je n'y consentirois jamais. Le Tellier ayant voulu m'en faire l'ouverture, je lui répondis d'une manière que le cardinal pût connoître qu'il fal-

---

(1) *D'un nommé Silhon* : Jean Silhon fut l'un des premiers membres de l'Académie française. Il servit successivement Richelieu et Mazarin; il fit l'apologie de ce dernier dans un ouvrage intitulé *Eclaircissement de quelques difficultés touchant l'administration du cardinal Mazarin*. Il mourut en 1667.

loit me faire plus de mal ou me laisser en repos; et que je mettrois le tout pour le tout, plutôt que de souffrir qu'on donnât la moindre atteinte aux droits de ma charge et à mon honneur. Ce n'est pas que je n'eusse beaucoup de peine à me donner garde de tout ce que ce premier ministre entreprenoit contre moi; mais la raison demandoit que je dissimulasse avec lui, parce que Son Eminence avoit toute la confiance du maître et tout le pouvoir de l'autorité royale. J'eus, quelques jours après, une fièvre tierce qui ne servit qu'à rétablir parfaitement ma santé.

Leurs Majestés ayant passé l'hiver à Paris, on se prépara pour entrer en campagne au printemps. On disposa tout pour le sacre du Roi (1), et l'on fit pressentir le duc d'Orléans pour savoir s'il s'y trouveroit; mais il ne répondit pas positivement, et il ne put si bien dissimuler qu'on ne s'aperçût qu'il s'en vouloit excuser. Le prince de Conti, qui avoit épousé une nièce du cardinal, ne jugea pas devoir s'y trouver, ni attendre que cette cérémonie fût achevée pour aller servir au lieu qui lui étoit destiné. Ainsi le Roi n'eut à son sacre de princes de son sang que Monsieur, son frère unique, et M. de Vendôme, qui, à la vérité, étoit sorti de sa maison, mais qui, n'en pouvant prétendre ni le rang ni les avantages, ne laissa pas d'occuper la seconde place. Entre les pairs, le duc d'Elbœuf eut la troisième, le duc de Candale la quatrième, et les ducs de Roannès et de Bournonville les deux dernières. Lorsqu'il n'y avoit que six pairs de France, les rois en étoient servis aux actions solennelles. Il y avoit bien

(1) *Le sacre du Roi :* Louis XIV fut sacré à Reims, le 7 juin 1654, par l'évêque de Soissons.

plus de pairs au temps du sacre de notre monarque ; mais comme il n'y en assista pas un nombre suffisant, il fallut remplacer ceux qui manquoient par des seigneurs dont la fortune seroit parfaite s'ils pouvoient être élevés à la même dignité. Le commandement de l'armée fut donné aux maréchaux de Turenne et de La Ferté ; et pendant qu'elle s'assembloit, le Roi vint à Sedan, où l'on résolut le siége de Stenay sous les ordres de Fabert. Le cardinal, se souvenant des services qu'il lui avoit rendus, songea à l'élever, et à récompenser son mérite et sa valeur. Le prince de Condé ayant demandé aux Espagnols de ne le point abandonner dans cette rencontre, il se trouva tant de difficultés à le secourir, que ce prince, jugeant bien qu'il lui seroit impossible de les surmonter, leur fit une proposition bien hardie : c'étoit de faire le siége d'Arras. « Si je le prends, leur dit-il, vous y gagnerez et « moi aussi avec usure, étant dans vos intérêts, et ne « m'en voulant pas détacher. » Le siége étant formé, les maréchaux de Turenne et de La Ferté eurent ordre de faire l'impossible pour le faire lever. Le Tellier fut envoyé à Peronne pour diligenter les choses dont ils pourroient avoir besoin ; et le bonheur du Roi fut si grand en cette rencontre, qu'ils en vinrent à bout avec très-peu de forces. Sa Majesté, pour encourager son armée, se rendit à Peronne, où elle reçut l'agréable nouvelle qu'elle avoit forcé les ennemis dans leurs lignes ; et voulant voir la ville d'Arras qu'elle avoit délivrée, le Roi y alla, et revint ensuite à Peronne, où il apprit que le cardinal de Retz s'étoit sauvé du château de Nantes, où il étoit prisonnier sur sa parole. Nous l'étions allé trouver, le nonce et moi, l'année d'auparavant, pour le disposer à renoncer à l'archevêché de Paris, moyennant une grande récompense que nous lui offrîmes et qu'il ne voulut point accepter. De quoi s'étant repenti tout de bon, ou en apparence, il souhaita que le maréchal de La Meilleraye fût chargé de sa personne, jusques à ce que le Pape eût accepté la résignation qu'il feroit. Le maréchal y avoit de la répugnance ; mais étant pressé par sa femme, dont le frère avoit épousé une cadette de la maison de Retz, et étant d'ailleurs prié par le cardinal de le faire, il se laissa persuader, après avoir tiré parole du Roi qu'il pourroit donner toute liberté au prisonnier, excepté celle de sortir de sa prison, et du cardinal de Retz qu'il ne feroit rien qui pût l'obliger à le maltraiter. Peut-être que si Sa Majesté avoit dès alors nommé quelqu'un à l'archevêché de Paris, le cardinal eût été trop heureux d'accepter la récompense dont on étoit convenu. Mais étant averti que le Pape ne vouloit députer personne pour gouverner le diocèse pendant son absence ; faisant semblant d'ailleurs de croire qu'on le vouloit resserrer, et craignant que les incommodités du maréchal de La Meilleraye ne donnassent lieu à le transférer dans une autre prison, il ne songea uniquement qu'aux moyens de pouvoir se mettre en liberté. Je n'aurois jamais parlé de cette affaire, parce que je n'y eus aucune part, si ce n'étoit par la raison que ce fut à moi que le cardinal de Retz dépêcha un gentilhomme pour me prier de faire entendre au Roi que la seule nécessité d'assurer sa vie et de se mettre à couvert de ses ennemis l'avoit obligé à prendre la résolution qu'il avoit exécutée ; mais qu'en quelque endroit qu'il fût, Sa Majesté auroit en lui un fidèle serviteur, et qui ambitionneroit toute sa vie l'honneur de ses bonnes grâces, étant assuré que si le Roi venoit à connoître son innocence, il le protégeroit contre la persécution de ses ennemis, qui, pour le rendre odieux, avoient prévenu Sa Majesté. Je dis au gentilhomme que je le trouvois bien hardi de s'être chargé d'une pareille commission sans savoir auparavant si le Roi l'auroit agréable, et d'être venu à la cour de la part d'un sujet rebelle, duquel Sa Majesté avoit de justes raisons de se plaindre; que j'allois lui rendre compte de ce qu'il m'avoit dit; qu'ensuite je lui ferois savoir la volonté du Roi, et ce qu'il y auroit à faire. Je rapportai au cardinal Mazarin ce qui étoit venu à ma connoissance. Il balança pour savoir s'il devoit faire arrêter ce gentilhomme; mais je m'y opposai en lui disant : « Qu'a-t-il fait que ce que vous « pourriez désirer qu'il fît, qui est de vous avoir « éclairci des raisons que le cardinal de Retz veut « publier dans le monde pour se justifier? Sa conduite « vous donnera assez de prise sur lui, car il n'y a « aucune apparence qu'il reste dans le royaume; et « je ne vois point qu'il y ait d'autre réponse à lui faire « sinon une forte réprimande au gentilhomme, en lui « disant que le cardinal de Retz, ayant manqué à ce « qu'il doit au Roi, pouvoit bien aussi manquer de « parole au maréchal de La Meilleraye. » J'écrivis à Rome la conduite du cardinal de Retz, et nous jugeâmes qu'il passeroit en Espagne, comme il le fit en effet; et cela donna lieu de le blâmer de plus en plus.

On manda avec un soin extraordinaire en Angleterre l'avantage que les armées du Roi avoient remporté, afin de détourner le protecteur Olivier Cromwell de faire alliance avec l'Espagne, comme il en étoit recherché. Et comme nous en eûmes connoissance, aussi bien que des dispositions de son esprit et de sa nation, nous le recherchâmes de notre côté. La commission en fut donnée à Bourdeaux. Il y réussit ; mais il nous engagea à ne point contraindre les Anglais à décharger leurs canons et leurs armes à Blaye en remontant la Garonne. Quoiqu'ils eussent été déchargés de cette condition par un traité de l'année 1610, nous ne laissions pas d'en être toujours en possession, et de nous prévaloir de cet avantage pour réduire sous l'obéissance du Roi la ville de Bordeaux, qui étoit toujours dans le parti des révoltés, nonobstant le pardon qui lui avoit été accordé déjà pour le même sujet. L'armée de terre fut commandée par le duc de Candale, celle de mer par M. de Vendôme ; et le bonheur de la France fit qu'elles réussirent dans leur entreprise, et que la province de Guienne et sa capitale, qui croyoient faire la loi, la reçurent : ce qui contribua beaucoup au rétablissement de l'autorité royale. Leurs Majestés revinrent de Peronne à Paris, et retournèrent ensuite à La Fère, où elles passèrent tout le reste de la belle saison, l'armée du Roi ayant séjourné dans le pays des ennemis, pour leur faire sentir les incommodités de la guerre. On eut avis alors que le cardinal de Retz, ayant débarqué en Espagne et reçu de l'argent du roi Catholique [1], s'étoit enfin rendu à Rome. Ses revenus furent mis sous la main du Roi, qui prétendoit avec justice que la ré-

---

(1) *Et reçu de l'argent du roi Catholique* : Le cardinal de Retz repousse cette imputation dans ses Mémoires.

gale de l'archevêché de Paris lui appartenoit, parce que cette Eminence ne lui avoit pas fait le serment de fidélité qu'elle lui devoit, et sans lequel elle ne pouvoit jouir du temporel, et pourvoir aux bénéfices qui étoient vacans. Il se fit un grand nombre d'écrits, tant pour établir le droit du cardinal de Retz que pour le détruire. Il y voulut embarrasser les consciences, en établissant des vicaires généraux qui devoient, sous son autorité, gouverner l'église de Paris. On fit entendre au Pape qu'on ne le souffriroit pas ; mais enfin, par un accommodement, le cardinal fut reconnu archevêque, et Sa Majesté eut le choix de ceux qu'il présenta pour gouverner à sa place. Il n'y eut rien de nouveau pendant l'hiver : cependant le crédit du cardinal Mazarin augmentoit toujours, quoique le Roi avançât en âge. Les grâces dépendoient du premier ministre, à qui tout le monde faisoit la cour ; et grand nombre de gens, qui n'osoient pas blâmer ouvertement la conduite de Son Eminence, ne laissoient pas de le faire dans leur cœur. Comme on se disoit déjà qu'il étoit temps de songer à marier le Roi, le cardinal, qui n'osoit contraindre les vœux publics, les éludoit en demandant quelle princesse on devoit choisir. Il proposa d'abord celle de Savoie, dont on fit voir le portrait, mais si désagréable qu'il la rendoit odieuse. On en fit voir des princesses de Parme et de Modène, qui ne servirent qu'à leur donner l'exclusion. L'embonpoint qu'elles avoient pouvoit les rendre stériles à l'âge de vingt ans. Son Eminence ne laissoit pas de souffrir que le monarque fît plusieurs galanteries à l'une de ses nièces, disant pourtant qu'il ne consentiroit jamais qu'il l'épousât ; mais, quelque créance que la Reine prît en ce que le cardinal lui disoit, elle ne laissoit pas d'en avoir de l'inquiétude. Il me souvient que ce premier ministre me faisant voir un jour les deux portraits qui lui avoient été envoyés des princesses de Parme et de Modène, il lui échappa de me dire que ce qui les excluoit de parvenir à de grandes fortunes étoit d'être trop grasses. Je lui répondis : « Je l'avoue. » Mais mon intention étant de lui ôter la pensée de nous donner pour Reine une de ses nièces, je lui ajoutai qu'un mauvais mariage causoit beaucoup de désordres, et que celui qui avoit été contracté par les Farnèzes avec une Aldobrandine étoit un grand obstacle à la fortune des princesses qui en étoient issues. Quant à celle de Savoie, il n'eut jamais la pensée de la faire épouser au Roi ; car, bien qu'il fût partial de cette maison, ne l'étant que pour les puînés, madame Royale ne pouvoit se résoudre à les élever si haut. Je le disois quelquefois à la Reine en lui ajoutant : « Priez Dieu, « madame, pour la paix ; et, en exauçant Votre « Majesté, il lui donnera pour belle-fille une nièce. » Plus la chose paroissoit éloignée au sentiment des autres, et plus j'en étois persuadé : non que je crusse le cardinal capable de reconnoître les obligations qu'il avoit à la Reine, mais parce qu'il comprendroit qu'on ne pouvoit faire de mariage qui fût plus avantageux. Celui du Roi avec la princesse de Savoie avoit ses difficultés, en ce que ce monarque n'avoit pas encore atteint l'âge prescrit par les canons de l'Eglise pour avoir la disposition de sa personne. C'étoit un obstacle pour la nièce de Mazarin, à qui je ne manquai pas de dire dans les occasions : « Un roi majeur a le

« gouvernement de son Etat, mais non pas la liberté
« de disposer de lui-même, les lois de l'Eglise y étant
« entièrement contraires. Car, quand il se seroit ma-
« rié au préjudice de ses canons, ils sont en sa fa-
« veur pour rompre un mariage qui ne pourroit être
« approuvé ni de Dieu ni des hommes. » Je faisois
mal ma cour; mais je me satisfaisois moi-même de
telle manière que je méprisois des choses que je
devois craindre, pour faire naître dans l'esprit du cardinal plusieurs soupçons qui favorisoient le dessein
de la Reine, et qui ont pu contribuer au bonheur
dont nous jouissons présentement.

[1655] La Bardé ne cessoit point de travailler au
renouvellement de l'alliance avec les Suisses. S'il eût
été aidé d'une somme d'argent considérable, il eût pu
y disposer les cantons. Quand on pressoit le cardinal
de le faire, il demandoit quel en seroit le fruit; mais,
quand il avoit besoin de recrues, il louoit l'ambassadeur du Roi de l'application avec laquelle il travailloit à cette affaire. Un jour qu'il m'en parloit, je lui
dis que le sentiment de plusieurs de nos rois et de
leurs ministres avoit été d'attacher à la France cette
nation, qui en beaucoup d'occasions avoit rendu de
très-grands services; que quand elle en avoit été détachée, on s'en étoit toujours très-mal trouvé. « Ce qui
« étoit bon alors, répondit Son Eminence, ne servi-
« roit de rien présentement; car, quand les Suisses
« se retireroient, nous avons des hommes qui les
« valent bien. » Il entendoit parler des Allemands et
des Italiens. « Les Suisses, lui répliquai-je, ont tant
« remporté de victoires sur les premiers, qu'il est aisé
« de juger que leur nation doit être préférée à ceux

« qui n'ont pu leur résister qu'en étant soutenus par
« cette même nation. » Mon discours trop libre ne
plaisoit point au cardinal; mais j'eusse trahi ma conscience et fait tort à ma réputation si, comme bien
d'autres, je n'avois songé qu'à acquérir son amitié par
ma complaisance. J'encourageois souvent La Barde,
contre le sentiment de Son Eminence, à continuer ses
soins; et quelquefois j'engageois Mazarin à faire de
même. Si cette affaire eût pu réussir sans donner aucun argent, il l'auroit désirée autant que je l'eusse
fait moi-même; mais il regardoit les trésors du Roi
comme lui appartenant, et il ne pouvoit se résoudre à
les dépenser, quelque avantage qu'on en pût retirer.
En effet, le cardinal, pour en avoir été trop bon
ménager, a fait perdre à la France la Catalogne. Les
Espagnols ont surpris Casal par son avarice; Dunkerque est demeuré aux Anglais aidés de nos propres
forces. Il n'importe pas de dire en quelle année nous
nous joignîmes à Cromwell; mais c'est une belle chose
à savoir que ce qui nous y nécessita, et les conven-
tions que nous fîmes avec lui. Les Espagnols lui offrirent une armée pour reprendre Calais, pourvu qu'il
nous voulût déclarer la guerre, et s'engager de ne faire
ni paix ni trêve avec nous qu'ils n'y fussent compris.
Nous en avions la preuve, et nous craignions avec
raison la liaison de ces deux nations; mais, pour l'empêcher, nous proposâmes aux Anglais de les aider à
prendre Dunkerque, pourvu qu'ils favorisassent nos
vues sur Gravelines. Nous nous prévalûmes du désir
de cette nation d'avoir un pied dans les Indes; et, lui
faisant voir la facilité qu'elle avoit d'y réussir, nous lui
fîmes oublier l'étroite amitié dans laquelle elle avoit

vécu avec les Espagnols. Nous insinuâmes que l'espérance d'un bon commerce ne devoit pas empêcher les Anglais de songer à se rendre maîtres des richesses des Indes occidentales. Ce qui fut représenté à Cromwell fit impression sur son esprit, d'autant plus qu'il voyoit bien que si les Anglais n'étoient occupés, ils auroient peine à souffrir l'autorité qu'il prenoit sur eux ; car il avoit déjà oublié qu'ils n'étoient à lui que sur l'espérance qu'il leur avoit donnée d'ériger l'Angleterre en république. Mais il n'en avoit plus la pensée, et vouloit élever sa puissance beaucoup au-delà de celle des rois. Je fus l'un des commissaires qui traitèrent avec son ambassadeur. Nous convînmes de quel nombre d'hommes il nous aideroit, combien il nous donneroit de navires pour prendre Gravelines, et de quelles forces nous aiderions les siennes pour prendre Dunkerque. Il y avoit de plus cela de particulier dans le traité que si la première de ces places étoit prise avant la seconde, elle leur seroit laissée en dépôt jusqu'à ce que nous leur eussions remis celle qui leur devoit rester. Nous eûmes soin d'assurer le libre exercice de la religion catholique aux bourgeois de cette ville qui y voudroient demeurer, et nous prîmes, dans les trois traités que nous fîmes avec les Anglais, toutes les précautions nécessaires pour n'être pas trompés par eux ; car ils ne vont pas toujours droit dans leurs traités : ils se réservent d'y chercher quelque interprétation qui soit à leur avantage, suivant le génie de leurs ancêtres normands, et font quelquefois peu de scrupule de tromper ceux qui négocient avec eux. Ce fut à trois différentes fois qu'on s'accommoda avec ces insulaires ; mais, étant inutile d'en marquer le temps (1), j'ai mieux aimé dire de suite ce que je savois de ces affaires.

J'ai déjà fait voir le génie du cardinal et son avarice, en parlant de la négociation des Suisses; mais je n'ai rien dit de la haine qu'il portoit à notre nation et aux avantages de la France. C'est ce que je démontrerai clairement. Il blâmoit souvent nos rois de l'alliance qu'ils avoient contractée avec les Suisses autant que s'ils l'eussent faite avec les Turcs; et, pour tourner ces monarques en ridicule, il me dit un jour : « Les
« vieux politiques sont inexcusables de s'être portés
« à ces deux alliances; j'en suis surpris, et je n'en
« comprends pas la raison; mais je suis un politique
« moderne qui censure volontiers ce qu'ont fait ceux
« qui m'ont précédé. » Comme il m'adressoit la parole en présence de plusieurs autres qui étoient dans la chambre, je me trouvai obligé de lui répondre ainsi :
« Je veux croire que si les vieux politiques dont la
« conduite vous paroît si ridicule étoient encore en
« vie, ils pourroient être du sentiment de Votre
« Eminence, et qu'ils oublieroient que les Français,
« avec le secours des Suisses, conquirent le Mila-
« nais, mais qu'ils le perdirent, faute d'avoir con-
« servé leur amitié; que lorsque François 1er fut atta-
« qué par l'empereur Charles-Quint, dont les intérêts
« étoient favorisés du Pape, des princes d'Italie et du
« roi d'Angleterre Henri VIII, dès que la flotte otto-
« mane parut, le Pape, l'Empereur et les autres
« princes lui demandèrent la paix, dans laquelle Sa
« Majesté Britannique fut bienheureuse d'être com-

---

(1) *Mais étant inutile d'en marquer le temps* : Ce traité est de l'année 1658.

« prise. » Le cardinal, me témoignant dans une autre occasion son aversion pour la France, m'accusoit de louer toujours la conduite du roi Henri-le-Grand, qui a su conserver la monarchie dans sa maison par sa valeur, sa bonté et sa générosité. Je lui répondis : « C'étoit un grand roi, craint et aimé de ses voisins, « qui n'étoit point gouverné. Il avoit donné à mon « père et à moi toutes les marques de sa bienveil- « lance. » Le cardinal fut étonné de ma liberté, et j'avoue que je ne le fus pas moins de son emportement.

Les Portugais, qui avoient fait connoître, dès l'année précédente, qu'ils n'étoient pas capables de prendre un parti qui leur fût avantageux, renvoyèrent les deux secrétaires de leur ambassadeur, qui continua de donner des marques de leur foiblesse, en disant au Roi que les deux secrétaires avoient apporté de l'argent, et qu'il étoit prêt à nous le remettre, pourvu qu'il fût employé contre l'ennemi commun, et qu'on donnât des assurances qu'on ne traiteroit jamais sans Sa Majesté Portugaise. Sur ce que l'ambassadeur de ce monarque me demandoit une chose qu'il disoit avoir déjà été accordée par le feu Roi, je lui dis d'en représenter l'acte. Il s'offrit à cela, et crut y satisfaire en nous faisant voir une harangue que le conseil suprême avoit faite au Roi son maître, par laquelle il paroissoit que Sa Majesté Très-Chrétienne l'exhortoit à soutenir ses justes droits, et lui offroit ses troupes pour s'y maintenir, à condition qu'on feroit auparavant un traité qui régleroit ce que chacun des rois auroit à faire, et que celui de Portugal députeroit à Sa Majesté Très-Chrétienne ; à quoi ayant satisfait, sans que le traité eût été réglé, j'en concluois que nous n'étions engagés à aucune chose; et les personnes de bon sens étoient du même sentiment. Pour faire voir néanmoins à l'ambassadeur de Portugal que le Roi étoit dans le dessein d'assister Sa Majesté Portugaise, je lui dis : « Puisque vous avez de l'argent, « aidez-nous-en, et je vous donnerai toutes les assu- « rances que vous pourrez désirer pour le ravoir, si « votre maître ne veut point souscrire à un traité que « je vous signerai. » Je me réduisois même à ne recevoir que cinquante mille écus. Mais l'ambassadeur, qui savoit bien qu'ils n'étoient point à La Rochelle, mais seulement des sucres qu'il avoit ordre de vendre, s'en défendit; et j'en conclus que le roi de Portugal seroit toujours un ami assuré, pourvu que nos affaires prospérassent, et qu'on fût dans le dessein de l'assister; mais qu'il ne feroit jamais rien qui fût à l'avantage de la France, ni même de ses propres intérêts, qu'on voyoit bien qu'il ne connoissoit pas. Cet ambassadeur me demandoit souvent pour quelle raison on avoit donné des sommes immenses aux Suédois, aux Hollandais et au landgrave de Hesse, et qu'on demandoit au contraire de l'argent aux Portugais. Je n'eus pas de peine à lui répondre qu'ils agissoient tous pour la cause commune, au lieu que le Roi son maître demeuroit sans action, sur ce qu'il étoit persuadé qu'il lui étoit bien permis de recouvrer ce qui lui appartenoit; mais qu'il ne pouvoit, sans commettre un crime énorme, envahir le bien d'autrui. Qu'ainsi il n'avoit d'autre dessein que de défendre le sien propre, bien éloigné de faire des conquêtes sur ses ennemis. « Mais, « ajoutai-je, il est aisé de comprendre que Sa Majesté

« Portugaise n'a point de moyen plus sûr, pour re-
« couvrer ce qui lui appartient, que de se trouver
« en état de rendre des places et des provinces au roi
« d'Espagne. »

Peu de jours avant que les secrétaires de cet ambassadeur fussent de retour, j'avois dit à la Reine que mon second fils ayant l'âge requis par les canons pour posséder des bénéfices, je serois bien aise qu'il fût pourvu d'une abbaye ; et Sa Majesté m'ayant assuré qu'elle s'y emploieroit volontiers, je suivis le conseil qu'on me donna d'en parler à Le Tellier, afin qu'il en fît ouverture au cardinal. Le Tellier s'en chargea avec plaisir. Il est bon de remarquer ici qu'il me dit, pour me faire voir qu'il ne l'avoit pas oublié, que le cardinal avouoit que le Roi et la Reine me devoient beaucoup, et que j'étois en droit d'espérer les grâces qui dépendroient de la libéralité de Leurs Majestés ; mais que, pour lui, il ne se croyoit pas obligé de récompenser les services que je leur avois rendus. Cela fait assez connoître quel étoit son génie et son aveuglement, témoignant par ce discours qu'il regardoit la nomination des bénéfices comme un droit qui lui étoit absolument acquis. Je répondis à M. Le Tellier que quoique j'eusse méprisé les richesses, et que même, bien loin d'en amasser, je me fusse endetté de sommes considérables, je ne laisserois pas de faire un fort beau présent au cardinal, s'il vouloit signer ou faire imprimer ce qui m'avoit été dit de sa part ; parce que je me trouverois ainsi dans une grande élévation, puisque, de l'aveu de Son Eminence, je pouvois prétendre aux grâces qui dépendoient du Roi, et que Sa Majesté ne pourroit me les refuser sans injustice. Trois abbayes étant venues à vaquer alors par la mort de M. de Châteauneuf, le Roi en donna une à mon fils, et agréa mon remercîment, qui parut un crime à plusieurs courtisans. Mais je me conduisis en cette rencontre comme j'avois fait en toutes les autres, c'est-à-dire que je reconnus ne devoir les grâces qu'à ceux de qui elles dépendoient.

[1656] La fin de cette année et le commencement de la suivante se passèrent à Paris comme les précédentes. On y parla de la paix, dont l'on n'avoit point d'envie, et l'on ne songea qu'aux moyens de s'opposer aux ennemis. On eut de fréquentes conférences avec M. de Turenne. On permit tout au maréchal de La Ferté, pourvu qu'il promît des troupes; et quoiqu'on maltraitât les vieilles compagnies, on exigea pourtant de leurs capitaines de les rendre complètes. Ils eurent beau remontrer que cela leur étoit absolument impossible : on leur reprocha que d'autres faisoient mieux leur devoir qu'eux, sans considérer que ceux-ci étoient bien autrement traités. On résolut le siége de Cambrai; et, pour en ôter la connoissance aux ennemis, le Roi s'avança en Picardie, et obtint des Anglais que leurs troupes seroient employées à ce qui seroit trouvé de plus avantageux. La révolte de la garnison d'Hesdin, qui étoit un obstacle pour attaquer les places maritimes, fit que les Anglais y consentirent. Les ennemis, qui ne prévoyoient pas ce qui s'étoit concerté entre eux, avoient pris un soin tout particulier de les munir, et tellement dégarni les autres places, que, sans un malheur extraordinaire, Cambrai attaqué eût été vraisemblablement pris. Les troupes du Roi l'investirent.

M. le prince, qui se trouvoit à la tête des siennes qu'il amenoit pour former un corps du côté de la mer, sachant les postes occupés par les nôtres, et le mauvais état de la ville de Cambrai, résolut de la secourir ; ce qui lui réussit, et fit juger à M. de Turenne que le siége ne pouvoit être continué. Les Anglais s'en plaignirent : on s'excusa le mieux qu'on put. Le bon traitement qu'on fit à leurs troupes les contenta en quelque façon. Tout le monde sait aussi de quelle manière nous fûmes forcés de lever le siége de Valenciennes : ainsi je n'en dirai rien. Le cardinal, pour épargner une dépense de cent mille écus, fut cause de l'affront que nous y reçûmes ; car nous l'eussions évité si le pont et la chaussée, qui donnoient communication d'un quartier à l'autre, eussent été tels qu'on y eût pu marcher en bataille. La facilité de s'entre-secourir eût pu empêcher les Espagnols de nous forcer dans nos lignes. M. de Turenne, battu par les ennemis, ne perdit point courage. Il maintint son armée en discipline, empêcha que ce malheur ne fût suivi d'un autre, et, avant qu'elle fût en quartier d'hiver, reprit La Capelle, dont les ennemis s'étoient emparés.

Monsieur, qui avoit été long-temps sans venir à la cour, croyant que l'occasion s'en présentoit, et qu'il en devoit profiter, fit agréer son voyage au Roi par l'entremise du cardinal, et vint à La Fère rendre ses devoirs à Sa Majesté. Les courtisans lui parlèrent, les uns selon leurs véritables sentimens, et les autres suivant ceux du ministre. Il y en eut qui lui conseillèrent de s'en retourner le plus tôt qu'il pourroit : à quoi il paroissoit assez disposé. Mais il s'en trouva aussi, du nombre desquels j'étois, qui furent d'avis qu'il ne précipitât rien ; mais que s'il s'y croyoit obligé, parce qu'il s'étoit déclaré qu'il ne venoit à la cour que pour peu de jours, il se conservât néanmoins la liberté d'y venir quand il voudroit, sans en demander la permission. Il nous le promit, et n'en fit rien ; et, quoiqu'il fût dans les bonnes grâces du Roi, il passa le reste de sa vie comme s'il eût été en exil. Sa déférence pour le cardinal augmentoit le crédit d'un ministre odieux aux gens de bien, et diminuoit de telle manière la dignité de la naissance de Monsieur, que beaucoup de personnes ne connoissoient plus de différence entre un fils de France et un particulier. Ce prince commença de souhaiter le mariage de la fille aînée de son second lit avec le Roi ; mais il n'osoit se déclarer, parce qu'on croyoit que le cardinal ambitionnoit cet honneur pour une de ses nièces. Il est bien vrai que Monsieur n'eût pas d'abord trouvé la Reine favorable à son dessein ; mais elle s'y seroit portée dans la suite, tant elle craignoit que le Roi ne s'amourachât de la demoiselle Olympe, nièce de cette Eminence, non pas tant par sa beauté que par la familiarité dans laquelle il vivoit avec elle. La Reine ne pouvant s'empêcher de m'en marquer son chagrin, je pris la liberté de lui dire qu'il falloit qu'elle ne fît semblant de rien, ou qu'elle témoignât au cardinal qu'elle seroit obligée de rompre avec lui ; mais Sa Majesté ne put s'y résoudre, et espéra du temps le remède au mal qu'elle craignoit.

[1657] Le Roi alla une seconde fois à Sedan ; et, pendant le séjour qu'il y fit, Montmédi fut attaqué et pris. Ce monarque en partit pour se rendre à Metz, et ne fut visité que du seul prince de Deux-Ponts.

Le sujet de ce voyage étoit pour appuyer la négociation dont on avoit chargé le maréchal de Gramont et Lyonne, pour empêcher que les électeurs ne concourussent à élever à la dignité impériale le fils de l'Empereur décédé depuis peu (1); mais leur voyage fut inutile, et ils ne firent que dépenser beaucoup d'argent mal à propos. Après s'être flattés de pouvoir réussir dans leur dessein, ils demandèrent qu'on limitât la puissance du nouvel empereur par des capitulations; et ils crurent avoir beaucoup fait d'avoir secondé les intentions des princes de l'Empire. Le cardinal et Servien étoient, aussi bien qu'eux, persuadés qu'ils engageroient l'électeur de Bavière à demander la couronne impériale; que s'ils n'y pouvoient réussir, ils y porteroient le duc de Neubourg; et que si l'élection de l'un ou de l'autre de ces deux princes étoit traversée, ils pourroient faire naître aux Allemands l'envie de la déférer au Roi. Ces trois pensées paroissoient tout-à-fait ridicules à ceux qui ont quelque connoissance de l'état des choses : car, supposé que les Allemands se fussent lassés d'être gouvernés par un prince de leur nation, il n'y avoit pas d'apparence qu'ils eussent préféré le Roi, dont la puissance pouvoit faire craindre qu'il ne donnât atteinte à leur liberté, et n'empiétât sur leurs souverainetés. C'est ce qu'ils devoient moins craindre de l'archiduc, parce que, bien qu'il pût être aidé de Sa Majesté Catholique, l'éloignement de ces deux princes rendoit leurs forces moins redoutables que celles de la France, qui confine à l'Empire. Le peu d'ambition qu'avoit fait paroître

(1) *Décédé depuis peu :* L'empereur Ferdinand III étoit mort le 2 avril 1657.

l'électeur de Bavière depuis la mort de son père, la situation de ses Etats enclavés dans les pays héréditaires, le même conseil (1) dont il continuoit toujours à se servir; toutes ces raisons, dis-je, faisoient juger que cet électeur ne songeoit pas à s'élever à l'Empire. Quant au duc de Neubourg, le peu de moyens qu'il avoit pour soutenir cette dignité, les ennemis et les envieux qu'il avoit dans le collége électoral, étoient des raisons trop fortes pour croire qu'il y pût jamais réussir. Le cardinal et Servien n'osèrent engager le maréchal de Gramont et Lyonne à proposer le Roi, et se contentoient de montrer l'envie qu'ils avoient d'élever le duc de Neubourg : faisant d'ailleurs connoître, et étant obligés de convenir que l'électeur de Bavière se trouvant le seul prince catholique auquel on pût donner la couronne impériale, elle lui seroit offerte malgré la répugnance qu'il y avoit. Je leur dis un jour, que nous en parlions ensemble :
« Sur quoi fondez-vous ce raisonnement ? Il faut que
« vous conveniez que pour faire réussir votre des-
« sein, vous avez à gagner cinq des électeurs, au lieu
« que l'archiduc n'en aura besoin que de deux. Il
« faut que vous tombiez d'accord que le duc de Saxe
« ne se détachera pas de ses intérêts; que l'archiduc
« se donnera sa voix en qualité de roi de Bohême. Si
« vous avez l'électeur de Bavière, vous perdrez le
« palatin à cause de ses Etats. Si vous espérez que
« les trois électeurs ecclésiastiques soient de même
« sentiment, la chose peut être ; mais elle est bien
« difficile à croire. Présupposons pourtant que nous

(1) *Le même conseil*: L'électeur de Bavière suivoit aveuglément les conseils du comte de Curtz son premier ministre.

« les aurons gagnés, il nous faut encore une cin-
« quième voix : quatre ne suffisent pas pour faire un
« empereur, mais seulement un partage. Il faut donc
« conclure que, sans avoir le Brandebourg, tous vos
« projets s'évanouiront ; car comment pouvez-vous
« espérer qu'il soit favorable au duc de Neubourg,
« qui est son ennemi capital, et avec lequel il est en
« contestation pour la succession de Juliers ? » Servien me répondit : « Il faut qu'il s'assure sur la parole
« que le Roi lui donnera de se rendre médiateur,
« quand Neubourg sera déclaré empereur. — Je
« doute, lui dis-je, que l'électeur de Brandebourg
« prenne jamais ce parti-là, un homme sage ne choi-
« sissant point pour l'ordinaire son ennemi pour être
« son maître. — Et pourquoi, m'ajouta Servien, l'élec-
« teur de Bavière, étant soutenu par le Roi, ne se dé-
« clareroit-il pas contre l'archiduc ?— Vous voulez,
« lui répondis-je en riant, que les princes traitent
« entre eux sur la foi des gentilshommes ; mais les
« personnes prudentes et éclairées veulent de plus
« grandes assurances. » Lyonne fut donné pour collègue de cette célèbre ambassade au maréchal de
Gramont. Il l'accepta avec joie à son retour d'Espagne, où il avoit été envoyé pour traiter la paix. Il
ne fut pas assez heureux pour la conclure avec don
Louis de Haro, et ne garda pas le secret qui lui avoit
été ordonné, puisqu'il fut connu sur la frontière, et
qu'on sut ce qui l'amenoit en Espagne. Un gentilhomme de ce pays, ayant vu signer par le Roi l'instruction dont Lyonne étoit chargé, fit de lui à don
Louis un rapport des plus avantageux, et de la considération dans laquelle il étoit à la cour de France ;

mais parce que ses pouvoirs n'étoient ni scellés ni contresignés, cela causa de la méfiance à don Louis, et l'on voulut, pour le rassurer, que je signasse les réponses qui lui furent faites des premières lettres qu'il avoit écrites au Roi. Il se présenta d'abord une difficulté qui fit échouer cette négociation. Lyonne prétendit, aussi bien que le cardinal, que Sa Majesté Catholique abandonneroit le prince de Condé; et don Louis dit au contraire que le Roi son maître ne vouloit point entendre parler de paix que ce prince ne fût rétabli dans ses biens et ses dignités, sous lesquelles il prétendoit que ses gouvernemens devoient être compris; mais c'est de quoi nous ne tombions pas d'accord, et cela causa dans son temps de nouvelles difficultés. Cela auroit dû faire entendre, au cardinal et à ceux qu'il employoit, le titre de droit (*de verborum significatione*), et il pouvoit se mieux instruire qu'il ne l'a été, que plusieurs noms différens signifient une même chose; mais que quand on se sert de celui qui n'est pas en usage, cela fait naître des difficultés et des contestations qu'on a bien de la peine à surmonter. C'est sur quoi je m'étendrai davantage dans la suite.

[1658] Ce que Lyonne fit de plus remarquable dans sa négociation fut qu'il refusa un présent que le roi d'Espagne lui voulut faire. Il lui eût été aussi glorieux de refuser le titre d'excellence que don Louis lui donna toujours; car il eût marqué sa modestie, et ôté au ministre espagnol tout prétexte de se railler de sa vanité. L'espérance de voir la paix conclue entre les deux couronnes étoit entièrement perdue, et le cardinal ne se flattoit point du mariage du Roi avec l'Infante. Il voulut alors faire croire à la Reine et à toute la France que, souhaitant de le voir marié, il n'avoit plus aucune pensée pour sa nièce. Son Eminence proposa à Leurs Majestés le voyage de Lyon, et à madame Royale de Savoie de s'y rendre. Madame Royale témoigna de la répugnance d'y conduire la princesse Marguerite sa fille. On lui fit savoir que la cour iroit à Grenoble, que madame Royale se rendroit avec la princesse de Savoie dans une chapelle de dévotion située entre cette ville et Chambéri, où le Roi la verroit. Mais l'espérance que madame de Savoie conçut de la grandeur de sa fille, appuyée sur le crédit du cardinal, lui fit prendre la résolution de suivre le conseil qui lui avoit été donné. Elle prit le parti de venir à Lyon; et cela sera le sujet de ce que je dirai dans la suite.

Le Roi, qui avoit été dangereusement malade à Calais après que Gravelines eut été pris, et qui avoit aidé aux Anglais à se rendre maîtres de Dunkerque, glorieux de ce que son armée avoit défait celle des Espagnols, après s'être un peu rétabli à Compiègne et à Fontainebleau, et avoir fait quelque séjour à Paris, en partit pour Lyon, et prit son chemin par la Bourgogne, où ce monarque s'arrêta plus qu'il n'avoit résolu, pour mettre la dernière main à quelques affaires dont il croyoit tirer de grands avantages. Je ne pus suivre Sa Majesté, parce que je tombai malade d'une fièvre continue de quatorze jours, accompagnée de foiblesses et d'autres incommodités. Enfin les cours de France et de Savoie se rendirent à Lyon à jours un peu différens. Celle de France raisonnant sur le bon accueil que le Roi avoit fait à M. et à madame de Savoie, et sur la familiarité avec laquelle il s'étoit entretenu avec la princesse Marguerite, crut qu'elle seroit un jour reine de France. Mon fils entra dans le sentiment du public, et me le manda en diligence. Je lui fis réponse que je ne croyois point la chose, et que de simples apparences ne me pouvoient faire changer d'opinion sur des raisons qui étoient sans réplique. Le Roi vécut dès le lendemain avec plus de retenue, par le conseil du cardinal. Cela se rendit public dans Lyon, et qu'une dame de qualité, passant d'Espagne en Italie, y étoit arrivée avec un Espagnol qu'on tenoit caché dans un monastère, pour proposer la paix et le mariage du Roi avec l'Infante. Le cardinal en fit à madame Royale une confidence peu agréable pour cette princesse; et, en admirant la conduite des Espagnols, il dit que leurs conseils étoient profonds, mais non pas jusqu'à pouvoir surprendre; qu'il ne pouvoit, à moins que d'offenser la Reine, renvoyer cet Espagnol sans l'écouter; mais que madame Royale devoit être assurée que le bien de la chrétienté seroit seul capable de faire conclure quelque chose avec lui. Madame Royale demanda que le Roi l'assurât par écrit qu'il épouseroit la princesse sa fille. Cela fut accordé, mais conditionné de manière que Sa Majesté étoit en droit de faire ce qu'elle voudroit, sans que la maison de Savoie pût s'en offenser. On promettoit la chose, pourvu que le bien de Sa Majesté, la grandeur de son Etat, le repos de ses peuples et celui de la chrétienté ne l'obligeassent point à épouser l'Infante. Le Roi continua son chemin, suivi de cet Espagnol qui s'appeloit Pimentel, qu'on défraya et logea chez le cardinal. Après qu'il

eut montré ses pouvoirs, on traita avec lui, et l'on convint d'une suspension d'armes et de plusieurs articles assez importans ; mais il éluda de conclure celui qui paroissoit le plus essentiel : c'étoit le rétablissement du prince de Condé dans toutes ses charges, ou son exclusion pour toujours. Mazarin tint ferme, et voulut absolument que le prince en fût privé; parce que sans cette condition le Roi n'entendroit point à la paix, quelque avantage qui lui en revînt. Pimentel s'en défendit, sur les ordres précis qu'il avoit. Enfin l'on proposa un *mezzo termine,* à la manière des Italiens : ce fut que l'Espagnol consentiroit que cet article se mît dans le contrat tel que le cardinal le proposoit, mais qu'il ne seroit point obligatoire avant qu'il eût été approuvé par le roi d'Espagne. Il me souvient, à propos de ceci (et cette digression ne sera pas ennuyeuse), qu'un jour le cardinal nous demanda à plusieurs qui étions avec lui, si le Roi, pour avoir la paix, devoit rendre le gouvernement de Guienne à M. le prince. A cela je lui répondis que non. « Ni autre chose, me dit-il ?—Je ne
« vais pas si avant, lui répliquai-je. Entre la Guienne
« et rien, il y a bien de la différence. » Me tournant ensuite vers le maréchal de Villeroy, je lui dis : « La
« Bourgogne peut être rendue sans aucun péril pour
« l'Etat, et ce prince y trouvera la sûreté qu'il peut
« désirer. »
Antoine Pimentel et Mazarin s'avancèrent; et le Roi s'étant mis en chemin pour suivre celui-ci, il en reçut des lettres qui lui mandoient de retarder son voyage jusqu'à ce que celles qu'on attendoit d'Espagne fussent arrivées. Le cardinal les ayant reçues

en fit part à Sa Majesté, qui continua sa marche. Le cardinal ne laissa pas de consentir que ses nièces, qui étoient à Brouage, se trouvassent sur son passage. De savoir si c'étoit par complaisance pour le Roi, ou pour faire plaisir à celle dont on croyoit ce monarque amoureux, on laisse chacun en juger comme il voudra. Mais, quoi que m'ait pu dire cette Eminence, si le mariage de Sa Majesté eût pu se faire avec sa nièce, et que Son Eminence y eût trouvé ses sûretés, il est certain qu'elle ne s'y seroit pas opposée. La dépêche d'Espagne portoit que le roi Catholique se désistoit de ce qu'il demandoit en faveur du prince de Condé, se chargeant de le récompenser des services qu'il lui avoit rendus. On croit (et j'ai été de ce même avis) que ce prince fut de celui de tout accorder à Mazarin, pourvu qu'il s'engageât d'aller aux Pyrénées traiter avec don Louis de Haro : fondé sur un raisonnement très-juste, que qui négocie convient qu'on n'est pas d'accord, et qu'ainsi ce qui semble arrêté pouvant être encore agité, on peut faire telles ouvertures que les occasions font changer de résolution. Le prince connoissoit aussi le foible du cardinal, qui ne pouvoit rien refuser à quiconque le flattoit, et qui, étant très-timide de son naturel, n'oseroit se montrer à la cour s'il manquoit à conclure la paix. Il se persuadoit encore que si les peuples, qui pouvoient espérer d'être appuyés du crédit de la Reine, venoient à déclamer contre lui, il seroit maudit et blâmé d'eux et des gens de guerre, pour avoir perdu une campagne dans laquelle on auroit conquis la Flandre, et donné le temps au roi d'Espagne de respirer, et de s'assurer d'un puissant secours du côté d'Allemagne.

16.

[1659] Dans la première entrevue du cardinal et don Louis, Son Eminence fut surprise du rang que don Louis prétendoit avoir sur elle. Pour s'en défendre, le cardinal allégua sa dignité et l'usage introduit. Don Louis soutint au contraire que ce n'étoit point avec un cardinal qu'il avoit à négocier, mais avec un ministre du roi de France. Mazarin, ne sachant ni soutenir sa dignité ni celle de son maître, convint de l'égalité, qui pouvoit être et contestée et gardée, sans pourtant être reconnue : ce qu'on n'a pas manqué de nous alléguer depuis. Le mariage y fut arrêté (1) avec la paix, dont une des conditions fut que le Roi rétabliroit le prince de Condé en ses biens, honneurs, dignités et gouvernemens, en lui donnant celui de Bourgogne au lieu de celui de Guienne. Le cardinal Mazarin dit, pour s'excuser auprès du Roi et du public, qu'il avoit eu de son côté d'autres avantages, et qu'il n'avoit qu'avancé de quelques mois ce qu'on ne pouvoit éviter de faire bientôt. J'en conviendrai avec lui, pourvu que ses partisans souffrent qu'on le blâme d'imprudence de s'être vanté souvent qu'il ne le feroit jamais. Il n'étoit pas étonnant qu'un prince du sang fût privé de ses charges et de ses biens, et même sa postérité déchue de succéder à la couronne; mais la déclaration faite contre les descendans des coupables ne pouvoit pourtant être soutenue, les princes du sang étant appelés par le commun consentement des Etats du royaume. S'ils étoient exclus, il faudroit tirer la conséquence qu'un roi auroit la li-

---

(1) *Le mariage y fut arrêté* : Le traité des Pyrénées fut conclu le 7 novembre 1659, après vingt-quatre conférences entre le cardinal Mazarin et don Louis de Haro.

berté de déshériter son fils, d'appeler un étranger à la couronne, et de démembrer les provinces qui la composent : ce qui est entièrement contraire au droit français. Comme il restoit encore quelques articles à régler, le cardinal et don Louis convinrent du jour qu'ils devoient se rassembler sur la frontière. On dépêcha à Colbert un courrier chargé du traité et du contrat de mariage du Roi avec l'Infante, avec ordre de me rendre les pièces. On m'ordonna d'empêcher qu'on ne les lût, et de ne garder le courrier que quatre heures, en le faisant partir aussitôt que j'aurois fait sceller les ratifications stipulées. Je dis à Colbert qu'il seroit difficile d'empêcher le chancelier de les lire, s'il en avoit la curiosité ; mais que s'il vouloit venir avec moi chez lui, il seroit témoin de la diligence que je ferois pour m'y opposer. Il prit ce parti, et moi celui de lire les articles secrets que je fis valoir au chancelier, en lui disant la nécessité qu'il y avoit de faire partir le courrier; de sorte que, sans perdre de temps, il scella ce que je lui présentai. Comme on disoit que le Roi parloit en maître quand il se relâchoit de quelque chose en faveur du prince de Condé, le chancelier n'eut de curiosité que de voir ce seul article. Je fis envelopper les pièces avec un gros carton, et je mis mon cachet sur plusieurs ficelles qui le serroient, afin que si le courrier venoit à déclarer ce qu'il portoit, et faisoit par là naître l'envie d'en faire lecture, on la perdît par la difficulté qu'on y trouveroit. Le courrier fit assez de diligence, puisque celui à qui il devoit remettre son paquet fut obligé de rester sur la frontière un temps considérable, avant que d'Espagne on s'y rendît pour lui remettre le traité, les articles et le contrat de mariage, ratifiés par le roi Catholique. Les Français, pour faire voir la bonne foi et la confiance avec laquelle ils négocioient avec les Espagnols, n'eurent pas la précaution de retenir la copie de ces actes signés par le secrétaire de don Louis, qui eût pu faire difficulté de les signer. Pour vérifier si ceux qu'on rendoit étoient conformes aux originaux, on dit au député du Roi le nombre d'articles dont le traité étoit composé, et qu'il les comptât; car il passoit pour chose constante que, s'ils étoient fidèles au nombre, ils le seroient en tout le reste. Le cardinal avoit raison de ne pas vouloir que les pièces fussent publiques avant que les deux traités eussent été, l'un déclaré, l'autre consommé, parce qu'il y avoit plusieurs choses omises dont on n'eût pas manqué de lui faire des reproches, et qu'il auroit tâché de réformer à la première entrevue avec don Louis. Du moins il en eût fait l'ouverture; mais, suivant le sentiment de plusieurs, il vaut mieux manquer que d'exposer ce que l'on fait à la censure d'un tiers. Le jour que ces ministres devoient se trouver sur la frontière ayant été arrêté, ils s'assemblèrent dans une île de la dépendance du royaume de Navarre, auquel on renonçoit tacitement. Il est vrai qu'on peut dire, pour excuser le cardinal, qu'on fit là même faute en 1615, en bornant les Etats de cette couronne par le cours de la rivière; mais le roi Antoine de Navarre eut plus de précaution pour ce qui regardoit ses intérêts; car il protesta que, quoiqu'il remît à Fontarabie madame Elisabeth de France, cela ne lui pourroit causer aucun préjudice, ni lui être objecté comme contraire, non pas à ses prétentions, mais à son droit.

[1660] Le jour de la publication de la paix ayant été arrêté, on la publia dans Paris suivant les anciens usages, et dans les autres villes du royaume. Qui voudra la regarder avec les yeux d'un marchand, qui met son bonheur dans le gain qu'il fait, pourra la trouver avantageuse à la France, parce que son domaine en est augmenté. Mais qui la regardera des yeux d'un bon politique et d'un grand monarque avouera que les Espagnols, en perdant du terrain, se sont acquis une grande réputation, et concluera qu'elle leur a été plus avantageuse qu'à nous. Si l'on examine ce qu'on eût pu faire sans continuer la guerre, on dira que quand les Hollandais conclurent leur paix nous pouvions l'avoir aussi, et plus glorieuse et plus avantageuse; mais si nous eussions continué la guerre, la Flandre eût été conquise, ou du moins les Espagnols nous auroient cédé ce qu'ils ont conquis dans l'Artois.

Le Roi fit le voyage de Provence, qui étoit nécessaire pour son service, et pour faire sentir aux habitans de Marseille qu'il étoit mal content de leur conduite. Mais il eût mieux fait de s'adresser à la ville d'Aix qu'à l'autre; car, quoiqu'on pût espérer que le parlement retiendroit le peuple dans son devoir, la division de cette compagnie, et l'envie qu'avoient quelques-uns de dominer, causa tous les maux de cette province. Le cardinal eut beau en être averti: il ne connoissoit les affaires de Provence qu'à demi, ne voyant que par les yeux du premier président d'Oppède, qui avoit sa confiance. Leurs Majestés, après avoir fait un long séjour à Marseille, se rendirent à Avignon. Le Roi y reçut de grandes plaintes des maux que la ville d'Orange causoit au royaume, et Sa Majesté résolut de s'en rendre maîtresse. Cela se fit par un traité. Le Roi ordonna ensuite que les fortifications fussent démolies : mais soit qu'on n'eût pas bien considéré l'assiette de cette place, ou qu'on voulût favoriser celui à qui on en vouloit donner le gouvernement, ce qui étoit à faire fut changé jusqu'à ce que madame la douairière d'Orange en demanda la restitution. Comme je n'étois point du voyage du Roi, je ne m'attribuerai aucune gloire de ce qui fut résolu au sujet de cette place, quoique plusieurs années auparavant j'eusse remontré à ce monarque qu'il étoit de l'intérêt de la justice et de la religion que cette ville fût rasée, parce qu'elle servoit de retraite aux rebelles, et généralement à toutes sortes de criminels. Pendant que le Roi étoit en Provence, M. le prince s'y rendit accompagné du duc d'Enghien son fils, et de M. de Longueville son beau-frère, les deux premiers pour assurer Sa Majesté de leur fidélité, et celui-ci pour lui témoigner la joie qu'il avoit de ce que les princes étoient rentrés dans ses bonnes grâces. Soit que M. de Lorraine eût été averti des propositions des Espagnols dont il n'étoit pas content, ou qu'il espérât de trouver mieux son compte avec le cardinal, il se rendit à la suite de la cour, et obtint pour traiter avec lui un commissaire, qui fut Lyonne. Etant venu à Paris par l'entremise de celui-ci, il fit si bien que le Barrois lui fut rendu, moyennant la cession de quelques villages qui donneroient à Sa Majesté la communication de son royaume à l'Alsace, à condition que les fortifications de Nancy seroient rasées : dont M. de Lorraine témoigna beaucoup de douleur. Le Roi permit à Lyonne de recevoir de ce souverain cinquante mille écus que son beau-père lui avoit prêtés. Peut-être même qu'il eût bien mieux fait de n'en point parler dans cette conjoncture; car du vivant même du cardinal, qui mourut peu de temps après que ce traité eut été conclu, on proposa le mariage de mademoiselle d'Orléans avec le prince Charles de Lorraine, héritier présomptif du duc. Mais il s'y trouva dès lors et dans la suite tant de difficultés, qu'on n'y a plus pensé. M. de Lorraine vouloit que Mademoiselle lui cédât des terres dont il avoit envie d'enrichir un fils qu'il avoit eu de la princesse de Cantecroix. Mademoiselle m'en demanda mon sentiment, et je la fortifiai dans la pensée où elle étoit de n'y pas consentir, mais de lui laisser prendre quelque chose d'approchant sur le domaine de Lorraine, afin qu'il en cédât dès lors le titre de duc et la souveraineté à son neveu. La loi salique, qu'il prétendoit, se trouve autorisée par le traité des Pyrénées; mais son contrat de mariage avec la duchesse Nicole a fait voir qu'elle n'a jamais été établie, ni même un fidéicommis qui exclût les filles du fief au profit des mâles. Il ne faut que lire pour voir s'il a été forcé de le passer ainsi; car, après la mort de la duchesse sa femme, décédée sans enfans, ayant demandé la permission d'épouser la cadette, elle lui fut accordée par le Pape : et l'on a traité dans la suite à Rome de ridicules les procédures qu'il y a faites pour parvenir à la dissolution de son second mariage. Le consentement que le cardinal donna au traité est d'un notable préjudice à la France, en ce que l'on autorise le duc, qui est vassal du Roi, pour changer la nature de son fief, sans en avoir eu le consentement de son souverain. Son Eminence avoit été bien avertie des droits de Sa Majesté, dont je l'avois souvent entretenue : ce qui rendit le cardinal inexcusable de les avoir négligés, pour être aussi peu instruit de nos coutumes que ceux qu'il y employoit étoient peu versés dans la signification des termes. Cela a mis le Roi au hasard de perdre ce qui lui avoit été cédé dans le comté d'Artois, où gouvernance signifie autant qu'ailleurs bailliage, sénéchaussée et prévôté; le cardinal s'étant contenté de faire écrire : *qu'on nous cède l'Artois*, et s'expliquant ainsi dans les bailliages et châtellenies. D'où les commissaires d'Espagne ont inféré que la gouvernance d'Arras n'avoit point été cédée à Sa Majesté; ce qui a donné matière à une grande contestation. Mais il auroit vu l'atteinte qu'il donnoit à sa gloire, s'il avoit consulté ceux qui en savoient plus que lui. Il se piquoit, et Lyonne aussi, d'entendre si bien la langue espagnole, qu'ils n'ont communiqué à personne les articles qui leur ont été présentés : et la pensée qu'ils ont eue que le nom de *communauté* étoit équivalent à celui d'*antiquement* coûte au Roi une grande étendue de pays; et quantité de villages du comté de Cerdagne, qui lui seroient restés en propre, si les bornes des pays qui séparent le Roussillon de la Catalogne avoient été prises suivant la division que César fait de la Gaule et de l'Espagne, ou au sommet des montagnes, ou qu'on eût suivi la pente des eaux. Mais le mot de *communauté* leur paroissant bon, les Espagnols, qui l'avoient mis adroitement dans le traité, en ont profité. L'ignorance où l'on a été aussi de ce qui dans les mêmes montagnes étoit de la souveraineté du comté de Foix a fait perdre au Roi des montagnes entières, dont les Espagnols ont fait abattre les avenues, sans la moindre plainte du cardinal ; et si l'archevêque de Toulouse n'eût été ferme pour les faire rétablir, il seroit arrivé bien d'autres choses ; car le val d'Andaye est en partage entre le comté de Foix et l'évêché d'Urgel. Le Donnezan, qui est aussi une souveraineté située dans la même montagne, et dépendante du comté de Foix, a été tellement oubliée qu'à peine s'est-on souvenu d'en conserver la souveraineté au Roi. On ne doit point trouver étrange que je remarque toutes les fautes que le cardinal a commises, ni attribuer à mauvaise volonté ce que je dis contre sa conduite. Le zèle que j'ai pour le service du Roi et pour le bien de ma patrie me force à les découvrir.

Quelques mois après que Sa Majesté fut de retour à Paris, des députés de l'archiduc de Tyrol s'y rendirent pour demander le paiement de trois millions promis à leur maître par le traité de Munster. Je fus commis avec Lyonne et mon fils pour les entendre. Nous obtînmes d'eux qu'ils ne demanderoient point un million de dalers impériales, mais seulement trois millions de livres de France : et après que nous leur eûmes fait voir qu'ils n'en pouvoient prétendre des intérêts, nous convînmes avec eux qu'ils seroient payés en cinq termes, savoir : au premier, de la somme de trois cent mille livres, et de même au second ; au troisième, de quatre cent mille ; en mars 1662, d'un million ; et en mars 1663, d'un autre million, moyennant la cession que l'archiduc feroit de nouveau au Roi de tous les droits qui lui pouvoient appartenir dans la haute Alsace, le Landgraviat et sa banlieue. Et parce que le cardinal s'étoit fait donner par le Roi les plus considérables domaines de l'Alsace, il fit payer comptant le premier paiement. Il assura le second; et sans doute que s'il eût vécu, le troisième, le quatrième et le cinquième auroient été acquittés, afin que l'archiduc ne fût pas fondé à prétendre restitution.

Les Etats-généraux nous envoyèrent aussi une ambassade solennelle. Ces ambassadeurs crurent que le moyen le plus prompt pour diligenter leurs affaires étoit de s'adresser au cardinal, et de le choisir pour être leur médiateur auprès de Sa Majesté. Mais ils furent bien surpris quand ils surent que ce premier ministre inspiroit au Roi de leur demander une sûreté réelle, que les Etats promettroient et observeroient : présupposant qu'ils avoient contrevenu aux anciens traités, et que l'on ne pouvoit en faire de nouveaux sur leur parole. Les ambassadeurs disoient qu'ils étoient d'autant plus surpris de ce discours, que l'on n'en avoit point tenu de semblable à M. Boreel, ambassadeur ordinaire de leurs maîtres, lorsqu'il avoit proposé le renouvellement de l'alliance. Un jour le cardinal, à la persuasion de Lyonne, me demandant en présence du Roi si sans l'exécution de ceci, qu'il croyoit juste, on pouvoit traiter avec les États-généraux, je répondis qu'ils se tiendroient offensés d'une telle proposition, parce que les rois et les républiques, engageant leur foi, sont persuadés qu'on s'y doit fier. Leur demander des places de sûreté, comme Lyonne en avoit fait l'ouverture, c'étoit proprement donner congé à leurs ambassadeurs. Mais, ajoutai-je, il y a un moyen de faire les affaires du Roi et de contenter les

Etats : c'est de traiter si bien ceux-ci qu'ils ne puissent trouver ailleurs ce qu'ils perdroient en se séparant de Sa Majesté. Il ne faut point leur reprocher ce qu'ils ont fait à Munster, puisqu'il étoit difficile de se persuader qu'ils pussent refuser les offres que le roi Catholique leur faisoit de la liberté et de la souveraineté pour laquelle ils étoient en guerre depuis près de quatre-vingts ans. On peut se souvenir de ce que le prince d'Orange fit dire, lorsque l'on pressoit les Etats de députer à Munster. Les résolutions prises dans la suite ne le furent que pour avoir offensé les principaux de la république. Soit que ce que je dis ou ce qui fut représenté par d'autres fît impression, on résolut de nommer des commissaires pour conférer avec les ambassadeurs et discuter ces matières, sur lesquelles le Roi déclareroit ensuite sa volonté. Et comme à la première négociation nous avions déjà été nommés, le maréchal de Villeroi, le procureur général, Le Tellier et moi, nous le fûmes encore à celle-ci. Le cardinal y fit ajouter Lyonne, et je demandai que mon fils en fût : ce que j'obtins avec plus de peine que je ne croyois, parce que le chancelier ayant désiré la même chose, elle lui fut accordée par le Roi, mais seulement après l'ouverture des conférences avec les ambassadeurs. D'abord ils proposèrent une alliance la plus étroite qui eût jamais été conclue entre les puissances, c'est-à-dire de se garantir l'un l'autre tous droits échus et qui écherroient sur les provinces, ou par conquêtes, ou par convention, après qu'elles leur auroient été cédées par des traités authentiques : ensemble les droits de nature et de souveraineté, même celui de la pêche, en quelque lieu qu'on la voulût faire; à la réserve des rades dont les rois propriétaires n'y voudroient pas consentir, comme aussi toutes les places conquises par les armes, sous quelque titre ou prétexte que ce pût être; et d'établir un commerce au profit des nations, mais pourtant restreint en Europe. Le Roi me commanda de leur dire qu'il falloit examiner les actes les plus importans, avant que de discuter les autres, et avoir fait l'alliance avant que d'établir des lois pour le commerce : à quoi les ambassadeurs firent d'abord quelque difficulté; mais ils se rendirent dans une seconde conférence, où je leur donnai à entendre qu'on traiteroit conjointement de l'alliance et de la navigation. L'empressement qu'ils nous témoignèrent pour la pêche nous fit soupçonner qu'ils nous vouloient engager à entrer en guerre avec l'Angleterre; car, sur la difficulté que nous leur fîmes, ils nous demandèrent pourquoi nous avions changé de résolution : nous représentant que Servien et Fouquet, qui avoient été du nombre des commissaires nommés pour traiter avec Boreel, leur avoient donné un acte par lequel cela leur étoit accordé, comme nous étions, le maréchal de Villeroi, Le Tellier et moi, à la suite du Roi. J'avouerai sincèrement que je ne croyois pas qu'on le leur dût refuser; mais Sa Majesté m'en paroissant fort éloignée, je pris occasion de les faire expliquer, en leur demandant jusqu'où pourroit s'étendre l'assistance qu'ils nous donneroient, si nous avions quelque différend avec les Anglais, soit pour la pêche; ou pour quelque chose de plus essentiel, comme le salut, etc. Ces ambassadeurs répondirent sans hésiter : « Nos maîtres

« donneront leur flotte pour les combattre. — Mais
« comment, dis-je, l'entendez-vous, puisqu'en
« voyant la guerre prête à commencer, vous désirez
« néanmoins une triple alliance entre les couronnes
« de France et d'Angleterre, et votre république ? Ce
« qui nous fait croire que nous pourrons difficile-
« ment nous accorder à la satisfaction des Anglais,
« qui ne s'empêcheront jamais de nous demander un
« dédommagement, si vous voulez continuer à pê-
« cher sur les côtes d'Ecosse. » Les ambassadeurs
me répondirent qu'ils étoient persuadés que les Anglais voudroient ce qui étoit juste; mais que pour peu
qu'ils en fissent difficulté, la France et les Etats-généraux pouvoient bien se passer d'eux. Je fis mon
rapport au Roi de ce qui avoit été dit par ces ambassadeurs. On ne parla plus de la triple alliance, mais
seulement de voir si on la pourroit conclure entre la
France et les Etats. Je ne dirai pas absolument qu'elle
n'étoit point souhaitée par le cardinal : cependant il
paroissoit que Son Eminence étoit bien aise que les
Français pussent prendre les vaisseaux hollandais, et
qu'il ne se soucioit guère que ceux-ci prissent les
nôtres, parce qu'il ne perdoit rien d'un côté et qu'il
gagnoit beaucoup de l'autre. Le soupçon que j'en eus
me parut assez bien fondé, sur la proposition que
Lyonne fit aux ambassadeurs que leurs maîtres re-
missent à l'électeur de Cologne la ville de Rinberg,
démantelée à la vérité, et celle de Ravestein au
duc de Neubourg, et qu'ils donnassent assurance
au Roi de restituer les commanderies et les biens
de la religion de Malte, qu'ils avoient saisis aux propriétaires. Les ambassadeurs répondirent qu'ils ne

pouvoient rien dire sur de telles propositions ; mais qu'ils ne manqueroient pas de les mander à leurs maîtres, de qui ils étoient persuadés qu'on auroit une juste satisfaction. Je me servis de cette occasion pour dire au cardinal, et depuis sa mort au Roi, que je ne croyois pas qu'il fût à propos d'entrer dans de telles ouvertures avec les Etats, ni de s'attacher à lever des impôts sur les vaisseaux étrangers, dont les ambassadeurs avoient ordre de se plaindre et de demander la révocation ; qu'il falloit plutôt examiner s'il étoit avantageux ou non à la France que cette république subsistât; que, pour moi, j'étois persuadé qu'il étoit de notre intérêt de la conserver, quand ce ne seroit que pour ne point perdre tant de millions dépensés à la former, et pour ne pas donner sujet de dire *que le sang des Français ne nous coûte guère*, puisque, oubliant la quantité qu'on en avoit répandu, nous voulions, dans des rencontres qui me paroissoient si utiles, abandonner des gens que nous avions chéris. J'ajoutai qu'en les traitant différemment des Français, ils perdroient beaucoup de leur commerce, dont ils tiroient le moyen de subsister ; que, supposé qu'il vînt à diminuer, il seroit facile aux Espagnols de les assujétir, ou qu'ils seroient peut-être contraints de se donner aux Anglais. Lyonne me répondit : « Il est sans
« exemple qu'une république se soumette à un autre
« Etat. — Vous ignorez donc, lui répliquai-je, qu'ils
« en ont autrefois pris et exécuté la résolution ; et
« qu'il n'y eut que l'arrogance du comte de Leicester
« qui les fit changer d'avis. » Sur ce que j'alléguai qu'il y avoit à craindre que les Espagnols ne les assujétissent, Lyonne me dit qu'ils pouvoient s'en garan-

tir, étant sous la protection du Roi, et aidés de ses troupes. « Je conviens, dis-je, de cette proposition; « mais il est plus expédient encore qu'ils trouvent « chez eux leur propre défense, que de la chercher « ailleurs. La France pourroit être dans une telle « situation que, quelque bonne volonté qu'elle eût, « elle seroit hors d'état de secourir les Hollandais. » Je n'ai point trouvé jusqu'à présent qu'on m'ait répondu à ceci; mais je n'ai pas laissé pourtant de presser les ambassadeurs de consentir à ce que le Roi pouvoit souhaiter. Cependant je n'en parlerai plus. Ceux qui voudront savoir mes véritables sentimens sur la conduite qu'il faudroit tenir avec cette république pourront lire un écrit que j'avois dressé sur ces affaires, dans l'intention de le présenter à Sa Majesté; mais je crus devoir le supprimer, parce que j'ai bien connu que le Roi entroit dans les sentimens de Lyonne et de Colbert, et qu'ainsi ce que je pourrois remontrer ne feroit aucune impression sur l'esprit de Sa Majesté.

Dans le temps que ceci se discutoit avec le plus de chaleur, et qu'il étoit aisé de s'apercevoir que les commissaires du Roi n'étoient point d'un même avis, ce monarque résolut d'envoyer un ambassadeur en Angleterre. Je ne dirai rien de ses instructions secrètes, n'en ayant point de connoissance, sinon que M. de Turenne faisoit son possible pour lier une étroite amitié entre le Roi et celui de la Grande-Bretagne; et comme c'étoit dans le temps qu'on parloit du mariage de celui-ci avec l'infante de Portugal, je conjecturai que tout ce que faisoit M. de Turenne n'étoit que pour engager le Roi à déclarer la guerre à l'Espagne en faveur de l'Angleterre et du Portugal. Mais je trouvois quelque difficulté que les Anglais consentissent à ce mariage de leur Roi, et à rompre avec l'Espagne, d'où ils tirent un profit très-considérable par le trafic qu'ils y font ; car le commerce est l'idole à laquelle ces insulaires et les Hollandais sacrifient. Cependant on parloit de ce mariage avec certitude, et des conditions que le roi de Portugal offroit à Sa Majesté Britannique, comme de lui donner en dot une somme très-considérable, la ville de Tanger en Afrique, et une autre dans les Indes orientales. Ces considérations me parurent si avantageuses pour les Anglais, que je ne doutai plus que l'espérance de se maintenir dans la Jamaïque ne les fît consentir à ce que j'avois jugé qu'ils devoient refuser. Je crus qu'il étoit de mon devoir d'avertir de tout ceci la Reine-mère, afin qu'elle prévînt le Roi son fils, et l'empêchât de prendre une résolution qui pouvoit avoir de fâcheuses suites. Sa Majesté négligea cet avis ; mais l'événement fit connoître qu'il n'étoit pas sans fondement.

[1661] Le comte d'Estrades, ambassadeur du Roi en Angleterre, y fut très-bien reçu de Sa Majesté Britannique, qui affectoit de le mener à la chasse et de lui faire partager ses divertissemens ; mais quoique le Roi d'Angleterre lui donnât toutes ces marques d'amitié, d'où l'on pouvoit conclure que l'ambassadeur étoit dans une étroite liaison avec Sa Majesté Britannique, il y a pourtant beaucoup d'apparence que ce Roi ne fut pas fâché que l'ambassadeur de Venise, qui vint à Londres, ne conviât point ceux de France et d'Espagne de grossir son cortége de leurs carrosses, suivant la coutume. On s'en plaignit à l'ambassadeur de

Venise à la cour de France : et celui-ci dit, pour excuser son collègue, qu'il n'avoit fait que ce qui avoit déjà été pratiqué en Angleterre par un de ses prédécesseurs, dans le temps que le comte de Soissons y étoit. Le Roi résolut de tirer raison de cette affaire, et fit savoir secrètement au comte d'Estrades qu'il vouloit que la première fois qu'il seroit invité à quelque cérémonie, aussi bien que l'ambassadeur d'Espagne, il prît le pas devant lui avec une telle hauteur, qu'on reconnût la différence qu'il y a entre la couronne de France et celle d'Espagne. Le secret qu'on eut pour les serviteurs du Roi ne fut pas si bien gardé à l'égard de l'ambassadeur d'Espagne que la chose ne vînt à sa connoissance. Il en fut même averti de la part du Roi son maître, et il donna un si bon ordre à ses affaires, que le jour que l'ambassadeur de Suède fit son entrée à Londres, il eut tout l'avantage sur les Français : car il ménagea tellement la populace de longue main, qu'elle se déclara en sa faveur : ce qui étant venu à la connoissance du roi de la Grande-Bretagne, il fit entendre au comte d'Estrades qu'il ne pouvoit pas contenir le peuple ; mais qu'il feroit afficher un placard portant défenses à ses sujets de s'intéresser dans les différends qui pouvoient survenir entre les ministres des princes étrangers. Et d'autant que, suivant les apparences, l'avantage ne devoit point être du côté des Français, il ordonna à quelque soldatesque de se tenir en bataille en plusieurs places pour empêcher le désordre, qui fut si grand que cette soldatesque, bien loin de nous favoriser et même d'arrêter la fureur du peuple, qui d'ailleurs avoit violé la franchise due à la maison de l'ambassadeur, se mit en devoir de la forcer. Le comte d'Estrades s'en plaignit. Le roi d'Angleterre essaya de se justifier ; mais tout le monde crut avec raison qu'il étoit très-aise de ce désordre, et que l'avantage fût du côté des Espagnols, étant persuadé que nous ne manquerions pas d'avoir du ressentiment de cette affaire, et qu'ainsi nous nous engagerions dans ses intérêts : au lieu que si la fortune nous avoit favorisés, le mauvais état des affaires d'Espagne obligeant Sa Majesté Catholique de dissimuler, le roi de la Grande-Bretagne, à ce qu'il croyoit, ne seroit pas venu à ses fins. Le comte d'Estrades manda cette affaire à Lyonne, dans une dépêche qu'il lui adressa pour le Roi. Il y faisoit un détail de ce qui s'étoit passé dans la journée, et de la résolution qu'il avoit prise de repasser la mer pour en venir rendre compte, ne se trouvant point d'ailleurs en sûreté à Londres. Le Roi, qui étoit peut-être impatient de rompre avec l'Espagne, fit tenir un conseil à la persuasion de M. de Turenne, et m'ordonna de m'y trouver. Après avoir entendu la lecture de la lettre du comte d'Estrades, Sa Majesté, devant que de demander nos avis, voulut déclarer le sien, qui étoit que le comte de Fuensaldagne, ambassadeur de Sa Majesté Catholique en France, sortiroit incessamment de son royaume ; que les commissaires qui travailloient à mettre des bornes dans le pays d'Artois discontinueroient, et que le roi d'Espagne feroit faire réparation de l'outrage fait au comte d'Estrades, et donneroit un acte par lequel il déclareroit devoir céder la prééminence au Roi. Je pris la liberté de représenter à Sa Majesté qu'elle demandoit ce qu'elle ne pouvoit obtenir, et qu'il me paroissoit que ce seroit assez que le roi d'Espagne déclarât qu'il vouloit que ses ambassadeurs vécussent en Angleterre et partout ailleurs avec ceux de France, comme ils faisoient à Rome et à Venise ; que c'étoit en effet laisser ceux du Roi en possession de la préséance, sans faire de déclaration de n'en plus conserver la prétention. Le Roi ne se trouvoit point éloigné de se contenter de ce que je proposois. Cependant il me commanda d'aller trouver le comte de Fuensaldagne ; mais je le fis avertir auparavant que je parlerois en homme qui souhaitoit la durée de la paix, et qui ne prétendoit aucun avantage dans la guerre, afin que le ministre d'Espagne ne se laissât pas surprendre par ceux qui avoient des intérêts contraires. On dépêcha un courrier à l'archevêque d'Embrun, ambassadeur du Roi en Espagne, pour lui ordonner de faire ses plaintes de ce que Vatteville avoit entrepris. La mauvaise situation des affaires de Sa Majesté Catholique l'obligea de blâmer hautement ce que son ambassadeur avoit sans doute fait par son ordre. Cependant le Roi témoigna du chagrin de ce que l'archevêque d'Embrun avoit mis cette affaire en négociation ; et je le défendis parce que je croyois qu'il avoit eu raison de le faire, comme aussi de ne point sortir de Madrid, si l'on ne lui en donnoit un ordre précis : ce que j'appuyai si fortement que Sa Majesté me parut contente de sa conduite. On sut depuis que le roi d'Espagne avoit confirmé les premiers ordres envoyés au comte de Fuensaldagne et au marquis de La Fuente pour assurer le Roi que Vatteville, qui avoit agi de son chef, seroit révoqué de son emploi (ce qui fut exécuté), et qu'à l'avenir ses ambassadeurs se conduiroient en tous lieux comme ils avoient accoutumé de faire ; c'est-à-dire qu'ils n'interviendroient dans aucune fonction publique, excepté à la cour de l'Empereur, où la préséance leur est conservée sur ceux de France, sans s'expliquer davantage : ce qui est une marque de l'adresse des Espagnols. Le Roi parut être satisfait, et me dit un jour : « Vous n'au-« riez jamais cru qu'ils feroient cette déclaration. » J'en tombai d'accord en prenant la liberté de faire ressouvenir Sa Majesté qu'elle ne s'y étoit pas non plus attendue ; mais que j'avois été d'avis qu'elle s'en contentât, et que, comme elle s'y étoit déterminée, je ne pouvois m'empêcher d'en avoir de la vanité.

Le nonce et l'ambassadeur de Venise furent surpris du compliment que je fis au comte de Fuensaldagne de la part du Roi, quoique j'eusse adouci le plus qu'il m'avoit été possible les paroles aigres que j'étois chargé de lui dire. Le premier de ces ministres étrangers en fut frappé, parce qu'il jugeoit qu'une rupture entre les couronnes serviroit de prétexte légitime au Roi pour ne point entrer dans la ligue qu'il avoit proposée de la part du Pape entre Sa Majesté l'Empereur, le roi d'Espagne et les Vénitiens, pour s'opposer aux forces ottomanes qui menaçoient la chrétienté de faire une irruption dans la Hongrie ; et l'ambassadeur de Venise, parce qu'il perdoit l'espérance de voir le Roi assister sa république fortement attaquée par le Grand-Seigneur dans le royaume de Candie. Je conseillai au nonce de s'employer pour adoucir l'esprit du Roi, et à l'ambassadeur de Venise de continuer ses instances pour engager ce monarque à assister sa république. Le Roi reçut favorablement ce qui lui fut exposé par le nonce, mais non pas sans témoigner l'envie qu'il avoit de faire la guerre à l'Espagne si l'on ne lui eût fait satisfaction. Pour le Vénitien, il lui fit espérer de faire des choses extraordinaires pour sa république, pourvu qu'il pût être convaincu qu'il en tireroit de grands avantages. Le nonce fut consolé, quand il sut que les pouvoirs qu'on avoit envoyés au cardinal Antoine Barberin pour traiter, par l'intervention d'Obeville, des conditions de la ligue, n'étoient pas révoqués. L'ambassadeur eut aussi des paroles assez précises que Sa Majesté persistoit dans ses premiers sentimens.

La naissance du prince d'Espagne fournit un prétexte pour envoyer un gentilhomme au roi Catholique lui en faire compliment, et lui confirmer ce que Sa Majesté Catholique savoit déjà, que la Reine sa fille étoit heureusement accouchée d'un Dauphin. Le roi Catholique envoya à la cour de France faire de pareils complimens, avec ordre de s'en retourner en diligence; mais le Roi voulut que cet Espagnol fût auparavant témoin de la magnificence d'un ballet qu'il devoit donner.

Je dis à l'ambassadeur de Venise que Sa Majesté ne pouvoit donner de secours à sa république ni à la ligue, dans laquelle elle devoit entrer à la sollicitation du Pape. Cet ambassadeur en parut très-mortifié, et se souvint bien alors que je l'avois averti qu'il étoit de l'intérêt des Vénitiens de faire désister Sa Sainteté d'en continuer la poursuite, et que l'ouverture en seroit inutile à leur république, Sa Majesté se trouvant hors d'état de fournir en même temps à deux grandes dépenses. Je trouvois aussi qu'il y avoit autant de raisons pour rejeter les propositions du Pape qu'il m'en paroissoit d'aider la république; car, comme je pris la liberté de le présenter au Roi, il étoit de l'intérêt de la chrétienté qu'il y eût quelqu'un de ces potentats qui pût être le médiateur de la paix entre la Porte, l'Empereur et la République. Les saints lieux ne pouvoient être conservés que par la considération particulière que le Grand-Seigneur avoit pour quelque roi chrétien; et d'ailleurs il y avoit plusieurs raisons qui devoient empêcher Sa Majesté à rompre ouvertement avec le Sultan. Ainsi je croyois que l'outrage fait à son ambassadeur devoit être dissimulé. Mais, tandis qu'on sauvoit les apparences avec les Infidèles, le Roi étoit pourtant dans l'obligation d'aider sous main les Vénitiens, puisque c'étoit la cause de tous les princes chrétiens, et qu'ils soutenoient depuis un grand nombre d'années une rude guerre contre un redoutable ennemi.

Je dis au Roi, qui me fit l'honneur de me demander quelles mesures il devoit garder avec l'Espagne et l'Angleterre, que, selon les lumières que j'avois, il me paroissoit devoir empêcher l'agrandissement de l'une et de l'autre; que, s'il lui arrivoit de conquérir toute la Flandre, ou au moins une partie, par la jonction de ses armes à celles du roi d'Angleterre, et que ce monarque vînt à y gagner Nieuport ou Ostende, Sa Majesté y perdroit bien plus qu'elle n'y gagneroit; que le plus grand bonheur qui lui pouvoit arriver, supposé que les Anglais ne lui voulussent point céder Dunkerque, seroit que cette place fût reprise par les Espagnols : par la raison que les Anglais sont les anciens ennemis de la France et le seront toujours, quelque alliance, paix ou trève qu'ils puissent faire avec nous. Ils sont d'ailleurs persuadés qu'on leur fait injustice en ne leur rendant pas la Normandie, le Poitou et la Guienne. Et bien que ces provinces aient été confisquées suivant les lois reçues par toute la terre, celui qui perd trouve toujours qu'on ne lui fait pas justice. D'ailleurs, si la France ne peut éviter d'être frontière de l'Espagne, qui pourroit entreprendre sur elle, il y a bien moins de prudence à l'être d'un autre Etat dont la puissance peut devenir considérable. « Il faut, ajoutai-je, que Votre Majesté prenne garde « aux mauvais conseils qu'on peut lui donner, et « qu'elle fasse en sorte de ne pas se liguer en faveur « de l'Angleterre : cette nation a beaucoup de venin « sous une belle apparence. » Le Roi entra fort bien dans ce sentiment; mais on lui représenta le peu de santé de Sa Majesté Catholique; qu'il n'y avoit aucune apparence que le prince qui venoit de lui naître en l'année 1661 pût vivre, et qu'ainsi l'alliance et l'amitié des Anglais lui devenoient nécessaires. J'espère que le Roi, avançant en âge, démêlera quelle est la fin de ceux qui lui proposent de s'embarquer dans une nouvelle guerre avec l'Espagne.

La fermeté des ambassadeurs des Etats-généraux à demander que Sa Majesté s'expliquât sur la garantie de leur pêche, et la nécessité de rompre avec les Anglais sur un point très-délicat, qui est le salut, en cas que la flotte de France et la leur se rencontrassent : tout ceci, dis-je, a fait que des gens qui sont dans les intérêts du Roi ont estimé que cette affaire devoit être mise en négociation, et ont paru fort mécontens de la franchise ordinaire avec laquelle j'ai dit au Roi qu'il falloit que sa flotte, étant foible de voiles, évitât la rencontre de celle d'Angleterre; mais que si le hasard faisoit qu'elles se trouvassent en présence, il falloit combattre, quand même on devroit avoir du désavantage, plutôt que de baisser le pavillon. Ces mêmes personnes, ayant su que les Hollandais étoient résolus de joindre leurs forces à celles du Roi, si l'on étoit dans la nécessité de combattre pour l'honneur des couronnes, n'ont pas manqué de le mander en Angleterre, d'où ils ont eu souvent avis que, pourvu qu'on refusât aux Hollandais ce qu'ils demandoient, il n'y avoit rien que le Roi ne pût espérer des Anglais. On a été dans l'obligation de faire aux Hollandais un mystère de cette négociation, et de la céler à ceux en qui le Roi pouvoit prendre confiance, parce que la probité et le courage de ceux-ci ne leur auroient jamais permis de consentir à une chose qui seroit honteuse à Sa Majesté, à qui les Etats-généraux étoient en droit de demander ce qui assure leur liberté; puisque d'autre côté les Anglais le leur offroient, pourvu qu'ils se désistassent de presser la France de se déclarer en leur faveur. Pour trouver donc un prétexte de détourner Sa Majesté des Hollandais, ils ont continué à faire négocier en Angleterre, et l'on y est convenu de cet expédient : que les flottes venant à se rencontrer au-delà du cap de Finistère, elles se salueront également l'une l'autre; mais que, dans la Manche, les Français éviteront la rencontre de celle d'Angleterre; d'où, suivant les termes de la marine, il est aisé de conclure que le Roi consent que son amiral rende obéissance à celui de Sa Majesté Britannique. J'éviterois de parler de ceci, si je ne m'y croyois obligé par le zèle que j'ai pour ma patrie, et parce que j'écris ces Mémoires tant pour l'instruction de mes enfans que pour faire connoître que je n'ai jamais eu que des sentimens d'honneur et d'une véritable gloire. Pour faire voir aussi que ceux qui ont part aux affaires, et en qui le Roi pouvoit avoir confiance, en ont abusé par malice ou par ignorance (ce que j'aime mieux croire), il faut savoir que les rois d'Angleterre s'étant prétendus seigneurs de la Manche, qu'ils étendent jusqu'au cap de Finistère, le roi de France leur en a comme accordé le titre, en ordonnant à ses flottes d'éviter la rencontre des Anglais, avec qui il y a beaucoup d'apparence qu'on en est convenu, puisqu'au-delà de ce même cap de Finistère ceux-ci ont consenti que les flottes se saluassent également. Il seroit en vérité bien difficile d'éviter leur rencontre dans une mer étroite : au lieu que les Anglais ne seront jamais dans la nécessité de reconnoître le pavillon de France dans la haute mer, à moins qu'une tourmente extraordinaire ne fît approcher les deux flottes : ce qui ne peut arriver que par deux vents contraires qui souffleroient en même temps. Je conviens que depuis long-temps les rois d'Angleterre ont prétendu l'empire de la mer, et que pour cet effet ils ont fait frapper des monnoies où leur effigie étoit représentée sur un navire, tenant d'une main une épée et de l'autre un monde. Mais, loin d'avoir été reconnus tels par les rois de Suède et de Danemarck, ceux-ci les ont forcés jusque dans les rades de France à leur rendre les honneurs qu'ils prétendoient d'eux. On en doit donc tirer cette conséquence qu'on a fait un grand préjudice à la France d'avoir mis cette chose en négociation, et de ne s'en être pas tiré au moins avec un avantage égal ; mais il ne faut pas s'étonner s'il se trouve des personnes qui veulent traiter les affaires de cette manière, et qui croient avoir bien gagné quand on n'a pas tout perdu. Tout le monde ne sait pas préférer la gloire et l'honneur à des vues particulières. Les rois de France donnoient autrefois la conduite de leurs affaires à des gens d'épée et de naissance, plutôt qu'à des personnes de robe et de petite extraction. Si l'on venoit à s'élever par de belles actions, on recevoit le titre de chevalier, pour faire connoître que, s'étant élevé par son courage au-dessus de sa condition, l'on entroit dans une autre, où l'on ne seroit plus excusable s'il arrivoit de commettre la moindre lâcheté. Enfin je n'eusse pas manqué de dire ma pensée au Roi s'il m'eût parlé de cette affaire, étant persuadé que ses lumières l'auroient porté à suivre mes sentimens, malgré ce qu'on fait pour lui faire entendre que qui n'est malheureux qu'en certaines choses ne perd rien ; et qu'il y a des occasions où, pour son intérêt, il est permis de faire tort à sa réputation. Cependant il nous en arrive de grands inconvéniens avec les Anglais, en ce que nous avons beaucoup perdu avec eux, et que nous courons risque de perdre avec les Hollandais, qui persistent toujours à vouloir que le mot de *pêche* soit exprimé dans les articles où les choses qui leur doivent être garanties sont énoncées : autant pour empêcher les Anglais de rien entreprendre sur leur liberté, que pour persuader le monde que la garantie générale comprend tout, quand il n'y a point de réserve. D'ailleurs ils sont assez éclairés pour croire que s'ils étoient attaqués par les Anglais, nous n'abandonnerions point leur protection. Les Anglais eux-mêmes seroient bien ignorans s'ils se pouvoient imaginer que, faute d'avoir mis un mot dans un traité, on abandonnât la défense d'un allié. Je m'en suis expliqué avec les ambassadeurs des Etats-généraux, en leur conseillant de signer ce traité de la manière que le Roi le leur proposoit, et d'espérer que le canon exprimera un jour ce que la plume aura oublié : et peut-être que nous serons réduits à les en prier. Je dirai même librement que celui qui suivra les sentimens de l'autre sera le plus sage, quoique la différence des deux Etats soit si grande qu'apparemment ce sera toujours aux Hollandais à recevoir la loi, bien loin de prétendre la donner.

Je crois que peu de personnes ignorent que M. de Lorraine, n'étant pas content de ce qui avoit été arrêté au traité des Pyrénées pour ses intérêts, fit faire plusieurs ouvertures pour améliorer sa condition, et qu'enfin il engagea le cardinal Mazarin. De manière que, sous le prétexte honnête d'assurer au Roi un chemin pour aller en Alsace, Son Eminence donna atteinte au traité qu'elle avoit conclu, en restituant le duché de Bar légitimement confisqué sur lui, moyennant l'échange ou la cession de quelques terres. Le duc accorda ce qu'on vouloit de lui, et se flatta pendant long-temps que Nancy lui seroit rendu sans être démantelé ; mais, ne l'ayant pu obtenir du Roi, il céda, et l'on députa des commissaires de la part du Roi et du duc pour travailler à planter des bornes, afin qu'on connût ce qui appartenoit à la France. Toutes les fois que les commissaires s'assembloient, il survenoit des incidens qui les empêchoient de rien conclure ; et Sa Majesté faisoit menacer alors M. de Lorraine que si les commissaires abusoient de sa bonté, elle feroit planter les bornes; et que l'on verroit qui seroit assez hardi pour les abattre. Le duc revint à Paris, et fit plusieurs propositions, dont l'une étoit de renoncer à son duché en faveur de mademoiselle de Nemours. Mais il fut aisé de connoître qu'il ne cherchoit qu'à gagner du temps, puisqu'au lieu d'aplanir les difficultés qui se rencontroient, il en faisoit toujours naître de nouvelles. Enfin le Roi, après avoir fait pour lui ce que naturellement il ne devoit pas espérer, qui étoit d'approuver la loi salique, se lassa de sa manière d'agir; et le duc, par l'envie de nuire à son frère et à son neveu, et d'élever un bâtard qu'il avoit eu de la princesse de Cantecroix, fit proposer à Sa Majesté de lui céder en héritage les duchés de Lorraine et de Bar. Lyonne, qui avoit été employé pour négocier les conditions du mariage du prince Charles et de mademoiselle de Nemours, fut nommé commissaire, et s'aboucha plusieurs fois avec Le Cocq, greffier de la chambre des comptes, et beau-frère de l'intendant de mademoiselle de Guise. Ils arrêtèrent, sous le bon plaisir du Roi, certains articles rédigés depuis en traité, et signés par Sa Majesté et par M. de Lorraine. Des raisons ont obligé à tenir secret ce traité qui d'ailleurs étoit assez public, non pas à cause du Roi, qui y fut trompé en tous les articles, mais à cause de ceux qui s'en étoient mêlés. La réunion de la Lorraine à la France éblouit les personnes les moins éclairées; et le Roi même, pressé par un mouvement d'ambition et par le désir d'avoir la gloire de faire des choses avantageuses à sa couronne, manda le chancelier et les secrétaires d'Etat, etc., et le fit lire en leur présence. Le maréchal de Villeroy s'y trouva aussi.

Ce qu'il y a de beau dans ce traité pour le Roi, c'est la réunion de la Lorraine à la France, et que dès à présent, dit-on, des places en seront livrées à Sa Majesté, dans lesquelles on pourra mettre des garnisons. De plus, M. de Lorraine, devant jouir des revenus ordinaires et extraordinaires, ne pouvoit néanmoins imposer au-delà d'un million de livres barroises. Ce qui rend ce traité moins honorable, c'est que le duc stipule que ceux qu'il aura pourvus des bénéfices ou offices y seront maintenus après sa mort ; qu'il prendra sur le million imposé, par préférence à toute charge, la somme de sept cent mille livres (la différence de s'expliquer donnoit lieu de croire que M. de Lorraine y trouveroit son avantage); qu'il jouiroit de sept cent mille livres excédant le million ; qu'il auroit deux cent mille livres de rente, une moitié dans une terre honorée du titre de duché et pairie, et l'autre sur des revenus du Roi dont il auroit l'entière disposition, et même de les céder à son bâtard ; que lui et ceux de sa maison jouiroient non-seulement des priviléges des princes du sang, mais seroient même réputés être du sang royal, et en cette qualité capables de succéder à la couronne de France, si les princes de Bourbon venoient à manquer ; que quatre princes du sang de Lorraine ne laisseroient pas, sans avoir aucune pairie, d'avoir entrée et séance au parlement immédiatement après ceux de la maison de France ; qu'ils seroient réputés pairs nés comme ceux-ci ; que la restriction qu'on en fait à quatre n'est que pour éviter la confusion qu'un plus grand nombre pouvoit causer ; et qu'aucuns princes bâtards ni sortis de bâtards de France ne pourront le disputer à la maison de Lorraine.

Le Roi voulut que ce traité fût lu, et se trouva surpris de ce que le chancelier ne l'approuva pas. Je me crois obligé de dire, à l'honneur du chancelier, qu'il parla en homme de bien, faisant connoître à Sa Majesté qu'elle ne pouvoit faire des princes du sang par une déclaration, et que la justice vouloit que les parlemens lui fissent des remontrances sur cet article. Mais le Roi fit bien paroître qu'il ne trouvoit pas bon d'être contredit : ainsi le chancelier se tut, et eut ordre de se préparer à parler au parlement lorsque Sa Majesté iroit y tenir son lit de justice, pour faire enregistrer l'édit qui devoit être expédié pour donner de la force au traité. Je m'attendois toujours que le Roi me demanderoit mon sentiment; mais voyant qu'il l'évitoit, et jugeant bien que c'étoit par conseil, je le regardai plusieurs fois pour lui en faire naître l'envie. Je souhaitai même de parler sans être interrogé; mais je m'en abstins, pour ne rien faire de contraire à la retenue dont j'ai toujours fait profession. Si Sa Majesté m'eût demandé mon sentiment, je me serois excusé de le dire, parce que je suis sorti d'une famille qui a si souvent soutenu que la maison de Lorraine ne peut avoir de prétention sur la couronne de France, que je ne pouvois comprendre que l'héritier des rois pour le service desquels, aussi bien que pour la justice de leur cause, on a répandu tant de sang, tombât d'accord que cette prétention pouvoit être soutenue; car qui déclare une fois qu'une succession peut être ouverte en faveur de celui qui la demande convient qu'il est de la maison. Je n'aurois pas encore manqué de représenter à Sa Majesté le livre que les Lorrains mirent au jour sous le règne du roi Henri III, la réprimande qui fut faite à celui qui en étoit l'auteur, le désaveu qu'ils firent de ce livre, et la foiblesse de leurs citations en leur représentant leur origine véritable. Ensuite je serois entré en matière si ce monarque me l'eût commandé, pour lui faire voir qu'il achetoit ce qui lui appartenoit, et qu'il donnoit par là occasion à une guerre.

Je n'ai que deux choses à dire pour prouver que le Roi est seigneur légitime de la Lorraine : l'étendue des Gaules du temps de César, et l'érection du royaume d'Austrasie par l'empereur Charlemagne. Si l'on m'allègue que les rois de France y ont renoncé, je réplique qu'ils ne l'ont pu faire, n'étant qu'usufruitiers et non pas propriétaires du royaume. Mais, supposé que la maison de Lorraine possède à juste titre le duché que le duc Charles a cédé au Roi, il faut examiner si c'est de son chef ou de celui de la duchesse sa femme qu'il le possède. Pour prouver qu'il appartient à cette princesse, il n'y a qu'à lire son contrat de mariage, et se souvenir comment les filles y ont succédé autrefois, et que, pour en détruire le droit, il faut convenir d'un autre : que la couronne de France n'auroit jamais voulu avouer que, par la loi salique, les filles en étoient exclues au profit des mâles. Si cette loi est constante, M. de Lorraine ne peut vendre au préjudice de ceux qu'elle appelle; et si elle n'a point de lieu, quel droit a le duc Charles de nous céder ce qui appartient à son neveu? L'une des propositions sera toujours véritable, et la nullité de la vente reconnue. Mais supposé que la chose pût se faire pour un bien public, puisque ce qui est échangé tient lieu de ce qu'on possédoit en propriété, la justice voudroit que les terres et revenus que le Roi s'oblige de donner demeurassent affectés aux légitimes héritiers du sang dont l'exclusion rend le contrat vicieux. Quelque garantie que donne M. de Lorraine de la vente, avec la possession dans laquelle il met Sa Majesté, tout cela n'approche point de ce qu'elle fera pour s'y maintenir avec son épée. Pourquoi donc avoir cédé ce qu'on possédoit à si bon titre, pour l'acquérir ensuite de celui qui n'étoit pas en pouvoir de vendre ? Si d'ailleurs le Roi m'eût demandé la raison de ce que je témoignois tant d'éloignement pour la maison de Lorraine, j'aurois répondu qu'il m'étoit impossible d'aimer ceux qui ont voulu dépouiller les véritables héritiers de Hugues Capet, sur une supposition reconnue fausse par tous ceux qui sont versés dans la lecture de l'histoire, que des princes sortis de la maison d'Alsace aient prétendu être de celle de Pepin, et qu'ils se soient encore donné une autre origine aussi peu fondée que la première, d'être descendus de Godefroy de Bouillon : ce qui s'appelle confondre deux duchés et deux tiges, pour en tirer de la gloire et de l'avantage. Il est bien vrai que la Mosellane, la haute Lorraine et le Brabant faisoient partie du royaume d'Austrasie, et que depuis qu'il fut occupé par les Allemands, les empereurs y établirent des gouverneurs sous le nom de ducs, qui dans la suite des temps sont devenus héréditaires. Mais de conclure que cette couronne a appartenu à ceux qui ont commandé sous l'autorité des empereurs Othon, Henri et un des Conrads, c'est ce qui n'a aucune apparence de raison. La division qui fut faite du royaume est une preuve suffisante pour inférer qu'il ne reste aucun prince du sang de Charlemagne : ce qui a été ainsi reconnu par l'archidiacre des Roziers, qui avoit écrit à la sollicitation de la maison de Lorraine.

On a voulu persuader ensuite au Roi que le duc ne pouvoit se dépouiller de son État au total ou en partie; et Sa Majesté s'est arrêtée à cette raison qui lui eût paru très-peu importante si on lui eût remontré en même temps que le Barrois, fief de la couronne de France, ayant été légitimement confisqué, M. de Lorraine, pour le recouvrer et le conserver dans sa famille, avoit pu démembrer quelques villages, et même quelques portions de ce duché qu'on a fait entendre au Roi qu'il possédoit en titre de souveraineté.

La justice de l'arrêt du parlement rendu contre M. de Lorraine est fondée sur une loi reçue et bien établie, que le présomptif héritier de la couronne ne se peut marier sans le consentement du Roi. Pour prouver que le duc est son vassal, il n'y a qu'à voir les hommages que lui-même et ses prédécesseurs ont rendus aux rois; d'où il faut tirer la conséquence qu'il est lige, et que ce terme, comme on en convient, n'est pas seulement une simple confiscation de fief, mais soumet encore la tête du vassal à l'épée de la justice du souverain. Mais quand il seroit souverain, en possédant des États qui ne relèvent de personne, il ne laisse pas pour cela d'être sujet de la couronne de France pour son duché de Bar, qu'il ne possède pas à même titre. Ce n'est plus à nous à disputer si la Lorraine est possédée en tout ou en partie en souveraineté : c'est à l'Empereur à entrer dans cette contestation. Quelques-uns de ses prédécesseurs, dans la décadence de l'Empire, se sont contentés, pour éviter toute contestation, d'assujétir le duc de Lorraine à contribuer aux charges du même Empire, sans exprimer ce qui en pouvoit être mouvant. D'où il faut conclure que, de l'aveu des ducs et suivant les prétentions des empereurs, le duché de Lorraine relève pour le tout ou en partie de l'Empire.

Ceux qui ont conseillé au Roi de donner des successeurs à la maison de Lorraine l'ont voulu flatter, en lui disant que c'étoit une marque de son absolue et souveraine puissance, sans considérer que celui qui peut disposer du total de son Etat en peut, à plus forte raison, céder une partie; d'où les Espagnols et les Anglais pourroient conclure que les rois Jean et François 1er. auroient pu céder à ceux-ci, le premier la souveraineté de la Guienne, et le second à ceux-là celle de la Bourgogne : maximes si fausses qu'elles ont été combattues par les Etats de ces deux belles provinces du royaume, qui sont demeurées réunies à la monarchie, nonobstant la cession forcée que les rois en avoient faite à des étrangers. Il est bien constant que l'autorité de nos rois n'est point bornée, et qu'à certains égards ils sont maîtres de nos corps et de nos biens; mais ils n'ont pas une puissance assez despotique pour être en droit de céder leur royaume, et d'appeler à leur succession d'autres que ceux à qui elle appartient par le droit du sang. Il se contracte entre le Roi et son Etat une espèce de mariage qui ne peut être dissous; et qui établiroit cette maxime, que le Roi me peut donner à un autre, établiroit que j'ai aussi la liberté de me donner moi-même. Les conditions doivent être égales entre le mari et la femme, et rien n'est permis à l'un qui ne le soit à l'autre. Il n'y a jamais eu que les étrangers qui ont tâché de donner atteinte à la force de nos lois. Si l'on me demande pour quelle raison je marque tant d'éloignement pour la maison et pour la personne du duc Charles, je dirai ce que je n'aurois pu dire au Roi, que je ne puis oublier que ce prince arbora autrefois des étendards dans lesquels il avoit fait représenter une couronne de France renversée par la foudre, avec cette inscription : *Flamma metuenda tyrannis ;* et une autre formée de lis qu'une épée tranchante coupoit par le milieu, avec ces paroles : *Illam dabit ultio messem.* Ceux qui ont connoissance de tout ceci concevront avec peine que le Roi ait eu la pensée d'élever une maison qui a travaillé pendant plusieurs siècles à ruiner la sienne. On pourroit répondre encore, pour justifier le traité, que c'étoit le seul moyen pour unir la Lorraine à la France ; mais je dirai : Pourquoi acheter ce qui nous appartient ? pourquoi avoir renoncé à tant d'autres droits légitimes, pour en acquérir un qui au fond sera contesté tant qu'il restera un prince du sang de Lorraine ? J'oubliois une raison qui me paroît forte : c'est qu'il faut considérer d'abord le droit qu'avoit le Roi de garder le duché de Lorraine, droit hérité de Louis XIII ; et je conviendrai que, soit que le duc Charles fût maître d'en disposer par la loi salique ou non, il étoit soumis à la garantie dès qu'il la promettoit par différens traités ; et renonçoit à tous droits de propriété et de souveraineté au profit du Roi, en cas de contravention. On n'a pour cela qu'à lire ceux qu'il a signés, et à en tirer les conséquences nécessaires. Mais voici, à mon sens, une considération sans réplique, et qui auroit dû empêcher le Roi de signer ce traité. C'est qu'on peut en craindre qu'il ne serve un jour de matière à une guerre civile : car il y a peu d'apparence que les princes du sang de Bourbon supportent facilement tant de compagnons, et que ceux des autres maisons, qui ont précédé Lorraine, les veuillent considérer comme pouvant un jour devenir leurs maîtres. Cela obligera les uns à se retirer dans leurs gouvernemens, et les autres dans leurs maisons. Ils donneront aux mécontens matière d'entrer dans des factions dont les événemens peuvent être craints, et sont toujours très-incertains. Enfin ce traité est une semence de guerre jetée dans un champ qui pourra la produire un jour.

Ne soyez point surpris, mes enfans, que des hommes de plume soient capables d'entreprendre des choses qui attirent la guerre: car, comme ils ne hasardent point leur vie, aussi n'ont-ils point de ménagement pour celle des autres. Les exemples en sont communs. Ceux qui liront les Mémoires de Philippe de Commines apprendront que les têtes couronnées ne sauroient avoir de plus dangereux conseillers que ceux qui présument trop de la grandeur de leurs maîtres, et qui n'ont d'autre pensée que de se conserver dans leurs bonnes grâces, en applaudissant à tout ce qu'ils croient leur pouvoir être agréable.

Je suis obligé, mes enfans, de vous faire remarquer encore la foiblesse de l'esprit humain, et je ne puis vous en donner un exemple plus sensible que ce qui se passe actuellement à la cour de la France. Des princes y cessent d'être princes pour avoir une dignité qui leur peut être contestée, et, sous l'espérance d'une véritable chimère, ils cèdent un bien réel, et cessent enfin d'être princes, en ne possédant plus de souveraineté.

Pendant qu'on traitoit de cette affaire, les ambassadeurs des Etats-Généraux reçurent ordre de leurs supérieurs de faire de fortes instances auprès du Roi, pour obtenir de sa générosité la modération des taxes qu'on avoit imposées sur les vaisseaux étrangers et de garantir leur pêche, pour empêcher qu'ils n'entrassent en guerre avec l'Angleterre. Je n'ai point jugé à propos de me charger d'en faire l'ouverture à Sa Majesté, ne faisant pas de façon de dire à ces ambassadeurs que les conseils que je puis donner sont inutiles; qu'ils n'ont qu'à s'adresser au chancelier, le premier des commissaires nommés pour traiter avec eux; et qu'il y a même des personnes qui seroient plus propres à persuader le Roi. J'ajoutai à ces députés que je m'en rapportois à leur prudence, et que c'étoit à eux de prendre le parti qui leur sembleroit non pas le plus honorable, mais le plus sûr. Je leur conseillai de se conformer toujours aux volontés de Sa Majesté; car, comme je l'ai dit plusieurs fois, je suis persuadé que leur république aura bien de la peine à se maintenir sans la protection de la France, qui, de son côté, a grand intérêt à sa conservation.

J'ajouterai encore, avant que de finir ces Mémoires, que le Roi ne doit pas tellement se fier aux Allemands qu'il ne prenne de bonnes sûretés avec eux lorsqu'il voudra, pour ses propres intérêts ou pour les leurs, entrer en guerre avec l'Empereur. Les alliances que nous ferons avec les Anglais, ne seront jamais solides, parce que, d'un côté, le pouvoir de leur Roi est resserré par les parlemens, et que de l'autre, cette nation hautaine et ambitieuse ne voit qu'avec jalousie la prospérité de ses voisins. Elle conserve des prétentions contre nous, et la diversité de religion aggrave sa haine. L'expérience du passé nous fait connoître qu'on peut, malgré les apparences de la bonne foi, se défier des Suédois et des autres protestans, qui n'ont d'autre dessein que d'abolir la religion catholique, que nous voudrions et relever et maintenir dans les pays où elle a brillé autrefois. Supposé que quelqu'un de vous, mes enfans, eût l'avantage d'être appelé dans le conseil du Roi, honneur qu'on ne peut assez estimer, et dont je souhaite que vous puissiez vous rendre dignes, au milieu d'un profond respect et d'une parfaite obéissance à ses volontés, ayez sans cesse devant les yeux l'objet de la gloire de Dieu et l'avantage de la religion. Nous ne devons pas craindre qu'un roi très-chrétien, et élevé dans ses maximes, puisse jamais s'en éloigner. Souvenez-vous cependant que c'est manquer à la fidélité que le service du Roi exige de vous, si vous hésitez à déclarer, avec une liberté respectueuse, les doutes et les difficultés que vous pouvez avoir dans les affaires qui se rencontreront : car, quand la nécessité y oblige, nulle considération humaine ne peut ni ne doit dispenser un homme de bien de mettre dans tout son jour la vérité dont il est persuadé. La justice et la piété du prince ne vous condamneront point sans doute, lorsque dans l'occasion vous oserez lui représenter que, quelque élevée et indépendante que soit son autorité à l'égard des hommes, elle n'en est pas moins soumise à la loi de Dieu ; que cette autorité lui doit être d'autant plus assujétie que le sceptre et la couronne du Roi, qui lui viennent de la main toute puissante de Dieu, ne lui ont été donnés que pour établir, étendre et maintenir son culte; que la plus grande gloire du Roi dépend de l'amour de ses peuples ; que ce qui fait partie de la monarchie ne peut être aliéné ni cédé aux étrangers ; que notre ancienne constitution est plus juste et plus sainte que celle des pays voisins, et que la France ne sera jamais heureuse, tandis que des étrangers auront part au gouvernement. Si Dieu permet que je vive, et s'il se passe des choses dignes d'être sues de la postérité, je vous prie, mes enfans, que, si je venois à les oublier, vous les observiez. Enfin, si vous croyez que ce que j'ai mis par écrit doive être lu, vous en userez comme vous croirez que je l'aurois dû faire moi-même. Mais souvenez-vous, comme je l'ai déjà dit, que je n'ai pas assez de présomption pour être persuadé que ma vie puisse jamais servir de modèle à celle des autres. Je souhaite seulement que vous m'imitiez en ceci. Ne dépendez jamais que de votre maître ; méprisez les richesses qui sont peu stables, et amassez-vous celles qui ne périssent point. N'ayez point d'autre vue que celle de la gloire de Dieu, et ensuite celle du monarque auquel la Providence nous a soumis.

FIN DES MÉMOIRES DU COMTE DE BRIENNE.

MÉMOIRES

DE

Mᴹᴱ. DE MOTTEVILLE.

NOTICE

SUR

MME. DE MOTTEVILLE

ET SUR SES MÉMOIRES.

Françoise Bertaut, dame de Motteville, naquit, en 1621 [1], de Pierre Bertaut, gentilhomme ordinaire de la chambre du Roi, et de Louise Bessin de Mathonville, qui appartenoit à la maison de Saldagne, famille espagnole fort connue. Son oncle, Jean Bertaut, avoit acquis dans la littérature une assez grande réputation par des poésies, où l'on trouve de la sensibilité et de la grâce. Il étoit devenu évêque de Séez, et premier aumônier de Marie de Médicis ; mais la mort l'avoit enlevé plusieurs années avant la naissance de sa nièce.

Cette famille, privée de fortune, n'avoit d'espoir que dans les bienfaits de la cour. Madame Bertaut, se trouvant du même pays que la reine régnante Anne d'Autriche, fut remarquée par cette princesse, qui crut pouvoir se servir utilement d'elle pour les correspondances secrètes qu'elle entretenoit avec l'Espagne. Son crédit s'étant insensiblement augmenté,

---

[1] Tous les biographes font naître madame de Motteville six ans plus tôt, vers 1615. Ils s'appuient sur un passage peu clair des Mémoires imprimés. Nous nous sommes crus autorisés à rectifier cette date, d'après un manuscrit dont nous aurons bientôt occasion de parler.

elle produisit à la cour, en 1628, sa fille qui, n'étant encore âgée que de sept ans, parloit déjà très-bien la langue espagnole. Cette enfant plut à la Reine, qui la fit entrer dans sa maison, et ne tarda pas à lui assurer une pension de six cents livres; mais le cardinal de Richelieu, ayant par la suite conçu de justes ombrages sur des relations qui pouvoient compromettre la sûreté de l'Etat, fit en 1631 sortir de la cour la mère et la fille. Cette dernière, qui n'avoit que dix ans, et qui fut vivement regrettée par la Reine, se retira en Normandie, où étoient établis les parens qui lui restoient.

Huit ans après, dans la fleur de la jeunesse et de la beauté, elle épousa Nicolas Langlois, seigneur de Motteville, premier président à la chambre des comptes de cette province, fort avancé en âge. Formée par le malheur, douée d'un caractère grave, doux et modeste, elle acquit et mérita la confiance de cet époux, sur qui elle prit bientôt un assez grand ascendant. L'année suivante, elle obtint de lui la permission d'aller présenter ses respects à la Reine; et cette démarche, dictée par la reconnoissance, ne lui sembla pouvoir réveiller aucun soupçon, puisque son mariage l'éloignoit en apparence pour jamais de la cour. Son attente ne fut pas trompée: Richelieu la vit sans inquiétude faire à Saint-Germain une courte apparition; et la Reine fut si satisfaite des progrès de cette jeune personne dans les connoissances utiles et agréables, qu'elle ordonna que sa pension seroit portée à deux mille livres.

De retour en Normandie, elle ne jouit pas long-temps de l'aisance et du bonheur paisible que son mariage lui avoit procuré. Elle auroit pu, pendant les derniers mois de la vie de son époux, mettre à profit les bonnes dispositions qu'il lui montroit; mais, n'ayant point d'enfans, elle fit paroître le désintéressement le plus noble, et elle devint veuve en 1641, sans que sa fortune se fût améliorée.

Lorsque Louis XIII mourut [1643], l'un des premiers soins d'Anne d'Autriche, qui prit la régence du royaume, fut de rappeler près d'elle madame de Motteville, qu'elle regardoit comme une ancienne amie. Cette dame, qui fut dès lors destinée à vivre dans l'intimité de la Reine, sans exercer cependant aucune charge de sa maison, étoit alors âgée de vingt-deux ans. Elle avoit un frère et une sœur qui n'avoient qu'elle pour appui, et dont elle se proposoit d'assurer l'existence, en usant avec discrétion de la faveur dont elle étoit l'objet. Son frère fut employé dans les affaires étrangères; et sa jeune sœur, à qui une prudence précoce et une piété pleine de douceur firent depuis donner le nom de *Socratine*, partagea bientôt avec elle la bienveillance de la Reine.

Pendant un long séjour à la cour, au milieu des intrigues galantes et politiques dont fut troublée l'administration du cardinal Mazarin, madame de Motteville ne perdit rien des qualités solides et estimables qui, dès son enfance, avoient fixé sur elle les regards d'Anne d'Autriche. Attachée à cette princesse par l'inclination et la reconnoissance, elle lui dit constamment la vérité; et si elle n'approuva pas toutes ses actions, elle sut du moins apprécier plus que personne ses intentions droites et sa constance inébranlable. Très-réservée dans son ambition, elle n'employa pour obtenir des grâces que des moyens avoués par la probité la plus délicate : aussi presque toutes ses espérances furent-elles successivement trompées. Son cœur, sensible à l'amitié, étoit naturellement enclin à se prévenir en faveur de tout ce qui avoit une apparence de noblesse et de générosité. Cette disposition, dans des temps d'anarchie et de désordre, la porta quelquefois fort innocemment à pencher du côté des mécontens, et nuisit à sa fortune sans lui faire enfreindre aucun de ses devoirs. Indulgente pour les autres, et n'ayant de sévérité qu'à l'égard d'elle-même, elle plaignoit les personnes des deux sexes à qui l'ambition ou l'amour faisoit prendre de fausses routes, et ne trouvoit dans leurs égaremens que des sujets de réflexions graves et utiles.

Ce fut, à ce qu'il paroît, dès les premiers temps de son séjour à la cour qu'elle forma le projet d'écrire des Mémoires. Suivant le témoignage des contemporains, elle observoit beaucoup et parloit peu ; et elle nous apprend elle-même qu'elle prenoit exactement des notes sur tout ce qui se passoit d'important. Les intrigues du cabinet, les petites tracasseries des courtisans, les aventures singulières et romanesques, rien n'échappoit à ses observations ; et elle joignoit, à cette multitude d'anecdotes qui parvenoient à sa connoissance, les confidences secrètes dont la Reine la rendoit fréquemment dépositaire.

Dès l'année qui suivit son arrivée à la cour [1644], elle obtint la confiance d'une autre princesse dont les malheurs lui inspirèrent les méditations les plus sérieuses. Charles 1er, roi d'Angleterre, soutenoit encore une lutte désavantageuse contre ses sujets révoltés ; et son épouse Henriette-Marie, fille de Henri IV, venoit de se réfugier en France, où elle étoit arrivée au milieu de mille dangers. Cette princesse goûta le caractère sage et sérieux de madame de Motteville : elle l'admit dans son intimité; et, remarquant son goût pour l'histoire, elle lui raconta dans de grands détails l'horrible révolution qui menaçoit sa famille d'une ruine entière. Leurs entretiens avoient lieu dans le monastère des filles de Sainte-Marie de Chaillot, où Henriette alloit de temps en temps chercher des consolations; et madame de Motteville avoit soin d'écrire tous les soirs ces douloureux récits, dont elle a depuis enrichi ses Mémoires.

La princesse, et celle qu'elle avoit jugée digne d'être la confidente de ses chagrins, s'attachèrent à ce monastère qui, par sa tranquillité profonde, faisoit un contraste si frappant avec l'agitation continuelle de la cour. Quelques années après [1651], Henriette acheta pour les religieuses une vaste maison bâtie autrefois par Marie de Médicis, et à laquelle le maréchal de Bassompierre avoit fait beaucoup d'embellissemens. Elle s'y retiroit souvent; et madame de Motteville, qui aimoit à la suivre dans cette solitude, voulut partager sa bienfaisance autant qu'une très-modique fortune put le lui permettre. Elle assura au couvent une pension qui fut payée jusqu'à sa mort.

Pendant les premières années de la régence d'Anne d'Autriche, madame de Motteville eut à la cour une existence fort paisible. Quoique liée avec quelques personnes qui étoient entrées dans la faction des *importans*, elle conserva l'affection de la Reine, qui, appréciant sa loyauté, ne lui fit pas un crime de témoigner de l'intérêt pour des amis malheureux. A l'époque des troubles de la Fronde, que son excellent jugement lui faisoit depuis long-temps prévoir, elle montra quelquefois la timidité naturelle à son sexe; mais dans aucune occasion sa fidélité ne fut ébranlée. Au commencement de janvier 1649, elle ignora le projet qu'avoit la Reine de transporter la cour à Saint-Germain, et de châtier ensuite la capitale. Le coucher de cette princesse s'étoit fait comme de coutume dans la soirée du jour des Rois, et ses femmes avoient même partagé un gâteau en sa présence : ce fut donc avec une grande surprise que madame de Motteville apprit le lendemain à trois heures du matin la nouvelle de l'évasion de la cour, et reçut l'invitation de partir sur-le-champ pour Saint-Germain. Des raisons qui regardoient, dit-elle avec franchise, *sa commodité* et *son repos*, l'empêchèrent de suivre cette cour fugitive, et elle eut bientôt à se repentir de ne s'être pas éloignée du centre des troubles.

Effrayée des excès auxquels les frondeurs entraînoient la populace, et des dangers que couroient tous ceux qui étoient soupçonnés d'être attachés à la Reine ou à son ministre, elle forma le projet de se retirer en Normandie. Mais il lui fut impossible d'entreprendre ce voyage, parce que les issues de Paris étoient soigneusement gardées. Quelque temps après, elle crut possible de sortir à pied et sans être reconnue. Accompagnée de sa sœur et toutes deux masquées (1), elles se dirigèrent vers la porte Saint-Honoré; mais à peine y furent-elles arrivées, que le peuple se souleva

---

(1) Les femmes portoient alors des masques lorsqu'elles sortoient à pied.

contre elles en poussant des cris affreux. Frappées de crainte, elles entrèrent dans l'église des Capucins : on les en chassa ; et ayant imploré le secours d'un corps-de-garde de bourgeois qui étoit près de là, elles reçurent les injures les plus grossières. Dans le trouble où elles étoient, ces femmes timides essayèrent de se réfugier à l'hôtel de Vendôme, où demeuroit le duc de Beaufort, l'un des chefs de la Fronde : les portes leur furent fermées, et la fureur de la populace sembla devenir plus violente.

Alors elles coururent vers Saint-Roch, où elles purent entrer. Dans ce moment on y célébroit une messe solennelle, et elles allèrent se mettre à genoux devant le grand autel. Ceux qui les poursuivoient n'eurent aucun respect pour cet asyle sacré : une femme s'approcha de madame de Motteville, lui arracha son masque, et cria qu'elle étoit *mazarine*. Les clameurs redoublent, l'office est interrompu ; et celle qui est la cause bien innocente de ce tumulte conçoit l'idée de calmer l'effervescence, en disant qu'elle veut aller chez le curé, qui est son confesseur. On l'empêche de sortir, la fermentation augmente, et quelques momens après une foule immense inonde l'église. Les deux sœurs courent le plus grand danger, lorsque, par un bonheur inattendu, le curé paroît. Cet ecclésiastique avoit beaucoup d'ascendant sur ses paroissiens : il harangue la multitude, parvient à l'apaiser ; et pendant qu'il a l'air de se préparer à confesser madame de Motteville, il envoie chercher du secours. Bientôt le marquis de Beuvron et quelques officiers de la garde bourgeoise arrivent dans l'église ; ils dégagent non sans peine les deux sœurs, et les reconduisent chez elles.

Cet événement donna un juste effroi à madame de Motteville, et lui fit croire qu'elle n'étoit pas en sûreté dans le logis qu'elle habitoit près du Palais-Royal. Elle résolut donc de se retirer avec sa sœur près de la reine d'Angleterre, qui, n'ayant pu suivre la cour à Saint-Germain, demeuroit au Louvre, où, pendant que le procès intenté à son époux lui donnoit des inquiétudes trop fondées, on la laissoit, au milieu d'un hiver rigoureux, manquer des choses les plus nécessaires. Cette princesse accueillit volontiers son amie ; et si les deux sœurs trouvèrent près d'elle quelque repos, sa position douloureuse leur fit concevoir, sur les troubles qui désoloient la France, les pressentimens les plus sinistres.

Elles obtinrent enfin le 20 février un passe-port pour se rendre à Saint-Germain. Avant de partir, madame de Motteville alla prendre congé de la reine d'Angleterre, qui, venant d'apprendre la mort tragique de Charles 1er., étoit plongée dans un désespoir qui la privoit presque de la raison. Cette princesse infortunée reprit un moment ses sens : elle chargea madame de Motteville de donner à la Régente les plus sages conseils, et de lui dire surtout que son époux n'avoit péri que pour avoir ignoré la vérité.

Ce discours, qui fut fidèlement rapporté, produisit à la cour une vive impression ; et Mazarin conclut au mois d'avril une paix peu solide avec les frondeurs. La Régente partit pour Amiens, afin de surveiller de plus près les opérations de la guerre ; et madame de Motteville, ne pouvant la suivre, revint à Paris qu'elle croyoit pacifié. Mais l'anarchie y régnoit toujours, quoiqu'on eût cessé de se porter à des violences contre les partisans de la cour ; et les pamphlets les plus séditieux circuloient, sans que le parlement s'occupât d'en poursuivre les auteurs. Madame de Motteville, qui, dans le dessein de composer des Mémoires sur l'histoire de son temps, lisoit tous les écrits de circonstance, en remarqua un où le principe de la souveraineté du peuple, qui, pour le malheur de la France, devoit prévaloir dans le siècle suivant, se trouve clairement développé. « Quand les révoltes « sont générales, disoit l'auteur, les peuples ont un « juste droit de faire la guerre contre leur roi. Leurs « griefs doivent être décidés par les armes, et ils « peuvent dans ce temps-là porter la couronne dans « d'autres familles, ou changer de lois. »

La cour étant revenue à Paris au mois d'août, madame de Motteville reprit ses fonctions auprès de la Reine. Elle fut témoin des nouveaux orages qui agitèrent la cour, et qui ne firent qu'augmenter par l'arrestation des princes [18 janvier 1650]. Les mouvemens que cette mesure excita ayant été réprimés en Normandie et en Bourgogne, Anne d'Autriche partit pour la Guienne, où la princesse de Condé s'étoit mise à la tête d'un parti puissant.

Ce fut pendant ce voyage, dans lequel madame de Motteville n'accompagna pas la Reine, qu'elle fut obligée de se résigner à une séparation d'autant plus pénible qu'elle étoit imprévue. Sa sœur, à qui des vertus supérieures avoient fait donner le nom de *Socratine*, prit tout-à-coup la résolution de se retirer au couvent de Sainte-Marie de Chaillot, où elle avoit souvent entendu les intéressans récits de la reine d'Angleterre. Jusqu'alors elle avoit regardé madame de Motteville comme une seconde mère : cependant elle exécuta son dessein sans lui en faire part ; et se bornant à laisser sur sa table une lettre qui commençoit ainsi : « C'est à genoux, ma très-chère sœur, que je « vous demande pardon de vous avoir quittée, et « que je vous conjure de vouloir imiter notre bon « père Abraham qui, à la voix de Dieu qui lui deman- « doit son fils bien-aimé, prit lui-même le couteau « pour le lui sacrifier, et avec lui tout son amour et « toutes ses tendresses. » Les malheurs publics, l'extrême corruption de la cour, expliquent les motifs d'une jeune personne qui se considéroit en quelque sorte comme étrangère dans un séjour où ses penchans ne l'avoient pas appelée. Madame de Motteville, très-affligée d'abord, finit par s'habituer à la privation de ce qu'elle avoit de plus cher : ce sacrifice devint un nouveau lien qui l'attacha davantage au monastère pour lequel elle avoit déjà de la prédilection. Socratine ne tarda pas à y prendre le voile, et elle fut depuis connue sous le nom de sœur Madeleine-Eugénie.

Quoique Mazarin eût réduit à Bordeaux le parti formé par la princesse de Condé, des troubles encore plus sérieux que ceux qu'il s'étoit jusqu'alors vainement efforcé d'apaiser le contraignirent à mettre les princes en liberté, et à quitter le royaume au commencement de 1651. Sa retraite ne fit qu'augmenter le désordre, et le prince de Condé alla bientôt en Guienne rallumer la guerre civile. Pendant ces momens difficiles, madame de Motteville ne quitta point Anne d'Autriche, lui donna des preuves du dévouement le plus tendre, et fut la dépositaire de ses chagrins et de ses secrets. Cependant elle ne put suivre cette princesse dans le voyage qu'elle fit à Poitiers vers la fin de cette année, et où elle fut jointe, au mois de janvier 1652, par le cardinal Mazarin, qui étoit rentré en France à la tête d'une petite armée.

Madame de Motteville, restée à Paris, eut une seconde fois à redouter les excès auxquels les frondeurs poussoient la populace. Lorsque, au mois de juin, l'armée du Roi se rapprocha de la capitale, elle résolut de retourner près de la Reine, qui s'étoit établie à Saint-Denis. Ce ne fut pas sans danger qu'elle fit ce petit voyage, au moment de la plus grande effervescence des partis. Elle sortit furtivement de la ville dans un carrosse de Mademoiselle qui la conduisit à Chaillot; puis son frère, qui n'avoit pas quitté le Roi, vint la trouver, et l'escorta jusqu'à Saint-Denis.

On sait que, le 2 juillet, Condé et Turenne se livrèrent dans le faubourg Saint-Antoine un combat où ils déployèrent leur habileté et leur valeur. Pendant cette lutte, qui pouvoit être décisive, Anne d'Autriche se retira dans l'église des carmélites de Saint-Denis, et chercha au pied des autels des consolations aux douleurs dont elle étoit accablée. Madame de Motteville l'y suivit; « avec l'émotion, dit-elle, et le « battement de cœur qu'on devoit avoir en une telle « occasion. » Cependant le combat n'eut pas les suites qu'on avoit prévues; et si la cause royale ne triompha pas, du moins le parti opposé fut considérablement affoibli.

Madame de Motteville étoit alors la seule dame de confiance qui se trouvât auprès de la Reine; et elle auroit pu tirer pour ses intérêts un grand parti de cette position. Mais la délicatesse de sa santé ne lui permit pas de supporter long-temps les désagrémens d'un séjour où régnoient tous les désordres de la licence militaire. Elle étoit logée dans un hôpital de blessés, et manquoit souvent des choses les plus nécessaires, parce que la ville n'étant pas approvisionnée, on ne pouvoit se procurer des vivres qu'en payant à un prix très-élevé le pillage des soldats. Ces motifs la déterminèrent à prier la Reine de lui permettre d'aller habiter un lieu plus tranquille; et elle ne tarda pas à se repentir de cette démarche.

« Le ministre, dit-elle, méditoit une volontaire
« absence pour ôter aux princes et au peuple le pré-
« texte du Mazarin; et, me voyant auprès de la
« Reine, la seule en qui elle pût prendre quelque
« confiance, il me demanda un jour sans préambule,
« ni sans me rien expliquer, ce que je désirois pour
« être satisfaite. Moi qui n'avois dans l'esprit que les
« horreurs de la guerre, et qui en voulois fuir les in-
« commodités, je lui répondis imprudemment que je
« m'en allois en Normandie, qu'il n'étoit pas temps
« qu'il pensât à moi, et qu'à son retour j'espérois
« qu'il ne m'oublieroit pas. Je ne m'aperçus de la
« faute que j'avois faite et de son dessein qu'après
« que je fus partie. J'en reçus la punition que je mé-
« ritois; car, encore qu'il eût sujet d'être content de
« ma conduite, il me fit connoître ensuite que les
« hommes ne pensent à bien faire que selon leurs
« besoins et leurs fantaisies. »

Cependant Mazarin ne tarda pas à triompher de ses ennemis : il fit à Paris une entrée solennelle le 9 février 1653, et ce fut à peu près à la même époque que madame de Motteville revint à la cour. Son frère y étoit établi comme lecteur de la chambre de Louis XIV : elle ne formoit que pour lui des projets ambitieux, et elle se flattoit de pouvoir le pousser à une plus grande fortune. Il ne négligeoit de son côté aucun effort pour se mettre dans les bonnes grâces du jeune monarque, auquel il faisoit des lectures amusantes, entre autres celle du Roman comique de Scarron, qui avoit alors beaucoup de vogue. Ses assiduités auprès du Roi donnèrent de l'ombrage au ministre, qui le contraignit bientôt à vendre sa charge et à s'éloigner [1657]. Il entra ensuite dans l'état ecclésiastique, obtint par le crédit de sa sœur l'abbaye du Mont-aux-Malades, et devint conseiller clerc au parlement de Rouen.

Lorsque, après le traité des Pyrénées, Louis XIV se rendit à Saint-Jean-de-Luz, au mois de mars 1660, pour épouser l'infante Marie-Thérèse, madame de Motteville suivit la Reine-mère, dont elle possédoit toujours l'amitié et la confiance. Pendant le long séjour qu'elle fit dans ce pays alors presque sauvage, elle eut beaucoup de relations avec Mademoiselle, cousine du Roi, qui s'étoit fortement compromise en prenant une part très-active aux derniers troubles. Cette princesse, dont les Mémoires font partie de cette série, avoit beaucoup d'esprit, mais manquoit de jugement. Madame de Motteville l'a très-bien caractérisée en disant. « que sa vivacité privoit toutes « ses actions de cette gravité qui est nécessaire aux « personnes de son rang, et que son ame étoit trop « emportée par ses sentimens. » Le désœuvrement, plus qu'un penchant naturel, lia ces deux personnes, dignes cependant de s'apprécier l'une l'autre.

Un jour (le 14 mai 1660) elles étoient à une fenêtre de l'appartement du cardinal Mazarin, qui avoit vue sur la rivière et sur les Pyrénées. Enchantées de la beauté du paysage, elles se mirent à disserter sur les désagrémens qu'on éprouve à la cour, et sur la vie heureuse qu'il seroit possible de mener dans un désert. Cet entretien frappa vivement la princesse, qui écrivit le même jour à madame de Motteville une lettre où elle développa ses projets de retraite et de solitude. Madame de Motteville répondit ; et cette matière leur plaisant beaucoup, elles eurent, sur les réglemens qu'elles vouloient s'imposer lorsqu'elles auroient quitté la cour, une correspondance qui dura près de deux ans. « Si l'on avoit conservé toutes ces « lettres, dit Mademoiselle dans ses Mémoires, il s'en « seroit fait un volume assez gros. Madame de Motte- « ville est fort savante : ce qu'elle m'écrivoit étoit « admirable ; nous y mettions de l'italien et de l'es- « pagnol. Il y avoit des citations de la sainte Ecri- « ture et des Pères même, des fragmens de poètes, « et quantité d'autres ramassis assez particuliers. »

Elles avoient résolu de tenir cette correspondance très-secrète : cependant leurs premières lettres, au nombre de quatre, tombèrent entre les mains de quelqu'un qui les fit imprimer dans un recueil intitulé *OEuvres galantes ;* et elles ont été depuis insérées dans les pièces diverses qui font suite aux Mémoires de Mademoiselle. Cette dernière observe qu'en voulant les embellir on les a gâtées. Les originaux n'existant plus, nous nous servirons des lettres imprimées pour donner une idée de cette correspondance fort singulière.

Dans sa première lettre, Mademoiselle annonce qu'elle veut établir une colonie assez nombreuse de personnes des deux sexes, dégoûtées de la cour : le lieu où elle les réunira doit être un endroit délicieux, soit sur les bords de la Loire, soit sur ceux de la Seine. Aucune personne mariée ne fera partie de cette société de choix. Les plaisirs seront la lecture, la musique, la culture des jardins, le soin des troupeaux : on réalisera, s'il se peut, les spéculations chimériques du roman de l'*Astrée*, sur les plaisirs de la vie champêtre ; mais l'amour et le mariage seront scrupuleusement interdits. Du reste, on jouira d'une grande liberté, sans sortir des bornes de la plus scrupuleuse décence : on sera au courant des livres nouveaux, des bruits de la ville et de la cour ; et dans les réunions où l'on ne sera pas obligé d'assister, on bannira toute cérémonie. Après ces rêveries un peu romanesques, Mademoiselle revient à des idées plus sérieuses. Elle observe que ceux qui n'ont pas connu la religion, l'ont abandonnée, ou se sont affranchis de ses préceptes, ont toujours été malheureux ; et elle ajoute :

« Je voudrois que dans notre désert il y eût un
« couvent de carmélites, et qu'elles n'excédassent pas
« le nombre que sainte Thérèse marque dans sa règle.
« Son intention étoit qu'elles fussent ermites, et le
« séjour des ermites est dans les bois : leur bâtiment
« seroit fait sur celui d'Avila, qui fut le premier. La
« vie d'ermite nous empêcheroit d'avoir un com-
« merce trop fréquent avec elles ; mais plus elles se-
« roient retirées du commerce du monde, plus nous
« aurions de vénération pour elles. Ce seroit dans

« leur église qu'on iroit prier Dieu. Comme il y auroit
« d'habiles docteurs dans notre désert, on ne man-
« queroit pas d'excellens sermons : ceux qui les ai-
« meroient iroient plus souvent, les autres moins,
« sans être contraints dans leur dévotion.... Je vou-
« drois que nous eussions un hôpital où l'on nourriroit
« de pauvres enfans, où on leur feroit apprendre des
« métiers, et où l'on recevroit des malades. L'on se
« divertiroit à voir travailler les uns, et l'on s'occupe-
« roit à servir les autres. Enfin je voudrois que rien
« ne nous manquât pour mener une vie parfaitement
« morale et chrétienne, de laquelle les plaisirs in-
« nocens ne soient pas bannis. »

La réponse de madame de Motteville est sur un ton de plaisanterie fine et délicate. Elle entre avec beaucoup de grâce dans les idées de la princesse ; mais elle remarque qu'une société, composée de personnes des deux sexes qui ne seroient pas enchaînées par des vœux monastiques, ne sauroit exister si le mariage y étoit interdit. « C'est avec raison, dit-elle,
« que vous avez banni la galanterie du commerce de
« vos sujets, pour y établir seulement le plaisir de la
« conversation, qui assurément est le seul estimable
« parmi les honnêtes gens. Mais j'ai grande peur, ma
« princesse, que cette loi si sage, si nécessaire, ne
« fût mal observée ; et comme en cela vous seriez
« contrainte d'y apporter du remède, je pense qu'en-
« fin vous vous trouveriez obligée de permettre cette
« erreur si commune qu'une vieille coutume a rendue
« légitime, et qui s'appelle mariage. Il est fâcheux
« d'être malade, et plus encore de prendre médecine
« pour se guérir ; mais comme les hommes les plus

« sains sont ceux qui sont le moins malades, et que
« les plus parfaits sont ceux seulement qui tendent
« le plus à la perfection ; de même ceux de vos ber-
« gers qui approcheroient le plus de celle que vous
« leur inspireriez par votre exemple, et que vous
« leur commanderiez par vos ordonnances, seroient
« les plus louables : vous estimeriez ceux-là et par-
« donneriez aux autres, et vous tireriez cet avantage
« de leur imperfection, que vos lois et votre répu-
« blique par leur durée rendroient votre gloire im-
« mortelle. »

Mademoiselle n'est pas convaincue par les sages raisonnemens de madame de Motteville. Elle insiste pour que le mariage soit interdit dans la société qu'elle veut former ; et elle cite, pour preuve de la possibilité d'établir cette règle, le village de Randan en Auvergne, où depuis long-temps aucune veuve ne s'est rema- riée, parce que la dame du lieu, privée fort jeune de son mari, n'a pas contracté de nouveaux liens. Elle conclut que l'exemple qu'elle donnera pourra pro- duire le même effet ; puis elle soutient que les femmes tireront un grand avantage de cette position, qui les dérobera à l'empire absolu des hommes. « Ce qui a
« donné, dit-elle, la supériorité aux hommes a été
« le mariage ; et ce qui nous a fait nommer le sexe
« fragile a été cette dépendance où le sexe nous a
« assujéties, souvent contre notre volonté ; et par des
« raisons de famille dont nous avons été les victimes.
« Tirons-nous de l'esclavage ; qu'il y ait un coin du
« monde où l'on puisse dire que les femmes sont maî-
« tresses d'elles-mêmes, et qu'elles n'ont pas tous les
« défauts qu'on leur attribue : distinguons-nous dans

« les siècles à venir par une vie qui nous fasse vivre
« éternellement. »

Madame de Motteville observe, en répliquant à la princesse, qu'elle est personnellement fort désintéressée dans cette discussion. « Je n'ai, dit-elle, été
« soumise au lien qui vous déplaît si fort que deux
« seules années de ma vie. Je n'avois que vingt ans
« quand ma liberté me fut rendue : elle m'a toujours
« semblé préférable à tous les autres biens que l'on
« estime dans le monde ; et, de la manière dont j'en
« ai usé, il me semble que j'ai été habitante de
« Randan. » Cependant, comme sa raison l'éloigne, même en badinant, de toute idée fausse, elle donne de nouvelles raisons pour prouver à Mademoiselle qu'elle doit du moins tolérer le mariage. « Comme je
« compte, dit-elle, sur ce qui se pratique ordinaire-
« ment, plutôt que sur ce qu'il est quasi impossible
« de faire, et que vous avez à commander à des
« hommes et non pas à des anges, je vous dis encore
« une fois qu'il est fort à propos de permettre le ma-
« riage ; car, si vous ne le faites, il arrivera indubi-
« tablement que vos bergers abuseront de la permis-
« sion que vous leur donnez. De l'esprit galant, ils
« iront à la galanterie ; et, sans y penser, vous ban-
« nirez l'amour légitime, pour introduire parmi eux
« le criminel : car il est difficile qu'ils aient toute cette
« innocente galanterie sans objet que vous leur or-
« donnez, et que je leur souhaite. Les hommes ne
« sont quasi jamais vertueux en effet : ils se soucient
« seulement de le paroître. Ce qui se passe intérieu-
« rement ne leur donne point de honte : et vous
« jugerez aisément que, de cette mauvaise source, il

« pourroit naître beaucoup de troubles dans vos
« États (1). »

Madame de Motteville termine sa lettre, qui est la dernière de cette correspondance, par des réflexions chagrines sur la corruption de la haute société, telles qu'on en trouve souvent dans ses Mémoires. « Je suis lasse et fort rebutée du monde ; je méprise « tout ce qu'on y estime, et abhorre l'iniquité dont il « est rempli. Tout en est mauvais. Car même les « choses indifférentes ne demeurent guère en cet « état, et se changent souvent en vanité, ou du moins « en des occupations fort inutiles : si bien que si ja- « mais je puis me voir dans nos bois, la solitude assu- « rément sera le plus grand de mes plaisirs. » Cependant madame de Motteville aimoit la cour et le monde : son goût pour observer et pour écrire l'y attachoit ; et, quoiqu'elle ne fût pas ambitieuse, des honneurs et des grâces obtenus sans intrigues l'auroient flattée.

Après le mariage du Roi la cour revint à Paris ; et la Reine-mère, dont la régence avoit été si long-temps agitée, eut encore à souffrir des intrigues qu'on forma pour lui dérober la confiance de son fils. Madame, fille de la reine d'Angleterre et épouse de Monsieur, princesse aussi séduisante par son esprit que par sa beauté ; la comtesse de Soissons, l'une des nièces du cardinal Mazarin, et plusieurs autres femmes, cherchèrent à prendre de l'empire sur le jeune monarque.

---

(1) Ce qu'il y a de remarquable, c'est que madame de Motteville, qui plaidoit si bien la cause du mariage, ne pensa jamais à former de nouveaux liens ; tandis que Mademoiselle, que l'idée seule de cet engagement effrayoit, se perdit entièrement par la suite en s'obstinant à vouloir épouser un homme dont elle étoit devenue amoureuse.

Madame de Motteville fut chargée par la Reine-mère de donner des conseils salutaires à Madame, dont elle étoit estimée, et de calmer la jalousie de la jeune Reine, qui aimoit à parler avec elle la langue espagnole; mais ses démarches n'aboutirent qu'à irriter Louis XIV, qui lui fit défendre d'avoir des entretiens particuliers avec la Reine son épouse. Quelque temps après, Anne d'Autriche et la reine d'Angleterre voulurent, pour récompenser son zèle, la faire nommer gouvernante des enfans de Monsieur, place dont ses talens et ses vertus la rendoient digne. Le Roi, toujours prévenu contre elle, refusa son agrément. Madame de Motteville supporta cette disgrâce avec beaucoup de résignation. « Je souhaitai, dit-elle, de me pouvoir guérir
« entièrement de l'ambition, et je me résolus de ne
« plus aspirer aux élévations que l'on désire naturel-
« lement obtenir à la cour, mais d'y demeurer seu-
« lement pour satisfaire à l'attachement que je devois
« à la Reine-mère. Je suivois en cela les sentimens de
« mon cœur, qui depuis long-temps étoit dégoûté des
« créatures, et de ce fatras de bagatelles ou de mau-
« vaises choses qui m'avoient occupée. »

En 1664, la position de madame de Motteville à la cour devint beaucoup plus pénible. La faveur de madame de La Vallière étoit publique, et la Reine-mère blâmoit hautement cette liaison. Madame de Motteville fut soupçonnée non-seulement de fomenter ce mécontentement, mais d'avoir écrit en espagnol une lettre à la jeune Reine, pour l'instruire de ce qui se passoit. Ce dernier tort, qui répugnoit si fort à son caractère plein de loyauté, et dont on découvrit depuis que le comte de Guiche, attaché à Madame, s'étoit rendu coupable, aigrit l'humeur que le Roi avoit déjà conçue contre madame de Motteville, et elle fut obligée de s'éloigner de la cour pour quelques mois.

Rappelée à la sollicitation d'Anne d'Autriche, elle eut une explication avec Louis XIV, et sut lui parler avec autant de fermeté que de décence. « Il me fit « l'honneur, dit-elle, de me répondre assez obligeam- « ment, c'est-à-dire, à son ordinaire, en peu de syl- « labes, mais qui ne laissèrent pas de me redonner la « vie, et des forces pour souffrir les chagrins fréquens « d'un si méchant pays que l'on hait souvent par rai- « son, mais que l'on aime toujours naturellement. » On voit que, malgré sa philosophie, madame de Motteville n'étoit pas encore détachée de la cour.

L'année suivante, Anne d'Autriche fut attaquée d'une maladie douloureuse qui la conduisit lentement au tombeau. Madame de Motteville lui prodigua les plus tendres soins, et fut témoin de la piété et du courage que déploya cette princesse pendant une si longue épreuve. Enfin elle la vit expirer le 20 janvier 1666, et résolut dès lors de quitter la cour, où elle n'étoit plus retenue par les liens de la reconnoissance et de l'amitié. Sans être riche, elle pouvoit subsister honorablement; et sa petite fortune venoit d'être augmentée d'une somme de dix mille écus que lui avoit léguée Anne d'Autriche.

Agée de quarante-cinq ans, elle n'abandonna pas entièrement le monde, et elle partagea ses loisirs entre la société de mesdames de La Fayette et de Sévigné, et la rédaction des Mémoires pour lesquels elle avoit recueilli des notes dès sa première jeunesse. Ce grand ouvrage, objet principal de ses méditations, la rendoit quelquefois distraite et préoccupée, mais ne lui faisoit perdre dans la conversation aucun des charmes attachés à la sagesse, à la douceur et à la bonté dont son caractère offroit un heureux mélange. Madame de Sévigné, dans une lettre à Pomponne, écrite le 1er août 1667, un an après la mort de la Reine-mère, peint ainsi un cercle du salon de Fresnes, où se trouvoient les personnes dont elle goûtoit le plus la société : « Il faut que je vous dise comme je suis « présentement : j'ai M. d'Andilly à ma main gauche, « c'est-à-dire du côté de mon cœur; j'ai madame de « La Fayette à ma droite ; madame Du Plessis devant « moi, qui s'amuse à barbouiller de petites images; « madame de Motteville un peu plus loin, qui rêve « profondément, etc. »

A mesure qu'elle avançoit en âge, madame de Motteville rompoit les liens qui l'attachoient encore au monde. Elle finit par mener une vie fort retirée, ne sortant de chez elle que pour aller au couvent de Sainte-Marie de Chaillot, dont elle étoit bienfaitrice, et où elle aimoit à faire des méditations sérieuses sur les grandes vérités de la religion. Elle mourut âgée de soixante-huit ans, le 29 décembre 1689.

Ses Mémoires offrent l'histoire la plus détaillée, la plus complète, la plus impartiale des premières années du règne de Louis XIV, si fécondes en événemens singuliers. On voit qu'elle est prévenue en faveur d'une reine à qui elle doit tout ; mais on remarque que ce sentiment respectable ne l'entraîne jamais au-delà de la vérité et de la justice. Aucun ouvrage n'offre sur cette époque autant d'anecdotes et de particularités curieuses. Une multitude de caractères y sont tracés, et présentent souvent les contrastes les plus piquans. On y trouve la clef de presque toutes les intrigues, et peu de secrets importans échappent à la pénétration d'une femme qui avoit passé sa vie à observer. Son style manque quelquefois de rapidité, elle prodigue trop les réflexions morales ; mais sa candeur, sa bonne foi, sa fidélité, font excuser des défauts qui tiennent en partie à l'époque où elle écrivoit. Marmontel, dans ses Elémens de littérature, a fort bien apprécié les Mémoires de madame de Motteville, qu'il met, avec ceux de madame de La Fayette, au premier rang des ouvrages historiques qu'on doit à des femmes.

« Parmi les singularités qui distinguent les Mé-
« moires écrits par des femmes, dit-il, il en est une
« qui leur est naturelle, et qu'on retrouve dans leurs
« mœurs : c'est que le plus souvent ce n'est ni l'in-
« térêt public ni leur intérêt propre qui les a domi-
« nées, mais un intérêt d'affection. Un homme, en par-
« lant des affaires au milieu desquelles il s'est trouvé
« comme acteur ou comme témoin, s'oublie rarement
« lui-même pour ne s'occuper que d'un autre ; une
« femme, au contraire, s'attache à un objet qui n'est
« pas elle, mais qui dans ce moment est tout pour
« elle : et c'est de lui, c'est d'après lui, c'est pour lui
« qu'elle écrit. Les grands événemens ne la touchent
« que par des rapports individuels ; et, dans les ré-
« volutions de la sphère du monde, elle ne voit que
« le mouvement du tourbillon qui l'environne : son
« esprit et son ame ne s'étendent pas au-delà. Il est
« possible que la passion l'enivre, mais la passion
« est rarement aussi aveugle que l'amour-propre ;
« et comme il arrive souvent que le sentiment dont

« une femme est préoccupée est assez calme pour
« lui laisser la liberté de la raison et son équité natu-
« relle, il ne fait qu'animer son style, sans en altérer
« la candeur. C'est ce qu'on voit dans les Mémoires
« de madame de Motteville.... Une femme, poursuit
« Marmontel, en suivant son objet personnel, indi-
« que involontairement les motifs, les arrière-causes
« des révolutions les plus inexplicables, et nous ré-
« vèle quelquefois des mystères dont ses liaisons,
« ses relations, les confidences qu'elle a reçues, la
« familiarité où elle a été admise, l'intimité de l'in-
« térieur dont elle a vu les mouvemens, le besoin
« qu'on aura eu d'elle pour se plaindre ou se consoler,
« s'affliger ou se réjouir, les caractères que sa position
« lui a fait connoître jusque dans leurs replis, n'au-
« ront bien instruit qu'elle seule. *Les cabinets des*
« *rois*, dit madame de Motteville, *sont des théâtres*
« *où se jouent continuellement des pièces qui occu-*
« *pent tout le monde : il y en a qui sont simplement*
« *comiques; il y en a aussi de tragiques, dont les*
« *grands événemens sont toujours causés par des*
« *bagatelles.* C'est de là, observe Marmontel, que
« s'échappent les grands secrets; c'est là que les in-
« quiétudes, les craintes, les désirs, les espérances,
« les passions enfin ne craignent pas de se trahir; et
« c'est là qu'ils se trahissent. »

Les Mémoires de madame de Motteville ne furent publiés que trente-quatre ans après sa mort. Ils parurent en 1723 chez Changuion, libraire d'Amsterdam. La personne qui les remit à ce libraire voulut demeurer inconnue, et elle les fit précéder d'un avis qui n'a été imprimé que dans la première édition.

Nous croyons devoir reproduire cette pièce, parce qu'elle contient quelques réflexions intéressantes.

« Il y a quelques années, dit l'anonyme, que l'on
« me fit dépositaire de ces Mémoires; et quoique l'on
« m'eût engagé de les tenir secrets, je ne me suis pas
« fait un scrupule de les mettre au jour. Si c'est man-
« quer à sa parole, et une espèce de vol, l'un et l'autre
« me paroît excusable. On n'abuse pas de la confiance
« de ses amis lorsqu'on leur rend service, malgré
« qu'ils en aient. Le public même se trouve intéressé
« dans le cas, puisque ces sortes d'ouvrages perdent
« beaucoup de leurs grâces et de leur mérite, quand
« le temps de leur naissance est trop éloigné de celui
« de leur publication.

« D'un autre côté, le plaisir de voir revivre ses amis
« dans leurs ouvrages est si touchant, que je ne doute
« pas que ceux qui s'intéressent le plus au sort de ces
« Mémoires ne l'éprouvent, et qu'ils ne se félicitent
« de les voir à l'abri du danger qu'ils couroient d'être
« ensevelis avec leurs cendres. Le peu de personnes
« qui les ont lus en manuscrit, et qui sont très-ca-
« pables d'en juger, les ont trouvés si bons et si
« utiles, que leur approbation a contribué à me
« rendre infidèle.

« En effet, on y découvre partout un air de sincé-
« rité qui ne peut que plaire, et qui faisoit le prin-
« cipal caractère de la dame qui les a composés. Sa
« franchise alloit même si loin qu'elle tournoit quel-
« quefois à son désavantage; et, si l'on ne craignoit de
« manquer de respect pour l'oracle de la vérité, on
« diroit qu'il ne lui est jamais arrivé de mentir. Ses
« amis, qui étoient en grand nombre et d'un rang

« fort distingué, l'estimoient beaucoup ; et je ne
« doute pas que ceux qui liront ces Mémoires ne la
« trouvent digne de cette estime. Les fréquentes
« réflexions qu'elle y fait, quoique concises, pour-
« roient bien n'être pas du goût de tout le monde,
« parce que chacun en veut faire à sa guise, et que
« l'amour-propre se mêle partout. Cependant on ne
« sauroit disconvenir que les siennes ne partent d'un
« grand fonds de vertu, de bon sens et de piété, et
« qu'elles ne méritent l'attention de tous les hon-
« nêtes gens, quand même ils ne les approuveroient
« pas à tous égards. »

Il existe à la bibliothèque de Monsieur, dite de l'Arsenal, un manuscrit du commencement des Mémoires de madame de Motteville, copié par Conrart, l'un des premiers académiciens français, et qui fait partie du tome XII d'un recueil in-folio numéroté 4831. Nous en avons dû l'indication à la bienveillance de M. de Monmerqué, qui s'est fait une réputation distinguée par ses vastes connoissances en histoire et en bibliographie, et par une excellente édition des Lettres de madame de Sévigné. On sent que ce manuscrit a dû fixer toute notre attention.

En le comparant soigneusement avec les Mémoires déjà connus, nous avons cru remarquer que c'étoit une esquisse tracée par l'auteur, et que l'imprimé offroit la forme dans laquelle l'ouvrage avoit été définitivement composé. En effet, si la première manière a un caractère de franchise et de naïveté qui en rend la lecture très-attachante, la seconde annonce plus de travail, présente plus de régularité, plus de mesure dans les pensées et dans les expressions, et contient des développemens plus étendus. Ainsi, à supposer même que le manuscrit, qui ne va que jusqu'en 1644, et ne renferme par conséquent tout au plus que la huitième partie de l'ouvrage, eût été complet, nous aurions cru devoir préférer l'édition de 1723.

Deux morceaux de ce manuscrit, qui ne se retrouvent pas dans l'imprimé, suffiront pour donner une idée des différences qui existent entre les deux textes. La préface des Mémoires imprimés contient quelques idées générales, et un plan fort méthodique de l'ouvrage : celle qui est en tête du manuscrit n'offre qu'une suite de réflexions judicieuses et modestes.

L'auteur, après avoir observé que les intentions des rois étant inconnues et leurs actions publiques, on les accuse de beaucoup de fautes qu'ils n'ont pas eu dessein de commettre, ajoute :

« C'est ce qui m'oblige d'écrire dans mes heures in-
« utiles, et pour me divertir, ce que je sais de la vie,
« des mœurs, des inclinations de la reine Anne d'Au-
« triche, et de payer, par le simple récit de ce que
« j'ai reconnu en elle, l'honneur qu'elle m'a fait de
« me donner sa familiarité ; car, quoique je ne pré-
« tende pas la pouvoir louer sur toute chose, et que,
« selon mon inclination naturelle, je ne sois pas ca-
« pable de déguisement, je suis assurée néanmoins
« que les historiens qui n'auront pas connu sa vertu
« et sa bonté, et qui ne parleront d'elle que sur le
« dire satirique du public, ne lui feront pas la même
« justice que je voudrois bien pouvoir lui faire, si
« mon incapacité et mon peu d'éloquence ne m'en
« ôtoient les moyens. Aussi ce que j'entreprends

« présentement n'est pas avec un dessein formé de ré-
« parer leur ignorance et leur malice : ce projet seroit
« trop grand pour une paresseuse, et trop hardi pour
« une personne comme moi qui craint de se montrer,
« et qui ne voudroit pas passer pour auteur ; mais je
« le fais pour ma propre satisfaction, par gratitude
« envers la Reine, et pour revoir un jour, si je vis,
« comme dans un tableau, tout ce qui est venu à ma
« connoissance des choses de la cour. »

On retrouve le fonds des mêmes idées dans la préface des Mémoires imprimés ; mais on voit ici que l'auteur commence son ouvrage, et n'en a point encore arrêté définitivement le plan : observation qui sert à prouver que le manuscrit n'offre qu'une première esquisse de cette grande production historique.

Madame de Motteville, dans le texte qui a servi pour l'impression, supprime quelques digressions qui lui semblent ou déclamatoires ou exagérées. En voici un exemple assez remarquable : lorsqu'elle arrive au moment où Anne d'Autriche prend, comme régente, les rênes du gouvernement, elle fait les réflexions suivantes, qui ne se trouvent pas dans les Mémoires imprimés :

« Nous voici à la régence de la Reine, où nous
« allons voir, comme dans un tableau, les différentes
« révolutions de la fortune ; de quelle nature est le
« climat de ce pays qu'on appelle la cour, quelle est
« sa corruption, et combien se doit estimer heureux
« celui qui n'est pas destiné à l'habiter. L'air n'y est
« jamais doux ni serein pour personne ; ceux mêmes
« qui, dans l'apparence d'un bonheur tout entier, y

« sont adorés comme des dieux, sont ceux qui sont
« le plus menacés de l'orage. Le tonnerre y gronde
« incessamment, soit pour les grands, soit pour les
« petits; et ceux mêmes que leurs compatriotes regar-
« dent avec envie ne connoissent point de calme.
« C'est une région sombre et pleine de tempêtes con-
« tinuelles; les hommes y vivent peu, et le temps que
« la fortune les y laisse, ils sont toujours malades de
« cette contagieuse maladie de l'ambition qui leur
« ôte le repos, leur ronge le cœur, et leur envoie des
« vapeurs à la tête qui souvent leur ôtent la raison.
« Ce mal leur donne aussi un continuel dégoût pour
« les meilleures choses : ils ignorent le prix de l'é-
« quité, de la justice et de la bonté; la douceur de la
« vie, les plaisirs innocens, et tout ce que les sages
« de l'antiquité ont estimé de bon, leur paroissent
« ridicules. Ils sont incapables de connoître la vertu
« et de suivre ses maximes, si ce n'est que le hasard
« les éloigne de cette terre. Alors, s'ils peuvent par
« l'absence se guérir de cette maladie, ils deviennent
« sages; et nul ne doit être si bon chrétien ni si bon
« philosophe qu'un courtisan détrompé. »

Tout en croyant que le manuscrit de la bibliothèque de l'Arsenal n'est qu'une première esquisse de l'ouvrage de madame de Motteville, nous en avons fait, dans l'édition que nous publions, un usage qui, nous l'espérons, pourra satisfaire les amateurs de l'histoire. Ce manuscrit contient quelques particularités curieuses, quelques réflexions hardies que l'auteur a ensuite supprimées : nous les avons recueillies, et mises en notes au bas des pages auxquelles elles se rapportent. Ainsi, en lisant les Mémoires d'après l'édition de 1723, on aura en même temps sous les yeux tout ce que le manuscrit offre d'intéressant.

Les éditions qui ont été publiées depuis sont en général plus correctes. Nous avons principalement suivi celles de 1750 et de 1783. (Amsterdam, François Changuion.)

PRÉFACE.

La grandeur des rois, qui les élève au-dessus de leurs sujets, ne les expose pas seulement à leurs yeux, mais à leur censure. Il n'y a personne qui ne s'en prenne à eux du mauvais état de ses affaires particulières, et il y a peu de gens qui leur sachent gré de toutes les peines qu'ils se donnent pour le bien public. Au contraire, on ne leur pardonne pas les moindres fautes qu'ils commettent, quoiqu'elles soient toutes plus excusables que celles des autres hommes, par la difficulté qu'ils ont à découvrir la vérité, que la plupart de ceux qui les approchent leur déguisent d'une telle manière qu'ils ôtent à ceux qui la savent le temps et la hardiesse de la leur dire.

Je ne prétends pas que la reine Anne d'Autriche, dont je parle dans ces Mémoires, n'ait eu aucun défaut. Elle étoit née, comme nous, avec les foiblesses auxquelles la nature humaine est sujette. Non-seulement elle ne s'est pas crue parfaite, mais elle a passé à une autre extrémité : elle s'est trop défiée de son esprit et de sa raison.

Il sera difficile à ceux qui écriront l'histoire de notre temps de ne pas louer le bon sens et le grand courage qu'elle a fait paroître dans une longue régence, où elle a été réduite à soutenir une guerre étrangère et deux guerres civiles. Mais j'ai cru qu'il étoit nécessaire de joindre, aux grands événemens que les historiens ne manqueront pas de faire passer à la postérité, le particulier de sa vie, dont ils ne sont peut-être pas si bien instruits que moi, qui l'ai étudiée avec beaucoup d'application, par le zèle et la tendresse que j'avois pour elle. Obligée de ne me pas contenter de ce qu'on met dans les gazettes, et hors d'état de lui témoigner autrement la reconnoissance que j'ai pour toutes ses bontés, et de la payer, si cela se peut et se doit dire, de la familiarité dont elle a bien voulu m'honorer, j'ai mêlé dans son histoire quelques-unes de ses paroles, de ses pensées, de ses actions, qui méritent d'être sues de tout le monde, et qu'on ignoreroit si je ne les avois écrites sur-le-champ. C'est par là que je ferai voir la beauté de ses sentimens et la droiture de ses intentions, bien mieux que dans un panégyrique.

Je me suis occupée d'ailleurs à dresser ces Mémoires dans l'espérance qu'ils serviroient un jour à me rappeler mille particularités qui me feroient plaisir, et qui me donneroient, pour ainsi dire, une seconde vie. En effet, j'y ai remarqué non-seulement ce qui s'est passé de plus considérable depuis mon retour auprès de la Reine, mais aussi ce qui étoit arrivé durant mon exil, qui m'avoit éloignée de sa personne presque dès mon enfance. Lorsque je n'ai pu savoir les choses par moi-même, je les ai apprises des vieux seigneurs de la cour, et de la Reine même, qui a eu la bonté de m'en instruire, de répondre à mes questions, et de me confier quelques-uns de ses secrets. Tout cela m'a servi à remplir les vides de mon absence. J'ai donné à cette occupation les heures que les dames ont accoutumé d'employer au jeu et aux promenades. Je ne sais si j'ai mieux fait que les autres ; mais il me semble qu'on ne sauroit plus mal employer son temps que de le passer à ne rien faire.

Je commence par un abrégé de la vie de cette grande Reine depuis l'année 1615 qu'elle vint en France, jusqu'à la mort du feu Roi arrivée en 1643 : abrégé où l'on peut voir les effets de sa beauté, les amusemens de sa jeunesse, et les persécutions qu'elle a souffertes pendant le ministère du cardinal de Richelieu. Et ce que j'en ai écrit, avec les heureux commencemens de sa régence, jusqu'à la fin de l'année 1647, se trouve dans le 1er et une partie du IIe tome de ces Mémoires. Le reste du IIe, le IIIe, le IVe et le Ve contiennent le trouble des deux guerres civiles et leurs suites jusqu'en 1660, et le mariage du Roi. Le VIe, enfin, contient la mort du cardinal Mazarin, et les intrigues de la cour jusqu'à la maladie de la Reine-mère et sa mort.

Séparée de la Reine pour quelque temps, à l'occasion des voyages auxquels la seconde guerre civile l'exposa, je fus sur le point de renoncer à mon travail. Mais l'envie de savoir ce qui se passoit, et la résolution que cette princesse avoit formée de se retirer au Val-de-Grâce, après qu'elle auroit fait la paix générale et donné à la France une reine digne du Roi son fils, m'engagèrent à le continuer jusqu'au bout. La part que je pris à la joie qu'elle eut d'obtenir de Dieu ce qu'elle lui avoit demandé me confirma dans le même dessein, et c'est ce qui a produit le VIe tome. Je n'ai pu m'empêcher de le grossir de tous les accidens de sa maladie, qui dura depuis le 10 avril 1663 jusqu'au 20 de janvier 1666. J'ose dire qu'au milieu de toutes les révolutions dont la France fut agitée, et de ses plus grands triomphes, cette princesse parut toujours la même : heureuse et malheureuse, respectée et méprisée, aimée et haïe, elle ne se démentit jamais. Quoique sensible à l'ingratitude et aux outrages de ses créatures, elle ne s'en servit que pour s'humilier, et pour mettre toute sa confiance en Dieu, qui sait tirer le bien du mal, et la lumière des ténèbres.

PORTRAIT DE LA REINE
ANNE D'AUTRICHE,

FAIT PAR MME. DE MOTTEVILLE EN 1658 (1).

La Reine, par sa naissance, n'a rien qui l'égale : ses aïeux ont tous été de grands monarques ; et, parmi eux, nous en voyons qui ont aspiré à la monarchie universelle. La nature lui a donné de belles inclinations. Ses sentimens sont tous nobles : elle a l'ame pleine de douceur et de fermeté ; et quoique ce ne soit pas mon dessein, en parlant, d'exagérer ses qualités, je puis dire, en général, qu'il y a des choses en elle qui la peuvent faire égaler les plus grandes reines de l'antiquité.

Elle est grande et bien faite, elle a une mine douce et majestueuse qui ne manque jamais d'inspirer dans l'ame de ceux qui la voient l'amour et le respect. Elle a été l'une des plus grandes beautés de son siècle, et présentement il lui en reste assez pour en effacer des jeunes qui prétendent avoir des attraits. Ses yeux sont parfaitement beaux ; le doux et le grave s'y mêlent agréablement ; leur puissance a été fatale (2)

---

(1) Ce portrait se trouve dans le recueil de pièces qui forment le 8e volume des *Mémoires de Mademoiselle*. « On pourra voir par cet ou-« vrage, dit l'éditeur, que madame de Motteville a autant d'esprit que « M. Bertaut, évêque de Séez, son oncle, et qu'elle écrit aussi bien en « prose qu'il a fait en vers. » — (2) *Leur puissance a été fatale* : Allusion à la passion insensée de Buckingham pour Anne d'Autriche. Ce ministre de Charles 1er n'ayant pu revenir en France, où il avoit affecté

à beaucoup d'illustres particuliers, et des nations entières ont senti à leur dommage quel pouvoir ils ont eu sur les hommes. Sa bouche, quoique d'une manière fort innocente, a été complice de tous les maux que ses yeux ont faits. Elle est petite et vermeille, et la nature lui a été libérale de toutes les grâces dont elle avoit besoin pour être parfaite. Par un de ses souris, elle peut acquérir mille cœurs; ses ennemis mêmes ne peuvent résister à ses charmes : et nous avons vu souvent beaucoup de ces personnes à qui l'ambition ôtoit la raison nous avouer que la Reine se faisoit mieux aimer par eux, lors même qu'ils avoient le plus de dessein de manquer à leur devoir. Ses cheveux sont beaux, et leur couleur est d'un beau châtain clair : elle en a beaucoup, et il n'y a rien de plus agréable que de la voir peigner. Ses mains, qui ont reçu des louanges de toute l'Europe, qui sont faites pour le plaisir des yeux, pour porter un sceptre et pour être admirées, joignent l'adresse avec une extrême blancheur : si bien que l'on peut dire que les spectateurs sont toujours ravis quand cette grande Reine se fait voir, ou à sa toilette en s'habillant, ou à table quand elle prend ses repas.

Sa gorge est belle et bien faite; et ceux qui aiment à voir ce qui est beau ont sujet de se plaindre du soin que la Reine prend de la cacher, si le motif qui le lui fait faire ne les forçoit d'estimer ce qui s'oppose à leur plaisir. Toute sa peau est d'une égale blancheur, et d'une délicatesse qui ne se sauroit jamais assez louer. Son teint n'est pas de même, il n'est pas si

---

de faire éclater son amour, entraina en 1627 l'Angleterre dans une guerre malheureuse contre Louis XIII.

beau ; et la négligence qu'elle a pour sa conservation, ne mettant presque jamais de masque, ne contribue pas à l'embellir. Son nez n'est pas si parfait que les autres traits de son visage : il est gros, mais cette grosseur ne sied pas mal avec de grands yeux ; et il me semble que, s'il diminue sa beauté, il contribue du moins à lui rendre le visage plus grave. Toute sa personne pouvoit enfin mériter de grandes louanges : mais je crains d'offenser sa modestie et la mienne, si j'en parlois davantage ; c'est pourquoi je n'ose pas seulement dire qu'elle a le pied fort beau, petit, et fort bien fait.

Elle n'est pas esclave de la mode, mais elle s'habille bien. Elle est propre et fort nette : on peut dire même qu'elle est curieuse des belles choses, et c'est sans affection extraordinaire ; et beaucoup de dames dans Paris font plus de dépense que la Reine n'en fait. L'habitude, et non la vanité, fait son ajustement ; et l'honnête ornement lui plaît, parce que naturellement elle aime à être bien, autant dans la solitude qu'au milieu de la cour.

Comme Dieu est notre principe et notre fin, et qu'une reine chrétienne ne doit être estimée que selon la mesure de la vertu qui est en elle, il est juste de commencer à parler de ses mœurs par la piété qui paroît être un des principaux ornemens de cette auguste princesse. Elle a certainement un grand respect pour la loi de Dieu, et son désir seroit de la voir bien établie dans le cœur de tous les Français. Dans sa plus grande jeunesse, elle a donné des marques de dévotion et de charité : car, dès ce temps-là, ceux qui ont eu l'honneur de la servir ont toujours remarqué qu'elle étoit charitable, et qu'elle aimoit à secourir les pauvres. Les vertus avec les années se sont fortifiées en elle, et nous la voyons sans relâche prier et donner. Elle est infatigable dans l'exercice de ses dévotions; les voyages, les maladies, les veilles, les chagrins, les divertissemens ni les affaires ne lui ont jamais pu faire interrompre les heures de sa retraite et de ses prières. Elle a une confiance extraordinaire en Dieu; et cette confiance lui a sans doute attiré beaucoup de grâces et de bénédictions. Elle est exacte à l'observation des jours de jeûne, et je lui ai souvent ouï dire sur ce sujet que les rois doivent obéir aux commandemens de Dieu et de l'Eglise plus ponctuellement que les autres chrétiens, parce qu'ils étoient obligés de servir d'exemple à leurs peuples. Elle a beaucoup de zéle pour la religion, beaucoup de respect pour le Pape. Elle communie souvent; elle révère les reliques des saints; elle est dévote à la Vierge, et pratique souvent dans ses besoins les vœux, les présens et les neuvaines par lesquelles les fidèles espèrent obtenir des grâces du ciel. On entre aisément dans son cœur par la bonne opinion qu'elle prend de la piété de certaines gens; et bien souvent je l'ai soupçonnée d'avoir été trompée par la facilité qu'elle a à révérer la vertu. Ceux qui se conservent dans son estime ont le pouvoir de lui parler fort librement sur toutes les choses qui regardent son devoir et sa conscience. Elle reçoit toujours leurs avis avec soumission et douceur, et les prédicateurs les plus sévères sont ceux qu'elle écoute le plus volontiers. Son oratoire est le lieu où elle se plaît le plus : elle y passe beaucoup d'heures du jour;

et toutefois, selon ce que je lui ai ouï dire d'elle-même avec humilité, elle veut bien qu'on croie qu'elle n'a pas encore ce zèle parfait qui fait les saints, et qui fait mourir le chrétien à soi pour vivre seulement à Dieu et pour Dieu. Mais il semble, vu les grandes et saintes dispositions de son ame, qu'elle soit destinée à cette dernière perfection.

La vertu de la Reine est solide et sans façon : elle est modeste sans être choquée de l'innocente gaieté, et son exemplaire pureté pourroit servir d'exemple à toutes les autres femmes. Elle croit facilement le bien, et n'écoute pas volontiers le mal. Les médisans et rapporteurs ne font sur son esprit nulle forte impression; et quand une fois elle est bien persuadée en faveur des gens, il est difficile de les détruire auprès d'elle. Elle a l'esprit galant; et, à l'exemple de l'infante Clara-Eugenia (1), elle goûteroit fort cette belle galanterie qui, sans blesser la vertu, est capable d'embellir la cour. Elle désapprouve infiniment la manière rude et incivile du temps présent; et si les jeunes gens de ce siècle suivoient ses maximes, ils seroient plus gens de bien et plus polis qu'ils ne sont.

Elle est douce, affable et familière avec tous ceux qui l'approchent, et qui ont l'honneur de la servir. Sa bonté la convie de souffrir les petits comme les grands; et, sans manquer de discernement, cette bonté

---

(1) *De l'infante Clara-Eugenia* : Isabelle-Claire-Eugénie, fille de Philippe II, et tante d'Anne d'Autriche. Pendant la Ligue elle fut destinée à être reine de France. Elle épousa en 1597 l'archiduc Albert, gouverneur des Pays-Bas, qui mourut en 1621. Alors, chargée seule du gouvernement, elle déploya de grands talens dans des circonstances difficiles, et se fit chérir du peuple. En 1631 elle accueillit Marie de Médicis obligée de quitter la France. Elle mourut en 1633.

est cause qu'elle entre en conversation avec beaucoup de personnes fort indignes de son entretien. Cela va même jusques à lui faire tort, et je vois bien quelquefois que les personnes de mérite, par ces apparences, pourroient craindre qu'elle ne mît quelque égalité entre les honnêtes gens et les sots; mais je suis persuadée de cette vérité que la Reine, en cette occasion, donne aux sages, par estime et par raison, ce qu'elle donne aux autres par pitié, et parce que naturellement elle ne sauroit faire de rudesse à qui que ce soit; et quand cela lui arrive, il faut que de grandes choses l'y forcent. Ce tempérament de douceur n'empêche pas qu'elle ne soit glorieuse, et qu'elle ne discerne fort bien ceux qui font leur devoir, en lui rendant ce qui lui est dû, d'avec ceux qui lui manquent de respect, ou faute de connoissance, ou pour suivre la coutume qui présentement veut le désordre en toutes choses.

Elle a beaucoup d'esprit : ce qu'elle en a est tout-à-fait naturel. Elle parle bien : sa conversation est agréable, elle entend raillerie, ne prend jamais rien de travers, et les conversations délicates et spirituelles lui donnent du plaisir. Elle juge toujours des choses sérieuses selon la raison et le bon sens, et dans les affaires elle prend toujours par lumières le parti de l'équité et de la justice; mais elle est paresseuse, elle n'a point lu : cela toutefois ne la délustre point, parce que le grand commerce que la Reine a eu avec les premiers de son siècle, la grande connoissance qu'elle a du monde, et la longue expérience des affaires et des intrigues de la cour, où elle a toujours eu une grande part, ont tout-à-fait réparé ce qui pouvoit lui manquer du côté des livres ; et si elle ignore l'histoire de Pharamond et de Charlemagne, en récompense elle sait fort bien celle de son temps.

Dans sa jeunesse, tous les honnêtes plaisirs qui pouvoient être permis à une grande reine ont eu beaucoup de charmes pour elle; présentement elle en a perdu le goût. Ses inclinations sont conformes à la raison, et la complaisance lui fait faire sur ce chapitre beaucoup de choses qu'elle ne feroit pas si elle suivoit ses sentimens. Le théâtre n'a plus d'autre agrément pour elle que celui de complaire au Roi, qui, par la tendresse qu'il a pour elle, prend un singulier plaisir à être en sa compagnie; et toute la France la doit remercier de cette condescendance, puisque nous devons toujours voir avec joie une telle mère avec un tel fils. Elle aime présentement le jeu, et y donne quelques heures du jour. Ceux qui ont l'honneur de jouer avec elle disent qu'elle joue en Reine, sans passion et sans empressement pour le gain.

La Reine est de même fort indifférente pour la grandeur et la domination. Sa naissance l'a élevée tout d'un coup; elle tient tout le reste indigne de ses désirs, et jamais les défauts de Catherine de Médicis ne seront les siens. Cette grande Reine n'a pas les mêmes sentimens sur l'amitié : elle aime peu de personnes, mais celles à qui elle donne quelque part en l'honneur de ses bonnes grâces se peuvent vanter d'être fortement aimées. Notre sexe a eu cet avantage de lui avoir donné, dans sa jeunesse, des favorites (1) qui

---

(1) *Des favorites :* Entre autres la duchesse de Chevreuse, qui lui fit commettre bien des fautes.

ont occupé son cœur par un attachement fort grand et fort sensible. La mort du Roi son mari lui ayant donné, par sa régence, un sceptre à soutenir, elle a été obligée de donner son amitié à une personne dont la capacité la pût soutenir, et dans laquelle elle pût rencontrer le conseil avec la fidélité, et les services avec la douceur de la confiance. Dans tous ses différens choix, et particulièrement par le dernier, elle a fait voir à toute la terre combien elle aime noblement, et que son cœur n'est capable d'aucune foiblesse ni d'aucun changement, quand une fois elle est persuadée qu'elle fait ce qu'elle doit faire. Selon ce que je dis, il semble que la Reine étoit née pour rendre par son amitié le feu Roi son mari le plus heureux mari du monde : et certainement il l'auroit été s'il avoit voulu l'être ; mais cette fatalité, qui sépare presque toujours les cœurs des souverains, ayant éloigné de la Reine celui du Roi, l'amour qu'elle n'a pu donner à ce prince, elle le donnoit à ses enfans, et particulièrement au Roi son fils qu'elle aime passionnément. Le reste des personnes qui ont l'honneur de l'approcher ne sauroient sans présomption, et sans une vanité bien mal fondée, se vanter d'être aimées d'elle : ce bien n'est réservé que pour les élus ; mais elle les traite bien, et toutes, chacune selon leur mérite, en reçoivent un assez favorable accueil pour les obliger à une grande fidélité à son service, et à beaucoup de reconnoissance envers elle. Sa bonté en cette occasion tient la place de la tendresse dont elle ne fait pas une fort grande profusion aux pauvres mortels ; mais les choses qui viennent d'elle et qui en ont seulement quelque apparence sont d'un prix inestimable, tant par leur rareté que par l'excellence de la personne de qui on les reçoit. Si elle n'est pas si tendre pour ceux qui ont l'honneur de l'approcher, elle est sûre et secrète à ceux qui se confient en elle. Son procédé est honnête et obligeant. Du côté de la fidélité, elle se renferme dans les mêmes bornes que les particuliers : elle entre dans les chagrins de ceux qui souffrent. Ceux pour qui elle a de la bonne volonté trouvent en sa douceur de la consolation ; et ses oreilles paroissent si attentives au soulagement des misérables, qu'il semble que son cœur, tout indifférent qu'il est, y prend aussi quelque part. Il me paroît qu'elle n'est pas assez touchée de l'amitié qu'on a pour elle ; mais comme les rois entendent de tous un même langage, et qu'il est difficile de discerner la vérité d'avec le mensonge et l'artifice, il est assez excusable, et même selon la raison, de ne se pas laisser aisément persuader sur une chose qui de sa nature est fort trompeuse. Elle hait ses ennemis de la même façon qu'elle aime ses premiers amis. Par son inclination, elle se vengeroit volontiers, elle seroit capable de porter bien loin ses ressentimens ; mais la raison et sa conscience la retiennent, et souvent je lui ai ouï dire qu'elle a peine à se vaincre là-dessus. Elle se met rarement en colère, sa passion ne la domine pas : elle n'éclate par aucun bruit indécent à une princesse qui, commandant un royaume, doit se commander elle-même ; mais il y paroît à ses yeux, et quelquefois elle en a donné quelques marques par ses paroles. De ma connoissance, elle n'en a jamais été vivement touchée que pour les intérêts de la couronne, contre les ennemis de l'Etat et du Roi son fils ; et par conséquent je puis dire ne l'avoir vue en cet état que par des sentimens dignes de louanges.

La Reine est naturellement libérale, elle est capable de donner avec profusion, et en beaucoup d'occasions elle en a donné des marques. Elle n'est jamais incommodée de ceux qui lui demandent du secours dans leur nécessité, et ce qu'elle leur donne elle le donne avec joie ; mais comme elle néglige les richesses pour elle-même, elle néglige aussi d'en donner aux autres. Une des plus belles qualités que j'aie reconnues en la Reine, c'est la fermeté de son ame : elle ne s'étonne point des grands périls ; les choses les plus douloureuses, et qui ont le plus agité son ame, n'ont pu apporter du trouble sur son visage, et ne lui ont jamais fait manquer à cette gravité qui sied si bien aux personnes qui portent la couronne. Elle est intrépide dans les grandes occasions, et la mort ni le malheur ne lui font point de peur. Elle soutient son opinion sans se relâcher, quand une fois elle la croit bonne ; et sa fermeté va au-delà des raisons que la politique fait dire aux personnes passionnées. De là procède qu'elle ne s'étonne point des discours du vulgaire : elle trouve dans son innocence et dans sa vertu sa sûreté et sa consolation ; et pendant que la guerre civile a fait contre elle ce que la malice et l'envie ont coutume de produire, elle a fort méprisé toutes leurs attaques. Elle est toujours égale en toutes les actions de sa vie ; toutes ses années et ses journées se ressemblent : elle observe continuellement une même règle, et nous l'avons toujours vue faire les mêmes choses, soit dans ce qu'elle rend à Dieu par devoir, ou ce qu'elle donne au monde par complaisance. Elle est tranquille et vit sans inquiétude; elle ne puise ni dans le passé ni dans l'avenir aucun souvenir ni aucune crainte qui puisse troubler son repos; elle pense seulement, suivant le conseil de l'Evangile et l'avis des philosophes, à passer sa journée, goûtant avec douceur le bien qu'elle y trouve, sans se plaindre du mal qu'elle y rencontre. La pensée de la mort ne l'étonne point: elle la regarde venir, sans murmurer contre sa fatale puissance; et il est à croire qu'après une fort longue vie elle recevra cette affreuse ennemie des hommes avec une grande paix. Je souhaite que cela soit ainsi, et qu'alors les anges en reçoivent autant de joie que les hommes auront sujet d'en ressentir de tristesse.

MÉMOIRES

DE

MME. DE MOTTEVILLE [1].

Le roi Louis XIII n'avoit que neuf ans huit jours quand il vint à la couronne ; mais le roi Henri lui avoit laissé un royaume si florissant et si paisible, de si bonnes troupes dans ses armées, de si habiles ministres dans ses conseils, et de si grandes sommes de deniers dans ses coffres, que si la reine Marie de Médicis avoit voulu suivre l'ordre que ce grand prince avoit établi dans l'Etat, sa régence auroit été bien plus glorieuse, et le reste de sa vie bien plus heureux. Mais ayant laissé prendre une trop grande autorité au marquis d'Ancre, qu'elle avoit fait maréchal de France, il la conseilla d'éloigner les anciens serviteurs du feu Roi, et particulièrement ces grands hommes qui avoient vieilli dans les premières charges, et ménagé les plus importantes négociations, pour en mettre d'autres à leurs places qui fussent tout-à-fait dépendans d'elle. Cela lui attira la haine de tous les princes du sang, et des autres princes et grands seigneurs qu'elle traitoit avec tant de hauteur qu'ils se retirèrent de la cour ; et

---

[1] Nous avons cru, dans l'Introduction aux Mémoires relatifs à la Fronde, devoir donner beaucoup de détails sur les personnages qui figurèrent dans ces troubles. Il seroit inutile de les répéter ici. Ainsi les notes que nous joindrons à l'ouvrage de madame de Motteville n'auront en général pour objet que les personnes dont jusqu'à présent nous n'avons pas eu occasion de parler.

les traités de Sainte-Menehould et de Loudun, que ce maréchal avoit faits, n'ayant point eu d'effet, le nombre des mécontens, qui augmentoit tous les jours, le fit résoudre, pour rompre toutes les mesures qu'il voyoit bien qu'ils prenoient contre lui, de faire arrêter le prince de Condé, lequel, comme premier prince du sang, pouvoit être chef du parti qui commençoit à se former. Il envoya en même temps ordre aux deux armées destinées pour agir hors du royaume, en exécution des grands desseins de celui qui les avoit levées, de se tenir prêtes à soutenir l'autorité royale qui lui avoit été confiée, au cas qu'elle fût attaquée au sujet de la détention de ce prince, et en fit lever encore une troisième, pour être en état de marcher plus promptement contre les premiers qui oseroient se déclarer.

Une action aussi hardie que celle-là, et de si grands préparatifs, confirmèrent la Reine dans les grandes opinions qu'elle avoit de celui dont elle suivoit aveuglément les conseils, et lui firent croire qu'elle alloit être bientôt maîtresse de la cour et de toute la France sans aucune contradiction : et ce fut ce qui la perdit, aussi bien que celui qu'elle avoit choisi pour son premier ministre. Car, comme elle étoit persuadée que personne ne lui pouvoit résister, elle s'imagina qu'elle n'avoit plus besoin de ménager personne, pas même le Roi son fils ; et elle ne prenoit pas garde qu'il avoit un favori qui avoit autant d'ambition que le sien, et que, s'insinuant de plus en plus, il travailloit si fortement à le détacher de la tendresse qu'il avoit pour elle, qu'il le fit enfin résoudre à s'en séparer tout-à-fait. Ce favori étoit de Luynes, lequel, pendant qu'il étoit son page, trouva le moyen de se rendre si agréable et si nécessaire à tous les plaisirs, tous les exercices et tous les divertissemens de ce jeune prince, et particulièrement à toutes sortes de chasses, où peu de personnes avoient accoutumé de le suivre, que la liberté avec laquelle il vivoit avec lui l'éleva enfin à la dignité de connétable.

La noblesse française, naturellement affectionnée aux princes du sang, ayant pris les armes dans les provinces, y grossissoit tous les jours le parti du prince de Condé, pendant que le désordre régnoit dans Paris où le peuple avoit pillé la maison du maréchal d'Ancre, contre lequel on crioit hautement, comme contre l'auteur de la manière violente du gouvernement de la Reine, et du mauvais emploi, vol et dissipation des trésors que Henri IV avoit amassés. Les séditions devenoient tous les jours plus fréquentes; et personne n'ayant la force ni l'envie de les apaiser, la populace enfin l'attaqua le 24 avril 1617, comme il sortoit du Louvre. Les braves qui l'accompagnoient partout ne lui ayant donné aucun secours, non plus que les gardes qui n'étoient pas loin, lorsqu'il mit l'épée à la main, ou qu'il l'y voulut mettre pour se défendre, croyant que le marquis de Vitry, leur capitaine, qui parut dans le même temps, y venoit pour le tirer de ce péril, au lieu qu'il venoit pour l'arrêter, on douta d'abord si sa mort se devoit attribuer à la fureur du peuple, ou à sa rebellion aux ordres du Roi.

Depuis sa majorité, il avoit témoigné en tant d'occasions qu'il avoit dessein de prendre connoissance des affaires, que, la Reine s'étant retirée à Blois, il ne fut pas long-temps sans faire revenir le chancelier de Sillery et mettre le prince de Condé en liberté. Ce n'étoit pas véritablement assez pour mettre la paix dans le royaume, que tous ces changemens avoient troublée. Mais comme je n'ai pas entrepris de décrire la vie de cette malheureuse princesse, je ne parlerai point de la guerre de ceux qui prirent son parti. Ils le firent, non pas tant pour la servir, que par la jalousie de la grande faveur de Luynes, lequel, après la mort du maréchal d'Ancre, étant devenu tout puissant, avoit épousé la fille du duc de Montbazon : ce qui l'avoit fait connétable. Je laisse à ceux qui écriront l'histoire de ce temps-là le soin de faire le récit de ses aventures, jusqu'à sa réconciliation avec le Roi par la paix du Pont-de-Cé; ce qui la fit revenir à la cour avec ceux qui l'avoient suivie, entre lesquels étoit le cardinal de Richelieu, qui n'étoit alors qu'évêque de Luçon. Mon dessein n'est que de marquer ce qui peut regarder la reine Anne d'Autriche, dont on ne commença de parler que dans les négociations de la paix générale que son mariage devoit donner à toute l'Europe.

Je dirai donc ici que le grand duc de Toscane étant naturellement obligé de travailler à maintenir la reine Marie de Médicis dans le crédit qu'elle avoit eu d'abord auprès du Roi, lequel, quoique devenu majeur, vouloit bien partager son autorité avec elle; et ayant grand intérêt au repos de la France, qui ne pouvoit être altéré que l'Italie et l'Espagne ne fussent troublées : le marquis Borri, son ambassadeur, fut le premier qui, dans les conférences qu'il avoit à Madrid avec les ministres espagnols, jeta les premières paroles d'un double mariage entre les deux princes et les deux princesses de France et d'Espagne.

Ces alliances étoient si convenables, que ses paroles ne tombèrent pas à terre : les propositions qui en furent faites aussitôt furent bien reçues de côté et d'autre, et en France particulièrement, avec tant de joie qu'on songea à faire un carrousel à la place Royale pour le témoigner ; et on y travailla avec tant d'empressement qu'il sembloit qu'on eût peur qu'il ne fût pas assez tôt prêt pour ces deux mariages. Ce carrousel dura trois jours : ce qui fut cause que plusieurs rues de Paris, par lesquelles il falloit faire entrer et sortir le grand nombre d'acteurs et de machines qui étoient nécessaires à ce spectacle, eurent part aux plaisirs d'en voir la beauté et la magnificence. Et ce qui est remarquable est que ces trois jours, dans la relation qui en a été imprimée en 1612, sont dans le mois d'avril de cette année. Cependant il est certain que les épousailles ne se firent qu'en 1615. Elles pensèrent même ne se pas faire, à cause que les huguenots, prenant ombrage de la grande liaison que l'on proposoit de faire entre la France et l'Espagne, demandèrent qu'elles fussent sursises jusqu'à ce que les Etats-généraux fussent assemblés, dans lesquels ils espéroient qu'il se trouveroit tant de difficultés, qu'il seroit aisé de rompre ces deux mariages. Cependant les Etats s'étant séparés plus tôt qu'on ne pensoit, et sans qu'on en eût tiré aucune utilité, comme il arrive ordinairement dans de pareilles assemblées, on songea tout de bon à les conclure.

Pour cela, le duc du Maine s'en alla en Espagne, et le duc de Pastrana vint en France. Les épousailles de Philippe IV, fils du roi d'Espagne Philippe III, avec madame Elisabeth de France furent solennisées à Burgos, et celles du roi Louis XIII avec Anne d'Autriche, infante d'Espagne, à Bordeaux. Le duc de Guise, qui avoit mené madame Elisabeth jusqu'au milieu de la petite rivière de Bidassoa, qui sépare ces deux royaumes, prit congé d'elle pour la laisser aller à Fontarabie, et conduisit l'infante d'Espagne à Saint-Jean-de-Luz, où le duc de Luynes lui donna une lettre de la part du Roi, duquel on dit qu'il lui rapporta réponse écrite de sa main. On s'étoit imaginé que l'armée des huguenots s'opposeroit au voyage. Il est vrai qu'elle étoit si proche de celle du Roi, qu'elle sembloit côtoyer celle qui l'accompagnoit : mais elle ne servit qu'à leur faire voir sa puissance, et à rendre l'entrée de l'Infante en France plus belle.

Comme le Roi étoit né le 27 septembre 1601, et la Reine le 22 du même mois, elle étoit âgée de quatorze ans quand elle se maria, et de quinze ans quand elle fut amenée au Roi son mari, n'ayant que cinq jours plus que lui. Je sais de la vieille et illustre marquise de Morny, qui eut l'honneur de l'approcher familièrement en ce temps-là, et d'en être estimée, qu'elle étoit extrêmement belle. La première fois qu'elle la vit, elle m'a dit qu'elle étoit assise sur des carreaux, à la mode d'Espagne, au milieu d'un grand nombre de dames habillées à l'espagnole, d'un satin vert en broderie d'or et d'argent, ses manches pendantes et renouées sur les bras avec de gros diamans qui lui servoient de boutons. Elle avoit une fraise fermée, avec un petit bonnet sur la tête de même couleur que la robe, où il y avoit une plume de héron qui augmentoit par sa noirceur la beauté de ses cheveux, qui étoient fort blonds et frisés à grosses boucles. Le jeune Roi (1) étant bien fait, et sa beauté brune ne déplaisant pas à cette jeune Reine, je lui ai ouï dire qu'elle l'avoit trouvé aimable, et qu'elle l'auroit aimé, si le malheur de l'un et de l'autre, si cette fatalité presque inévitable à tous les princes, n'en eût disposé autrement. On lui ôta peu après toutes les dames espagnoles qui étoient venues avec elle, dont elle eut beaucoup de douleur; et il ne lui resta qu'une nommée dona Estefania, qu'elle aimoit tendrement, à cause qu'elle l'avoit élevée, et qui étoit auprès d'elle, comme on dit en France, sa première femme de chambre. Feu ma mère, qui avoit été plusieurs années en Espagne, où la seconde femme du sieur de Saldagne, son aïeul maternel, dont il n'avoit point d'enfans, l'avoit menée à l'âge de six ans pour recueillir une succession dont elle lui avoit promis la meilleure part, lui fut d'un grand secours dans les premières années de son arrivée en France, dans lesquelles elle ne prenoit plaisir qu'à tout ce qui lui représentoit l'Espagne. Car ayant fait d'abord une grande amitié avec

---

(1) *Le jeune Roi*: Le manuscrit de la bibliothèque de l'Arsenal contient plus de développemens. « Le jeune Roi étoit de même fort beau, fort bien « fait, et sa beauté brune ne déplut pas à une jeune Reine. Elle le trouva « fort aimable en ce commencement; et quoiqu'il fût bègue, et que les « fatigues qu'il prit depuis à la chasse, ses longues maladies et son « chagrin naturel l'eussent, sur la fin de sa vie, infiniment changé, je « crois toutefois que de la façon que j'en ai ouï parler à la Reine, « qu'elle l'auroit fort aimé si le malheur de l'un et de l'autre, et cette « fatalité quasi inévitable à tous les princes, n'en eût disposé autre- « ment; car ce Roi, se faisant à lui-même une destinée très-fâcheuse, « n'aima point la Reine autant qu'elle le méritoit. Il courut toute sa « vie après les bêtes, et se laissa gouverner à ses favoris : si bien qu'ils « vécurent ensemble avec aussi peu d'intelligence que de bonheur. »

T. 36.

cette dame, qui, commençant à être infirme, avoit besoin de se décharger sur quelque personne fidèle qui sût non-seulement parler espagnol, mais le lire et l'écrire, et connoître la cour de Madrid; la Reine, qui trouvoit en ma mère toutes ces choses avec beaucoup d'esprit et d'agrément, n'eut pas de peine à prendre confiance en elle, non-seulement par le commerce innocent mais néanmoins secret qu'elle entretenoit avec le Roi son frère, qui faisoit toute sa joie et fit aussi tout son crime, mais encore pour se consoler avec elle des chagrins qu'elle ne pouvoit dissimuler que lui donnoit la grande faveur du duc de Luynes, qu'on a dit avoir eu l'audace de proposer au Roi de la répudier pour lui faire épouser une parente de sa femme, qui a été depuis la princesse de Guémené [1], que nous avons vue la plus belle femme de la cour. Mais s'il est vrai que cette pensée lui soit venue dans l'esprit, il faut qu'elle n'y soit demeurée qu'un moment, et comme une vision ridicule; car la duchesse de Luynes, qui étoit fort bien avec son mari, ne fut pas long-temps sans être favorite de la Reine, qui véritablement eut de la peine à souffrir d'abord son amitié, à cause de l'aversion qu'elle avoit pour le duc, et ne s'accoutuma que par la complaisance qu'elle étoit bien aise d'avoir pour le Roi, qui ne la haïssoit pas, et pour être de toutes les parties de promenades et de chasses. C'est ce qui fit qu'elle goûta quelque temps du plaisir, sans autre amertume que celle d'être devenue grosse,

---

[1] *La princesse de Guémené*: Anne de Rohan. Elle eut une intrigue avec le duc de Montmorency, puis devint maîtresse du coadjuteur, depuis cardinal de Retz, et finit par embrasser avec ardeur la cause des jansénistes.

comme elle le crut quelque temps, et de s'être blessée pour avoir trop couru après la connétable. D'où l'on peut juger que si cette cour manquoit de prudence, elle ne manquoit pas de joie, puisque la jeunesse et la beauté y avoient une autorité souveraine. Le connétable de Luynes étant mort en 1621, ce petit empire finit avec lui: car la reine Marie de Médicis s'étant accommodée avec le Roi, la paix entre la mère et le fils brouilla le mari et la femme; et la Reine-mère étant persuadée que, pour être absolue sur ce jeune prince, il falloit que cette jeune princesse ne fût pas bien avec lui, elle travailla avec tant d'application et de succès à entretenir leur mésintelligence, que la Reine sa belle-fille n'eut aucun crédit ni aucune douceur depuis ce temps-là. Toute sa consolation étoit la part que la duchesse de Luynes, qui étoit remariée avec le duc de Chevreuse, prince de la maison de Lorraine, prenoit à ses chagrins, qu'elle tâchoit d'adoucir par tous les divertissemens qu'elle proposoit, lui communiquant autant qu'elle pouvoit son humeur galante et enjouée, pour faire servir les choses les plus sérieuses et de la plus grande conséquence de matière à leur gaieté et à leur plaisanterie. *A giovine cuor* [1] *tutto e giuoco.*

Quelques années se passèrent sans qu'on puisse expliquer à quoi elles s'étoient passées quand on y auroit été présent, n'en sachant rien que ce que la Reine m'a dit elle-même depuis, se divertissant quelquefois à me les conter. Je puis dire néanmoins qu'elle a été aimée, et que, malgré le respect que Sa Majesté

---

[1] *A giovine cuor*, etc.: Tout est divertissement pour de jeunes personnes.

inspire, sa beauté n'a pas manqué de toucher des gens qui ont fait paroître leur passion. Le duc de Montmorency, frère de madame la princesse, recommandable par sa valeur, sa bonne mine et sa magnificence, a été mis de ce nombre. Son cœur avoit été occupé d'une forte inclination pour la marquise de Sablé[1], qui étoit une de celles dont la beauté faisoit le plus de bruit quand la Reine vint en France; mais si elle étoit aimable, elle désiroit encore plus de le paroître: l'amour que cette dame avoit pour elle-même la rendit un peu trop sensible à celui que les hommes lui témoignoient. Il y avoit encore en France quelque reste de la politesse que Catherine de Médicis y avoit apportée d'Italie; et on trouvoit une si grande délicatesse dans les comédies nouvelles, et tous les autres ouvrages en vers et en prose qui venoient de Madrid, qu'elle avoit conçu une haute idée de la galanterie que les Espagnols avoient apprise des Maures. Elle étoit persuadée que les hommes pouvoient sans crime avoir des sentimens tendres pour les femmes; que le désir de leur plaire les portoit aux plus grandes et aux plus belles actions, leur donnoit de l'esprit et leur inspiroit de la libéralité, et toutes sortes de vertus: mais que, d'un autre côté, les femmes qui étoient l'ornement du monde, et étoient faites pour être servies et adorées des hommes, ne devoient souffrir que leurs respects. Cette dame ayant soutenu ses sentimens avec beaucoup d'esprit et une grande beauté, leur avoit donné de l'autorité dans son temps; et le nom-

---

[1] *La marquise de Sablé*: Marguerite de Souvré, femme de Philippe-Emmanuel de Laval-Montmorency, marquis de Sablé, morte en 1678, âgée de soixante-seize ans.

bre et la considération de ceux qui ont continué à la voir ont fait subsister dans le nôtre ce que les Espagnols appellent *fucezas* (1), jusqu'à ce qu'à force de vouloir rendre l'amitié des hommes et des femmes parfaite, elle a trouvé qu'on ne pouvoit réparer leurs défauts que par la connoissance qu'elle a eue de ce qu'en qualité de chrétienne elle devoit estimer et croire. Je lui ai ouï dire, lorsque je l'ai connue, que sa fierté fut telle à l'égard du duc de Montmorency, qu'aux premières démonstrations qu'il lui donna de son changement, elle ne voulut plus le voir, ne pouvant recevoir agréablement des respects qu'elle avoit eus à partager avec la plus grande princesse du monde. La Reine m'a fait l'honneur de me dire, se moquant alors de sa vanité passée, qu'elle n'avoit jamais fait de réflexions sur les sentimens que le duc de Montmorency pouvoit avoir pour elle, et qu'elle n'avoit remarqué et pris tout ce que disoit la voix publique de lui que comme un tribut qu'elle croyoit être dû par tout le monde à sa beauté, étant persuadée que cette passion avoit été médiocre à son égard.

Le duc de Bellegarde (2), quoique vieux, fut aussi un de ceux qui aimèrent cette princesse. Celui-là avoit été favori de deux rois. La renommée en faisoit encore tant de bruit, que la Reine ne refusa point d'en recevoir de l'encens dont la fumée ne pouvoit noircir sa réputation, et souffrit qu'il en usât avec elle à la mode du siècle où il avoit vécu, qui avoit été le règne de la galanterie et celui des dames. On a dit

(1) *Fucezas*, ou plutôt *husesas* : Ce mot paroît venir de *huso*, fuseau. Il semble exprimer l'idée de *filer l'amour*. — (2) *Le duc de Bellegarde* : Roger de Saint-Lary, mort en 1646.

depuis que la princesse de Conti et les autres favorites de la Reine avoient conseillé cette folie à cet antique galant, et que la Reine, quand il eut la hardiesse de lui en parler, en fut en colère. Mais enfin la chose se tourna en plaisanterie : de sorte que le Roi même, quoique d'humeur jalouse, y entra sans peine.

Le duc de Buckingham [1] fut le seul qui eut l'audace d'attaquer son cœur. Il vint, de la part du roi d'Angleterre son maître, pour épouser Madame, sœur du Roi. Il étoit bien fait, beau de visage; il avoit l'ame grande; il étoit magnifique, libéral, et favori d'un grand roi. Il avoit tous ses trésors à dépenser, et toutes les pierreries de la couronne d'Angleterre pour se parer. Il ne faut pas s'étonner si avec tant d'aimables qualités il eut de si hautes pensées, de si nobles mais si dangereux et blâmables désirs, et s'il eut le bonheur [2] de persuader à ceux qui en ont été les témoins que ses respects ne furent point importuns; mais il est à présumer que ses vœux furent reçus, comme on feint que les dieux souffroient les offrandes des hommes, c'est-à-dire, sans pouvoir deviner par leurs oracles si leur destinée étoit bonne ou mauvaise. La Reine, n'en faisant point un secret, n'a pas fait difficulté de me conter depuis (fort détrompée de ces dangereuses illusions) qu'étant jeune, elle ne comprenoit pas que la belle conversation, qui s'appelle ordinairement l'honnête galanterie, où on

---

(1) *Le duc de Buckingham* : Georges Villiers, duc de Buckingham, favori de Charles Ier, né en 1592, mort en 1628. — (2) *Et s'il eut le bonheur* : Le manuscrit porte : « Et s'il eut le bonheur de faire avouer « à cette belle Reine que si une honnête femme avoit pu aimer un autre « que son mari, celui-là auroit été le seul qui auroit pu lui plaire. »

ne prend aucun engagement particulier, pût jamais être blâmable, non plus que celle que les dames espagnoles pratiquent dans le palais, où, vivant comme des religieuses, et ne parlant aux hommes que devant le roi et la reine d'Espagne, elles ne laissent pas de se vanter de leurs conquêtes, et d'en parler comme d'une chose qui, bien loin de leur ôter leur réputation, leur en donne beaucoup. Elle avoit, en la personne de la duchesse de Chevreuse, une favorite qui se laissoit entièrement occuper de ces vains amusemens; et la Reine par ses conseils n'avoit pu éviter, malgré la pureté de son ame, de se plaire aux agrémens de cette passion dont elle recevoit en elle-même quelque légère complaisance, qui flattoit plus sa gloire qu'elle ne choquoit sa vertu. On a fort parlé (1) d'une promenade qu'elle fit dans un jardin du logis où elle logea,

(1) *On a fort parlé*: Le manuscrit donne des détails assez curieux sur cette promenade. « On a fait grand bruit d'un rendez-vous qu'on
« prétend qu'elle lui donna dans un jardin (je pense dans Amiens),
« mais ce fut injustement; car je sais d'elle-même, qui m'a fait l'hon-
« neur de me le conter sans nulle façon, qu'elle avoit voulu se pro-
« mener dans un jardin, parce que le Roi en défendoit l'entrée à tout
« le monde: et comme la difficulté augmente le désir, cela lui avoit
« donné une fort grande envie d'y aller; qu'après avoir eu les clefs du
« capitaine des gardes avec beaucoup de peine, elle y étoit allée un
« soir, madame de Chevreuse avec elle, et sa petite cour; que le duc
« de Buckingham, qui avoit été confident de cette gaieté, y étoit venu;
« qu'elle et madame de Chevreuse causèrent avec lui devant tout le
« monde, ceux qui étoient présens ne les ayant point éloignés. Et Ga-
« boury, valet de garde-robe, m'a dit lui-même qu'il étoit un de ceux
« qui avoient suivi la Reine en cette promenade, laquelle m'a confirmé
« la même chose. Cependant cela passa pour un rendez-vous, à cause
« que la promenade n'étoit pas publique, et que les actions des rois
« ne sauroient être secrètes, ni même demeurer dans le rang des indiffé-
« rentes, pour la quantité de personnes qui en veulent faire le juge-
« ment. »

lorsqu'elle alla conduire la reine d'Angleterre à Amiens. Elle se fit en présence de toute la suite qui d'ordinaire accompagnoit cette princesse. Et j'ai vu des personnes qui s'y trouvèrent, qui m'ont instruite de la vérité. Le duc de Buckingham, qui y fut, la voulant entretenir, Putange, écuyer de la Reine, la quitta pour quelques momens, croyant que le respect l'obligeoit de ne pas écouter ce que ce seigneur anglais lui vouloit dire. Le hasard alors les ayant menés dans un détour d'allée où une palissade les pouvoit cacher au public, la Reine dans cet instant, surprise de se voir seule, et apparemment importunée par quelque sentiment trop passionné du duc de Buckingham, s'écria, et appelant son écuyer, le blâma de l'avoir quittée. Par ce cri elle fit voir sa sagesse et sa vertu, préférant la conservation de son innocence intérieure à la crainte qu'elle devoit avoir d'être blâmée, et que ce cri allant aux oreilles du Roi ne lui coûtât beaucoup d'embarras. Si en cette occasion elle montra que son cœur pouvoit être susceptible de quelque impression de tendresse qui la convia d'écouter les discours fabuleux d'un homme qui l'aimoit, il faut avouer aussi en même temps que l'amour de la pureté et ses sentimens honnêtes l'emportèrent sur tout le reste, et qu'elle préféra à une réputation apparemment soupçonnée de peu de chose une gloire réelle et véritable, sans mélange d'aucun sentiment indigne d'elle. Lorsque ce duc prit congé de la Reine-mère, qui étoit venue conduire la reine d'Angleterre sa fille hors de la ville d'Amiens, la Reine m'a fait l'honneur de me dire que quand il vint lui baiser la robe, elle étant au devant du carrosse et la princesse de Conti auprès d'elle, il se cacha du rideau comme pour lui dire quelques mots, et beaucoup plus pour essuyer les larmes qui lui tombèrent des yeux dans cet instant. La princesse de Conti, qui railloit de bonne grâce (1), et qui, à ce que j'ai ouï dire, avoit beaucoup d'esprit, dit sur ce sujet, en parlant de la Reine, qu'elle pouvoit répondre au Roi de sa vertu; mais qu'elle n'en feroit pas autant de sa cruauté, parce que sans doute les larmes de cet amant, qu'en cette occasion elle avoit aperçues pour être assise auprès d'elle, avoient dû attendrir son cœur, et qu'elle avoit soupçonné ses yeux de l'avoir du moins regardé avec quelque pitié.

La passion du duc de Buckingham lui fit faire encore une action bien hardie, que la Reine m'a apprise et que la reine d'Angleterre m'a depuis confirmée, qui le savoit de lui-même. Ce célèbre étranger étant parti d'Amiens pour retourner en Angleterre mener madame Henriette de France à son Roi, régner sur les Anglais, occupé de sa passion, et forcé par la douleur de l'absence, voulut revoir la Reine, quand même ce ne seroit que pour un moment. Quoiqu'il fût près d'arriver à Calais, il fit dessein de se satisfaire en feignant d'avoir reçu des nouvelles du Roi son maître, qui l'obligeoient d'aller à la cour. Il laissa la future Reine à Boulogne, et revint trouver la Reine-mère pour traiter de cette affaire simulée, qui n'étoit que le prétexte de son retour à la cour. Après avoir parlé de

(1) *Qui railloit de bonne grâce:* Voici, selon le manuscrit, la plaisanterie de la princesse de Conti. « Elle dit, en faisant la guerre à la « Reine des galanteries de ce duc, que de la ceinture en bas elle pouvoit « répondre au Roi de sa vertu, mais qu'elle ne feroit pas la même chose « de la ceinture en haut, parce que les larmes de cet amant avoient dû « attendrir son cœur, etc. »

sa chimérique négociation, il alla chez la Reine, qu'il trouva au lit assez seule. Cette princesse savoit par des lettres de la duchesse de Chevreuse, qui accompagnoit la reine d'Angleterre, qu'il étoit arrivé. Elle en parla devant Nogent en riant, et ne s'étonna point quand elle le vit; mais elle fut surprise de ce que tout librement il vint se mettre à genoux devant son lit, baisant son drap avec des transports si extraordinaires, qu'il étoit aisé de voir que sa passion étoit violente, et de celles qui ne laissent aucun usage de raison à ceux qui en sont touchés. La Reine m'a fait l'honneur de me dire qu'elle en fut embarrassée; et cet embarras, mêlé de quelque dépit, fut cause qu'elle demeura long-temps sans lui parler. La comtesse de Lannoi, alors sa dame d'honneur, sage, vertueuse et âgée, qui étoit au chevet de son lit, ne voulant point souffrir que ce duc demeurât en cet état, lui dit avec beaucoup de sévérité que ce n'étoit point la coutume en France, et voulut le faire lever. Mais lui, sans s'étonner, combattit contre la vieille dame, disant qu'il n'étoit pas Français, et qu'il n'étoit pas obligé d'observer toutes les lois de l'Etat. Puis s'adressant à la Reine, lui dit tout haut les choses du monde les plus tendres; mais elle ne lui répondit que par des plaintes de sa hardiesse, et, sans peut-être être trop en colère, lui ordonna sévèrement de se lever et de sortir. Il le fit; et, après l'avoir vue encore le lendemain en présence de toute la cour, il partit, bien résolu de revenir en France le plus tôt qu'il lui seroit possible.

Après que les ambassadeurs anglais eurent repassé la mer, les deux Reines revinrent trouver le Roi, qui les attendoit à Fontainebleau.

Toutes les choses qui regardoient Buckingham lui furent dites au désavantage de la Reine, si bien que quelques domestiques en furent chassés. Putange, son écuyer, fut exilé; Datal, que madame de Vernel, dame d'atour de la Reine et belle-sœur de madame de Chevreuse, avoit envoyé en Angleterre, La Porte (1) et le médecin de la Reine, furent traités de la même manière.

Le père Seguirent, confesseur du Roi, venant trouver la Reine un jour de grand matin, pour lui dire de la part du Roi qu'il avoit éloigné de son service certaines personnes qui ne lui plaisoient pas, qui sont les mêmes dont je viens de parler, Dona Estefania, Espagnole, la première femme de chambre de la Reine, qui avoit eu l'honneur de la servir dès son enfance, dit en regardant le père jésuite : *Teatino* (2), *tan de magnana à visitar esta segnora, non es buena segnal, ny por bien.*

La reine d'Angleterre (3) m'a conté depuis que, dans le commencement de son mariage, elle eut quelques dégoûts du Roi son mari, et que Buckingham les fomentoit, en lui disant à elle-même librement qu'il les mettroit mal ensemble, s'il pouvoit. Il y réussit en effet, et, par un sentiment de chagrin, elle souhaita de revenir en France voir la Reine sa mère : et

---

(1) *La Porte:* Pierre de La Porte, valet de chambre d'Anne d'Autriche. Il rentra bientôt à son service, et souffrit beaucoup pour elle. Ses Mémoires font partie de cette série. — (2) *Teatino*, etc. : Qu'un moine vienne si matin chez cette dame, ce n'est ni un bon signe, ni pour bien faire. — (3) *La reine d'Angleterre:* Les Mémoires de Richelieu contiennent des détails très-curieux sur les tracasseries que Buckingham eut l'art de susciter à cette princesse dans les premières années de son mariage.

comme elle savoit le désir passionné qu'avoit ce duc anglais de revoir la Reine, elle lui parla de son dessein. Il y entra avec ardeur, et la servit puissamment pour lui en faire obtenir la permission du Roi son mari. Cette princesse l'ayant su, elle en écrivit à la Reine sa mère, la suppliant de trouver bon qu'elle pût mener avec elle le duc de Buckingham, sans qui elle ne pourroit faire ce voyage. Elle fut refusée de la part de la Reine sa mère et de celle du Roi son frère; et son projet, à cause de celui de ce favori, ne put avoir son effet. Il ne faut pas s'en étonner : le bruit de ses sentimens en devoit être un obstacle invincible. Cet homme, qui, selon les descriptions qui m'en ont été faites, avoit autant de vanité que d'ambition, brouilla les deux couronnes pour revenir en France, par la nécessité d'un traité de paix, lorsque, selon ses intentions, il auroit fait éclater sa réputation par les victoires qu'il prétendoit remporter sur notre nation. Il vint sur ce fondement amener une puissante armée navale au secours des Rochelois assiégés par le roi Louis XIII, montrant publiquement la passion qu'il avoit pour la Reine, et dont il faisoit gloire; mais cette ostentation fut enfin punie par un malheureux succès, et par la honte d'avoir mal réussi dans tous ses desseins. Madame de Chevreuse, qui suivoit âprement ses inclinations et qui aimoit le duc d'Holland, ami du duc de Buckingham, étant alors revenue d'Angleterre, vit avec quelque complaisance la flotte de Buckingham et son retour en France, qui d'abord parut accompagné d'une haute réputation. Elle ne cessoit d'en parler à la Reine. La maîtresse et la favorite haïssoient le cardinal de Richelieu, à cause qu'il étoit créature de la Reine-mère et du Roi, et qu'elle l'avoit mis dans le ministère. Elles ne trouvoient rien de plus agréable que de lui faire dépit, d'autant plus que la Reine étoit persuadée qu'il lui rendoit de mauvais offices auprès du Roi; si bien qu'elle ne faisoit pas difficulté d'écouter avec plaisir les souhaits que sa favorite faisoit pour la prospérité des Anglais. Elle me l'a conté souvent elle-même, s'étonnant de l'erreur où engageoient alors la gaieté et la folie d'une jeunesse innocente, qui ne connoissoit point encore dans toute son étendue à quoi l'obligeoient la vertu, la raison et la justice. La duchesse de Chevreuse étoit sans doute la cause de cet aveuglement qui n'étoit pas en effet si blâmable qu'il paroissoit, puisque l'intention et les sentimens de l'ame font en nous le bien ou le mal. Mais, dans un temps où la Reine a pu être plus éclairée, elle en a senti de la peine. Madame de Chevreuse m'a dit depuis elle-même, me contant les égaremens de sa jeunesse, qu'elle forçoit la Reine de penser à Buckingham, lui parlant toujours de lui, et lui ôtant le scrupule qu'elle en avoit par la raison du dépit qu'elle faisoit au cardinal de Richelieu. Je lui ai encore ouï dire, et avec exclamation sur ce sujet, qu'il étoit vrai que la Reine avoit l'ame belle et le cœur bien pur; et que malgré le climat où elle avoit pris naissance, où, comme je l'ai dit, le nom de galant est à la mode, elle avoit eu toutes les peines du monde à lui faire prendre quelque goût à la gloire d'être aimée. La marquise de Sablé, en qui j'ai toujours reconnu beaucoup de lumière et de sincérité, m'a confirmé la même chose, m'ayant dit que la Reine, dans cette première jeunesse, étoit rude pour les dames galantes; et qu'elles la craignoient beaucoup. Toutes celles qui en ce temps-là étoient de sa confidence ont toujours parlé de la même sorte. La marquise de Senecé [1], qui a eu l'honneur de la servir presque toute sa vie, et de plus a passé des temps auprès d'elle où elle n'a pas toujours cru en être aimée, a été en tout temps témoin irréprochable de la vertu de cette princesse. Quand elle en parloit, aimant à dire la vérité, et quelquefois même la blâmant sur le malheur qu'elle avoit eu de se laisser trop gouverner, elle exagéroit la pureté de sa vie et de ses sentimens en des termes si forts et si éloquens, qu'il est impossible de ne pas donner à la Reine toute l'estime qui est due à la solidité de sa vertu, en excusant les foiblesses que l'amour-propre fait commettre aux plus sages, qui veulent presque toujours que leur beauté leur apporte de la gloire. La Reine parloit elle-même de ces choses avec une simplicité si libre et si honnête, qu'il étoit aisé de voir qu'elles ne pouvoient avoir été en elle que de légères imperfections : aussi ont-elles servi à lui faire connoître en d'autres temps ce qu'elle devoit à Dieu qui l'avoit maintenue dans une si véritable pureté, lors même que cet amour-propre la faisoit écarter des maximes qu'une si sage princesse vouloit et devoit observer. Son malheur fut de n'avoir point été assez aimée du Roi son mari; et d'avoir été comme forcée d'amuser son cœur ailleurs, en le donnant à des dames qui en avoient fait un mauvais usage, et qui dans ses premières années,

---

[1] *La marquise de Senecé*: Marie-Catherine de La Rochefoucauld, veuve en 1622 de Henri de Beaufremont, marquis de Senecé. Elle mourut en 1677, âgée de quatre-vingt-neuf ans.

au lieu de la convier à rechercher les occasions de lui plaire, et à désirer d'en être considérée, l'en éloignèrent autant qu'il leur fut possible, afin de la posséder davantage.

Outre ces petites aventures, il en arriva une fort fâcheuse à la Reine au voyage de Nantes, qui lui fut suscitée par la Reine-mère et par le cardinal de Richelieu, pour avoir sujet de la renvoyer en Espagne. Elle fut soupçonnée d'avoir eu quelque connoissance de l'affaire de Chalais (1), grand-maître de la garde-robe, qui fut accusé, à ce que beaucoup croient, injustement d'avoir voulu conspirer contre l'État. Ceux de ce temps-là m'ont dit que ce fut tout au plus une intrigue formée contre la fortune du cardinal de Richelieu, dont étoit Monsieur, frère du Roi. Beringhen, qui de tout temps avoit été confident du feu Roi et de la Reine, qui les avoit vus marier, et qui n'étoit pas accoutumé de mentir, m'a dit que Louvigni, amoureux de madame de Chevreuse, plein de jalousie et de ces sortes de passions que l'ambition et la galanterie produisent, accusa faussement Chalais d'avoir eu le dessein d'attenter à la vie du Roi ; et, me parlant de toutes ces choses qu'il avoit vues, il m'a assuré qu'il n'étoit point criminel, et que sa seule faute étoit d'avoir voulu empêcher le mariage de Monsieur avec mademoiselle de Montpensier, de même que les autres serviteurs de ce prince, qui, par des raisons chimériques, croyoient qu'il leur étoit plus utile qu'il épousât une princesse étrangère ; que Chalais aimant follement la favorite de la Reine, ce grand attache-

---

(1) *Chalais* : Henri de Talleyrand, marquis de Chalais, décapité en 1626.

ment fit croire qu'il étoit de cette intrigue, puisque celle qu'il aimoit y avoit part; et que le cardinal de Richelieu, qui se sentoit haï des favoris de Monsieur, pour mettre le Roi dans ses intérêts lui avoit persuadé que cette cabale, sous le nom de ce prince, avoit voulu former un parti dans le royaume. La Reine même m'a fait l'honneur de me dire qu'il étoit vrai qu'elle avoit fait alors tout ce qu'elle avoit pu pour empêcher le mariage de Monsieur avec cette princesse qu'il épousa peu après, et qu'elle employa à ce dessein le maréchal d'Ornano (1), qui étoit son serviteur; qu'elle le fit, parce qu'elle croyoit que ce mariage, que la Reine-mère vouloit, étoit tout-à-fait contre ses intérêts, étant certain que cette princesse, venant à avoir des enfans, elle qui n'en avoit point ne seroit plus considérée; et ce fut par ce seul endroit que l'on la soupçonna d'avoir part à cette intrigue. D'autres m'ont dit que certains astrologues ayant publié que le Roi ne vivroit pas long-temps, pour embellir l'histoire on accusa la Reine d'avoir eu la pensée qu'elle pourroit épouser Monsieur après la mort du Roi son mari, si par malheur les étoiles eussent rendu cette prophétie véritable. Le cardinal de Richelieu, pour la perdre entièrement, et donner sujet au

---

(1) *Le maréchal d'Ornano* : Jean-Baptiste d'Ornano, ancien gouverneur de Monsieur. Le manuscrit explique pourquoi il montroit tant de zèle pour la Reine. « La Reine avoit empêché le mariage de Monsieur « avec mademoiselle de Montpensier par le maréchal d'Ornano qui en « étoit amoureux jusqu'à la folie, quoiqu'il ne fût ni aimable ni souf- « fert, et qu'il fût, malgré sa qualité de gouverneur de Monsieur, et « son mérite particulier, le but de toutes leurs railleries... Je sais tout « cela de la Reine même, de qui j'ai su aussi la violente passion du « maréchal d'Ornano. »

Roi de la croire coupable de quelque crime, fit espérer à Chalais dans sa prison qu'on lui sauveroit la vie, pourvu qu'il voulût dire que la Reine étoit de concert avec lui sur toutes ces chimères. Il le fit; non comme on vouloit, mais comme il s'imagina le pouvoir faire selon la vérité; et le Roi, trompé par les artifices du ministre, qui amplifia les paroles du prisonnier, crut quelques jours qu'il avoit épousé, au lieu d'une chrétienne, une personne infidèle. Des soupçons de cette nature le troublèrent avec raison. Il la fit venir au conseil, où il lui reprocha qu'elle avoit conspiré contre sa vie pour avoir un autre mari. La Reine, à qui l'innocence donna des forces, outrée de douleur de cette accusation, lui parla avec fermeté et une hardiesse généreuse, et lui dit, à ce que j'ai su par elle-même, qu'elle auroit trop peu gagné au change pour vouloir se noircir d'un crime pour un si petit intérêt. Elle reprocha à la Reine sa belle-mère toutes les persécutions qu'elle et le cardinal de Richelieu lui faisoient, avec la hauteur d'une princesse de sa naissance qui étoit faussement accusée. Mais, comme son ressentiment ne l'avoit pas entièrement justifiée à l'égard du Roi et du public, Dieu permit que Chalais, se voyant sur l'échafaud et trompé par le ministre, se repentit d'avoir laissé entendre des choses qui, de soi n'étant point blâmables, pouvoient néanmoins, étant mal expliquées, devenir dangereuses. Il pria son confesseur d'aller trouver le Roi pour lui en dire la vérité, et d'aller de sa part demander pardon à la Reine, s'excusant de ce que le désir de la vie et la crainte de la mort l'avoient persuadé avec raison qu'il pouvoit dire ce qu'il savoit, puisqu'il ne savoit rien d'elle qui pût déplaire au Roi. Outre ces grandes paroles sorties d'un homme qui alloit mourir, et qui déshonoroient sa mémoire par sa foiblesse, la mère de Chalais (1) vint trouver la Reine pour lui en faire satisfaction. Cette vérité m'a été dite par des personnes qui étoient présentes quand elle fit cette déclaration si authentique, et si nécessaire à la gloire de cette princesse. Elle-même, me faisant l'honneur de me confirmer long-temps après tant de douloureuses aventures, me dit aussi de quelle manière elle s'étoit servie du maréchal d'Ornano, pour empêcher le mariage de Monsieur : elle me protesta qu'elle lui en avoit fait parler par une tierce personne, sans qu'il parût que ce fût de sa part, seulement pour lui montrer qu'il lui feroit plaisir d'y mettre de l'obstacle, et que c'étoit la seule intelligence qu'elle eût eue avec les gens de Monsieur. Chalais étoit aimé de madame de Chevreuse : il pouvoit savoir par elle que la Reine n'avoit pas d'envie de voir à ses côtés Madame, qui l'auroit précédée dans la faveur; et il ne crut pas peut-être lui faire un grand mal, en voulant se sauver de la mort par un si petit secret que la Reine, pour peu qu'on l'eût voulu savoir, n'auroit pas désavoué. Ce sentiment en elle étoit borné par la raison et la justice, par cette justice du moins que l'amour-propre forme en nous tous; mais j'ose assurer qu'elle n'auroit pas voulu empêcher le mariage, si, en s'y opposant, elle eût cru manquer à ce que l'équité demandoit d'elle. Il y parut

(1) *La mère de Chalais :* Jeanne-Françoise de Montluc. C'étoit une femme d'une grande vertu. Elle montra une résignation vraiment chrétienne en perdant un fils qu'elle chérissoit.

peu après ; car Monsieur ayant enfin épousé mademoiselle de Montpensier, la Reine l'estima ; et je lui ai ouï dire depuis que sa mort précipitée lui avoit fait pitié. Le cardinal de Richelieu, qui se sentoit alors haï par cette princesse et par sa favorite, voulut perdre Chalais, qui avoit une belle charge chez le Roi, et qui se trouvoit lié aux favoris de Monsieur et à tout ce qui lui étoit opposé. Il joignit beaucoup de petites choses ensemble, pour en faire une fort grande, qui donna de la peine à la Reine et beaucoup de mauvaises heures au Roi. Les courtisans de ce temps-là disoient que les serviteurs de Monsieur vouloient en faire un chef de parti, autant par la folle haine qu'ils avoient contre la faveur du ministre, que pour faire leurs affaires par cette voie. Pour satisfaire leur fausse politique, ils le portoient à se marier hors du royaume, afin d'avoir une retraite assurée chez les étrangers. Ils auroient mieux fait de lui donner les conseils qui seuls pouvoient le rendre heureux, en se tenant uni au Roi, en lui obéissant, et vivant bien avec le cardinal de Richelieu, sans bassesse ni lâcheté. Ce prince y auroit rencontré ce qu'il ne pouvoit trouver ailleurs, et eux auroient eu l'avantage d'avoir satisfait à leur devoir, en recevant peut-être les récompenses qu'ils en auroient méritées.

Toutes ces choses firent qu'on ôta à la Reine madame de Chevreuse qu'elle aimoit toujours infiniment, et qui dans le vrai étoit la seule cause de ses malheurs. Elle le sentit par l'intérêt de son plaisir, et par l'amitié qu'elle avoit pour elle. Cette princesse ne connoissoit pas alors les dangers qui se rencontrent dans la société des personnes remplies de passions et de vanité ; cette ignorance eut le pouvoir de lui cacher combien l'absence de sa favorite lui étoit avantageuse. Elle augmenta aussi dans son cœur la juste aversion qu'elle a toujours eue contre le cardinal de Richelieu, dont la faveur, dès son commencement, avoit, ce lui sembloit, interrompu le repos de sa vie. Mais comme sa conduite, malgré ses innocentes intentions, ne se put pas entièrement justifier, et qu'elle avoit donné quelque prétexte à ses ennemis de la persécuter, il faut demeurer d'accord qu'elle n'avoit pas pris assez de soin de faire connoître au Roi la droiture de ses sentimens : ce qu'elle auroit fait sans doute avec succès. Ce grand Roi avoit de la vertu ; et les raisons de la Reine étant fondées sur la vérité, elles auroient eu vraisemblablement leur effet ordinaire, qui est de persuader ceux qui n'ont pas renoncé au bon sens et à l'équité. La jeunesse, qui fait manquer de prudence aux plus vertueuses, rendoit le procédé du Roi excusable envers elle ; et la Reine, qui se jugeoit elle-même, et qui se connoissoit sans tache, ne trouvoit pas qu'elle fût traitée comme elle méritoit de l'être. L'orgueil humain, qui règne toujours trop fortement dans l'ame des grands, la rendoit en sa propre cause un juge trop favorable ; et, sentant les disgrâces de madame de Chevreuse comme un outrage qu'elle avoit de la peine à supporter, elle faisoit voir qu'elle ne comprenoit pas assez qu'il faut que les volontés d'un mari, quand elles sont accompagnées de la raison, soient à une honnête femme des lois qu'elle doit observer et recevoir avec soumission. La véritable science pour nous rendre heureux, c'est d'aimer son devoir et d'y chercher son plaisir ; mais la Reine, ignorant cette maxime et se laissant conduire par son propre dépit, se priva de bonheur pour plusieurs années de sa vie.

On veut aussi que le cardinal de Richelieu ait eu pour la Reine plus d'amour que de haine, et que ne la voyant pas portée à lui vouloir du bien, soit par la vengeance, ou soit pour la nécessiter à se servir de lui, il lui rendit de mauvais offices auprès du Roi. Les premières marques de son affection furent les persécutions qu'il lui fit. Elles éclatèrent aux yeux de tous; et nous verrons durer cette nouvelle manière d'aimer jusqu'à la fin de la vie du cardinal. Il n'y a pas d'apparence de croire que cette passion, tant vantée par les poètes, causât de si étranges effets dans son ame. Mais la Reine m'a conté qu'un jour il lui parla d'un air trop galant pour un ennemi, et qu'il lui fit un discours fort passionné; mais qu'ayant voulu lui répondre avec colère et mépris, le Roi dans ce moment étoit entré dans le cabinet où elle étoit, qui par sa présence interrompit sa réponse; que depuis cet instant elle n'avoit jamais osé recommencer cette harangue, craignant de lui faire trop de grâce en lui témoignant qu'elle s'en souvenoit. Mais elle lui répondit tacitement par la haine qu'elle eut toujours pour lui, et par le refus continuel qu'elle fit de son amitié et de ses assistances auprès du Roi. Ceux qui avoient du crédit auprès d'elle, et qui n'aimoient point le cardinal, pour l'attirer dans leur parti ne manquèrent pas de la fortifier dans cette aversion. Elle lui acquit beaucoup de serviteurs, car le cardinal de Richelieu étoit haï : mais par cette conduite, dont le fondement étoit juste, elle se mit beaucoup plus mal avec le Roi. On peut juger, par les sentimens de cette princesse et par ceux de ce ministre, si c'étoit avec raison.

La Reine, et quelques particuliers qui avoient senti les rudes effets des cruelles maximes de ce ministre, avoient sujet d'avoir de la haine pour lui; mais, outre qu'il étoit aimé de ses amis, parce qu'il les considéroit beaucoup, l'envie certainement étoit la seule qui pût avoir part à la haine publique, puisqu'en effet il ne la méritoit pas; et, malgré ses défauts et la raisonnable aversion de la Reine, on doit dire de lui qu'il a été le premier homme de son temps, et que les siècles passés n'ont rien pour le surpasser. Il avoit la maxime des illustres tyrans; il régloit ses desseins, ses pensées et ses résolutions sur la raison d'Etat et sur le bien public, qu'il ne considéroit qu'autant que ce même bien public augmentoit l'autorité du Roi et ses trésors. Il vouloit le faire régner sur ses peuples, et lui-même régnoit sur son Roi. La vie et la mort des hommes ne le touchoient que selon les intérêts de sa grandeur et de sa fortune, dont il croyoit que celle de l'Etat dépendoit entièrement. Sous ce prétexte de conserver l'un par l'autre, il ne faisoit pas difficulté de sacrifier toutes choses pour sa conservation particulière; et, quoiqu'il ait écrit la vie du chrétien, il étoit néanmoins bien éloigné des maximes évangéliques. Ses ennemis se sont mal trouvés de ce qu'il ne les a pas suivies, et la France en a beaucoup profité : pareille en cela à ces enfans heureux qui jouissent ici-bas d'une bonne fortune où leurs pères ont travaillé, en se procurant peut-être à eux-mêmes un malheur éternel. Ce n'est pas que je veuille faire un mauvais jugement de ce grand homme : il faut avouer qu'il a augmenté les bornes de la France, et par la prise de La Rochelle diminué les forces de l'hérésie, qui ne laissoient pas d'être encore considérables dans toutes les provinces où les restes des guerres passées les faisoient subsister. Sa grande attention à découvrir les cabales qui se faisoient dans la cour, et sa diligence à les étouffer dans le commencement, lui a fait maintenir le royaume. C'est enfin le premier favori qui a eu le courage d'abaisser la puissance des princes et des grands, si dommageable à celle de nos rois, et qui peut-être, dans le désir de gouverner seul, a toujours détruit ce qui pouvoit être contraire à l'autorité royale, et perdu ceux qui pouvoient l'éloigner de la faveur par leurs mauvais offices.

La Reine étoit aimable, le Roi étoit porté à la piété; et si la politique du ministre n'eût point mis d'obstacle à leur union, il est vraisemblable que le prince se seroit attaché à l'amitié de la personne du monde qui en étoit la plus capable par la douceur de son naturel, et la plus digne par son mérite et sa beauté. Quelques-uns ont voulu dire que le Roi n'avoit jamais eu d'inclination pour cette princesse, et la Reine même l'a cru, parce qu'elle en jugeoit par l'indifférence qu'il avoit eue pour elle ; mais je sais d'un des favoris (1) de ce prince, inférieur en puissance au cardinal de Richelieu, mais qui néanmoins a eu assez de part dans l'inclination du Roi pour savoir ces petites particularités, que le Roi la trouvoit belle, et qu'un jour, lui faisant quelque confidence à l'avantage de

---

(1) *D'un des favoris :* Selon le manuscrit, ce favori étoit le duc de Saint-Simon.

sa beauté, il lui dit qu'il n'osoit lui montrer de la tendresse, de peur de déplaire à la Reine sa mère et au cardinal, dont les conseils et les services lui étoient plus nécessaires que de se plaire avec sa femme.

Les ennemis de la Reine, pour réussir encore mieux dans le dessein qu'ils avoient de la faire haïr du Roi son mari, se servirent fortement contre elle des intelligences qu'elle avoit en Espagne. Ils lui faisoient des crimes envers le Roi des moindres marques qu'elle donnoit d'aimer le Roi son frère. Elle eut quelque sujet de craindre d'être répudiée; et, pour toute consolation, elle espéroit qu'après la mort de sa tante, l'infante Isabelle Clara-Eugenia, elle iroit gouverner les Pays-Bas, où feu ma mère, qui passoit toujours pour Espagnole, à cause du nom de Louise de Saldagne qu'elle avoit porté en Espagne, étoit résolue de me mener (1). La succession de la dame Du Faï et

---

(1) *Etoit résolue de me mener:* Dans les détails qui suivent, le texte paroît peu clair. Le manuscrit offre plus de développemens, et ne laisse aucun doute sur la date de la naissance de madame de Motteville. « Je
« pense que La Rochelle se rendit au Roi en 1628, et quelque temps
« après cette célèbre victoire ma mère me donna à la Reine, âgée d'en-
« viron sept ans. Le ménage de feu mon père, qui de riche ne l'étoit
« plus guère, l'obligea de rechercher pour moi cet asyle. Elle eut de
« la peine à se résoudre de m'abandonner si jeune dans les périls de la
« vie libertine de la cour. Elle avoit dans le cœur les sévères lois de l'Es-
« pagne et de l'Italie, par sa mère qui étoit véritablement Espagnole de
« la maison de Saldagne : de sorte qu'elle ne pouvoit, sans beaucoup
« souffrir, me laisser respirer le mauvais air du grand monde, dont
« elle connoissoit le poison, qu'elle haïssoit, par la solide vertu qui
« étoit en elle, et par les lumières de son esprit. Dieu lui fit la grâce de
« la soulager de cette inquiétude; car trois ans après, pour l'éloigner
« elle-même de la confiance de la Reine, qui se servoit d'elle pour ses
« intelligences en Espagne, le cardinal de Richelieu me fit commander
« par le Roi de me retirer; et la Reine, à laquelle il y avoit quelque
« temps qu'on avoit ôté madame Du Fargis, se plaignit sensiblement

celle de feu mon oncle, évêque de Séez, ne s'étant pas trouvée si bonne qu'on s'étoit imaginé ; la pension de six cents livres que la Reine me donnoit depuis 1622, n'ayant que sept ans, et le brevet qu'elle m'avoit donné en 1627, qui m'obligeoient indispensablement de suivre sa fortune, donnèrent lieu au cardinal de Richelieu, qui savoit que la Reine avoit une grande confiance en feu ma mère, et qui voyoit qu'elle commençoit à prendre plaisir à m'entretenir et me parler espagnol, de me faire donner ordre de la part du Roi de me retirer d'auprès d'elle. On en avoit donné un pareil à madame Du Fargis sa dame d'atour, qui ne l'avoit pas tant surprise ; mais elle ne put pas s'empêcher de se plaindre de ce qu'on lui ôtoit jusqu'à un enfant, car je ne pouvois avoir alors que neuf à dix ans. Feu ma mère, voyant bien que cela la regardoit autant ou plus que moi, me mena en Normandie, d'où je ne laissai pas de venir un jour avec une dame de mes parentes, avec laquelle je m'en retournai, après

« qu'on lui ôtoit jusqu'à un enfant de dix ans, et sans qu'on lui donnât
« de meilleures raisons. On lui répondit que ma mère étoit demi Espa-
« gnole, qu'elle avoit beaucoup d'esprit, que déjà je parlois espagnol,
« et que je pouvois lui ressembler, etc. »

La même page du manuscrit donne une idée de l'aspect que présentoit la cour de Louis XIII après la prise de La Rochelle. « Etant sortie
« de la cour fort enfant, je n'ai pu conserver que de foibles idées de ce
« temps-là. Il me souvient seulement que la Reine me sembloit la plus
« belle de toutes celles qui composoient le cercle. On portoit alors des
« devants de couleurs, et des robes ouvertes qui paroient beaucoup les
« femmes. Je n'étois pas capable de juger de ces choses : mais cet habit
« assurément étoit, selon le souvenir que j'en conserve, fort beau et
« fort agréable. On portoit aussi quantité de pierreries : si bien que la
« cour étoit en effet ce que l'imagination a coutume de nous représenter
« de la grandeur et de la magnificence des rois, quand les historiens
« nous les font voir avec toute leur pompe. »

y avoir passé quelques jours, pendant lesquels ma mère ayant trouvé le moyen de me faire voir à la Reine en particulier, elle me témoigna qu'elle étoit bien aise de me revoir, et fit payer à ma mère, quand elle le put, la pension qu'elle m'avoit donnée.

Depuis que je fus retournée en Normandie, la guerre ayant été déclarée contre l'Espagne en 1635, la Reine souffrit une seconde persécution, qui obligea feu ma mère à paroître encore moins qu'elle n'avoit fait, et qui me donna beaucoup de douleur pendant mon exil, que je ne puis m'empêcher de placer dans ces Mémoires; mais je ne le puis faire sans remonter à sa source par l'établissement de l'abbaye du Val-de-Grâce, qui se fit le 7 mai 1621. La Reine, quoique fort jeune alors, désirant de penser à son salut préférablement à toutes choses, voulut choisir dans ce monastère un lieu de retraite, où elle pût aller goûter la paix qui se trouve toujours aux pieds de Dieu. Elle fit acheter la place où ce monastère a été bâti, et en fit payer trente-six mille livres. Elle en fut la fondatrice, et y mit la première pierre le 1er de juillet 1624. La mère d'Arbouze (1), que la Reine estimoit, et qui est morte en odeur de sainteté, en fut abbesse, et y mit la réforme. Cette abbaye fut tirée de la campagne pour être établie à Paris, et s'appeloit le Val profond. La mère d'Arbouze fut, peu après, appelée par ses directeurs pour aller mettre la réforme à la Cha-

---

(1) *La mère d'Arbouze* : Marguerite d'Arbouze, abbesse et réformatrice de l'abbaye du Val-de-Grâce. Elle se distingua par sa piété et ses talens pour l'administration. Après avoir établi la réforme dans cette communauté, elle donna sa démission en 1626, et mourut la même année le 16 août. L'abbé Fleury a écrit sa vie, *Opuscules*, tome 3.

rité; et la mère de Saint-Etienne, Louise de Milli, fut élue abbesse du Val-de-Grâce à la place de la mère d'Arbouze.

Le cardinal de Richelieu, toujours fort disposé à rendre de mauvais offices à la Reine, fondé sur l'attachement et l'amitié qu'elle avoit pour le roi d'Espagne son frère, à qui elle écrivoit le plus souvent qu'il lui étoit possible, et persuadé par ses soupçons, conseilla le Roi d'envoyer fouiller dans le Val-de-Grâce, où il crut qu'il se trouveroit des marques criminelles des intelligences de la Reine avec l'Espagne. L'archevêque de Paris y fut par ordre du Roi, avec le chancelier Seguier. En entrant dans cette maison, ils défendirent aux religieuses de se parler les unes aux autres, sur peine d'être excommuniées. Ils demandèrent toutes les clefs, et fouillèrent dans toutes les cellules et les lieux où ils crurent pouvoir trouver quelques papiers, et n'oublièrent pas celle de la Reine où elle couchoit; mais ils ne trouvèrent en tout que des disciplines, des ceintures avec des pointes de fer, et des haires; ce qui fit dire au chancelier, avec une exclamation accompagnée de respect et de vénération : « Hélas ! nous avons trouvé tout le contraire « de ce que nous cherchions. » Une fille de la Reine fut accusée d'avoir rapporté au cardinal de Richelieu qu'elle avoit rapporté une cassette fermée dans la cellule de la Reine. Elle s'y trouva en effet, remplie de gants d'Angleterre que la reine d'Angleterre avoit envoyés à la Reine. Cette grande princesse ne pouvoit entendre parler de cette étrange visite sans en être encore sensiblement touchée long-temps après; et je n'aurois pas cru que ces choses eussent pu s'être passées de cette manière, si je ne les avois trouvées ensuite dans la vie de la mère d'Arbouze, que les filles du Val-de-Grâce ont écrite.

En l'année 1639, ayant épousé M. de Motteville, premier président en la chambre des comptes de Normandie, qui n'avoit point d'enfans et avoit beaucoup de biens, j'y trouvai de la douceur avec une abondance de toutes choses; et si j'avois voulu profiter de l'amitié qu'il avoit pour moi, et recevoir tous les avantages qu'il pouvoit et vouloit me faire, je me serois trouvée riche après sa mort; mais n'étant occupée que de l'espérance que tout le monde avoit en ce temps-là de la mort prochaine du cardinal de Richelieu, qui me donneroit lieu de m'en retourner à la cour, je fus bien aise de faire un voyage de mon chef en la même année 1639, croyant bien qu'étant mariée et établie en Normandie, ma présence ne pouvoit plus donner de l'inquiétude au cardinal de Richelieu. Je fus donc sans aucun scrupule faire la révérence à la Reine, qui me reçut fort bien, et me donna des lettres d'une de ses dames, avec un brevet de deux mille livres de pension : et feu M. de Motteville, aussi bien que feu mon père et ma mère, étant morts peu après en même temps que le cardinal de Richelieu, je me préparai à venir avec ma sœur m'établir à Paris, où mon frère achevoit ses études. L'ordre qu'elle m'en fit donner me fut bien plus agréable que celui que j'avois eu de la quitter. Elle nous reçut avec beaucoup de bonté, et dit le même jour à un des amis de feu ma mère que les enfans de son amie étoient revenus, et qu'elle avoit été bien aise de les voir.

Etant donc revenue à la cour, d'où j'étois sortie fort jeune, je voulus rappeler à mon souvenir l'état où elle étoit quand je l'avois quittée, pour la comparer à celui où je la trouvois ; et je ne sais si la régence donnoit un air plus grand et plus majestueux à la Reine que celui qu'elle avoit étant malheureuse ; mais elle me parut plus aimable qu'elle n'étoit autrefois, et aussi belle qu'aucune de celles qui composoient son cercle. Dans le temps que je fus chassée, elle se coiffoit selon la mode d'une coiffure ronde, frisée clair et beaucoup de poudre ; et ensuite elle prit celle des boucles. Ses cheveux étoient devenus de couleur un peu plus brune, et elle en avoit une grande quantité. Elle n'avoit pas le teint délicat, ayant même le défaut d'avoir le nez gros, et de mettre, à la mode d'Espagne, trop de rouge ; mais elle étoit blanche, et jamais il n'y a eu une si belle peau que la sienne. Ses yeux étoient parfaitement beaux : la douceur et la majesté s'y rencontroient ensemble ; leur couleur mêlée de vert rendoit leurs regards plus vifs, et remplis de tous les agrémens que la nature leur avoit pu donner. Sa bouche étoit petite et vermeille ; les souris en étoient admirables, et ses lèvres n'avoient de la maison d'Autriche que ce qu'il en falloit pour la rendre plus belle que plusieurs autres qui prétendoient être les plus parfaites. Elle avoit le tour du visage beau et le front bien fait. Ses mains et ses bras avoient une beauté surprenante, et toute l'Europe en a ouï publier les louanges : leur blancheur, sans exagération, égaloit celle de la neige ; et les poètes ne pouvoient en trop dire quand ils vouloient les louer. Elle avoit la gorge fort belle, sans être toute parfaite. Elle étoit grande, et sa mine haute sans être fière. Elle avoit dans l'air de son visage de grands charmes, et sa beauté imprimoit dans le cœur de ceux qui la voyoient une tendresse qui ne manquoit jamais d'être accompagnée de vénération et de respect. Outre ces perfections, elle avoit la piété de la reine Marguerite d'Autriche sa mère, morte en odeur de sainteté, qui, ayant eu soin de son éducation, avoit imprimé en son cœur des sentimens conformes aux siens; et c'est ce qui avoit produit en elle cette grande inclination à la vertu, qui lui a attiré la grâce que Dieu lui a faite toute sa vie de le préférer à toutes choses.

La cour alors étoit remplie d'un grand nombre de belles dames. Parmi les princesses, celle qui en étoit la première avoit aussi le plus de beauté; et, sans jeunesse, elle causoit encore de l'admiration à ceux qui la voyoient. Elle avoit partagé le don de la beauté avec mademoiselle de Bourbon sa fille, qui commençoit, quoique fort jeune, à faire voir les premiers charmes de cet angélique visage qui depuis a eu tant d'éclat, et dont l'éclat a été suivi de tant d'événemens fâcheux et de souffrances salutaires. Je laisse au cardinal Bentivoglio, qui a publié par ses écrits les louanges de madame la princesse, ses aventures et la passion que le roi Henri IV a eue pour elle; je veux seulement servir de témoin que sa beauté étoit encore grande quand dans mon enfance j'étois à la cour, et qu'elle a duré jusqu'à la fin de sa vie. Nous lui avons donné des louanges pendant la régence de la Reine, à cinquante ans passés, et des louanges sans flatterie. Elle étoit blonde et blanche; elle avoit les yeux bleus et parfaitement beaux. Sa mine étoit haute et pleine de majesté; et toute sa personne, dont les manières étoient agréables, plaisoit toujours, excepté quand elle s'y opposoit elle-même, par une fierté rude et pleine d'aigreur contre ceux qui osoient lui déplaire : alors elle se changeoit entièrement, et devenoit l'aversion de ceux pour qui elle en avoit. Nous n'aimons naturellement que ce qui nous flatte; jamais qui nous méprise ou qui nous offense ne nous peut être agréable.

E ritrosa belta (1) *ritroso cuor non prende.*

Après madame la princesse, telle que je la représente, la cour étoit pleine de plusieurs autres belles personnes. Madame de Montbazon étoit une de celles qui faisoient le plus de bruit. Elle avoit l'extrême beauté avec l'envie de plaire : elle étoit grande, et dans toute sa personne on voyoit un air libre, de la gaieté et de la hauteur; mais son esprit n'étoit pas si beau que son corps : ses lumières étoient bornées par ses yeux, qui commandoient impérieusement qu'on l'aimât. Son front étoit si bien taillé et si parfait qu'elle le portoit toujours à découvert, et sans y donner aucun agrément par ses cheveux; et le tour de son visage assez beau pour l'obliger, afin de le laisser voir, de ne composer sa coiffure que de peu de boucles. Ses lèvres n'étoient pas assez grosses, et sa bouche par cette raison paroissoit un peu moins relevée qu'il ne convenoit pour rendre sa beauté toute parfaite. Elle avoit de belles dents, et sa gorge étoit faite comme

(1) *E ritrosa belta*, etc. : Une beauté orgueilleuse ne s'empare pas d'un cœur qui a quelque élévation.

celles que les plus habiles sculpteurs nous veulent représenter des anciennes beautés romaines et grecques. Elle prétendoit à l'admiration universelle : et les hommes lui rendoient ce tribut toujours vain, défectueux, et souvent criminel dans sa suite et ses effets. Je veux néanmoins douter, sur le chapitre de la galanterie, de ce qu'on ne doit jamais croire, et de ce qui n'a point paru avec évidence; mais, pour montrer le caractère de son ame sur cette matière, elle m'a dit depuis, lorsque je l'ai vue pendant la régence, un jour que je louai devant elle une de mes amies d'être vertueuse, que toutes les femmes l'étoient également; et, se moquant de moi, elle me fit entendre qu'elle n'estimoit guère cette qualité.

Madame de Guémené, sa belle-fille, étoit aussi une des plus belles personnes du monde, et ne lui cédoit guère en la quantité d'amans, et en l'estime de ces sortes de biens que les dames s'imaginent être de grands triomphes. Elle avoit le visage fort beau; les traits en étoient tous également parfaits. J'ai ouï dire à la Reine, long-temps après, que les jours de bal, que les unes et les autres travailloient avec soin pour être les plus belles, elle et madame de Chevreuse, la craignant, faisoient ce qu'elles pouvoient par mille inventions pour empêcher qu'elle ne vînt effacer leur beauté; et que souvent, quand elle arrivoit en état de donner de la jalousie aux plus parfaites, elles alloient de concert lui dire qu'elle avoit mauvais visage. Sur quoi, sans consulter son miroir, elle s'en alloit tout effrayée d'elle-même se cacher; et que par cet artifice souvent elles avoient évité la honte de n'être pas les plus belles.

Du rang de celles qui alors paroissoient plus jeunes que madame de Chevreuse, madame de Montbazon et madame de Guémené, étoit madame la princesse Marie (1), dont Monsieur, frère unique du Roi, avoit été amoureux, et que la Reine sa mère, Marie de Médicis, de crainte qu'il ne l'épousât, avoit fait mettre quelque temps au bois de Vincennes. Elle a été depuis mariée au roi de Pologne. Il y avoit aussi mademoiselle de Rohan (2), qui étoit fort belle; elle paroissoit vouloir faire profession d'une extrême vertu et d'une grande fierté : elle a maintenu l'une et l'autre jusqu'au temps de la régence, que nous avons vu sa fierté changée en passion; et sa vertu, ainsi que je le dirai ailleurs, la força d'épouser un gentilhomme de qualité, mais fort inférieur à ceux qu'elle auroit pu choisir.

Il y avoit encore d'autres belles personnes, et particulièrement mademoiselle de Guise (3), estimable en tout, et dont la beauté étoit grande et toute parfaite. Mademoiselle de Vendôme (4) étoit aussi une belle personne. Elles mériteroient, avec beaucoup d'autres, chacune un panégyrique en leur faveur; mais je m'arrêterai seulement à mademoiselle d'Hautefort (5), qui fit, aussitôt qu'elle fut à la cour, de plus grands effets que toutes les beautés dont je viens de parler. Ses yeux étoient bleus, grands et pleins de feu; ses dents blanches et égales, et son teint avoit

(1) *Madame la princesse Marie* : Marie-Louise de Gonzague. Elle étoit sœur de la princesse palatine. — (2) *Mademoiselle de Rohan* : Marguerite de Rohan. Elle épousa peu de temps après Henri de Chabot. — (3) *Mademoiselle de Guise* : Marie de Guise, morte en 1686. — (4) *Mademoiselle de Vendôme* : Elle étoit sœur du duc de Beaufort. — (5) *Mademoiselle d'Hautefort* : Marie d'Hautefort.

le blanc et l'incarnat nécessaires à une beauté blonde. Le nombre de ceux qui l'aimèrent fut grand, mais leurs chaînes furent dures à porter; car, quoiqu'elle fût bonne, elle n'étoit pas tendre, et plutôt sévère que dure, et naturellement railleuse. Dès que le Roi la vit, il eut de l'inclination pour elle. La Reine [1], à qui elle fut donnée d'abord pour fille d'honneur, la voyant naître dans l'ame de ce prince si farouche pour les dames, tâcha de l'allumer plutôt que de l'éteindre, pour gagner ses bonnes grâces par cette complaisance; mais la dévotion du Roi fit qu'il s'y attacha si peu, que j'ai ouï dire depuis à la même dame de Hautefort qu'il ne lui parloit que de chiens, d'oiseaux et de chasse. Et je l'ai vue avec toute sa sagesse, en me contant son histoire, se moquer de lui de ce qu'il n'osoit approcher d'elle quand il l'entretenoit. Cette passion n'étoit pas assez forte pour le porter à être si souvent dans l'appartement de la Reine, comme il auroit fait s'il avoit été véritablement amoureux d'une de ses filles; et au lieu de rendre sa cour plus belle ni plus galante, il augmenta plutôt le crédit de la Reine mère du Roi que de le diminuer. Elle étoit maîtresse absolue de la France, et son bonheur paroissoit être sans amertume; mais voici un changement de théâtre qui doit faire voir à tout le monde que nulle créature n'est exempte des coups de la fortune, et que les têtes couronnées, pour être au-dessus des autres hommes, y sont les plus exposées.

La Reine-mère ayant élevé à la dignité de premier

---

(1) *La Reine*: Il est dit dans le manuscrit que ce fut la Reine-mère qui encouragea l'inclination de Louis XIII pour mademoiselle d'Hautefort, et que cette intrigue nuisit beaucoup à la Reine régnante.

ministre le cardinal de Richelieu, son favori après le maréchal d'Ancre, elle le regarda comme sa créature, et crut qu'elle régneroit toujours par lui; mais elle se trompa, et fit une expérience cruelle du peu de fidélité qui se rencontre en ceux qui ont une ambition démesurée. Je ne sais quels sujets elle eut de se plaindre de lui, et peu de personnes les ont sus (1); j'ai ouï dire seulement que, n'en étant pas satisfaite, elle voulut le perdre, et crut que ce lui seroit une chose aisée, et que personne ne trouveroit à redire qu'étant maîtresse de son ouvrage elle le détruisît quand elle le voudroit. Mais tout ce qui nous paroît juste quand nous le voulons, bien souvent ne doit pas être suivant l'ordre impénétrable de Dieu, qui ne veut pas que la prudence humaine soit suivie d'événemens qui puissent l'autoriser. J'ai su de la Reine, qui, n'aimant pas le cardinal de Richelieu, étoit bien aise de savoir tout ce qui se faisoit contre lui, quand je l'ai mise sur ce chapitre, que dans le voyage de Lyon, où le Roi fut si malade qu'il en pensa mourir, et que ce cardinal crut être perdu, la Reine-mère, qui commençoit à ne le plus soutenir contre ceux qui lui rendoient de mauvais offices auprès d'elle, afin de se mettre à sa place pria le Roi de l'éloigner; et que ce prince, après lui avoir promis de le chasser, et offert de le faire quand elle voudroit, la pria de le lui laisser encore quelque temps, à cause des desseins qu'il avoit pour l'Italie; que la reine Marie de Médicis, se satisfaisant de cette bonne volonté, ne voulut point presser le Roi son fils de s'en défaire, de

(1) *Peu de personnes les ont sus* : Les causes de cette brouillerie sont développées dans les Mémoires du cardinal de Richelieu.

peur de l'incommoder en ses affaires, et se contenta
de la promesse qu'il lui avoit faite de le chasser quand
il lui plairoit. Par cette bonté, qui la priva de bonheur pour le reste de sa vie, elle lui donna lieu de
l'éloigner elle-même, quoique sa mère et belle-mère
des plus grands rois de l'Europe. Marie de Médicis
avoit donné une reine à l'Espagne, une souveraine à
la Savoie, une reine à l'Angleterre, et un roi à la
France; mais toutes les grandeurs dont elle étoit environnée ne la purent garantir de son malheur. La
cour étant de retour à Paris, elle voulut presser le
Roi d'exécuter sa promesse; et comme elle croyoit
cette affaire sans difficulté, elle fut étonnée de voir
que le Roi y résista. Il lui demanda non-seulement
du temps, mais il la pria instamment de pardonner
au cardinal de Richelieu. La Reine-mère, surprise et
fâchée de cette proposition, éclata contre le Roi son
fils, répandit des larmes et lui fit des reproches, et
n'oublia rien pour obtenir la victoire en ce combat;
mais, bien loin de réussir en son dessein, elle trouva
que son fils et son juge étoit en confidence contre
elle avec son ennemi, et qu'il étoit quasi sa partie.
Elle vit entrer le cardinal de Richelieu dans le lieu où
ils étoient ensemble, qui, de concert avec le Roi, étoit
venu lui-même plaider sa cause. Il leur dit froidement,
adressant ses paroles à tous les deux, qu'il étoit entré
parce qu'il croyoit qu'ils n'étoient pas là sans parler
de ses affaires. La Reine-mère toute en larmes, et
piquée de ce qu'il étoit venu dans ce cabinet contre
son gré, l'appela traître, et lui dit qu'il étoit vrai
qu'elle se plaignoit de lui au Roi, et s'emporta contre
lui avec la grande sensibilité qui accompagne les

grandes offenses et les grandes haines. Elle fit encore davantage à sa nièce la duchesse d'Aiguillon (1), qui entra sur la fin de la conversation, et qu'elle traita avec grand mépris; mais lui, sans s'étonner, se jeta à ses pieds, et lui demanda pardon à genoux, et fit, à ce qu'on dit, tout son possible pour l'obtenir. La Reine-mère, outrée contre le Roi son fils de ce qu'il l'avoit refusée, et pleine de colère contre ce serviteur qu'elle croyoit infidèle, ne voulut jamais lui pardonner. Elle n'accorda pas ce pardon au Roi même, qui se mit aussi à genoux devant elle pour l'obtenir, et qui parut en sentir de la peine. Le Roi se voyant refusé, sans dessein de ce qui arriva depuis, mais par un sentiment de chagrin de brouillerie, s'en alla à Versailles penser à ce qu'il avoit à faire. Le cardinal de Richelieu tout interdit, ne sachant s'il devoit tout quitter, par le conseil du cardinal de La Valette le suivit, et se servit si adroitement en cette occasion des avantages que la présence donne, qu'il se rendit en peu de temps, ou plutôt en peu d'heures, maître de l'esprit du Roi. Il fut résolu d'arrêter le garde des sceaux de Marillac; et sans doute que le cardinal de Richelieu commença dès ce jour à préméditer ce qui s'exécuta depuis à Compiègne contre la Reine-mère sa bienfaitrice. Cette journée, si terrible en ses effets et ses changemens, a été fort renommée, parce que beaucoup de gens, qui étoient d'accord avec cette princesse pour chasser le cardinal de Richelieu, furent pris pour dupes et traités comme tels (2). La reine

(1) *La duchesse d'Aiguillon*: Marie-Madeleine de Vignerot, duchesse d'Aiguillon. C'étoit la nièce chérie du cardinal de Richelieu. — (2) Pour cette raison, ce jour est appelé la *journée des dupes*.

Marie de Médicis étant demeurée à Paris en sa maison de Luxembourg, et ne suivant point le Roi, gâta ses affaires entièrement. Elle les abandonna par cette voie aux artifices de son ennemi, et perdit en même temps les plus grands du royaume, qui, haïssant le ministre, s'étoient joints à ses intérêts. On a dit que toute la cabale avoit tenu certains conseils (1) contre le cardinal de Richelieu, où chacun avoit dit son avis ; et qu'il traita depuis ces mêmes personnes de la manière qu'ils avoient été d'avis qu'il fût traité ; que le maréchal de Marillac, qu'il fit mourir depuis, et fort injustement à ce que j'ai ouï dire, avoit dit qu'on le tuât aussitôt que le Roi l'auroit abandonné ; que le maréchal de Bassompierre n'avoit proposé que la prison, et qu'il y fut mis aussi où il demeura douze ans, et ainsi des autres : ce que ce même maréchal, que j'ai vu pendant la régence de la Reine, m'a depuis lui-même confirmé. Voilà la première cause de tant de persécutions et de proscrits ; et ce qui a fait dans ce siècle-là tant d'illustres malheureux. Monsieur, frère du Roi, Gaston de France, qui étoit toujours à la tête de toutes les cabales, fut avec raison de celle-là, par l'intérêt de la Reine sa mère.

Quelque temps après cette journée des dupes, la cour s'en alla à Compiègne, les deux Reines dans la meilleure intelligence du monde, à cause de la haine qu'elles se rencontrèrent avoir pour le cardinal de Ri-

---

(1) *Avoit tenu certains conseils* : En marge de cet endroit du manuscrit se trouve la note suivante : « J'ai su depuis, par des personnes fort « bien informées de la vérité, que ce conseil concerté est une chose fa- « buleuse, et que le maréchal de Marillac avoit été fort retenu dans « toute sa conduite à l'égard du cardinal de Richelieu. »

chelieu, et parce que leur destinée commençoit d'être égale. Le Roi, dans le dessein d'arrêter la Reine sa mère, étoit fort inquiet; et quoique déjà il eût fait une fois la même chose, l'impression de la nature qu'il falloit vaincre dans un temps où il connoissoit mieux son devoir, affoiblissoit quelquefois sa résolution et la rendoit plus incertaine. D'autre côté, le ministre, dans l'impatience de se venger, de se satisfaire et de se maintenir, rouloit beaucoup de desseins dans sa tête; et la Reine-mère, maltraitée de son fils et peu assurée de pouvoir parvenir à ses desseins, n'avoit pas l'ame tranquille. Enfin, peu de jours après leur arrivée, celui auquel la destinée de tant d'illustres personnes se devoit accomplir, on vint de grand matin heurter à la porte de la chambre de la Reine. Elle, qui entendit ce bruit, s'éveilla avec étonnement, et appela ses femmes pour savoir si peut-être ce ne seroit pas le Roi qui par hasard vînt à sa porte. Il étoit le seul qui eût droit d'en user avec cette familiarité. Et dans cet instant, ayant elle-même ouvert son rideau, et vu qu'à peine il faisoit un peu de jour, elle se troubla par mille pensées qui lui passèrent dans l'esprit. Comme elle doutoit toujours, et avec raison, des bonnes grâces du Roi, elle crut assurément qu'on venoit lui apporter quelque funeste nouvelle qui, tout au moins, la devoit éloigner de France; et, regardant ce moment comme celui qui alloit décider de toute sa vie, elle tâcha de ramasser ses forces pour soutenir ce coup avec le plus de courage qu'il lui seroit possible. Elle avoit naturellement l'ame ferme et l'esprit assez résolu, et je ne doute point de ce qu'elle m'a fait l'honneur de me dire de-

puis en me contant toutes ces particularités, que, le
premier moment étant passé, elle se résolut, sans
beaucoup de peine, à recevoir avec soumission ce que
le ciel ordonneroit d'elle. Elle fit donc ouvrir la porte,
et sa première femme de chambre lui venant dire que
c'étoit le garde des sceaux qui demandoit à parler à
Sa Majesté de la part du Roi, elle fut alors confirmée
dans sa première créance. Cette appréhension fut
néanmoins bientôt dissipée par la harangue de l'ambassadeur. Il lui dit seulement que le Roi lui mandoit
que pour certaines raisons, qui regardoient le bien
de son Etat, il étoit obligé de laisser sa mère en ce
lieu à la garde du maréchal d'Estrées ; qu'il la prioit
de ne la point voir, de se lever, et de le venir trouver
aux Capucins où il étoit allé devant avec intention de
l'attendre. A cette nouvelle, la Reine demeura surprise, comme le devoit être toute personne qui aime
la justice et la droite raison ; mais elle fut consolée
en quelque façon de voir que cette aventure ne la
touchoit que par la compassion qu'elle devoit au malheur de la Reine sa belle-mère. Elle ne répondit au
commandement du Roi que par une prompte obéissance, et se leva le plus diligemment qu'elle put pour
l'aller trouver. Ce ne fut pas sans aller trouver la Reine
disgraciée. Elle crut que le Roi lui pardonneroit cette
petite désobéissance, que la pitié seule l'obligeoit de
commettre ; mais, par le conseil de la marquise de
Senecé, sa dame d'honneur, elle envoya dire à cette
princesse malheureuse le désir qu'elle avoit de l'aller
voir, pour lui parler d'une affaire de conséquence ; et
que, pour certaines raisons, elle n'osoit entrer chez
elle que premièrement elle ne l'envoyât prier d'y aller.

La Reine-mère, qui ne savoit rien de cette résolution, mais qui, dans l'état qu'elle se sentoit, craignoit le retour de tous les maux qu'elle avoit déjà éprouvés, envoya promptement mademoiselle Catherine, sa première femme de chambre, faire ce que la Reine avoit désiré d'elle, et cette finesse fut faite seulement afin de satisfaire le Roi. La Reine prit seulement une robe de chambre, et toute en chemise passa chez la Reine sa belle-mère, qu'elle trouva dans son lit assise sur son séant. Elle tenoit ses genoux embrassés, et, ne sachant que deviner de ce mystère, elle s'écria en voyant la Reine, et lui dit : *Ah! ma fille, je suis morte ou prisonnière. Le Roi me laisse-t-il ici? et que veut-il faire de moi ?* La Reine, touchée de compassion, se jeta entre ses bras ; et quoique du temps de sa faveur elle en eût été quelquefois maltraitée, l'état présent où elle étoit effaçant le souvenir, elle pleura sa disgrâce, la ressentit, et lui témoigna un regret sensible de la résolution du Roi, qu'elle lui apprit avec l'ordre de sa détention. Ces deux princesses se séparèrent satisfaites l'une de l'autre, mais toutes deux bien touchées de se voir les victimes du cardinal de Richelieu, leur ennemi commun. Ce fut la dernière fois qu'elles se virent ; car la Reine-mère, effrayée de la prison de Compiègne, se sauva de nuit et s'en alla en Flandre, où l'infante, l'illustre Clara-Eugenia, petite-fille de Charles-Quint et tante de la Reine, la reçut et la traita parfaitement bien. Elle reçut de la même manière Monsieur, frère unique du Roi, Gaston de France, qui, après avoir menacé le cardinal de Richelieu, s'en alla aussi partager avec la Reine sa mère les douceurs de cette grande princesse. Elle gouvernoit les Pays-Bas avec tant de prudence et de gloire, qu'elle pouvoit égaler celle que Marguerite de Parme et son admirable fils ont méritée tous deux ensemble. Et si Alexandre Farnèze par sa valeur a pris plus de villes, elle a aussi obtenu plus de victoires sur elle-même. Elle vivoit comme une sainte, et sa bonne conduite et sa justice la faisoient régner dans le cœur des Flamands; mais enfin sa mort obligea la reine Marie de Médicis de passer en Angleterre. Elle n'y trouva pas la paix qu'elle y étoit allée chercher. Elle fut d'abord bien reçue du roi d'Angleterre, et cordialement traitée de la Reine sa fille; mais la religion et les premiers troubles de ce peuple rebelle l'en chassèrent. Puis elle alla en Hollande, et enfin à Cologne où elle mourut, à la honte du cardinal de Richelieu, accablée de misères et de douleurs.

La Reine, ayant satisfait par sa pitoyable visite à ce qu'elle devoit à celle qui peu auparavant paroissoit avoir une entière puissance, vint trouver le Roi aux Capucins, qui l'attendoit pour la ramener avec lui à Paris. Là, il lui fit présent de mademoiselle de Hautefort, dont j'ai déjà parlé, qu'il avoit ôtée à la Reine sa mère, et de madame de La Flote sa grand'mère, pour dame d'atour. Quelque temps après, il donna à cette belle personne la survivance de cette charge, afin qu'elle pût avoir le titre de dame. Le Roi, la présentant à la Reine, lui dit qu'il la prioit de l'aimer et de la bien traiter pour l'amour de lui. Elle étoit sans dame d'atour, depuis la disgrâce de madame Du Fargis qu'elle aimoit, et n'avoit point voulu par vengeance et par dépit recevoir personne à sa place; mais elle fut contrainte alors d'accepter tout ce que le Roi

lui voulut donner : il n'étoit pas temps de dire : « Je ne
« veux pas. » Elle les reçut toutes deux faisant la meilleure mine du monde ; et quoique tels présens ne plaisent d'ordinaire pas beaucoup aux femmes, il est pourtant vrai que la Reine aima madame de Hautefort pour l'amour d'elle-même, et que cette belle et sage fille estimant les belles qualités de la Reine, et assez dégoûtée de l'humeur du Roi, se donna entièrement à elle, et lui fut fidèle dans tous ses malheurs. Le Roi, quelques années après, fâché de ce changement, lui en voulut du mal : il cessa de l'aimer beaucoup, quand elle commença d'aimer la Reine ; et quand il vit qu'elle étoit entièrement à elle, il ne l'aima plus du tout. Son ressentiment enfin alla jusqu'à la disgracier et la renvoyer dans sa province, où elle étoit quand il mourut.

Le Roi, depuis ce grand coup de Compiègne, pour adoucir en quelque façon l'aigreur que ses peuples pouvoient avoir contre lui par la prison de la Reine sa mère, et de toutes les rigueurs qui furent ensuite exécutées contre plusieurs particuliers, traita un peu mieux la Reine sa femme et la voyoit plus souvent : ce qui plaisoit à tout le monde, car elle étoit fort aimée. Le cardinal de Richelieu, pour la gagner, fit revenir madame de Chevreuse de Lorraine où elle avoit été passer son exil : sans doute elle lui promit tout ce qu'il désiroit d'elle. Ce ministre, malgré la rigueur qu'il avoit eue contre elle, ne l'avoit jamais haïe. Sa beauté avoit eu des charmes pour lui ; et comme elle se trouva liée avec la Reine, et qu'elle étoit une personne de contrebande à l'égard de la Reine-mère, l'ambition, qui l'emporte presque toujours sur l'amitié, l'avoit éloignée par force des bonnes grâces du ministre; mais après qu'il fut lui-même brouillé avec cette princesse sa bienfaitrice, pour tâcher de se raccommoder avec la Reine et prendre liaison avec elle par sa favorite, il la remit auprès d'elle. Il fit revenir aussi le chevalier de Jars (1) d'Angleterre, où il avoit passé le temps de sa disgrâce agréablement, que le même cardinal avoit aussi éloigné d'auprès de la Reine; mais toutes ces douceurs ne servirent qu'à lui faire perdre son ami le garde des sceaux de Châteauneuf, et il fut contraint d'éloigner madame de Chevreuse et de faire aller le chevalier de Jars sur l'échafaud, dont il se sauva avec beaucoup de gloire et d'honneur. Madame de Chevreuse, à son retour, parut avoir de grandes conférences avec le cardinal de Richelieu. Elle ne laissa pas de demeurer toujours liée à la Reine, et même elle lui attira par son intrigue le garde des sceaux de Châteauneuf, qui étoit amoureux d'elle.

La cabale de la Reine, composée de toutes ces personnes que je viens de nommer, devint donc une seconde fois odieuse au ministre. Il chassa tout de nouveau ceux qui en étoient, et les traita de la manière qu'il traitoit ceux qu'il ne croyoit pas être de ses amis. Madame de Chevreuse s'en alla alors en Espagne, où, à cause de la Reine ou à cause de sa qualité, elle fut bien reçue : on lui fit une entrée solennelle dans Madrid, on lui fit de grands présens. Le roi d'Espagne parut un peu attendri pour elle; et quoiqu'elle m'ait dit dans le temps de la régence, où je l'ai vue, que ce prince ne lui avoit jamais dit de

---

(1) *Le chevalier de Jars*: François de Rochechouard.

douceurs qu'une seule fois, et encore en passant, la renommée parle différemment de cette histoire : et toutes ces aventures se passèrent à l'avantage de sa beauté qui en tant de pays lui acquéroit des amis. Le garde des sceaux de Châteauneuf fut envoyé dans Angoulême, où il passa son temps agréablement, et où il souffrit, pendant quelques années, les amertumes que la fortune fait sentir à ceux qui, pour recevoir quelques grâces de sa libéralité, veulent se soumettre à la tyrannie. Le chevalier de Jars fut le plus maltraité : et, comme il a été depuis tout-à-fait de mes amis, et que dans sa persécution il y a quelques choses qui sont dignes de l'estime des honnêtes gens, je veux en marquer les principaux endroits, qui pourront faire voir de quelle trempe étoit son ame, quelle étoit sa probité, la vigueur de son esprit et la grandeur de son courage. Il fut onze mois à la Bastille, enfermé dans un cachot. Il fut pris en hiver, et l'habit de velours noir qu'il y porta demeura toujours sur son corps tant qu'il habita dans cette effroyable demeure. On l'interrogea quatre-vingts fois avec toute la sévérité possible, et il répondit toujours avec bon sens et fermeté, sans se laisser entamer sur aucun chapitre, sans se couper en ses réponses, ni sans embarrasser personne. On l'en fit sortir pour le mener à Troyes, avec toutes les rudes apparences d'un homme qu'on alloit mener à la mort. En sortant de la Bastille, comme il passa dans la cour, il vit sur un perron le maréchal de Bassompierre, le marquis de Leuville, parent du garde des sceaux de Châteauneuf, Vautier, premier médecin de la Reine-mère, et quelques autres qui étoient prisonniers, mais qui avoient été traités plus humainement que lui : car il ne savoit où il alloit ni ce qu'il alloit devenir. Il se retourna devers eux, et s'écria : « Adieu, je ne sais où je vais, mais « assurez-vous, quoi qu'il m'arrive, que je suis homme « d'honneur, et que je ne manquerai jamais à mes « amis ni à moi-même. » A Troyes, on lui donna pour juge Laffemas (1), celui qui l'avoit déjà tourmenté à la Bastille, qu'on appeloit le bourreau du cardinal. On accompagna celui-là d'un nombre suffisant de juges pour lui faire son procès, qui ne furent pas plus honnêtes gens que lui. Il y travailla par toutes les voies que ces sortes de gens savent pratiquer ; et il fut fortement secondé des autres. Ils voulurent lui acheter des faux témoins ; mais le prévôt de l'Ile, qui avoit accompagné le chevalier de Jars de Paris à Troyes, et qu'on voulut obliger de dire que, sur les chemins, ce gentilhomme avoit fait quelques discours contre l'Etat, ne voulut point entrer dans cette malice, et nia absolument de le vouloir faire. Laffemas savoit le secret du cardinal de Richelieu, qui étoit de ne pas faire mourir le chevalier, étant certain de son innocence, et qu'il n'y avoit nul sujet de le condamner : mais il vouloit en tirer par la peur, par les tourmens et par l'apparente certitude de sa mort, les secrets de l'intrigue de la Reine, de madame de Chevreuse et du garde des sceaux de Châteauneuf. Laffemas avoit promis au ministre qu'il le tourmenteroit si bien qu'il en tireroit à peu près ce qu'il en désiroit savoir, et que sur peu de mal il trouveroit les moyens de lui faire son procès selon les manières mêmes du cardinal,

---

(1) *Laffemas* : Isaac Laffemas, d'abord avocat, puis maître des requêtes, lieutenant civil de Paris, et conseiller d'Etat. Il mourut en 1650.

qui, à ce que j'ai ouï conter à ses amis, avoit accoutumé de dire qu'avec deux lignes de l'écriture d'un homme on pouvoit faire le procès au plus innocent, parce qu'on pouvoit sur cette matière ajuster si bien les affaires, que facilement on y pouvoit faire trouver ce qu'on voudroit. Sur ce fondement, Laffemas travaille au jugement du chevalier de Jars : il le menace, il l'interroge, et fait tout ce qu'une ame pleine de lâcheté est capable de faire. Un jour, qui étoit la fête de tous les saints, ce méchant juge voulant montrer à cet innocent criminel qu'il avoit quelque douceur pour lui, lui permit d'entendre la messe. Il le fit mener avec une bande d'archers et une bonne garde aux jacobins de cette ville. Le chevalier de Jars, qui de soi étoit violent dans ses passions et hardi à parler, vit Laffemas avec sa femme qui vinrent communier au grand autel; il étoit intendant de la province, et craint de tous. Mais le chevalier, qui ne craignoit personne, attentif et occupé de son affaire, voyant que cet homme venoit de recevoir le saint Sacrement, tout d'un coup s'échappe de ses gardes, et comme il se trouva proche de Laffemas, il saute sur lui, le prend à la gorge, et lui dit qu'ayant sur les lèvres son Dieu et son Créateur vivant, il étoit temps de dire la vérité et de le justifier devant Dieu et devant les hommes, et d'avouer son innocence et son injustice à le persécuter : ajoutant que, puisqu'il faisoit mine d'être chrétien, il falloit dans cet instant se rendre à la vérité ; qu'il étoit un scélérat, et qu'il le renonçoit pour son juge, et prenoit à témoin tous les assistans qu'il le récusoit pour tel. Le peuple à ce cri s'assembla autour d'eux; chacun hausse les épaules, et tous commencèrent à murmurer contre ce juge inique. Le prévôt de l'Ile, qui se trouva du nombre des spectateurs, les voulut séparer ; mais le chevalier de Jars ne quitta point cet homme ; et le pressant à répondre, il le fit en ces termes, avec une froideur tout entière : « Mon-« sieur, lui dit-il, ne vous plaignez point, je vous « assure que M. le cardinal vous aime. » Il ajouta, sur ce que le chevalier le pressa de répondre sur son innocence, qu'il en seroit quitte pour aller en Italie ; mais que cependant il vouloit bien qu'on lui montrât de petites lettres écrites de sa main qui lui feroient voir qu'il étoit plus coupable qu'il ne s'imaginoit. Le chevalier, ne comprenant rien dans ce galimatias, et voyant qu'on le poursuivoit vivement, se crut mort. Il résolut du moins de payer de courage, et de faire tout ce qu'il convenoit à un homme d'honneur tel qu'il étoit. En effet, il fut mené sur la sellette, où fort constamment il récusa pour juge Laffemas, lui reprocha toutes ses lâchetés, l'appela une seconde fois scélérat, et avertit ses autres juges de ce que Laffemas avoit promis au cardinal contre lui. Il fut interrogé tout de nouveau, et demeura trois heures en cet état. Il se défendit si courageusement qu'il confondit ceux qui le vouloient perdre, et qui avoient du moins le dessein de lui faire trahir ses amis. Sortant de là, le prévôt de l'Ile s'approcha de lui et lui dit : « Monsieur, « bon courage : j'espère bien pour vous, car on m'a « dit de vous remener dans la prison où vous êtes, « et c'est l'ordinaire de mener ceux qu'on va con-« damner à mort dans un autre lieu. » Le chevalier lui dit du même ton dont il avoit accoutumé de censurer les choses qu'il n'approuvoit pas : « Mon ami,

« ces pendards me vont condamner : je le vois bien à
« leur mine. Il faut avoir patience, et le cardinal en-
« ragera de voir que je me moque de lui et de ses tor-
« tures. » Aussitôt qu'il fut parti, Laffemas montra aux
juges une lettre du cardinal, ou plutôt du Roi, parlant
ainsi de ce chevalier : « S'il est condamné à la gêne,
« qu'on la lui montre, et qu'on ne la lui donne pas.
« S'il est condamné à mort, qu'on sursoie l'exécution. »
Ayant été condamné, on le mena sur l'échafaud; il y
parut plein de courage et d'honneur; il se moqua de
ses juges et de ses ennemis, montrant de recevoir la
mort avec une grande fermeté. Il m'a dit depuis qu'il
y avoit souffert, mais que Dieu lui avoit fait de grandes
grâces, et qu'il avoit reconnu par expérience qu'il
avoit soin de ses créatures. Etant près d'avoir la tête
tranchée, on lui vint apporter sa grâce[1]; et après la
mort du cardinal de Richelieu, lorsque sa haine pour
lui étoit assoupie, je lui ai ouï donner des louanges à
son équité, disant enfin qu'il lui devoit la vie, et que
s'il eût voulu, les juges entre les mains desquels il étoit
l'auroient sans doute fait mourir. Après cette aventure,
il s'en alla en Italie où il fut aimé et considéré des cardinaux neveux, et où il passa son temps agréablement.
Madame de Chevreuse passa d'Espagne en Angleterre,
où elle fut bien reçue et bien traitée de la reine d'Angleterre : puis de là elle repassa en Flandre, où elle demeura jusqu'à la régence de la Reine, où d'autres aventures l'attendoient, plus fâcheuses que les premières.

Après toutes les persécutions qui furent faites à
plusieurs particuliers, le Roi, suivant son naturel, s'a-

---

[1] J'ai ouï dire à d'autres qu'à lui, qu'après avoir reçu sa grâce il
fut long-temps sans pouvoir parler, et privé de sentiment : tant la nature
a de peine à souffrir sa destruction.

bandonna tout entier au pouvoir de son favori. Il se vit réduit à la vie la plus mélancolique et la plus misérable du monde; sans suite, sans cour, sans pouvoir, et par conséquent sans plaisir et sans honneur. Ainsi se sont passées quelques années de sa vie à Saint-Germain, où il vivoit comme un particulier; et pendant que ses armées prenoient des villes et gagnoient des batailles, il s'amusoit à prendre des oiseaux. Ce prince étoit malheureux de toutes manières : car il n'aimoit point la Reine et avoit pour elle de la froideur, et il étoit le martyr de madame de Hautefort, qu'il aimoit malgré lui, et qu'il ne pouvoit se résoudre de chasser de la cour, l'accusant de se moquer de lui avec la Reine. Il avoit quelque scrupule de l'attachement qu'il avoit pour elle, et il ne s'aimoit pas lui-même. Jaloux de la grandeur de son ministre, quoique ce ne fût que la part qu'il lui donnoit de la sienne, il commença de le haïr dès qu'il vit l'extrême autorité qu'il avoit dans son royaume; et ne pouvant vivre heureux sans lui ni avec lui, il ne put jamais l'être. La Reine s'accoutuma à cette solitude du mieux qu'elle put, menant une vie dévote et particulière, et ne vivant que de quelques nouvelles que ses créatures et ses amies lui faisoient savoir. Elle faisoit aussi quelques petites intrigues contre le cardinal, ou tout au moins désiroit d'en faire qui eussent réussi à sa ruine. Il s'en moquoit, et sa puissance augmentoit toujours par la nécessité que le Roi avoit de ses conseils. Il se faisoit adorer de toute la France et obéir de son Roi même, faisant de son maître son esclave, et de cet illustre esclave un des plus grands monarques du monde. Parmi tant de sombres vapeurs et de fâcheuses fantaisies, il sembloit qu'une belle passion ne pouvoit pas avoir de place dans le cœur du Roi. Elle n'y étoit pas aussi à la mode des autres hommes qui en font leur plaisir ; car cette ame, accoutumée à l'amertume, n'avoit de la tendresse que pour sentir davantage ses douleurs et ses peines. Mais enfin, lassé de tant souffrir, il chassa, comme je l'ai déjà dit, mademoiselle de Hautefort ; et son inclination se tourna vers un objet nouveau dont la beauté brune n'étoit pas si éclatante, mais qui, avec de beaux traits de visage et beaucoup d'agrémens, avoit aussi de la douceur et de la fermeté dans l'esprit. La Fayette (1), fille d'honneur de la Reine, aimable et fière tout ensemble, fut celle qu'il aima, et ce fut elle aussi à qui il se découvrit davantage sur le sujet du cardinal de Richelieu, et sur les chagrins que sa puissance lui donnoit. Comme cette fille avoit le cœur bien fait, quoiqu'elle vît en cette confiance la perte de sa fortune tout assurée, elle ne laissa pas de garder le secret qu'elle devoit à ce prince. Elle le fortifia dans cette aversion par l'amitié qu'elle avoit pour lui, voyant qu'il en étoit déshonoré pour se laisser trop bassement gouverner à ce ministre. Le cardinal fit son possible pour la gagner, comme toutes les personnes qui approchoient du Roi ; mais elle eut plus de courage que tous les hommes de la cour, qui avoient la lâcheté de lui aller rendre compte de tout ce que le Roi disoit contre lui. Ils eussent eu peur, s'ils eussent été fidèles, de manquer de bienfaits, et leur intérêt leur paroissoit quelque chose de meilleur que la probité : ils craignoient aussi que le Roi, par

(1) *La Fayette :* Louise Motier de La Fayette. Elle mourut en 1665, au couvent de la Visitation de Chaillot : elle y avoit fait profession sous le nom de sœur Angélique.

timidité, ne les trahît, et ils aimoient mieux le trahir les premiers. Mais une fille eut l'ame plus ferme et plus belle qu'eux : elle eut le courage de se moquer de la mauvaise fortune, par une résolution secrète qu'elle fit dans son cœur de se faire religieuse. Le Roi, trouvant en elle autant de sûreté et de vertu que de beauté, l'estima et l'aima ; et je sais qu'il eut des pensées pour elle fort au-dessus des communes affections des hommes. Le même sentiment qui obligea cette fille généreuse à refuser tout commerce avec le cardinal de Richelieu la fit vivre avec assez de retenue avec la Reine. Comme la sagesse du Roi, qui égaloit quasi celle des dames les plus modestes, l'obligeoit à beaucoup de reconnoissance, elle croyoit devoir payer cette amitié vertueuse par une grande fidélité pour ses secrets. Un attachement si grand et si parfait ne pouvoit que plaire à ce prince et déplaire à la Reine, quoiqu'elle fût accoutumée au malheur de n'être pas aimée du Roi son mari. Cette privation d'un bonheur qu'elle désiroit et qu'elle croyoit lui être dû, de quelque manière qu'elle fût assaisonnée, ne laissoit pas de lui être fort désagréable et fort dure. La Fayette avouant tout haut qu'elle l'aimoit, et de là manière qu'il sembloit vouloir l'être, devoit faire le bonheur de sa vie ; mais ce prince n'étoit point destiné pour être heureux. Il ne garda guère ce trésor. On a dit que le cardinal s'étoit servi de sa dévotion pour l'en priver, et que, ne pouvant avoir La Fayette à ses gages, il se servit en même temps de son confesseur pour lui donner des scrupules de la complaisance qu'elle avoit pour le Roi : ce qui fut conduit si finement par leurs directeurs, que l'amour de Dieu triompha de l'humain. La Fayette se retira dans un couvent, et le Roi se résolut de le souffrir. La vérité est que Dieu la destinoit à ce bonheur; car malgré la malice et les faux raisonnemens des gens de la cour, le père Caussin, confesseur du Roi, comme lui-même l'a écrit dans des Mémoires qu'il a faits, et que le comte de Maure, à qui il les avoit confiés, m'a fait voir, au lieu d'adhérer au cardinal de Richelieu, comme il en fut soupçonné, la conseilla (1), vu les intentions innocentes qu'il lui croyoit, de ne se point faire religieuse : dans la pensée qu'il avoit de se servir d'elle pour inspirer au Roi de faire revenir la Reine sa mère, et de gouverner lui-même son royaume. Mais elle, qui étoit pressée par celui qui donne le vouloir et le parfaire, ne balança pas long-temps entre Dieu et les créatures. Peut-être aussi qu'elle vit avec quelque dépit l'intrigue qui se forma contre elle, et que la fierté, mêlée avec la vertu, eut quelque part à sa retraite. On a même soupçonné madame de Senecé, sa parente, de l'avoir voulu confier au cardinal de Richelieu. J'ignore le fond et le détail de cette accusation; je sais seulement qu'elle pria le père confesseur du Roi d'aller lui demander la permission de quitter la cour pour se mettre dans un couvent. Ce père décrit dans ses Mémoires les peines qu'il eut à examiner la vocation de La Fayette, et à donner au Roi le conseil qu'il lui demandoit en cette occasion. Il rapporte que ce prince parut sensiblement affligé de la résolution de cette vertueuse fille; qu'il retomba sur le lit dont

(1) *La conseilla* : Ce fait est confirmé par une lettre très-curieuse du père Caussin, qui se trouve dans les Mémoires de Richelieu, tome 10, page 16.

il ne faisoit que de sortir quand il avoit commencé à lui en parler; qu'il pleura, et qu'il se plaignit de ce qu'elle le vouloit quitter; mais qu'enfin, ayant surmonté par sa piété les tourmens de sa douleur, il lui fit cette réponse : « Il est vrai qu'elle m'est bien chère; mais « si Dieu l'appelle en religion, je n'y mettrai point « d'empêchement. » Sa permission étant obtenue, on la vit tout d'un coup sortir de la cour, malgré les larmes du Roi et la joie de ses ennemis, qui fut, à ce qu'elle m'a dit depuis, la seule chose à vaincre. Il falloit en effet une grande force d'esprit pour se mettre au-dessus de cette foiblesse; car, encore que le Roi ne fût pas galant, les dames ne laissoient pas d'être bien aises de lui plaire. Entre autres, madame de Hautefort ne fut pas fâchée de sa retraite : elle n'avoit pas de honte qu'on la crût sa rivale; et il n'y avoit point de prude qui n'aspirât à la gloire d'être aimée du Roi comme l'étoit La Fayette, tout le monde étant persuadé que la passion qu'elle avoit pour lui n'étoit point incompatible avec sa vertu. Quand elle se sépara de lui, elle lui parla long-temps devant tout le monde chez la Reine, où elle monta aussitôt après avoir eu son congé. Il ne parut aucune altération sur son visage; elle eut la force de ne pas donner une de ses larmes à celles que ce prince répandit publiquement. Après l'avoir quitté, elle prit congé de la Reine, qui ne la pouvoit aimer; ce qu'elle fit avec cette douceur et cette satisfaction que doit avoir une chrétienne qui cherche Dieu, et qui ne veut plus aimer que lui sur la terre, et ne désirer que l'éternité. Elle ne fit pas néanmoins toutes ces choses sans beaucoup souffrir. J'ai su depuis de la comtesse de Flex, fille de la marquise de Senecé, et par conséquent parente de La Fayette, qu'au sortir de la chambre du Roi, où elle avoit dit adieu à ce prince, elle descendit dans son appartement dont les fenêtres donnoient sur la cour du château; et que cette aimable et vertueuse fille ayant entendu le carrosse du Roi, qu'il avoit fait venir pour dissiper le chagrin où il étoit, pressée de la tendresse qu'elle avoit pour lui, elle courut le voir au travers des vitres. Quand il fut entré, et qu'elle l'eut vu partir, elle se tourna vers la comtesse de Flex, qui étoit encore fille, et lui dit, touchée de douleur : « Hélas! je ne le verrai plus! » Le Roi ne fut pas long-temps sans l'aller voir dans le couvent des filles de Sainte-Marie de la rue Saint-Antoine, qu'elle avoit choisi pendant toute sa vie pour le lieu de son repos, et le port où elle devoit trouver son salut. Les premières fois qu'il y fut, il demeura si long-temps attaché à sa grille, que le cardinal de Richelieu, tombant en de nouvelles frayeurs, recommença ses intrigues pour l'en arracher tout-à-fait. Elles lui réussirent enfin, et il trouva moyen d'ôter à son maître la consolation qu'il avoit de faire part des chagrins qu'il avoit contre lui à la seule personne qu'il avoit trouvée assez secrète et assez fidèle pour les lui confier, et d'un esprit assez doux et assez agréable pour les soulager (1). Je ne

---

(1) *Pour les soulager :* On trouve dans le manuscrit les réflexions suivantes : « C'étoit être au Roi plus cruel qu'un voleur de grand che-
« min ne l'est à celui à qui il ôte tout son bien; puisque le plus grand
« de tous les biens de la vie c'est d'avoir un ami fidèle; et si mon
« oncle l'évêque de Séez a dit dans ses vers, avec l'approbation de
« tout le monde, que d'aimer une jeune beauté,

« C'est la plus douce erreur des vanités du monde,

« il est bien plus juste de dire que d'aimer solidement de la manière

puis cependant, au sujet de cette amitié si belle et si pure qui a été entre un prince si pieux et une fille si sage, m'empêcher de rapporter une preuve bien forte de la corruption qui se rencontre toujours dans les attachemens sensibles qui se peuvent compter pour honnêtes. Je la tiens de La Fayette même qui étant à Chaillot, et mon amie, m'en a parlé depuis avec confiance. Elle m'a dit que dans les derniers jours qu'elle fut à la cour, avant qu'elle fût tout-à-fait résolue de se mettre en religion, ce grand Roi, si sage et si constant dans la vertu, avoit eu néanmoins des momens de foiblesse, dans lesquels, cessant d'être modeste, il l'avoit pressée de consentir qu'il la mît à Versailles pour y vivre sous ses ordres et être toute à lui; et que cette proposition si contraire à ses sentimens ordinaires l'ayant effrayée, fut cause qu'elle se détermina plus promptement à sortir de la cour pour prendre des engagemens qui pussent lui ôter des sentimens de cette nature. La vertu des plus parfaits n'est pas toujours également forte : les justes tombent quelquefois et trop souvent, pour se fier aux résolutions qu'ils croient les plus fermes. Ce grand prince, qui avoit eu le nom de Juste pour avoir paru fidèle à Dieu toute sa vie, ne le fut pas dans ces occasions. Il eut des instans où il lui fut infidèle ; mais cette infidélité, qui ne dura pas, ne fit que l'avertir de se tenir sur ses gardes, en lui faisant remarquer le péril qu'il avoit couru. Dès qu'il s'en fut aperçu, il résolut de l'éviter. Le refus de La Fayette lui fit ouvrir les yeux. La honte qu'ils eurent de ce petit déréglement rappela leur

« que le Roi aimoit La Fayette, c'étoit le plus doux des plaisirs inno-
« cens. »

vertu et leur piété; et la peur qu'ils eurent tous deux, elle de lui et lui d'elle, leur fit prendre la résolution de se quitter. La nature combattit quelque temps contre la grâce, mais enfin la grâce fut victorieuse. Sans cela, il n'auroit pas consenti si aisément qu'elle se mît dans un couvent; et dès qu'elle y fut, comme ils étoient dans les mêmes sentimens, le Roi n'eut point de peine à lui voir l'habit de religieuse, et elle n'en eut point de le voir à la grille; l'un et l'autre étoient bien éloignés du désir d'entretenir un commerce dont ils pussent avoir du scrupule. Il approuvoit si fort la retraite de cette vertueuse fille, que sa dévotion étant fortifiée par la peine qu'il avoit naturellement à s'appliquer aux affaires, comme il y avoit eu des momens où elle avoit été cause qu'il n'avoit pas été tout-à-fait sage, il y en eut aussi à son exemple où il voulut pousser sa dévotion et le mépris du monde trop loin; et s'il l'alloit voir quelquefois, c'étoit pour lui parler de ses desseins qu'il n'y avoit qu'elle qui sût, et qui auroient étonné toute l'Europe s'il les avoit exécutés. Mais Dieu se contenta de son intention; et, pour le récompenser du sacrifice qu'il vouloit lui faire, exauça les prières de ses sujets, lui ôtant ses pensées mélancoliques qui l'empêchoient de bien vivre avec la Reine, qui devint enfin grosse. On crut même (1)

---

(1) *On crut même :* Le manuscrit porte : « Même on a cru que La
« Fayette en fut la cause seconde (de la grossesse de la Reine), une
« des dernières fois qu'il la fut visiter. Etant demeuré fort tard avec
« elle, il ne put retourner coucher à Saint-Germain selon son dessein,
« et fut contraint d'aller au Louvre prendre la moitié du lit de la Reine,
« qui étoit venue à Paris pour quelques affaires de peu d'importance; si
« bien qu'on a dit que cela nous donna le Roi régnant aujourd'hui
« Louis XIV. » Le manuscrit ajoute que quand Louis XIII cessa d'aller

que ce fut un jour qu'étant demeuré tard à ce couvent, il fit un si mauvais temps qu'il fut obligé de demeurer au Louvre, où il n'y avoit point d'autre lit que celui de la Reine. Quoi qu'il en soit, ce fut alors, le 5 septembre 1638, que Dieu donna à la France le Roi régnant aujourd'hui, cet auguste prince Louis XIV, qui fut nommé du peuple *Dieudonné*.

Quand la Reine reçut cette grâce du ciel, elle en avoit besoin pour la sauver de tous les maux dont apparemment elle étoit alors menacée, par une fâcheuse affaire qui lui étoit arrivée il y avoit peu de temps, dont j'ai déjà parlé. J'ajouterai seulement ici ce que j'en ai appris depuis, qu'elle avoit enfin été réduite à ce point de ne pouvoir obtenir de pardon qu'en signant de sa propre main qu'elle étoit coupable de toutes les choses dont elle étoit accusée, et le demanda au Roi en des termes fort humbles et fort soumis, se confessant elle-même indigne de l'obtenir. Ce qu'elle fit avec beaucoup de larmes, et qu'on la força de faire avec beaucoup de rudesses, qui scandalisèrent toute la France. Elle étoit infiniment aimée, et chacun étoit dans cette croyance qu'elle étoit innocente. Elle l'étoit en effet, autant qu'on le croyoit, à l'égard du Roi; mais elle étoit coupable, si c'étoit un crime, d'avoir écrit au roi d'Espagne son frère, et à madame de Chevreuse. La Porte, domestique de la Reine, m'a conté lui-même toutes les particularités de cette histoire. Il me les a apprises dans un temps où il étoit disgracié et mal satisfait de cette princesse, et ce qu'il m'en a dit doit être cru. Il fut arrêté pri-

---

voir mademoiselle de La Fayette, un prêtre de Saint-Germain fut chargé de sa correspondance avec elle.

sonnier dans le même temps que le chancelier fut au Val-de-Grâce, comme étant le porteur de toutes les lettres de la Reine, tant pour l'Espagne que pour madame de Chevreuse. Il fut interrogé par trois fois dans la Bastille par La Poterie : il nia toutes choses constamment, et signa toutes ses interrogations. Le cardinal de Richelieu le voulut interroger lui-même en présence du chancelier. Il le fit venir chez lui dans sa chambre, là où il fut questionné et pressé sur tous les articles sur quoi on désiroit de pouvoir confondre la Reine. Il demeura toujours ferme sans rien avouer, disant qu'il ne savoit point qu'elle eût écrit en Espagne, ni à madame de Chevreuse en particulier; car elle avoit permission de lui écrire par les voies publiques. Le cardinal lui dit qu'il avoit été trouvé saisi d'une lettre pour madame de Chevreuse, et qu'il avoit dit qu'il avoit dessein de la porter à la poste; ce que le cardinal savoit être faux, parce que La Thibaudière, qui la devoit porter pour la faire aller par les voies secrètes, sachant que La Porte étoit arrêté, s'en alla tout découvrir au Roi et au cardinal de Richelieu. La Porte, qui sur cet article n'avoit pas voulu nommer La Thibaudière de peur de lui nuire, demeura un peu embarrassé. Il s'excusa sur ce qu'il n'avoit point voulu perdre La Thibaudière; mais il ne laissa pas sur le sujet de la Reine de demeurer ferme et constant sur la négative, refusant les biens et les récompenses qu'on lui promettoit, et acceptant plutôt la mort que d'accuser la Reine des choses dont il disoit qu'elle étoit innocente. Le cardinal de Richelieu, admirant sa fidélité, et persuadé qu'il ne disoit pas vrai, souhaita d'être assez heureux pour avoir un homme à lui aussi fidèle que celui-là. On avoit surpris aussi une lettre en chiffres de la Reine, qu'on lui montra. Elle ne put qu'elle ne l'avouât; et pour ne pas montrer de dissemblance, il falloit faire avertir La Porte de ce que la Reine avoit dit, afin qu'il en fît autant. Ce fut en cette occasion que madame de Hautefort, qui étoit encore à la cour, voulant généreusement se sacrifier pour la Reine, se déguisa en demoiselle suivante, pour aller à la Bastille faire donner une lettre à La Porte; ce qui se fit avec beaucoup de peine et de danger pour elle, par l'habileté du commandeur de Jars qui étoit encore prisonnier. Comme il étoit créature de la Reine, et qu'il avoit gagné beaucoup de gens en ce lieu-là, ils la firent tomber entre les mains de La Porte. Elle lui apprenoit ce que cette princesse avoit confessé; si bien qu'étant tout de nouveau interrogé par Laffemas, et menacé de la question ordinaire et extraordinaire même, elle lui fut montrée. Il fit semblant de s'en épouvanter, et dit que si on lui faisoit venir quelque officier de la Reine, homme de créance, qu'il avoueroit tout ce qu'il savoit. Laffemas, croyant l'avoir gagné, lui dit qu'il pouvoit nommer celui qu'il voudroit, et que sans doute on le lui feroit venir. Il lui demanda un certain nommé La Rivière, officier de la Reine, qu'il savoit être des amis de Laffemas, et dont il n'avoit pas bonne opinion; ce que cet homme accepta avec grande joie. Le Roi et le cardinal firent venir ce La Rivière. On lui commanda d'aller voir La Porte sans voir la Reine; et, gagné par les promesses qu'on lui fit, il s'engagea de faire tout ce qu'on voudroit. Il lui fut mené, et il lui commanda, de la part de la Reine, de dire tout ce qu'il savoit de ses affaires. La Porte fit semblant de croire que c'étoit la Reine qui l'envoyoit, et lui dit après bien des façons ce que la Reine avoit déjà avancé, et protesta n'en pas savoir davantage. Le cardinal de Richelieu fut alors confondu; et, malgré ses artifices, le Roi demeura satisfait. La Porte, homme de bien et sincère, m'a assuré qu'ayant vu les lettres dont il étoit question, et sachant ce qu'elles contenoient, il y avoit lieu de s'étonner qu'on en eût pu former des accusations contre la Reine; qu'il y avoit seulement des railleries contre le cardinal de Richelieu, et qu'assurément elles ne parloient de rien qui fût contre le Roi ni contre l'Etat. Cette tempête passée, le Roi et la Reine se raccommodèrent; mais, avant que la paix se fît, le Roi commanda à la Reine d'écrire de sa main à La Porte pour lui commander de dire tout ce qu'il savoit; et comme il crut qu'elle avoit été forcée pour écrire ces lettres, il ne changea rien en sa conduite. Il lui répondit par l'ordre du cardinal de Richelieu, et lui manda qu'il s'étonnoit que Sa Majesté lui commandât de dire ce qu'il savoit, vu qu'elle avoit vu ses interrogations, et que par là elle pouvoit voir qu'il avoit dit tout ce qu'il savoit; que s'il y alloit de son service de dire des faussetés, quand même elles devroient le faire aller sur l'échafaud, qu'il le feroit. Cette réponse confirma le Roi dans l'opinion qu'il commençoit d'avoir que la Reine n'étoit pas si coupable qu'il l'avoit cru, et l'habile fidélité de cet homme acheva de les remettre bien ensemble, c'est-à-dire autant que la froideur du Roi et les traitemens que cette princesse avoit reçus de lui, ou plutôt de son ministre, leur pouvoient permettre de s'aimer.

Ce fut à Chantilly que cette grande querelle se passa, et dont le souvenir faisoit horreur à la Reine. On disoit que le cardinal l'avoit voulu réduire à cette extrémité afin de la pouvoir renvoyer en Espagne, comme il en avoit eu souvent le désir, ou du moins la réduire dans la nécessité de s'accommoder avec lui; et que le craignant, elle se mit de son parti. Mais enfin, comme je viens de le dire, elle devint grosse; et le Roi, dans le commencement de sa grossesse, lui en témoigna beaucoup de satisfaction, et même de la tendresse pour sa personne. Cette douceur ne dura guère; et quand elle accoucha, il fallut l'exciter de s'approcher d'elle pour l'embrasser. On crut qu'après avoir donné un Dauphin au Roi son mari, elle auroit quelque crédit, et qu'elle entreroit au conseil; mais comme le ministre n'étoit pas de son côté, et qu'elle étoit trop généreuse pour l'aller chercher, elle demeura dans le même état qu'elle étoit auparavant. Pour augmentation de grâces, Dieu lui donna son second fils (Philippe de France) le 21 septembre 1640, dont le Roi, à ce que j'ai ouï dire à la Reine, témoigna plus de joie que du premier, parce qu'il ne s'attendoit pas à un si grand bonheur que de se voir père de deux enfans, lui qui avoit craint de n'en point avoir du tout; mais monseigneur le petit Dauphin n'eut pas trois ans, qu'il sembloit que déjà il lui donnoit du chagrin et de l'ombrage. La Reine m'a fait l'honneur de me dire depuis qu'un jour, au retour de quelque voyage de chasse, ce petit prince le voyant avec un bonnet de nuit, il se mit à pleurer, à cause qu'il en eut peur, et qu'il n'avoit pas accoutumé de le voir en cet état; que le Roi s'en fâcha comme d'une chose de grande conséquence, et s'en plaignit à la Reine, lui reprochant que c'étoit elle qui nourrissoit son fils dans l'aversion de sa personne; et la menaça avec beaucoup de rudesse de les lui ôter tous deux. Quand le feu Roi partit pour aller au voyage de Narbonne, il avoit avec lui Cinq-Mars son grand écuyer, qui étoit un homme fort bien fait que le cardinal de Richelieu lui avoit donné pour favori depuis la perte de La Fayette. Soit que ce fût par son conseil, soit que ce fût de son propre mouvement, il parla à la Reine d'une autre manière. En lui disant adieu, il lui dit assez cordialement qu'il la prioit d'avoir bien soin de ses enfans, et de ne les point quitter : ce qu'elle observa religieusement. Outre l'intérêt qu'elle avoit en leur conservation, elle avoit attaché tous ses plaisirs à l'agréable occupation de les voir et de les caresser.

Le grand écuyer, qui prétendoit que son bienfaiteur, jaloux de la bonne volonté que le Roi avoit pour lui, l'avoit voulu perdre, lui en ayant parlé comme d'un homme n'ayant point de cœur, et l'ayant empêché de le faire duc et pair, et de l'admettre au conseil, crut être en droit de se révolter contre lui. Ouvrant son cœur et ses oreilles aux chagrins que son maître avoit contre son ministre, il alluma sa jalousie jusqu'au désir de le perdre, et, se joignant à ses ennemis, le fit, à ce qu'on prétend, résoudre à se défaire de lui. Je n'entreprends point de justifier, ni les plaintes du cardinal, ni le procédé du grand-écuyer. Le premier étoit un homme qui malgré ses défauts avoit mérité l'estime de ses ennemis, et par conséquent ses amis ne lui devoient pas manquer. La grandeur de l'entreprise de celui qui lui avoit l'obligation de tout ce qu'il étoit ne pouvoit pas l'excuser de son ingratitude, et le consentement qu'on a prétendu que le Roi y avoit donné ne pouvoit pas justifier une conjuration contre l'Etat, qui a été à cause de cela une des plus grandes et en même temps des plus extraordinaires que nous puissions lire dans les histoires. Car le Roi en étoit tacitement le chef; le grand écuyer en étoit l'ame; le nom dont on se servoit étoit celui du duc d'Orléans, frère unique du Roi; et leur conseil étoit le duc de Bouillon, qui s'y engagea, à cause qu'ayant été dans le parti du comte de Soissons, il étoit fort mal à la cour. Ils firent tous de beaux projets sur le changement à l'avantage de leur grandeur et de leur fortune, se persuadant que le cardinal ne pouvoit vivre que peu de jours, pendant lesquels il ne pouvoit pas se remettre bien avec le Roi. Mais leur fausse prudence leur fit rencontrer leur perte dans les choses mêmes qui devoient leur servir de sûreté. Le grand écuyer, ne se fiant pas tout-à-fait à l'amitié ni à la force du Roi, voulut avoir une armée pour défendre Sedan, que le duc de Bouillon leur donna pour place de sûreté. Il se laissa persuader de faire un traité avec le roi d'Espagne dans le dessein d'en tirer du secours, au cas que le cardinal de Richelieu, qui avoit toutes les places fortes sous sa domination, se portant mieux, se voulût cantonner contre eux; ou plutôt ils firent ce traité pour seulement satisfaire à leur destinée, qui vouloit que leur ennemi triomphât de leur malheur et de leur faute. Monsieur, frère unique du Roi, après avoir fait la guerre civile en France pour s'être mis du parti de la Reine sa mère;

avoit perdu le duc de Montmorency, qui avoit eu la tête tranchée pour sa querelle; et après avoir été en Flandre et après en Lorraine, où contre le gré du Roi il s'étoit marié, il étoit enfin revenu en France depuis quelques années. Mais comme le cardinal de Richelieu le tenoit humilié, ce prince souhaitoit la mort de ce ministre à l'égal de sa propre vie; si bien que ce fut pour lui une chose agréable de trouver un jeune favori, dont le cœur plein de feu ne respiroit que l'honneur de faire parler de lui par quelque action éclatante qui pût lui donner de la gloire. Le cardinal de Richelieu étoit alors malade et négligé du Roi, et paroissoit au jugement de tous tombé de ce haut degré d'honneur où la faveur de son maître et sa capacité l'avoient élevé: ce que toute la France regardoit avec joie, par le désir naturel que les Français ont pour le changement, et parce que ce ministre avoit été cruel à beaucoup de particuliers qui le haïssoient. Cet habile homme, ayant découvert le secret de toute cette négociation, et su par Chavigny que le grand écuyer avoit fait un traité avec le roi d'Espagne, envoya le même Chavigny, qu'il aimoit et qu'il avoit mis dans les affaires, trouver le Roi pour lui parler de cette conjuration, non pas pour lui persuader la conservation de sa personne : il savoit que cette raison ne pouvoit plus le toucher; mais pour lui montrer les mauvais desseins des conjurés, et que le bonheur de son Etat étoit attaché à la ruine des auteurs de ce traité. Comme Chavigny étoit habile, il sut si aisément persuader le Roi, en lui représentant les dangereuses suites de cette affaire, qu'il le fit résoudre d'abandonner le grand écuyer non-seulement à la sévérité des lois, mais encore à la haine du cardinal, pour recevoir par lui le châtiment de son crime contre l'Etat, et de ses infidélités particulières envers lui. En peu d'heures la cour changea de face : le cardinal de Richelieu rentra dans les bonnes grâces du Roi par l'habileté de son ami, et le favori les perdit avec la douleur de se voir abandonné de celui qui avoit aidé à le mettre dans le précipice, et qui en un instant favorable de sa bonne volonté l'en pouvoit tirer aisément. En quittant le Roi, qui l'avoit traité à son ordinaire, il eut quelques avis qu'il falloit penser à la retraite. Il envoya un des siens savoir si les portes de la ville étoient ouvertes. Cet homme se contenta d'en demander des nouvelles aux passans, qui lui dirent par hasard que non : ce qui n'étoit pas ; et par cette méprise il l'empêcha de penser davantage à se sauver. Il se cacha dans du foin chez une femme de sa connoissance, où il demeura quelque temps dans la crainte de son malheur, et dans l'espérance que l'affection que son maître avoit pour lui le porteroit à lui faire grâce ; mais on le vint arrêter de la part de ce même maître dont il attendoit son salut. Il fut mis en prison, où il souffrit tout ce qu'on a coutume de souffrir quand on est coupable et malheureux. M. de Thou son ami fut aussi arrêté pour avoir su le secret du traité d'Espagne, non pas comme participant à ce dessein, car il l'avoit même tout-à-fait désapprouvé, mais seulement pour l'avoir su par confiance et pour ne l'avoir pas révélé ; et pour principale raison, parce qu'il n'étoit pas des amis du cardinal de Richelieu.

Le ministre, qui étoit malade à Tarascon, à quelques lieues du Roi qui paroissoit le négliger, voyant qu'il triomphoit de ses ennemis, voulut aussi triompher du Roi, l'obligeant de Narbonne à le venir trouver là où il étoit. Ce prince, honteux de l'avoir voulu perdre, voulant faire amende honorable quoique malade, se fit porter dans sa chambre auprès de lui, où ils passèrent plusieurs heures ensemble. Là se fit une réconciliation en apparence tout entière, mais dans le cœur elle fut feinte. On ne sauroit oublier de telles offenses; et celui qui les a faites doit savoir qu'elles ne sauroient s'effacer du souvenir de celui qui les a reçues. Les marques en furent si belles et si extraordinaires, que le Roi, abandonnant tout à ce cardinal, non-seulement lui sacrifia cet aimable criminel qu'il accabloit de caresses deux jours auparavant, et tous ceux qui étoient de la partie, mais, pour lui témoigner une plus grande confiance, il voulut que ce ministre eût ses propres enfans en otage, et lui offrit d'envoyer un ordre à la Reine de les remettre entre ses mains. Il le fit enfin; et, sans que la Reine y résistât, on eût vu, à la honte de la royauté, le sang de France foulé aux pieds par cet audacieux vassal, et faire servir le père et ses enfans à son élévation et à sa sûreté. Il fit de même servir à sa vengeance le malheur de ses ennemis, qu'il amena prisonniers du lieu où ils étoient à Lyon. Il attacha leur bateau au sien, quand il remonta le Rhône, malade et mourant, de la même manière, et non pas avec la même gloire, que les consuls romains attachoient à leur char les rois prisonniers qu'ils avoient vaincus. Cette action, qui tenoit d'un païen, et qu'un païen qui auroit suivi les lois de la vertu morale n'auroit pas faite, déshonora sa vie par sa cruauté, et fit voir en lui le mépris qu'il faisoit de la loi de Dieu, qui défend au chrétien non-seulement la vengeance, mais encore de goûter le plaisir de se venger, quand même on se vengeroit avec justice. Après avoir fait parade de cette barbare vanité jusqu'à Lyon, il les fit mourir tous deux sur un échafaud. Le grand écuyer eut la foiblesse, à la vue des tourmens, de confesser que M. de Thou avoit su le traité, dont il fut blâmé de tout le monde; mais, à cela près, il alla à la mort sans qu'on s'aperçût d'aucune émotion. Il s'habilla le jour de son supplice comme s'il eût voulu aller chez le Roi, et sa fermeté parut à la sérénité de son visage. Il écrivit une lettre à sa mère, qui marquoit son bon naturel et sa piété; et après l'avoir priée de payer ses domestiques et ses créanciers, et s'être recommandé à ses prières, il la finit en lui disant que tous les pas qu'il va faire sont autant de pas qui le conduisent à la mort. Depuis la lecture de son arrêt, il parut encore plus tranquille qu'auparavant. Il se confessa avec une application qui fut admirée de son confesseur. Il lui dit, comme en conversation familière, que rien ne l'avoit plus étonné que de se voir abandonné de tous ses amis; que depuis qu'il avoit eu les bonnes grâces du Roi, il avoit toujours tâché de s'en faire, et s'étoit persuadé qu'il y avoit réussi; mais qu'il voyoit bien qu'il ne falloit pas s'y fier. Et plusieurs fois, en se consolant avec Dieu, et parlant au père jésuite qui l'assistoit, il s'écria : « Ah! « qu'est-ce que le monde! » Le Roi avoit eu dessein de le sauver, et s'en étoit d'abord déclaré, disant que le duc de Bouillon l'avoit gâté, et que lui seul méritoit la mort. Cependant il n'en fut pas le maître, et il abandonna son favori à la sévérité des juges qui ne pouvoient s'empêcher de le condamner. Il fut regretté de toute la France, qui, le trouvant digne d'une fin plus heureuse, avoit excusé son dessein, et souhaitoit qu'il réussît. Les dames pleurèrent sa perte, et avec raison; car il avoit eu beaucoup de vénération pour le sexe : et parmi celles qui le regrettèrent le plus, une grande princesse (1) qu'on avoit accusée de l'aimer eut besoin de prier la duchesse d'Aiguillon, nièce du cardinal de Richelieu, de lui faire redonner ses lettres. Quoique Cinq-Mars ne fût qu'un simple gentilhomme, on avoit cru qu'elle auroit été capable de l'épouser, si par la mort du ministre il fût devenu maître du cœur du Roi, qui l'eût fait connétable, et peut-être un petit souverain; mais quand il lui parla de la pensée qu'avoit sa mère de faire ce mariage, il la traita de folle, et lui d'extravagant et de ridicule, de songer à une princesse qu'on avoit proposée à Monsieur. Il étoit fils du maréchal d'Effiat, élevé à cette dignité et à celle de surintendant des finances par le cardinal de Richelieu. Le président de Thou mourut aussi avec beaucoup de fermeté, mais il ajouta la dévotion à la constance : ce qui augmenta beaucoup l'estime qu'on avoit pour lui. Il n'étoit ni jeune ni beau; mais j'ai ouï parler de lui comme d'un homme d'un mérite extraordinaire. Il eut besoin d'écrire à une dame (2) de naissance illustre dont l'amitié lui étoit chère, une ou deux lettres qu'on envoya à M. le chancelier. Il dit à ses juges qu'il pouvoit chicaner sa vie, n'étant coupable que parce qu'il avoit des oreilles:

(1) *Une grande princesse*: Cette princesse étoit Marie-Louise de Gonzague, dont madame de Motteville a déjà eu occasion de parler. —
(2) *A une dame*: Le manuscrit porte en marge madame de Guémené.

car il lui étoit aisé de justifier qu'il n'avoit point eu de part au traité d'Espagne, qu'un homme de bien n'avoit pu approuver; qu'il avoit fait tout ce qu'il avoit pu pour détourner son ami de ce malheureux projet; et comme sa probité l'avoit fait être d'avis contraire à ceux qui le proposoient, cette même probité l'obligeoit à se taire, afin de ne les pas perdre; et que, quand il auroit été capable de cette perfidie, il n'y auroit pas eu de sûreté pour lui d'accuser Monsieur, frère du Roi, d'un crime dont il n'avoit aucune preuve avant le retour de Fontrailles. Et il n'y avoit aucune nécessité d'aller découvrir le traité qu'il avoit rapporté, voyant qu'on ne vouloit point l'exécuter : c'est pourquoi il paroissoit résolu d'attendre patiemment tous les effets de la haine du cardinal de Richelieu, qu'il n'auroit jamais pu éviter, et qui ne feroient autre chose que le faire aller plus tôt jouir de Dieu.

Pendant sa prison à Pierre-Encise, il avoit fréquenté les sacremens et s'étoit occupé à l'oraison, et méditoit les livres de l'Ecriture sainte. Il dit à son confesseur, après sa condamnation, qu'il pénétroit bien plus en cette affliction la vanité des personnes qu'auparavant. Étant près d'aller à la mort, il récita tout haut le *Credidi*, en le paraphrasant avec de grands sentimens de dévotion, et des endroits des épîtres de saint Paul, dont il paroissoit recevoir de la consolation. Ils s'embrassèrent tendrement, Cinq-Mars et lui; et, par un motif fort contraire à celui-là, il en fit autant à son bourreau, comme à celui qui alloit lui ouvrir le ciel. Ils furent exécutés le 22 septembre 1642. Fontrailles étoit le plus criminel de tous : il avoit été en Espagne faire le traité de la part de Monsieur, frère du Roi,

du duc de Bouillon, et du grand écuyer ; mais il se sauva de la mort fort habilement. Il sut du grand écuyer, la veille de sa détention, que Chavigny avoit été enfermé avec le Roi, et qu'il ne savoit point le sujet de cette conférence, si ce n'étoit sur l'extrémité où étoit le cardinal. Sur quoi, après lui avoir dit que cette conversation lui étoit fort suspecte, et que c'étoit à lui à voir s'il étoit bien assuré du Roi, sans s'amuser plus long-temps avec lui, il lui dit : « Mon-
« sieur, vous êtes de belle taille ; quand vous seriez
« plus petit de toute la tête, vous ne laisseriez pas
« de demeurer fort grand ; pour moi, qui suis déjà
« fort petit, on ne pourroit me rien ôter sans m'in-
« commoder, et sans me faire de la plus vilaine taille
« du monde. Vous trouverez bon, s'il vous plaît,
« que je me mette à couvert des couteaux. » Il monta ensuite à cheval et s'en retourna en Espagne, d'où il ne faisoit que de revenir (1). On dit même qu'il avoit ce traité dans sa poche ; et il y en avoit tant de copies, que tous ceux qui étoient de ce grand parti avoient peu de soin de cacher, qu'il étoit impossible que celui contre lequel il étoit fait n'en pût avoir une.

Leur aveuglement à tous, et particulièrement celui de Cinq-Mars, fut étrange ; car il commençoit à voir que le Roi ne le traitoit pas de la manière qu'il avoit fait par le passé : et pendant que Chavigny étoit en-fermé avec lui, au lieu de s'amuser dans la garde-

(1) *D'où il ne faisoit que de revenir :* On trouve après ces mots dans le manuscrit : « Cet homme, désagréable par sa personne et par sa bosse,
« se sauva mieux que les autres, parce qu'il eut l'esprit de prévoir
« leur malheur avant même qu'il arrivât ; mais eux, plus confians,
« payèrent par leur mort leur manque d'habileté, car ils auroient pu
« se sauver de la même façon. »

robe à lire un roman, pour ne pas faire connoître qu'il n'étoit pas en tiers avec eux, et pour voir, après qu'il seroit sorti, ce que le Roi lui diroit, il devoit, ou suivre sans balancer l'exemple de Fontrailles, ou du moins ne pas attendre que le Roi donnât aucun ordre; et sans se fier trop à lui, comme faisoit le cardinal, qui faisoit semblant d'être encore plus malade qu'il ne l'étoit jusques à ce qu'il eût pris ses sûretés, ne pas demeurer un moment à la cour après le départ de Chavigny, et prendre les siennes. Le président de Thou, qui savoit le malheur qui étoit arrivé à tous ceux qui s'étoient embarqués avec Monsieur, et voyoit la mauvaise conduite de son ami, devoit le laisser là s'il vouloit demeurer, et s'en aller en Italie, où il lui avoit dit qu'il vouloit aller. Enfin ces deux, qui furent moins méfians, payèrent par leur mort leur manque d'habileté.

Il est à croire que le malheur qui les fit périr fut une protection de Dieu toute particulière, qui sauva la France des désordres qu'un changement de cette nature y pouvoit apporter, si son ennemi le roi d'Espagne, profitant de l'infirmité du Roi, conduit par un jeune favori sans prudence, le duc d'Orléans, frère unique du Roi, et le duc de Bouillon, qui sans doute n'avoient pas de petits desseins, en étoient les maîtres. Peu auparavant que le Roi partît pour ce petit voyage, Monsieur avoit voulu parler de cette entreprise à la Reine, et lui avoit nommé les noms des conjurés, désirant qu'elle eût part à ce dessein, qui alors étoit bien innocent, puisque le Roi étoit de la partie. La Reine, qui craignoit de tomber dans quelque misère, et qui avoit peur de la puissante étoile du cardinal de Richelieu, n'y voulut point entrer. Elle conjura Monsieur, qu'elle avoit toujours cru assez de ses amis, de ne point dire aux autres qu'elle le sût; il lui promit de le faire, et il l'observa religieusement. Elle lui en sut gré, et le loua de son secret quand elle vit que la conjuration étoit découverte : il avoit tout avoué au cardinal sans la nommer. Le grand écuyer de même, à ce qu'elle m'a fait l'honneur de me dire avant que de partir, lui demanda si elle n'avoit point de nouvelles du Roi son frère. Elle a cru depuis qu'il voulut alors entrer en matière avec elle; mais, pour s'en défaire promptement, elle lui dit qu'elle n'avoit garde d'y conserver des intelligences, puisqu'elles lui étoient si expressément défendues; et, changeant de discours, lui parla d'autre chose.

Pendant que toute cette tragédie se passa à Narbonne, Monsieur étoit à Bourbon, faisant le malade, et montroit de ne penser à rien; mais il fut trompé par ceux qu'il croyoit tromper. Aussitôt qu'on sut à la cour qu'il avoit part au dessein de Cinq-Mars, grand écuyer, le Roi, conseillé par le cardinal de Richelieu, voulut l'envoyer arrêter prisonnier, et peu s'en fallut qu'il ne le fût. Il eut des avis de la prison de M. le grand, qui le firent retirer en Auvergne. Il y demeura jusqu'à ce que sa paix fût faite avec le Roi, caché dans des montagnes, où il changeoit souvent de lieu, pour éviter le péril dont il étoit menacé. Il envoya l'abbé de La Rivière trouver le cardinal : c'étoit un homme capable des affaires, et qui avoit de l'esprit. Il m'a dit depuis qu'il avoit ignoré le traité d'Espagne, et que Monsieur ne s'étoit pas servi de lui dans cette négociation, parce que Montrésor et Saint-Ibal, ces personnes extraordinaires qu'on appeloit alors des esprits forts, étoient en faveur auprès de lui, et l'avoient engagé à cette injuste et ridicule chimère. L'abbé arriva à Tarascon, où étoit alors le cardinal de Richelieu, dans la même heure que le Roi s'y faisoit porter pour l'aller voir, pour lui demander pardon et se réconcilier avec lui. Le Roi étoit outré de colère contre Monsieur, à cause de ce traité : mais, outre ce juste ressentiment, cette aventure l'avoit remis dans les chaînes du cardinal de Richelieu ; et n'ayant pas le courage de s'en ôter lui-même, il falloit qu'il haït et qu'il aimât tout ce qu'alors le cardinal de Richelieu lui ordonnoit d'aimer ou de haïr. Après cette conversation du Roi avec son ministre, l'abbé fut appelé par le dernier pour savoir ce que Monsieur lui vouloit dire par lui. D'abord les complimens et les protestations qui marquoient le repentir de ce prince servirent seulement pour entrer dans des matières plus fortes ; et surtout il s'attacha (à ce qu'il m'a dit depuis lui-même) à faire croire au cardinal de Richelieu que les oreilles seules de son maître avoient péché contre lui, et que par son cœur et ses intentions il n'avoit point eu dessein de le tuer, comme il disoit que le projet en étoit fait. Le ministre avoit su que le grand écuyer devoit faire ce coup en présence de Monsieur, et cet article ne lui avoit pas été agréable ; mais l'abbé de La Rivière lui maintint le contraire. Il prouvoit son dire par de certains rendez-vous que le grand écuyer avoit donnés à Monsieur pour cet effet, qu'il avoit évités avec soin ; et peut-être qu'il l'avoit aussi fait pour ne pouvoir contribuer à une action de sang et d'horreur que la vertu chrétienne et morale lui pouvoit faire haïr. Le cardinal de Richelieu ne se laissa pas adoucir par toutes ces raisons ; mais après que l'abbé de La Rivière fut parti, il dit à quelques-uns de ses amis que s'il ne l'avoit entièrement persuadé, qu'au moins il l'avoit mis en état de douter de la chose. De là le cardinal désira qu'il allât trouver le Roi, qui étoit à Beaucaire, de l'autre côté de l'eau, quoiqu'il n'eût pas ordre de son maître de le voir. Le Roi lui fit plusieurs questions sur le chapitre de Monsieur, et le pressa d'avouer qu'il étoit coupable. Quand il lui fit le compliment ordinaire de la part de Monsieur, et qu'il l'assura de sa fidélité, le Roi l'interrompit brusquement, et lui défendit de parler de fidélité, lui disant que c'étoit une chose trop connue qu'il n'en avoit point pour lui. Après l'avoir excusé du mieux qu'il put, le Roi lui commanda d'écrire tout ce qu'il venoit de lui dire de la part de son maître. Ces paroles n'alloient qu'à confesser que Monsieur avoit aimé le grand écuyer, et qu'il étoit vrai encore qu'il avoit écouté quelques discours contre la fortune de M. le cardinal, et non pas contre sa personne. L'abbé, qui crut que c'étoit mauvais signe pour son maître de ce qu'on lui demandoit de tels écrits, quels qu'ils pussent être, refusa constamment de rien écrire, et souffrit d'être menacé de prison, et d'y être même tenu une heure, plutôt que de faire espérer qu'il fût capable de rien écrire. Pour se défaire de cet embarras, et embrouiller le Roi et ses ministres, qui avoient ordre du cardinal de Richelieu de lui faire peur, il dit au Roi tout librement, et par une finesse louable ;

qu'il n'avoit garde d'écrire d'avoir dit quelque chose en présence de Sa Majesté, parce qu'il étoit contraint de lui avouer qu'il n'avoit point eu d'ordre pour la voir, et qu'il n'y étoit venu que parce que M. le cardinal l'avoit désiré. Le Roi, qui n'avoit point eu de leçon sur cet article, fut entièrement déconcerté. Chavigny et des Noyers, qui étoient les agens du ministre, le furent aussi. Par cette hardiesse il échappa habilement d'une mauvaise aventure, et retourna trouver le cardinal de Richelieu. Ce ministre se plaignit à lui d'avoir dit au Roi qu'il n'avoit point eu d'ordre de le voir. L'abbé de La Rivière lui reprocha aussi qu'ayant été sur sa parole trouver le Roi, il eût été si maltraité, et mis dans un tel embarras que pour s'en tirer il avoit fallu jouer de son reste. Après les plaintes qui furent faites de part et d'autre, ils rentrèrent en conférence douce et amiable, et tout fut oublié. Le cardinal lui demanda s'il ne savoit point ce que Monsieur avoit fait; il répondit que non, et qu'il ne connoissoit que les complaisances qu'il avoit eues pour les plaintes de M. le grand. Le cardinal lui répartit : « Eh bien, pensez tout ce que
« vous pourrez imaginer de pis, *por accertar* (1), et
« souvenez-vous qu'il a fait une chose infâme à un
« fils de France, et qui mérite la mort. — Comment!
« dit l'abbé de La Rivière, vous m'étonnez, et je ne
« sais que penser; car Monsieur n'est pas capable
« d'attenter ni à la vie du Roi, ni à celle de ses en-
« fans. Il n'a point traité avec les étrangers, et par
« conséquent je ne sais que deviner. — Non, lui ré-
« partit le cardinal de Richelieu, il n'a rien fait de

(1) *Por accertar :* Pour trouver la vérité.

« tout cela; mais ce qu'il a fait, le Roi vous le dira
« lui-même. Allez le trouver, et assurez-vous sur
« ma parole que présentement vous en serez bien
« reçu. » Il y alla, et le Roi ayant eu de son ministre
de différens conseils, l'abbé de La Rivière fut traité
de différente manière; et le Roi enfin lui montra le
traité d'Espagne, et lui fit voir les sujets qu'il avoit
de se plaindre de Monsieur, puis le congédia pour
retourner le trouver. L'abbé de La Rivière apprit à
Monsieur que toutes choses étoient découvertes, et
lui montra la copie du traité que le Roi lui avoit
commandé de lui porter. Ce prince fut infiniment
surpris de ce que sa faute étoit sue du Roi, vu le secret qui avoit été observé en la faisant; car il n'y
avoit eu que Fontrailles qui avoit signé ce pernicieux
écrit, et encore avoit-il pris un autre nom. Monsieur,
sans faire plus de façons, avoua qu'il étoit vrai; et
pressé de douleur, de dépit ou de honte, il pleura,
et renvoya la même personne demander miséricorde :
ce qu'il fit avec le moindre désavantage qu'il put
pour son maître; et la paix se fit entre ces deux
princes, ou plutôt le cardinal la donna libéralement
à Monsieur [1], qui se trouva trop heureux de demeurer en repos, avec un espoir que bientôt la mort
du Roi son frère, ou celle de son ministre, change-
roit sa destinée.

Le duc de Bouillon commandoit les armées en Italie
avec beaucoup de réputation, et attendoit alors de

---

[1] *La donna libéralement à Monsieur:* Au lieu de ce qui suit dans
l'imprimé, le manuscrit porte : « Cette paix ne fut pas de la nature de
« celle que Dieu annonça le jour de Noël aux hommes de bonne vo-
« lonté; mais telle qu'elle peut se trouver à la cour, et parmi des frères
« du sang royal. »

la fortune des plus éclatantes marques de sa faveur. Le grand écuyer étant arrêté, un gentilhomme qui étoit à la cour pour apporter au duc de Bouillon les nouvelles de la mort du cardinal de Richelieu, qu'on disoit qu'ils avoient dessein de tuer, partit aussitôt pour lui aller annoncer le bouleversement de ses espérances. Cet homme, ne voulant pas aller par des chemins connus, passa par chez le vicomte de Turenne, frère de son maître, pour prendre des chevaux; et, sans lui parler du sujet qui le faisoit courir si vite, lui apprit, comme une nouvelle publique, que le grand écuyer venoit d'être arrêté. Le vicomte de Turenne, qui étoit ami du cardinal, et qui n'étoit pas éloigné du lieu où il étoit malade, crut lui faire plaisir de lui apprendre une nouvelle si avantageuse pour l'état présent de ses affaires, et lui dépêcha un courrier pour l'avertir de ce qui étoit arrivé à Narbonne, lui mandant que c'étoit un gentilhomme de son frère le duc de Bouillon qui le lui avoit appris. Le cardinal de Richelieu, qui savoit le fond de cette affaire, qui avoit envoyé Chavigny au Roi pour cela, mais qui n'en savoit pas encore alors le succès, voyant de qui cette nouvelle venoit, ne douta point qu'elle ne fût vraie. Il fit distinction de l'innocent et du coupable : il traita le vicomte de Turenne comme son ami, qui sans le savoir, comme il faut croire, le servoit en perdant son frère. Il envoya courir après le gentilhomme, afin de l'empêcher d'avertir son maître; et en même temps il envoya un ordre au marquis Du Plessis-Praslin, depuis maréchal de France, et à Castelan, pour se saisir de la personne du général. Il étoit signé d'un secrétaire d'Etat et de la propre

main du Roi. Il y avoit ces deux mots : « Ceci est ma
« volonté de le prendre mort ou vif. » Le comte Du
Plessis et Castelan furent bien embarrassés comment
ils pourroient obéir au Roi, pour prendre le duc de
Bouillon au milieu de ses troupes. Il s'avisa heureusement pour eux d'aller voir Casal, pour quelque
dessein qu'il avoit en tête. En partant pour cette promenade, il laissa le soin de son armée au comte Du
Plessis son lieutenant-général, lui ordonnant de ne
la point quitter pendant son absence, et mena Castelan
avec lui. Eux, de leur côté, voyant que l'occasion
étoit belle, jugèrent qu'il falloit que le comte Du
Plessis allât à Casal incognito, lorsque le duc de
Bouillon y seroit : ce qui se fit. Etant arrivé et rejoint
à son confident, ils surent que Couvonges, qui y
commandoit, étoit occupé à lui montrer la citadelle.
Ils l'envoyèrent avertir qu'ils désiroient parler à lui
pour une chose de conséquence. Couvonges quitta
le duc de Bouillon le plus tôt qu'il lui fut possible, et
s'en alla trouver le comte Du Plessis et Castelan. Ces
deux personnes lui montrèrent l'ordre du Roi, et lui
dirent qu'il falloit que ce fût lui qui l'exécutât puisqu'il en avoit les moyens. Il s'en chargea, et ayant
donné à souper au duc de Bouillon, il voulut l'aller
arrêter dans son cabinet; mais ce général, qui avoit
su que le comte Du Plessis-Praslin étoit là contre
l'ordre qu'il lui avoit donné, et qu'il se cachoit de lui,
se douta du péril où il étoit. Couvonges le vint trouver avec quelque suite, qui, pour le faire sortir de ce
cabinet où il avoit cinq ou six gentilshommes des
siens avec lui, lui dit qu'il y avoit des gens qui demandoient à parler à lui. Le duc de Bouillon lui ré=

pondit qu'il voyoit bien ce que c'étoit ; mais qu'il ne se tiendroit point pour arrêté qu'il ne vît l'ordre du Roi. Couvonges alors sortit de ce lieu pour l'aller querir. Aussitôt après le duc de Bouillon le suivit, et soufflant les bougies, se sauva avec un des siens, et s'en alla courant, quoique boîteux alors, vers un certain endroit de la ville qu'il avoit remarqué être plus bas que les autres : et quoiqu'il n'eût fait que jeter les yeux en se promenant de ce côté-là, il en avoit aussitôt aperçu le défaut, et vu à peu près par où il falloit aller. Il y seroit arrivé, sans qu'il prit une rue pour l'autre ; et comme il voulut retourner sur ses pas, il entendit le grand bruit que faisoient ceux qui le cherchoient. Ce bruit l'obligea d'entrer chez un cabaretier de cette petite rue, où il y avoit un cul-de-sac ; et là il se mit dans du foin pour se cacher. Ce fut en cet endroit que des Suisses le trouvèrent, qui le maltraitèrent fort. Quand Couvonges et le comte Du Plessis furent avertis qu'il étoit trouvé, ils le furent tirer de leurs mains ; et, sans s'étonner, il leur dit qu'il avoit mal passé son temps en la puissance de ces gens-là. Il fut gardé dans la citadelle, et de là mené à Lyon, où, pour sauver sa vie quand tout fut découvert, il fallut qu'il donnât au Roi sa ville de Sedan. Mademoiselle de Bouillon sa sœur et le comte de Roucy étoient venus à la cour solliciter sa grâce, et avoient trouvé le Roi fort aigri contre l'auteur de tous les partis qui avoient été formés contre lui, et le protecteur de tous les rebelles ; mais le cardinal de Richelieu ne put refuser au prince d'Orange de servir le duc de Bouillon son neveu, après les services qu'il venoit de lui rendre à lui-même ; car, se voyant abandonné du Roi, par le crédit de Cinq-Mars et par la conjuration de tant d'ennemis, contre lesquels il ne croyoit pas se pouvoir soutenir, il avoit eu recours à ce prince, qu'il avoit prié de représenter au Roi, qui avoit une grande estime pour lui, de quelle importance il lui étoit de le défendre contre tous ses ennemis, qu'il devoit considérer comme les ennemis de sa personne et de son Etat. Il ne manqua pas de le faire, et de lui rendre témoignage du zèle qu'il avoit toujours remarqué en lui pour son service, et de l'assurer que c'étoit sa sincérité et son habileté qui tenoit tous ses alliés attachés à la France, et qui lui faisoit refuser les offres avantageuses que les Espagnols lui faisoient. Mais voyant le danger où étoit le duc de Bouillon, il ne se contenta pas d'écrire : il fit partir en diligence le comte d'Estrades, pour aller de sa part demander sa grâce au Roi, et la négocia avec le cardinal, lequel, étant content de la mort de son ennemi, fut bien aise de reconnoître les obligations qu'il avoit à son ami, en sauvant la vie à celui pour qui il la demandoit.

Ces deux criminels, qui payèrent pour tous les autres, furent bien malheureux de ne s'être pas dérobés pour deux à trois mois à leur mauvaise destinée : ils auroient eu leur grâce, comme le duc de Bouillon, après la mort du cardinal de Richelieu, arrivée le 4 décembre 1642, ou du moins après celle du feu Roi, arrivée en 1643 : comme Fontrailles et tous ses complices, que nous avons depuis vus à la cour. On disoit en ce temps-là que le Roi et le cardinal attendoient à qui mourroit le premier, et que chacun de son côté faisoit de grands desseins pour le reste de sa vie. Le Roi avoit dessein de gouverner lui-même son Etat, et le cardinal faisoit des projets dignes de son ambition. Comme il mourut le premier, il donna au Roi une partie de ses biens, pour reconnoître, à ce que l'on disoit, envers le fils les obligations qu'il avoit à la Reine-mère (1). Il paroissoit si content d'avoir triomphé de ses ennemis, que son curé ne put s'empêcher de le presser de pardonner à ses ennemis ; à quoi il répondit qu'il n'en avoit point eu d'autres que ceux de l'Etat. Il avoit fait des livres de l'Instruction et de la Perfection du chrétien. C'est pourquoi il devoit savoir en quoi elle consistoit. Cependant l'évêque de Nantes Cospean, qui fut depuis évêque de Lizieux, l'étant allé voir sur les fins de sa vie, après l'avoir entretenu, dit tout haut, en sortant, que sa tranquillité

(1) *La Reine-mère.* Le manuscrit contient des réflexions et des détails sur la mort de Richelieu. « Il mourut chargé d'honneurs et de gloire, « avec l'éclat de beaucoup de vertus, et la honte de beaucoup de grands « défauts, dont la cruauté et la tyrannie étoient les principaux. On « peut dire de lui qu'il avoit acquis une grande réputation en procurant « le bien de l'Etat, la puissance et la grandeur de son prince. La dureté « avec laquelle il traita la Reine-mère, sa maîtresse et sa bienfaitrice, « pendant son exil, diminue beaucoup les louanges qu'on doit à sa « mémoire ; et cette cruauté envers plusieurs particuliers le rend infini- « ment blâmable. Enfin il mourut faisant la figure d'un saint, et « n'ayant pas fait en toute chose la vie d'un chrétien..... J'ai ouï dire « qu'il avoit demandé à un évêque s'il pouvoit mourir en repos sans « faire restitution de tant de biens qu'il avoit pris sur le public et sur « les particuliers quelquefois injustement ; et que cet évêque, accou- « tumé à le flatter, lui ayant répondu que oui, et que les grands biens « qu'il avoit faits à la France rendroient les siens légitimes, il le pria « de lui apporter cela par écrit ; et cet écrit, il le prit et le serra bien « soigneusement sous le chevet de son lit, comme pour servir de justi- « fication à Dieu de ses iniquités : ce qui me paroît étrange, qu'un « homme plus capable et qui avoit plus de science que celui sur lequel « il se déchargeoit de son scrupule, se voulût laisser tromper soi-même « en une affaire où lui seul devoit être le juge, et sa propre conscience « le docteur le plus fidèle de tous ceux qu'il pouvoit consulter. » En marge de la page qui contient cette dernière anecdote, on lit : *Ceci n'est pas chose certaine.*

l'étonnoit; et on dit que le pape Urbain VIII, qui aimoit à dire de bons mots, dit: *Se gli e un Dio* (1), *lo pagara; ma veramente se non c'e Dio, galanthuomo.*

La Reine, après cette mort, dont elle ne fut pas fort affligée, commença de pressentir son pouvoir à venir par la foule qui l'environnoit. Ce n'étoit pas que le Roi la considérât davantage. Le cardinal avoit travaillé avec tant de soin à la détruire dans son esprit, qu'elle ne put jamais y prendre une meilleure place. Ce prince même étoit naturellement si chagrin et si accablé en ce temps-là de ses maux, qu'il n'étoit plus capable d'aucun sentiment de tendresse pour elle, qu'il n'étoit pas accoutumé de bien traiter. Mais enfin la sérénité étant revenue sur le visage des courtisans, et ce changement ayant donné de l'espérance et par conséquent de la joie à tous, on commençoit à regarder la Reine comme mère de deux princes et femme d'un Roi infirme. Elle approchoit d'une régence qui devoit être longue, et chacun en son particulier espéroit en recevoir à son tour quelque grâce. Le Roi, quoique malade, faisoit lui-même toutes ses affaires, et publioit hautement qu'il ne vouloit plus de gouverneur. Il envoya des abolitions aux criminels, fit ouvrir les prisons, permit aux exilés leur retour, et fit tout ce qui étoit nécessaire pour persuader à ses peuples que les cruautés passées n'avoient pas été faites par lui, et que ses inclinations en étoient fort éloignées. Les

---

(1) *Se gli e un Dio*, etc. : S'il y a un Dieu, il le paiera; mais vraiment s'il n'y a point de Dieu, c'est un habile homme. Le manuscrit ajoute : « Un Italien de mes amis, à qui depuis j'ai demandé si cela
« étoit vrai, me dit que oui, qu'il ne falloit pas s'en étonner, et que
« le bon Pape railloit assez souvent, et disoit de bons mots; mais qu'il
« étoit pourtant grand homme et avoit de la vertu : ce qui ne s'accom-
« mode guère bien à cette raillerie. »

maréchaux de Vitri et de Bassompierre, et le comte de Cramaille, sortirent de la Bastille. Vautier, médecin de la Reine-mère, en sortit aussi. Le cardinal, quand il l'y mit, n'avoit pas voulu le faire mourir, parce qu'il voulut, à ce que dit le même cardinal à un de ses amis, qu'il sentît son mal plus long-temps. Les princes de Vendôme, le père et ses enfans, revinrent de leur exil, dans lequel ils avoient toujours conservé des intelligences avec la Reine, qui les considéroit beaucoup. Le duc d'Elbœuf, qui avoit été proscrit, revint de même que quelques autres particuliers, dont le nombre seroit trop grand si on les vouloit nommer. Toutes ces douceurs et ce calme faisoient bénir le règne présent, et détester la sévérité passée ; mais il ne dura guère, parce que le Roi mourut peu après (1).

Le Roi appela au ministère le cardinal Mazarin, Italien de naissance, mais à demi Espagnol par les années qu'il avoit passées en Espagne, et ami du cardinal de Richelieu. Il est à croire qu'il auroit eu du pouvoir auprès du Roi, s'il eût vécu davantage ; car on sait assez qu'il savoit plaire quand il le vouloit. La cour étoit en cet état, lorsque la France perdit le feu Roi. Il étoit si cassé de ses fatigues, de ses chagrins, de ses remèdes et de ses chasses, que, ne pouvant plus vivre, il se résolut à bien mourir pour vivre éternellement. Il le fit d'une manière tout extraordinaire. Jamais personne n'a témoigné tant de constance à souffrir, tant de fermeté dans la pensée cer-

---

(1) *Peu après* : Le manuscrit contient la réflexion suivante : « Et « quoique la clémence soit une vertu louable et nécessaire en tout « temps, dans la régence de la Reine on a reconnu, par une fâcheuse « expérience, que trop de douceur n'est point une bonne voie pour « bien gouverner, et que la corruption des hommes demande quel- « quefois du châtiment et de la sévérité.

taine de sa fin, ni tant d'indifférence pour la vie. Il avoit toujours été malheureux, parce qu'il s'étoit trop assujéti à ses sujets, suivant plutôt les passions de ses favoris que ses propres sentimens. Cette soumission l'avoit porté à faire des fautes dont il se repentoit en lui-même. On a eu lieu de croire que les passions innocentes qu'il avoit eues pour madame d'Hautefort et La Fayette ne lui avoient causé que du chagrin et quelques momens de foiblesse, que Dieu lui avoit fait la grâce de surmonter ; car il a toujours paru craindre Dieu, et toutes deux l'ont cru fort scrupuleux : digne en cela d'une grande louange, si en toutes choses il avoit eu la même force. Ce fut dans ces derniers temps, à la vue des jugemens de Dieu, qu'il se repentit vivement d'avoir manqué à l'observation d'un de ses premiers commandemens. Il n'avoit plus le cardinal de Richelieu pour lui maintenir l'exil de la Reine-mère, nécessaire à l'Etat ; et s'examinant lui-même sincèrement sur cet article, ce qu'il avoit fait contre elle lui parut aussi terrible qu'il l'étoit en effet. Il en demanda pardon à Dieu publiquement avec de grands témoignages d'un véritable repentir, et fit apparemment tout ce qu'un bon chrétien est obligé de faire avec des sentimens de piété et des marques d'une foi parfaite. Le Roi avoit dit à Chavigny, au commencement de sa maladie, qu'il avoit un cruel déplaisir de deux choses: la première d'avoir maltraité sa mère, qui étoit morte depuis peu (1) ; et la seconde, de n'avoir point fait la paix. Il voulut l'envoyer en Espagne la traiter. Chavigny accepta (2) cette commission,

---

(1) *Qui étoit morte depuis peu* : Marie de Médicis étoit morte à Cologne le 3 juillet 1642, quelques mois avant le cardinal de Richelieu. — (2) *Chavigny accepta* : Dans le manuscrit l'auteur observe que

comme honorable pour lui et avantageuse au public;
mais sa femme, ambitieuse et politique, l'en détourna,
lui représentant l'état de la cour, et qu'il perdroit la
place qu'il y tenoit, s'il l'abandonnoit dans le temps
de la mort de ce prince. Suivant ce conseil, il y demeura avec dessein de se procurer une grande puissance, qu'il n'obtint ni de la fortune ni de ses soins.
Dieu seul qui la donne l'avoit condamné, pour le reste
de sa vie, au martyre des ambitieux, qui est de désirer toujours la faveur sans l'avoir. Le Roi, en mourant, déclara la Reine régente; et Chavigny, qui eut
plus de part à cette déclaration que le cardinal Mazarin, prétendit l'avoir utilement servie, et crut pouvoir espérer quelque part à sa confiance. Il se trompa:
elle ne l'aimoit pas, et ceux qui étoient bien auprès
d'elle avoient déjà résolu sa perte. Aussitôt après, la
Reine entra au conseil, et le Roi fit lire la déclara-

Chavigny commençoit à devenir dévot. Plus loin on trouve l'anecdote
suivante : « Quand M. de Chavigny vit que les médecins jugèrent que
« le Roi étoit hors d'espérance de pouvoir échapper, il se chargea de
« l'avertir de l'état où il se trouvoit : ce qu'il fit en adoucissant la
« rudesse de cette nouvelle autant qu'il lui fut possible; et néanmoins
« il lui représenta, avec de la force et de la vertu, que, quoiqu'il fût
« grand prince, il étoit toutefois égal au moindre des hommes en la
« mort et en la naissance, et lui dit enfin qu'il étoit temps de penser
« à quitter la vie. Le Roi l'embrassa, et lui dit en le serrant dans ses
« bras qu'il le remercioit de cette bonne nouvelle, et l'assura qu'il
« n'avoit jamais senti tant de joie dans toute sa vie qu'il en recevoit en
« apprenant qu'il l'alloit perdre. Il le fit reculer pour penser à sa cons-
« cience et à ses affaires; et après avoir été une demi-heure tout seul,
« il le rappela et lui dit : *M. de Chavigny, songeons à nos affaires.*
« Ils firent alors le plan de son testament, dans lequel il déclara la
« Reine régente. Madame de Chavigny m'a dit que son mari, qui eut
« plus de part à cela que le cardinal Mazarin, eût pu y faire nommer
« Monsieur, frère du Roi, lequel l'en avoit sollicité; mais qu'il tint bon
« pour la Reine, croyant y pouvoir mieux trouver son compte : en
« quoi il se trompa fort. »

tion faité par le chancelier, dont le plan avoit été écrit par Chavigny, et arrêté par le Roi. Elle fut lue en présence du parlement et de tous les grands du royaume. Le Roi fit jurer la Reine qu'elle l'observe-roit inviolablement (1). Elle fut obligée de le faire; mais ce fut avec un dessein contraire aux volontés de ce prince, en ce qui regardoit certaines personnes, dont les uns avoient part à sa haine, et les autres à son amitié. Le Roi avoit voulu y mettre que le garde des sceaux de Châteauneuf et madame de Chevreuse demeureroient toujours éloignés de la cour, comme des personnes dangereuses et dont l'esprit étoit à craindre. Il en fut détourné par ceux qui voulurent plaire à celle qui alloit être régente, et qui n'osoient plus agir que de concert avec elle. Quand ce prince voyoit le duc de Beaufort auprès de lui et quelques autres, il disoit à ses confidens : « Ces gens viennent « voir si je mourrai bientôt; » et ce sentiment, à ce que j'ai ouï dire à la Reine même, lui faisant oublier l'envie qu'il avoit d'aller chercher un meilleur pays que celui qu'il laissoit, il lui arriva de dire avec emportement : « Ah ! si j'en puis revenir, je leur vendrai « bien cher le désir qu'ils ont que je meure. » Il recommanda ses enfans à la Reine, et demeura six semaines et davantage, mourant tous les jours sans pouvoir achever de mourir. Il parla toujours de la certitude de sa mort comme d'une chose indifférente,

---

(1) *Qu'elle l'observeroit inviolablement.* Le manuscrit ajoute :
« Comme on lisoit cette déclaration, le Roi, qui avoit voulu y mettre
« que le garde des sceaux Châteauneuf et madame de Chevreuse demeu-
« reroient toujours éloignés de la cour, le lecteur venant à cet endroit,
« le Roi tout moribond, craignant ces deux personnes comme les fa-
« voris de la Reine, se leva sur son séant, et dit tout haut : *Voilà le*
« *diable, cela.* »

et de l'éternité comme d'un voyage plaisant et agréable qu'il devoit faire bientôt. Il y eut des personnes à qui leur dureté et l'envisagement de leurs espérances firent dire qu'il étoit trop long à mourir, et qu'il ennuyoit les spectateurs. Un jour il fit ouvrir les fenêtres de sa chambre du côté de Saint-Denis; et tournant sa tête vers ce lieu, il dit d'un air tranquille : « Voilà où je demeurerai long-temps. Mon corps sera « bien ballotté, car les chemins sont mauvais. » Séguin, premier médecin de la Reine, m'a dit que, deux heures avant sa mort, comme il passoit devant son lit, il lui fit signe de la tête et des yeux de s'approcher de lui, et lui tendant la main, lui dit d'une voix ferme : « Séguin, tâtez mon pouls, et dites-moi, je vous « prie, combien j'ai encore d'heures à vivre; mais « tâtez bien, car je serai bien aise de le savoir au « vrai. » Le médecin, voyant sa fermeté, et ne voulant pas déguiser une vérité qu'il voyoit ne lui point faire de peur, lui dit tout froidement : « Sire, Votre « Majesté peut avoir encore deux ou trois heures tout « au plus. » Alors ce prince joignit les mains, et tenant les yeux tournés vers le ciel, répondit doucement, et sans montrer nulle altération : « Eh bien, « mon Dieu, j'y consens, et de bon cœur! » Et peu après il les ferma pour jamais, le 14 mai 1643, âgé de quarante-deux ans. La Reine parut sensiblement affligée. On la fit retirer de la ruelle du lit du Roi, où elle avoit toujours été à prier Dieu. Elle souffrit dans le moment de la mort de ce prince, à ce qu'elle m'a fait l'honneur de me conter, une véritable douleur; et, m'en ayant parlé souvent, elle m'a toujours dit qu'il lui sembla, quand elle le vit expirer, qu'on lui arrachât le cœur : ce que sa sincérité ne lui auroit point permis de dire, si elle ne l'avoit senti de cette manière. Sa tendresse pour lui fut donc plus forte et plus grande qu'elle ne l'auroit pu imaginer; mais je ne m'en étonne pas, vu l'honnêteté de ses sentimens et de ses obligations. Dès cet instant elle alla trouver le petit Dauphin, ou plutôt le Roi, qu'elle salua et qu'elle embrassa les larmes aux yeux, comme son roi et son enfant tout ensemble. On peut croire qu'elle et toute la France devoient pleurer ce Roi, et que, selon ses sentimens et ses lumières, il auroit alors gouverné son royaume glorieusement. Il avoit des défauts qui l'ont effacé des cœurs de ses sujets et de toute sa famille; mais il avoit aussi de grandes vertus, qui pour son malheur n'ont point été assez connues; et l'assujétissement de ses volontés à celles de son ministre avoit étouffé toutes ces belles qualités. Il étoit plein de piété et de zèle pour le service de Dieu et pour la grandeur de l'Eglise; et sa plus sensible joie, en prenant La Rochelle et les autres places qu'il prit, fut de penser qu'il chasseroit de son royaume les hérétiques, et qu'il le purgeroit par cette voie des différentes religions qui gâtent et infectent l'Eglise de Dieu. Il étoit, à ce que j'ai ouï dire à un de ses plus intimes favoris, un des meilleurs capitaines de son royaume. Il savoit la guerre, et il étoit vaillant. Je le sais de ceux qui, dans leur jeunesse, ont été avec ce prince dans le péril sans paroître le craindre. Il aimoit les gens de service, et c'étoit la seule chose qu'il n'avoit pas abandonnée à son ministre. Lui-même connoissoit les gens de cœur, ceux qui avoient fait de belles actions; et il prenoit un fort grand soin de les en récompenser. Ses plus sensibles chagrins contre le cardinal étoient de ce qu'il vouloit aller souvent commander son armée, et que le cardinal, pour ne se pas commettre dans une si grande foule d'ennemis, s'y opposoit toujours, et par mille inventions l'en empêchoit. Il avoit beaucoup d'esprit et de connoissances; et le cardinal de Richelieu lui-même a dit plusieurs fois de lui que, dans son conseil, il étoit toujours du meilleur avis, et trouvoit souvent des expédiens sur les choses les plus embarrassantes. J'ai ouï dire au duc de Saint-Simon, qui étoit auprès de lui quand il se brouilla avec la Reine sa mère, qu'il ne voulut point lui abandonner le cardinal de Richelieu par principe d'équité, parce qu'il étoit persuadé qu'il ne lui avoit point manqué de fidélité; que c'étoit le maréchal de Marillac et le maréchal de Bassompierre et plusieurs autres qui, ayant fait une cabale avec la princesse de Conti contre le cardinal de Richelieu, vouloient, pour leur intérêt particulier, se servir de la Reine sa mère comme de bouclier contre lui; et que, connoissant les services qu'il venoit de lui rendre, il avoit cru être obligé de le maintenir, et qu'il n'avoit eu aucune pensée de perdre la Reine sa mère pour sauver le cardinal : mais qu'il avoit eu dessein de conserver l'un sans manquer au respect qu'il devoit avoir pour celle dont il avoit reçu la vie; que la première chose qui commença de l'aliéner de cette princesse fut quand elle le pressa de chasser le cardinal, et que, s'étant mis à genoux devant elle pour la fléchir, elle n'eut aucun égard ni à cette soumission ni à ses prières; qu'il est vrai que cela lui fit un peu de dépit; ce qui fut cause qu'il s'en alla à Versailles, où le cardinal le suivit par le conseil de ses amis, car d'abord il voulut se retirer; mais ce prince lui dit : « Non, M. le cardinal, je ne le veux

« pas ; vous n'avez point manqué à la Reine ma mère :
« car si vous l'aviez fait, je ne vous verrois jamais ;
« mais, voyant que toutes ces choses se font par ca-
« bale, et vous m'ayant bien servi, je ne serois pas
« juste si je vous abandonnois. » D'autres gens de ce
temps m'ont encore assuré qu'il n'eut point de dessein de ce qui arriva depuis à Compiègne ; mais peu
après ce cardinal lui fit comprendre qu'il falloit détruire toute cette cabale, qui portoit la Reine sa mère
à brouiller l'Etat ; et que, pour ce fait, il falloit l'arrêter quelque temps, après lequel tous ceux de son
parti étant morts ou prisonniers, on la feroit revenir.
Mais cette princesse ayant passé en Flandre (ce qui
fut, à ce qu'on dit, pratiqué par lui-même), il lui fut
aisé de déguiser la vérité au Roi son fils, et lui persuader que l'absence de la Reine sa mère étoit nécessaire au repos de son royaume. Voilà ce qui se peut
dire pour excuser la plus grande faute qu'il ait faite ;
car, pour la mort du maréchal d'Ancre, il n'y a pas
d'apparence qu'il l'ait ordonnée, non plus que toutes
les indignités dont elle fut accompagnée, qu'il faut
attribuer au peu de circonspection de ceux qui eurent
l'ordre de l'arrêter, à la résistance de ceux de la suite
de ce maréchal, et à la haine que le peuple avoit pour
lui. Aussi cela n'a pas empêché qu'on ne lui ait donné
le nom de Juste. Personne n'a douté non plus qu'il
ne fût brave, et qu'il ne sût mettre une armée en
bataille, aussi bien qu'aucun de ses généraux. Mais,
outre ces grandes qualités si nécessaires aux grands
rois, il savoit mille choses auxquelles les esprits mélancoliques ont accoutumé de s'adonner, comme la
musique et tous les arts mécaniques, pour lesquels il
avoit une grande adresse et un talent particulier.

TABLE DES MATIÈRES

CONTENUES

DANS LE TRENTE-SIXIÈME VOLUME.

MÉMOIRES DU COMTE DE BRIENNE.

Seconde partie.   Page 1

MÉMOIRES DE Mme. DE MOTTEVILLE.

Notice sur madame de Motteville et sur ses Mémoires.   285
Préface.   315
Portrait de la reine Anne d'Autriche.   319
Mémoires de madame de Motteville.   331

FIN DU TOME TRENTE-SIXIÈME.

Paris, Imprimerie de A. BELIN, rue des Mathurins S.-J., n°. 14.

www.ingramcontent.com/pod-product-compliance
Lightning Source LLC
Chambersburg PA
CBHW050915230426
43666CB00010B/2184